소리의 정치
聲音

일러두기

1. 논문과 기사제목, 단편소설 등은 「」, 도서는 『 』, 신문, 잡지, 학술지 등은 《 》로 표시했다.
2. 영화 제목은 〈 〉로 표시했다.
3. 영화명, 인명, 지명 등 원문의 일본어나 한자는 처음에 한하여 원어를 병기했다.
4. 인용문의 경우 〈한글맞춤법규정〉에 따라 현재 일반적으로 통용되는 말로 바꿔 적었다.

【 이화진 지음 】

식민지 조선의 극장과
제국의 관객

소리의 _聲 _音

정치

현실문화

차례

책머리에

당신이 기억할 수 있는 인생 최초의 영화는 무엇입니까.

당신의 인생에서 첫 번째 극장을 기억할 수 있나요.

매학기 수업 첫 시간 학생들에게 묻는다. 올해 학생들이 가장 많이 기억해낸 영화는 해리 포터 시리즈였다. 내가 기억하는 인생 최초의 영화는 〈이티(E.T.)〉라고 말해주자 몇몇이 살짝 웃어보였는데, 어린아이들이 땅에서 발을 떼고 멀리 높이 날아가는 환상은 세대를 막론하고 영화와 함께 품어진 것이다. 손가락이 긴 외계인이거나 망토 두른 소년이거나 환상의 친구들은 영화와 함께 왔다. 나의 두 번째 질문, 인생 최초의 극장을 기억하는 학생은 많지 않았다. 해리 포터 시리즈를 극장에서 보았는지 집에서 보았는지 잘 기억나지 않는다는 학생도 있었고, 언제 처음 극장에 갔는지에 대한 기억이 없다는 학생도 있었다. 몇 살 때인가 가족과 함께 극장에 갔는데, 그게 어디에 있는 어느 극장인지 전혀 기억나지 않는다는 대답이 대부분이었다. 손가락이 긴 외계인과 망토 두른 소년 사이의 시간보다, 극장의 기억을 둘러싸고 학생들과 나 사이의 거리가 더 멀게 느껴지는 그런 순간이 온다.

1990년대 중반을 지나 태어난 이 친구들에게 인생 최초의 극장은 대개 어느 멀티플렉스의 몇 관쯤이었을 것이다. 애초에 어떤 영화를 보려고 특정 극장 앞에서 몇 시간이고 줄 서서 기다릴 필요가 없으니, 그런 풍경이 있었다는 것 자체도 신기하리라. 우리는 모두 영상의 시대를 살고 있지만, 무엇을 통해 어떻게 영화를 경험해 왔는가에 대한 답은 같지 않다. 이티와 소년의 자전거가 보름달 위에 겹쳐지는 장면은 사촌들과 함께 갔던 소도시 단관 극장의 추억, 영사실에서 한 줄기 빛이 시작되고 잔뜩 기대한 아이들의 속닥이는 소리가 음악에 묻히며 우리를 여기 아닌 어딘가로 옮겨다 놓았던 그 장소의 경험과 함께 온다. 영화가 극장과 함께 특별했던 시대, 어쩌면 지난 20세기는 '극장의 시대'이자 '필름의 시대'였다고 말해도 좋을 것이다.

이 책은 극장의 시대에 펼쳐졌던 영화사의 한 장면에 관한 것이다. 영화가 배우의 음성, 음악, 다양한 음향 효과를 얻게 되고, 세계의 영화가 언어의 단위로 나뉘고, 그저 영화였던 것을 '무성영화'라고 고쳐 부르고, 지금 우리가 '흑백영화'라고 말하는 것들이 첨단의 신기술이 도입된 '토키'라고 불렸던 그 시대, 변방의 식민지 극장에서 영화와 소리를 둘러싸고 벌어졌던 일들을 이 책에 담았다. 세계영화사에서 사운드 도입이라는 테크놀로지의 혁신이 미학적으로나 산업적으로 어떠한 변화를 이끌었는가에 대한 설명은 익히 들어왔지만, 그것이 미국과 유럽 중심의 영화사 서술일 수밖에 없음을 우리는 또한 잘 알고 있다. 제작은 미미하고 영화산업의 중심은 흥행업에 기울어 있는 식민지 조선에서, 사운드 도입이라는 사건은 무엇을 어떻게 바꾸었는가. 그 변화는 제작 국가들이 지나온 영화사의 시간과 어떻게 다른가. 변사의 맛깔난 해설로 영화를 감상해온 관객들은 서양인 배우의 낯선 언어를 이제 어떻게 이해할 것이며, 이 새로운 영화 경험은 그들을 어떤 관객으로 이끌 것인가. 또 일본어와 조선어가 공존하는 식민지에서, 영화가 비로소 말하기 시작했다는 것은 무엇을 의미하는가. 척박한 토양에서도 포기하지 않았던 식민지인들의 영화 만들기는 이 새로운 국면에서 어떠한 선택지를 만났는가. 그리고 제국의 전쟁은 식민지 극장의 영화와 소리를 어떻게 굴절시켰는가.

이 책에서 '소리'란, 영화의 '사운드'이자 인간의 '목소리'이며, '말'이고 '언어'이다. 사운드, 목소리, 말, 언어를 모두 '소리'라고 묶은 것은 식민지의 언어와 미디어 환경에서 발성영화로의 이행이 야기한 변화의 결을 다층적으로 분석하겠다는 포부 때문이다. 나는 사운드 도입을 통해 영화가 비로소 복제 미디어가 되었다고 주장하면서도, 지난 세기 영화의 경험은 극장 공간과 결부된 장소특정적인 것이었다고 생각한다. 테크놀로지의 진보는 우리가 언제 어디서나 같은 것을 공유하도록 이끌어왔지만, 다른 한편으로 낡은 것과 새로운 것, 익숙한 것과 낯선 것, 부상하는 것과 잔여적인 것, 중심적인 것과 주변적인 것 등의 분화와 교차가 전개되었고, 그 틈새에서 새로운 정치의 잠재성이 발견되기도 했다. 이 책이 사운드 테크놀로지의 문화 정치에 대한 어떤 역사적 사례 연구로 읽힌다면 그 또한 반갑겠다.

수년 전 우리를 흥분으로 몰아넣었던 3D영화가 심상해지고, SF영화에서나 보던 가상현실(VR)이 이미 성큼 우리 곁에 와있다. 보컬로이드의 노래를 듣는 지금, 목소리조차 인간의 전유물이 아니다. '이티 세대'이든 '해리 포터 세대'이든 아날로그와 디지털, 그리고 이후의 또 무언가를 경험하게 될 것이다. 1930년대의 관객들이 그러했듯, 우리 역시 테크놀로지의 이행기 위에 있다. 오늘 우리가 영화라고 부르는 것이 다른 이름으로 불리는 날이 올지 모르지만, 미래에 도래할 어떤 기술 혁명도 영화를 사라지게 하지는 않을 것이다. 그때 우리는 어떤 공간에서 영화의 소리를 경험하게 될까.

이 책은 연세대학교 박사학위 논문으로 제출한 「식민지 조선의 극장과 '소리'의 문화 정치」(2011)를 다듬은 것이다. 박사논문 집필 내내 지도해주신 최유찬 선생님, 그리고 심사 과정에서 격려와 조언을 아끼지 않으신 이경훈, 이상우, 박애경, 이순진 선생님께 감사드린다. 특히 지난 수년 간 이순진 선생의 열정과 에너지, 그리고 영화사에 대한 통찰을 가까이에서 대할 수 있었던 것은 큰 복이었다. 아마도 이 책의 여기저기서 발견되겠지만, 유선영, 김소영, 이승희, 정근식, 한기형, 이혜령, 천정환 선생님의 연구에서도 많은 가르침을 얻었다.

첫 책으로부터 11년 만에 두 번째 책을 내놓으며, '공부하는 사람'은 얼마나 많은 이들에게 빚지며 살아가는지를 새삼 깨닫는다. 좀 길지만, 그럼에도 충분치 않을 감사의 말을 여기 적는다. 방황하는 청춘을 '공부하는 사람'으로 이끌어준 권명아, 공임순 선배에게는 특별한 우정의 말을 표하고 싶다. 우리는 곧잘 헤맸고, 헤매고 있으며, 앞으로도 헤매겠지만, 그 자체로도 대견한 삶이라고 믿는다. 문학포럼 사이, 검열연구회, 동아시아극장연구모임, 전쟁기념팀, 시민팀, 감성팀, 이동영사모임 등 여러 연구공간에서 좋은 선생들과 만났다. 내가 전보다 아주 조금이라도 나은 연구자가 되었다면, 그들과 함께 했던 시간 덕분일 것이다. 나는 『별건곤』, 『삼천리』, 『조광』, 『신시대』, 『신천지』, 『영화시대』, 『영화예술』, 『경성일보』 등 오래된 신문과 잡지를 성실한 동료들과 함께 읽었고, 그 시대의 다채로운 풍경을 그들과 함께 상상할 수 있었으며, 백문임 선배가 이끌었던 이름 없는 연구모임부터 좀비파우더, 한국영화파이, 하오, 시네마바벨에서 훌륭한 선배와 동료들을 만났다. 열정적인 그녀가 끊임없이 도모했던 이 모임들의 궤적 또한 내가 영화사 연구자로서 밟아온 시간이다.

영화의 어떤 역사에 관한 이 책은 한국영상자료원이 필름 수집과 보존,

그리고 학술연구와 출판 등에 기울인 꾸준한 노력이 없었다면 시작되기 어려웠을 것이다. 자료원의 박혜영, 조준형, 정종화, 이지윤, 오성지, 최소원 선생에게 감사의 말을 전하고 싶다. 식민지 시기 영화잡지들을 직접 페이지를 넘겨가며 읽을 수 있었던 것은 연세대 학술정보원 김명주 선생의 배려 덕분이었다. 일본 도서관에 소장되어 있는 오래된 자료들을 구해 읽는 데는 신지영, 함태영, 이대화 선생의 우정에 빚졌고, 서툰 일본어로 옛 자료를 더듬을 때에는 송태욱 선배와 다지마 테츠오 선생님께 자주 신세졌다. 일한문화교류기금의 지원으로 일본에서 체류 연구를 하는 동안 이토 키미오, 미즈노 나오키, 도미타 미카, 와타나베 나오키, 그리고 김철, 설호정 선생님이 베풀어주신 후의에도 감사드린다. 지난 십년 남짓 식민지 조선의 영화와 문화를 입체적으로 접근해온 바지런한 연구자들의 저작 덕분에 늘 읽고 생각할 거리가 풍성했다. 이 책은 그들과 나눈 대화의 일부다. 앞으로도 새로운 만남과 진지한 대화, 느슨한 동행이 이어지기를 바란다. 정재석, 박선영, 김영희, 송은영 선배를 비롯해 외솔관과 백양관에서 보드라운 시절을 함께 했던 대학원 사람들과 김수연, 양인실, 권나영, 김희윤, 손이레, 박현희, 만리 너머 그대들과의 대화가 유쾌하고 유익했음도 적어두고 싶다. 이 책을 마무리하는 데에는 인하대 한국학연구소 선생님들의 격려가 큰 힘이 되었다. 흔쾌히 출판을 맡아주신 현실문화의 김수기 대표님과 김주원 팀장님에게도 깊이 감사드린다.

끝으로 언제나 나의 안녕을 빌어주는 가족, 오랜 친구들, 그리고 지금 우리의 시간을 쌓아가고 있는 차승기에게 사랑과 존경, 감사의 말을 적는다. 나의 목소리가 당신의 귀에 닿고, 나의 귀가 당신의 목소리를 만나는 것은 멋진 일이다.

제
1
장

───────────

식
민
지
의
극
장
과
· 소
리
,

───────────

식민지의 다이글로시아와 조선영화

이 책에서 나는 식민지 조선의 이중언어 상황(diglossia)에서 전개된 토키 (talkie) 이행이 조선영화의 자기구성과 좌표에 미친 영향을 고찰하고자 한다. 토키 이행이란 제작, 배급, 상영에 이르기까지 영화와 관련된 전 단계가 무성영화 시스템에서 발성영화 시스템으로 전환하는 것을 말한다. 한국의 경우, 외국 발성영화가 본격적으로 수입·상영된 1930년부터 토키 이행이 시작되었으며, 적은 수이나마 여전히 무성영화가 제작·상영되었던 1950년대 중반까지 이행기 안에 포함될 수 있다. 이 책에서는 1930년부터 1945년까지로 대상 시기를 한정하여, 식민지/제국 체제가 야기한 불균등한 이중언어 상황에서 전개된 토키 이행의 역사적·언어적·정치적 상황 조건을 부각시키고, 제작과 배급, 상영 등을 포함한 총체적 시각에서 영화와 그것을 둘러싼 환경의 변화를 검토할 것이다. 이때, 1945년은 태평양전쟁의 종전과 함께 조선의 언어 상황이 질적으로 변화하고, 식민지/제국 체제에서 형성되었던 영화권(Film Sphere)이 해체되며, 남한의 경우 미국 중심의 세계 시장 안으로 재편되는 시점을 의미한다.

민족주의적 관점에서 서술되어 온 기존의 한국영화사에서는 1930년부터 1945년에 이르는 이 시기를 '조선영화의 기근(1930~1934), 〈춘향전〉(1935)을 기점으로 한 민족어 영화의 성립(1935~1942), 일제의 강압적인 언어 통제로 인한 조선영화의 절멸(1943~1945)'이라는 틀로 서술해 왔다. 이러한 틀에서 조선영화의 위치는 '조선인이, 조선인 관객을 대상으로, 조선어

로 제작한 영화'로 정의되고, 혈족과 민족어, 제작 활동을 중심으로 한 한국
영화사 안에 놓인다. 그러나 최초의 민간 제작 극영화가 일본인 하야카와
고슈(早川孤舟)가 만든 〈춘향전〉(1923)이라는 사실에서 단적으로 드러나듯
이, 일찍이 조선영화의 제작과 배급, 상영 등에는 일본인 제작자나 기술자,
흥행사들이 깊이 개입해 왔다. 토키 이후 조선영화는 식민모국인 일본과의
합작을 통해 재조선 일본인 사회는 물론 일본과 만주에까지 시장을 확장했
으며, 조선에서 제작한 일본어 영화들도 이전 조선영화들의 연장선에서 제
작되고 소비되었다. 조선영화를 '조선인만의 영화'나 '조선어 영화'로 제한하
는 것, 그리고 '일본영화'와 '조선영화'를 확정적이고 대타적인 범주로 설정하
는 것은 식민지 이후의 시각으로 이 시기의 영화를 재단한 결과다. 이러한
문제의식에서, 이 책은 배급과 상영, 수용의 측면을 간과하고 혈족과 민족
어, 제작을 중심으로 내셔널 시네마를 설계했던 기존 영화사의 입장과 거리
를 두고, 당대의 정치적·경제적·사회문화적 맥락에서 조선영화의 자기구성
과 좌표를 고찰한다.

　이 책이 식민지 조선의 토키 이행기에서 주목하는 특징적인 국면들은
다음과 같다.

　첫째, 식민지 조선에서 토키 이행은 무성영화 상영의 현전성과 개별성,
우연성을 배제하고, 필름의 상영을 표준화하는 과정이었다. 1벌의 프린트가
전국을 돌며 순연(巡演)하는 방식으로 배급되었던 무성영화는 제작부터 상
영에 이르기까지 제작자, 검열관, 배급업자, 흥행주 등 여러 주체들의 이해
관심에 의해 언제나 이미 오염되어 있었으며, 상영 단계에서는 '변사—스크
린—영사기사—악사—관객' 간에 구축되는 관계성에 따라 다층적인 텍스
트로 수용되었다. 토키 이전의 영화는 엄밀한 의미에서 단일한 텍스트가 균
질적으로 수용되는 복제미디어가 아니었다. 필름이 유동하는 맥락과 상영

이벤트에 따라 복수의 텍스트가 생산·수용되었기 때문이다. 이에 반해 토키 이행은 변사의 '목소리(聲)'로 상징되는 상영의 유연성을 통제하여, 언제 어디서든 동일한 영화가 동일한 텍스트로 수용되도록 상영을 표준화하고, 대량복제를 통해 스피커에서 발성(發聲)되는 '사운드(音)'의 영향력을 확장하는 결과를 가져왔다.

둘째, 식민지 조선에서 토키 이행은 상당히 긴 시간 동안 전개되었으며, 제작의 토키화와 상영의 토키화 사이에 상당한 시간차가 존재했다. 경성의 극장에 토키 영사기가 구비된 것은 1930년이지만, 1935년에야 최초의 조선어 발성영화 〈춘향전〉이 제작될 수 있었다. 발성영화 상영 시스템으로 전환하는 데에도 지역별 편차가 컸다. 이렇게 오랜 기간 토키 이행이 진행되면서 언어와 미디어 상황에 따라 다양한 층위의 영화 상영 방식이 공존했다. 따라서 이 시기의 관람 경험을 무성영화기의 극장에서와 동일한 방식으로 상상할 수는 없다. 민족뿐 아니라 지역, 계급, 연령, 성별, 리터러시, 교육의 정도, 미디어 테크놀로지에 대한 접근성 등이 관람 경험에 영향을 미친다는 점을 상기해야 한다.

셋째, 이러한 토키 이행은 만주사변(1931)과 중일전쟁(1937), 태평양전쟁(1941)으로 이어지는 제국 일본의 전시 체제 재편과 거의 동시적으로 진행되었다. 토키 이행을 거치며 비로소 하나의 자기완결적인 상품이자 복제된 표상미디어로 기능하게 된 영화는 민족과 지역, 국경을 넘나드는 월경성도 강화되었다. 그러나 식민지/제국 체제가 가하는 압력 속에서 조선의 영화와 영화 문화는 제국적 영화권의 강한 영향 아래 놓이면서 독자적인 지역 시장의 존립을 위협받게 된다. 이러한 상황에서 영화를 통한 전쟁 프로파간다의 중요성이 부각되었을 때, 조선의 영화와 영화 문화는 식민지/제국적 언어 편제의 위계화 및 기능 분화와 맞물려 재위치되었다.

이렇듯 토키 이행의 다양한 효과들이 영화 제작·유통·소비·경험의 성격을 전환시킨 과정에 주목하면서, 토키 이행기의 역사적 규정 요소들이 작용한 특이성을 포착하고, 식민지/제국 체제 아래에서 '조선영화'의 성격과 위상을 밝히는 것이 이 책이 겨냥하는 바이다.

극장과 '소리'에 관한 연구의 궤적

'무성영화에서 발성영화로의 전환'이라는 토키 이행은 필름의 제작, 배급, 상영을 둘러싼 여러 주체들의 활동과 영화산업의 전면적인 재편, 미학적이고 인지적인 변화들을 모두 포괄하는 토픽이다. 이 토픽은 영화사 연구의 관심이 '필름(film)'에서 시네마(cinema)로' 이동한 2천 년대 이후에야 비로소 주목되기 시작했다. 여기에는 톰 거닝(Tom Gunning)이나 미리엄 한센(Miriam Hansen) 등의 저작이 상당한 영향을 미쳤고, 한국의 인문사회학계가 근대성에 대한 비판적 성찰과 함께 일상의 구체적이고 미시적인 영역에 관심을 가져온 것도 중요한 작인이다.

한국의 토키 이행기에 대한 관심은 이기림(2003)[1]과 브라이언 이시스(2006)[2] 등의 작업을 통해 본격화되었다. 그동안의 영화사 서술이 민족주의적인 관점에서 '최초의 조선어 영화'로서의 〈춘향전〉이라는 사건을 부각하되 사운드 테크놀로지의 진보를 소략하게 다뤄온 반면, 이들은 토키 이행 그 자체에 주목하고 이를 식민지 조선의 사회문화적 맥락에서 검토함으로써, 식민지 상황에서 토키 이행의 지향과 그 의미를 밝히고자 했다.

무성영화와 유성영화 사이의 단절과 불연속을 강조하는 영화사 연구의 시각에 이의를 제기하는 데서 출발한 이기림의 연구는 제작을 넘어 상영의 장(場)으로 시야를 확장했다는 데 의의가 있다. 그의 연구는 1925년부터 최초의 조선어 토키 〈춘향전〉이 공개된 1935년에 이르기까지 무성영화의 사운드, 동시대의 다른 사운드 레코딩 매체들, 그리고 수입 영화 감상의 역사와 실패한 토키 실험들까지 다룬다. 즉 〈춘향전〉과 그 이후보다 최초의 조선어 토키가 제작되기까지의 전사(前史)에, 또 테크놀로지 그 자체보다 영화 사운드의 사회적·역사적 역할에 의식적으로 더 관심을 두고 있는 것이다. 그리하여 그는 기존의 영화사에서 조선영화 제작 상황이 매우 빈곤했다거나 사회주의 영화 운동에 대한 탄압이 극심했던 시기로만 서술한 1930년대 전반기를 토키 이행을 예비하는 시기로서 새롭게 의미화하고, 식민지 조선의 토키 이행이 갖는 특징과 그로 인한 영화 문화의 다층성에 주목하는 계기를 마련했다. 그러나 언어 내셔널리즘의 자장 안에서 토키 이행기에 접근함으로써 민족주의적인 연구 틀에서 자유롭지 못했던 것은 이 연구의 한계이다. 이를테면, 이기림은 일제의 언어 통제 정책을 조선영화 탄압의 근거로 삼으면서, 조선총독부가 조선어를 탄압하기 위해 '조선어 발성판'을 금지했다는 서술을 정설로 받아들이고 공식화한다. 그러나 통념과 달리 조선어 발성판의 제작과 상영이 공식적으로 완전히 금지되었다고 보기는 어렵다. 2016년 현재, 우리가 볼 수 있는 식민지 시기 필름 가운데 마지막 조선어 영화는 〈반도의 봄〉(1941)이지만, 기록에 따르면 이후에 공개된 〈풍년가〉(1942)는 조선어로 제작되었고, 식민지 주민의 전쟁 동원에 효과적인 프로파간다를 위하여 일본어 영화의 조선어 더빙판(해설판) 제작 문제가 꾸준히 논의되었다. 식민지 말기 조선어 극영화의 제작이 제한되었던 상황은 '조선어 말살'에 대한 일제의 정치적 탄압의 측면뿐 아니라 식민지/제국 체제에서 조선어 영화가 위치했던 정치경제적이고 사회문화적인 맥락과도 관련된 것이다.

브라이언 이시스(Brian Yecies)는 이기림과 마찬가지로 리 디포리스트(Lee

de Forest)가 발명한 포노필름(phonofilm)이 식민지 조선에 소개된 1920년대 중반부터 발성영화가 도래한 과정을 고찰하되, 사운드 테크놀로지의 도입을 모더니티의 획득, 혹은 세계적 동시대성의 확보라는 틀에서 중요한 사건으로 의미화했다. 그는 조선영화인들의 발성영화 기술 개발과 제작 활동, 식민 당국의 문화정책, 조선인 관객들의 문화 실천으로서 '극장 가기' 등의 관계를 개괄하면서, 1920년대 중반부터 생필름 공급과 영화 제작이 통제되기 시작하는 1930년대 말까지가 조선에서 영화 문화의 '황금기'였다고 본다. 그가 보기에, 사운드 테크놀로지는 "조선영화에 문화적 모더니티를 가져오는 한편, 구어로서 조선인을 한데 묶는 도구로 사용"[3] 됨으로써, 조선인들이 "조선문화와 근대성을 표현할 수 있는 공간을 구성하고 협상할 수 있[4]게 한 것이다. 그는 마이클 로빈슨(Michael Robinson)이 경성방송국(JODK)의 이중언어 방송 연구에서 제시한 일본의 문화적 헤게모니에 대항하는 식민지의 반(反)헤게모니적 공간의 가능성[5]을 적극적으로 수용하여, 조선영화에서 사운드 테크놀로지의 도입이 조선인들의 문화적 자율 공간을 형성시켰다고 주장한다. 사실 토키 이행의 실질적인 변화들을 다층적으로 검토해볼 때, 영화산업에 대한 정치경제적 압력이 한층 가중되는 토키 이후의 상황에서 조선인들에게 과연 이러한 반헤게모니적 공간의 가능성이 얼마나 열려 있었는지는 회의적이다. 이시스는 식민지 조선의 토키 이행이 1939년에 완료되었고, 이 시기까지를 조선의 영화 문화가 꽃핀 '황금기'였다고 보고 있기 때문에 이렇게 주장한 것으로 생각된다. 그러나 여기서 우리는 '황금기'라는 명명에 신중할 필요가 있다. 이 기간에 한반도의 영화 인구가 증가했고 관람 경험이 다변화되었던 것은 분명하지만, '황금기'라는 명명은 식민지 조선의 제작, 배급, 흥행계에 각각 다른 방식으로 작용한 식민지/제국 체제의 압력을 간과하게 할 뿐 아니라, 조선영화령(1940) 이후를 일제의 '탄압통제'

가 절정에 이른 '암흑기'로 규정하는 민족주의적 영화사 서술의 다른 버전으로 읽힐 수 있기 때문이다.

이처럼 토키 이행을 주류의 영화 제작이 사운드 테크놀로지 시스템으로 전환되는 것으로 한정하게 되면, 마치 식민지 조선의 토키 이행이 1930년대 후반에 이르러 완료되고, 조선영화령 공포 이후의 상황은 토키 이행과는 무관한 듯이 생각하기 쉽다. 그러나 일제의 전시 체제 재편과 더불어 식민지 조선의 영화 통제가 한층 강화되는 1940년 이후에도 영화 문화 전반에서의 토키 이행은 지역별 편차를 두고 계속해서 진행되었으며, 이 때문에 역으로 무성영화의 제작과 상영이 요청되는 상황들도 존재했다. 최초의 조선어 발성영화 〈춘향전〉 전후의 연속성만이 아니라 영화 문화에서 언어와 미디어 장을 재편한 조선영화령 공포 전후의 연속성도 중요하게 다루어져야 할 것이다.

1969년 '한국영화 50주년'을 맞이해 한국영화인협회가 간행한 최초의 통사(通史) 『한국영화전사』는 "한국영화가 이 나라에서 어떻게 이룩되어 왔으며 영화와 함께 해온 민중과 이 나라의 문화, 더 크게 말하면 이 나라와 사회에 대해서 어떠한 역할을 해왔는가"를 이야기해야 한다는 사명감에서 기획되었다. 그렇기에 '한국영화'로 귀속되기 어려운 식민지 시기의 영화사는 "가난한 유산 속에서 한국영화가 지녀야 할 정신의 광맥"을 발견하는 "잠재적 원천"으로 위치짓되[6], 1940년 이후를 '암흑기'로 규정했다. 이러한 『한국영화전사』의 관점에 대한 문제제기는 이 시기에 제작된 여러 편의 발성영화들이 새로 발굴된 2004년 무렵 등장하기 시작했다. 필름 발굴을 계기로 조선영화에 대한 연구가 활발히 진행되는 가운데, 많은 연구자들이 기존 영화사의 민족주의적 서술을 비판했고, 식민지 말기를 '암흑기'로 동일화하는 시각을 벗어나야 한다는 데 한 목소리를 냈다. 그렇다고 해서 오늘의 연구자들이 『한국영화전사』를 완전히 극복했다고 말할 수는 없을 것이다. 여러 의미 있는 성과들이 축적되었으나, 실상 많은 연구들이 발굴된 필름들의 '친일성'을 검토하는 데 전력을 다했고, 그러한 가운데 오히려 협력/저항의 이분법이 공고해진 측면도 있기 때문이다. 게다가 이들 연구는 조선어 영화가 더 이상 제작되지 못한 1943년 이후는 특별히 주시하지 않거나 소략하게 다루면서, '조선인에 의한 조선어 영화'로 그 대상을 제한하고자 했던 『한국영화전사』의 관점을 무의식적으로 공유하고 있었다. 다시 말해, 이 시기를 대상으로 한 최근 연구들 역시 언어와 혈통에 바탕을 둔 내셔널리즘에 기반해 '조선영화'를 단일하고 균질적인 개념으로 상상하고 있으며, 텍스트를 중심에 둔 이데올로기적인 접근을 반복했다는 혐의를 벗어나기 어렵다.[7]

1943년 이후 스크린 위의 한국영화는 절멸했다고 말한 이영일은 『한국영화전사』의 개정판(2004)에서 이 시기에 제작된 일본어 영화들을 한국영화사에 포함시킬지에 대해 스스로의 판단을 유보했다. "특정 시기에 한국영화가 백지상태였다고 강조하기보다는 이 시대 이 땅에서 일어난 영화적 사건을 다양한 측면에서 기술하는 것이 더 타당할 것으로 보인다"[8]는 언급은 그로서는 최선의 부연이었을 것이다. 물론, 이영일의 고민은 '식민지 말기에 제작된 일본어 영화도 한국영화로 보아야 한다'고 해서 해결될 것은 아니다. '한국영화'가 일반적으로 '대한민국(ROK)의 영화' 혹은 '남한영화'를 가리키는 범주라면, 제작 자본과 인력이 다양한 정체성으로 구성된 식민지 시기의 영화들을 '한국영화'로 귀속시키는 것은 온당하지 않다. 그리고 이러한 식의 국적(nationality) 논의가 그다지 생산적이지 않다는 것은 발굴된 필름들이 이미 증명하고 있다.[9]

그렇다면 식민지 말기에 제작된 일본어 영화가 '한국영화'일 수 있는가를 묻기보다, 이 시기에 왜 일본어 영화가 제작되어야 했는지를 탐문해야 하지 않을까. 일제의 조선어 말살 정책이나 민족영화에 대한 탄압이 그 이유를 충분히 설명해줄 수 있는지도 검토해야 할 것이다. 식민지 조선에서 일본어 영화는 단절적으로 출현한 것인지, 일본어 영화가 야기한 문제는 무엇인지, 이 영화들은 어떠한 관객을 대상으로 제작되었으며, 어떻게 상영되고 수용되었는지 등 물어야 할 질문은 여전히 많이 남아있다.

이러한 질문에 답하기 위해서는 식민지 말기의 일본어 영화들이 식민 당국의 언어 정책에 따른 것이라고 단순화하기보다는, 식민지/제국 체제의 비대칭적인 이중언어 환경과 문화적 헤게모니, 그리고 당대 문화 지형에서 조선(어) 영화의 위상 등을 이 문제와 관련하여 심도 있게 논의해야 한다. 또한 필름 그 자체의 트랜스내셔널한 속성이 식민지/제국 체제 속에서 어떻게 발현되었는지를 추적하고, 이러한 양상들이 토키 이행이라는 영화사적 변화와 어떻게 맞물렸는지를 살피는 것이 필요하다. 이러한 쟁점들은 조선영화령 공포를 전후로 '황금기'와 '암흑기'로 구분하는 틀이나 텍스트 중심적인 접근으로는 포착하기 어렵다. 다시, 문제는 필름이 아니라 시네마인 것이다.

식민지 조선의 토키 이행기를 작가와 작품이 중심에 놓이는 필름의 역사가 아니라 시네마의 역사로 고찰하고자 한다면, 주목해야 하는 것은 공동체적 집단기억으로서의 경험(Erfahrung)과 그것이 표출되고 조직되는 공적 공간으로서의 극장이다.[10] 식민지 조선의 이원적인 사회 구조와 비대칭적인 이중언어 환경에서 극장은 계층적·민족적으로 분리된 관객 집단의 수용 공간으로서 접근되어 왔다. 경성의 사례를 통해 도시사회학의 맥락에서 식민 도시의 이원성이 관객 구성에 미친 영향과 그에 따른 극장의 균질 공간화의 문제를 제시한 여선정의 연구[11]를 필두로 관객성 연구를 포함하여 넓은 의

미의 극장 연구가 2000년 이후 봇물 터지듯 쏟아져 나왔다. 극장 연구는 초기 극장을 둘러싼 제도와 담론의 형성에 주목한 연구[12]와 수용자의 경험에 주목한 관객성(spectatorship) 연구[13]라는 두 경향을 이루면서, 지난 십 년간 한국 연극사/영화사 연구에서 가장 활발하게 논의된 분야의 하나이다.

이 가운데 극장을 근대의 문화제도와 담론, 근대 주체 형성 등의 문제를 고찰하는 중요한 실마리로 제시해온 유선영의 작업은 극장 연구에 지대한 영향을 미쳤다. 유선영은 식민 권력의 감시와 훈육 속에서 관객이라는 근대 주체가 형성되는 과정을 고구(考究)하면서, 극장을 '종족 공간(space of ethnicity)'으로 정식화했다. 그는 식민치하에서 조선인 극장이 "거의 유일하게 허용된 종족의 공간(space of ethnicity)이자 집합의 공간(place of gathering)"으로 기능했다고 본다. 극장은 "근대적 문화제도로서, 스펙터클로서 쾌락의 소비 공간이었을 뿐만 아니라 환상과 허구, 이미지의 자극을 추구하는 동시에 민족적 정체성을 위무받고 확인하는 현실과 환상 사이에 놓인 제3의 종족 공간"으로 볼 수 있다는 것이다.[14]

이후 많은 연구들이 유선영의 정식화에 기대어, '종족 공간'으로서의 극장을 식민지 공공영역(public sphere)의 형성이라는 측면에서 조명했다. 이 연구들은 '종족 공간'에서의 균질적인 관람 경험에 주목하는 한편으로, '합법적 동족 공간'[15]으로서 극장이 식민 지배의 비정상성에 대한 저항의 계기를 잠재한 '대안적 공공영역'이었다는 측면을 강조하고자 했다. 특히 여선정도 지적했던 1920년대 중반 관객의 격증과 관객층의 확대는 조선인 극장이 하층계급 노동자나 부랑자들까지 포함하는 '민중'을 위한 '대안적 공공영역'의 기능을 수행하는 장이었다는 주장을 뒷받침했다.

과연 극장은 식민지의 '대안적 공공영역'이 될 수 있었는가. 만일 그렇다면 그것은 어떠한 성격의 공공영역인가. 혹시 우리는 식민지 극장에 작용하는 문화적 헤게모니와 관람 경험의 균열들을 간과한 채 오로지 유토피아적인 가능성을 읽고자 하는 의지를 극장 공간에 덮어씌운 것은 아닌가. 식민지 극장을 '대안적 공공영역'으로 의미화하는 데에는 보다 신중해야 한다. 식민지 조선에서 극장은 주로 도시에 거주하는 중산층의 여가 공간이었으며, 1920년대 중반 하층계급 노동자가 관객으로서 극장에 유입되었다고 해서 그 사실이 식민지 시기 극장을 대안적 공공영역으로 정식화할 수 있는 근거가 되지는 않기 때문이다. 그들이 (일시적이든 지속적이든) 극장에 출입했다는 사실 그 자체보다 더 중요한 것은 그들을 '민족'으로 포함하고, 관객들이 스스로를 '식민지인'으로서 자각하며, 극장 안에서 서로를 같은 운명에 '연루'된 신체들로 감지하는 우연적 계기들이다.[16)]

극장은 항상적으로 정치적 공간이었던 게 아니라, 우발적인 사건에 의해 정치적 공간이 된다. 이미 많은 연구들이 주목했던 무성영화기 극장의 변사는 극장 공간의 정치적 잠재성을 사건화할 수 있는 계기로서 재조명될 수 있다. 식민지적 이중언어 환경에서 변사의 존재는 극장을 동족 공간인 동시에 친밀한 모어(母語)의 공간으로 구조화한다. 변사의 목소리(聲)와 말('불온한 언사들')의 현전성(presence)은 어떤 우연한 계기에 의해 관객들을 정서적 공동체로 묶고 공통의 감각에 종속시키는 공명(共鳴)을 유발하기도 한다. 이언어(異言語) 사용자에 대한 암묵적인 배제와 동족어 사용자들 간의 친밀성이 이 공간의 존재 조건일 것이다. 그렇다면 '종족 공간' 혹은 '동족 공간'으로 정식화되어 온 식민지 조선의 극장은 '동족(어) 공간(homo-ethnic(linguistic) space)'으로 재정식화되어야 한다. '동족(어) 공간'은 무성영화기뿐 아니라 토키 이행기에 이르기까지 식민지적 이중언어 환경에서 극장을 둘러싸고 발생한 여러 문화적 변동들을 살피는 데 유용한 개념이 될 수 있다.

2천 년대 이후의 극장 연구는 간학제적(interdisciplinary) 접근을 통해 아카데미아의 폐쇄성을 반성하는 계기가 되었다는 점에서 단순히 연구 대상의 확대 이상의 의미가 있다. 제도와 담론, 경험과 실천, 근대 주체 형성 등의 문제가 전혀 별개의 영역으로 분리되지 않고 이들 간의 중층성과 복잡성이 극장을 통해 구체화되는 지점들을 포착하고자 시도해 왔던 것이다. 하지만 이 연구들 대부분이 주로 무성영화기의 경성을 대상으로 하고 있다는 점은 한계로 지적될 수 있다. 극장의 형성과 전개가 근대의 도시화와 불가분의 관계에 있는 만큼, 대상 지역이 경성으로 한정되는 것은 불가피해 보인다. 더구나 신문과 잡지 등 2차 문헌자료에 절대적으로 의존할 수밖에 없는 현실적인 한계 때문에, 지방 일간지가 보존되어 있는 몇몇 지역을 제외하고는 구체적인 사료를 확보하는 것 자체가 대단히 어려운 일이다.

그러나 최근의 시도들[17]이 제안하듯이, 제한적이었던 극장 연구의 시야는 시간적으로나 공간적으로나 확장될 필요가 있다. 무성영화기에 집중되어 있는 현재 연구의 후속 작업으로 표준화된 상영 방식을 지향하는 사운드 도입 이후의 극장과 관객의 문제로까지 관심을 넓힐 것이 요청되는데, 이러한 대상 시기의 확대는 서울만이 아닌 한반도 전 지역, 더 나아가 만주나 일본, 미주 등지의 코리안 디아스포라 연구[18]로까지 이어지는 출발점이 될 수도 있다. 자료의 현실적인 한계상, 흥행 산업이 집중되어 있는 경성을 중심으로 하더라도, 조선의 다른 지역들, 그리고 제국 일본 안의 다른 지역들과의 관계에서 경성을 상대화하는 전략을 취해야 할 것이다.

다른 한편으로, 극장의 개념을 확장하는 시도도 필요하다. 이미 많은 연구들이 보여주었듯이, 극장은 단순히 물리적으로 고정된 건축물이 아니다. 극장은 "극장이라는 물리적 형태만이 아닌 제도로서의 극장, 상영 또는 공연되는 문화산물, 관객과 관객성을 포괄하는 개념이며, 나아가 도시화, 근대화, 상업화, 식민화의 시스템과 맥락, 구조 변화의 영향을 받는 물질적 공간"[19]이다. 이렇게 극장을 포괄적으로 재정의함으로써 (텍스트와 그 실천을 포함한) 영화와 그것을 둘러싼 환경이 고정불변한 것이 아니라 다른 차원의 흐름들과 이접하며 계속해서 변경된다는 점을 강조할 수 있을 것이다. 역사적·언어적·정치적 상황 조건과 관계하는 유동하는 문화의 장으로서의 극장을 둘러싼 문화적 변동을 주목할 때, 비로소 토키 이행기의 영화와 영화 문화를 다채롭게 그려볼 수 있다.

(목)소리와 말의 영화

영화 〈파리의 지붕 밑(Sous les toits de Paris)〉(1930)을 감독한 르네 클레르(René Clair)는 "유성영화(cinéma sonore)가 도래했지만 (초기에 저지른 불가피한 실수들에도 불구하고) 여전히 희망이 남아있다. 하지만 발성영화(cinéma parlant) 앞에서는 (초기의 성공에도 불구하고) 모종의 불안이 사라지지 않는다"[20]고 말했다. 유성영화에는 호의적이었던 그가 발성영화에 대한 판단을 유보한 것은 발성영화의 대사가 "스크린의 시성(詩性)을 쫓아"버릴 수도 있다고 우려했기 때문이다. 침묵 속에서 존재나 이미지로 관객의 상상력에 말을 걸었던 인물이 발성영화에 등장해 기교적이고, 구태의연하고, 수다스러운 대사로 무성영화의 아름다운 시성(詩性)을 망칠지도 모른다고 생각했던 것이다.

유성영화와 발성영화에 대한 클레르의 상반된 태도는 역사적으로 이 두 가지가 같은 대상을 지시하는 말이 아님을 시사한다. 오늘날 일반적으로 sound film은 '유성영화(有聲映畵)'로 번역되고, '유성영화'와 '발성영화(發聲映畵)'가 구분 없이 혼용되는 일이 많지만, '유성영화'란 사운드를 포괄적이고 광범하게 사용하는 영화를 가리키는 반면, '발성영화'는 음성 대사가 있는 영화라는 점을 강조한다. '유성영화'가 이전까지의 영화를 돌연 '조용한 영화(silent cinema)'로 역전시켰다면, '발성영화'는 '들리지 않는 영화(deaf cinema)'와 쌍을 이룬다. 관객의 시선에서 볼 때, 현장의 음향 효과나 해설자의 개입으로 상영되었던 무성영화는 '조용한 영화'라기보다, 간자막으로 축약 전달되는 내용을 몸짓으로 보여주면서 입술을 달싹거리는 등장인물의 말이 '들리지 않는 영화'이다. '조용한 영화'와 '들리지 않는 영화', '유성영화'와 '발성영화'라는 구분은 인간의 '말'과 '목소리'에 대한 입장에 따른 것이다.

일본과 그 식민지인 조선에서는 '유성영화'보다는 '발성영화' 혹은 '토키(talkie)'라는 용어가 선호되었다. 이 용어들은 sound film 일반을 가리키기보다는 '말하는 활동사진(talking picture)'의 번역어로서, 릭 알트만(Rick Altman)이 '복화술(ventriloquism)'로 비유한 것, 즉 스피커에서 흘러나오는 소리가 스크린에 영사되는 이미지에서 발원한다는 상상을 담고 있다.[21] '발성영화'와 '토키'는 사운드트랙 중에서도 다이얼로그 트랙에 우위를 둔 것으로, 대사는 없고 음향이나 음악만 있는 '사운드판(sound版)'과는 구별되어 쓰였다. 영화가 영상과 음성, 음향의 동조를 모두 포함하는 지금은 발성영화도 토키도 거의 사용되지 않는 용어이다. 따라서 '발성영화'란 '말하는 영화' 혹은 인간의 목소리를 실어 나르는 수단(vehicle)으로서의 영화가 출현했다는 사건과, 사운드 시스템으로의 이행이라는 영화사적인 변화를 내포하는 개념이라고 할 수 있다. 이 책에서는 영화사 일반에서 통칭되는 '유성영화'로부터 '발성영화'의 의미를 분절하여 이 개념의 역사성을 강조하고자 한다.

발성영화의 등장은 배우의 신체와 목소리를 하나의 단위(unit)로 보존시키고, 신체('목소리')를 '말'이 거주하는 특정한 장소로서 의미화한 사건이다. 그러나 이 사건이 부각시킨 문제, 즉 영화에서 인간의 목소리와 언어, 말의 문제는 영화 연구의 주요 쟁점이 아니었다. 모더니티는 철저히 시각중심적으로 논의되어 왔고, 영화 연구는 다양한 이론적 접근을 통해 시각적 모더니티와 영화의 상관성을 탐색하는 데 주력했기 때문이다. 그러나 1980년대 이후 릭 알트만(Rick Altman), 메리 앤 던(Mary Ann Doane), 엘라 쇼햇과 로버트 스탬(Ella Shochat and Robert Stam), 그리고 미셸 시옹(Michel Chion) 등의 선구적인 연구는 영화에서 사운드와 목소리, 그리고 언어의 문제 등을 고찰하는 데 의미 있는 시각을 제공해 주었다.

『시네마/사운드(Cinema/Sound)』(1980)를 펴내며 사운드 연구의 장을 연릭 알트만은 그때까지 이데올로기적 독해와 미학적 접근에 치중해 왔던 영화 연구의 주요 흐름을 사운드 연구를 통해 비껴가고자 했다. 알트만은 『사운드 이론/사운드 실천(Sound Theory/Sound Practice)』(1992)에서 영화를 자기 충족적인 텍스트로 취급하는 텍스트 지향적인 연구로는 영화의 다층성을 볼 수 없다고 지적한다. 그는 새로운 영화 연구를 위해 '텍스트로서의 영화(film as a text)'와 '이벤트로서의 영화(cinema as an event)'를 제시하고, 이 둘의 모델을 우주와 무중력 상태의 우주선을 모방한 도식으로 설명한다. 이 도식에서 텍스트로서의 영화에서는 제작·수용·문화가 텍스트를 중심에 두고 각각 독립적으로 존재하는 반면, 이벤트로서의 영화에서는 '제작—텍스트—수용' 혹은 '수용—텍스트—제작'이 각각 모래시계의 양끝을 왕래하는 모래와 같이 서로 교차하고, '제작—텍스트—수용'과 문화가 뫼비우스의 띠처럼 구별해낼 수 없도록 서로 융합한다.[22] 이러한 문제 제기가 낡고 도식적으로 느껴질 만큼 최근의 영화 연구는 텍스트 지향적인 경향에서 벗어나 있지만, 알트만의 작업은 사운드라는 단면을 통해 영화의 다층성을 드러내는 방법론과 사례들을 제시했다는 점에서 여전히 중요하다.

알트만이 텍스트 지향적인 연구를 지양하는 방법론으로 사운드의 문제를 제기했다면, 미셸 시옹(Michel Chion)은 감각 수용 이론과 접목하여 영화의 사운드 이론을 구축했다. 시옹은 시각성에 편중된 영화 연구의 경향을 비판하면서 시각만이 아니라 여러 감각의 흔적이 새겨진 다층적인 예술로서의 영화에 접근해야 한다고 강조한다. 그는 연속되는 이미지에 자기 리듬과 단위적 유기성을 부여하는 것은 바로 사운드라는 사실을 증명하는 한편, 필름에서 이미지나 사운드를 따로 떼어내 그 자체만을 연구할 수 없다는 의미에서 "사운드트랙(bande-son)은 없다"[23]고 선언했다.

시각과 청각의 공감각성 혹은 초감각성을 강조해 온 시옹은 '말' 역시 필름을 구성하는 주요 요소로 포함시킨다. 그는 필름을 '오디오-로고-비주얼(audio-logo-visual)' 텍스트로 간주한다. 하이픈(-)으로 연결된 세 단어의 배치에서 짐작되듯이 '말(logo)'은 '듣고-보는' 감각과 그 둘을 매개하는 동시에 그 둘과 동등한 위상을 차지한다. 시옹에 따르면, 관객의 시각을 안내하고 구축하는 것은 말이다. 사운드가 있든 없든 '말이 없는 영화'는 없다. 무성영화는 말이 없는 영화가 아니라, 다만 우리가 배우의 목소리를 들을 수 없는 영화일 뿐이다. 그는 영화에서 말은 완전히 청각적이거나 시각적인 것이 아니기 때문에, 영화 연구는 '오디오-로고-비주얼'이라는 3항의 입체적인 관계성을 포착해야 한다고 말한다.

시옹은 영화에서 말과 목소리가 갖는 특권성을 목소리중심주의(vococentrism)라고 명명하고, "목소리의 현전(現前)이 지각의 위계를 설정하고, 그것을 포함하는 소리 공간(sonic space)을 구조화한다"[24]고 주장한다. 말과 목소리, 그리고 스크린 속에서 그것의 결절점이 되는 신체가 소리 공간을 어떻게 구조화하는가에 대한 시옹의 관심은 필름 텍스트 그 자체에 한정되어 있지만, 목소리를 사고하기 위해 공간 개념을 도입한 것에 착안해 논의를 좀 더 확장해 보자.

목소리는 신체에 정주하기는 하지만 속박되지 않는다. 또한 영상처럼 방향이 고정되지 않고 전방위적이다. 그렇기에 가청 공간 안에 있는 사람은 어느 방향에서 흘러나오든 목소리를 청지(聽知)할 수 있다. 인간의 목소리가 정주하는 곳이 신체이고, 그 신체가 존재하는 곳이 영화적 공간이라면, 목소리가 구조화하는 공간에 대한 논의는 텍스트의 차원을 넘어서 다층적으로 전개된다. 목소리가 갖는 공간의 지배력은 스크린에만 한정되지 않기 때문이다. 따라서 영화의 목소리는, 메리 앤 던도 제안했듯이, 디제시스(diegesis)의 공간이자, 스크린의 가시적 공간이며, 관객의 청각적 공간인 동시에 이 모든 것을 아우르는 메타 공간으로서 설정된 극장과의 관계에서 고찰되어야 한다.[25] 이러한 고찰을 통해 말하는 사람과 듣는 사람, 그리고 그들 신체 간의 관계성을 공간화하고, 목소리와 신체, 그리고 그 공간 사이의 관계를 다층적으로 파악할 수 있다.

　이처럼 목소리 혹은 말과 그것이 구조화하는 공간과의 관계를 살핀다고 했을 때, 이러한 공간이 어떠한 역사적·언어적·정치적 상황 조건에 놓여 있는가는 대단히 중요한 문제이다. 인간의 신체/목소리의 단위(body/voice unit)에 기초하는 발성영화는 목소리와 말을 젠더, 민족, 계급 등과 유기적으로 결합시킴으로써,[26] 극장을 역사적·언어적·정치적 상황 조건 속에 위치시킨다. 이 점을 간과하면, 영화와 그것을 둘러싼 말과 목소리에 대한 문제는 영어나 프랑스어와 같은 제1세계 언어 장의 추상화된 논의를 반복하게 된다. 텍스트와 그 실천을 포함한 영화, 그리고 그것을 둘러싼 환경은 고정불변한 것이 아니라, 종족, 미디어, 자본, 테크놀로지 등과 이접하며 계속해서 변경된다. 영화의 목소리와 그것이 구조화하는 공간으로서의 극장을 고찰하기 위해서는 이접 요소들 간의 관계와 이들 사이에 작용하는 헤게모니를 검토해야 하는 것이다.

주지하듯이, 영화는 국가와 민족의 경계를 넘나드는 트랜스내셔널한 미디어이다. 즉 모든 영화는 월경을 통해 '외국 영화'가 된다. 이러한 월경은 자국 문화산업의 보호주의를 내세우는 국민국가의 외국 영화 정책과 언어의 장벽 등 필연적으로 몇 가지 문제를 동반하게 된다. 영화에서 배우의 몸짓과 같은 시각 기호와 결합된 언어와 골상(physiognomy)은 관객들에게 그 필름의 '외국성(foreignness)'을 인지시킨다. 영화가 언어를 통해서만 이해될 수 있는 것은 아니지만, 언제나 불완전할 수밖에 없는 번역은 관객 자신이 현재 위치한 사회문화적 기원을 환기시킨다. 할리우드 영화를 미국 내에서 상영하는 것과 유럽에서 상영하는 것, 그리고 일본이나 식민지 조선에서 상영하는 것은 각각 다른 수용 맥락을 갖기 마련이다. 그렇다고 했을 때, 사운드 도입과 함께 영화의 월경성이 갖는 의미와 역할은 무성영화기의 그것과는 다른 맥락에서 살펴야 할 것이다.

식민지의 극장은 식민지/제국 체제의 이중언어 환경과 밀접하게 연관되어 있다. 조선의 언어 환경은 각 언어 사용자의 합의에 의해 두 언어가 공존하는 바이링구얼리즘(bilingualism)이 아니라, 식민자의 언어인 일본어와 피식민자의 모어인 조선어가 지배자의 언어가 가하는 상징적 폭력에 의해 위계화된 다이글로시아(diglossia)이다.[27] 다이글로시아에서 지배 언어가 갖는 문화적 헤게모니는 발성영화의 제작과 배급, 상영 모두에 영향을 미친다. 사운드 도래와 함께 부상한 자국어 발성영화에 대한 낙관적 기대와 달리, 민족어와 시장의 관계는 필요충분조건이 아니었다. 사운드 시스템으로 전환한 영화는 종전보다 서너 배 이상 상승된 제작비가 투여되어야 했고, 제작 비용 이상의 수익을 올리기 위해서는 시장의 확장이 불가피했다. 경제적 채산성이 없는 마이너리티 언어는 독자적인 영화시장을 존속하기 어렵게 된 것이다.

이러한 이유로 영화 제작자 자신의 모어가 아닌 언어로 영화를 만들어야 하는 상황이 발생한다. 다양한 언어의 세계를 선물해줄 것 같았던 사운드가 오히려 마이너리티의 언어를 집어 삼켜버리는 것이다. 그리하여 특정한 언어의 사용이 확대되고, 그 확대된 언어를 중심으로 한 새로운 영화권이 구성되기에 이른다. 물론 국민국가의 경계를 넘어서는 횡단의 방향과 두께는 그들 간의 문화적·정치적·경제적 위계질서와 헤게모니에 의해 결정될 것이다. 이 책에서는 식민지/제국 체제의 언어 편제에서 마이너리티의 조선어 시장이 제국적 영화권 안으로 편입된 것을 '일본어 영화(Japano-phone cinema)'의 기획으로 조명함으로써, 발성영화의 월경과 더불어 부기되기 시작한 일본어 자막판 영화부터 일본어 영화로 이르는 과정까지를 연속성의 측면에서 분석한다.

이 책의 구성

이 책은 현존하는 발성영화 필름들을 분석의 중심에 두지 않고, 토키 이행기의 영화와 그것을 둘러싼 환경의 다층성을 포착하기 위한 방법적 사례로서 이용한다. 이 책에서 필름 텍스트를 다루는 방식은 현재 한국영화사 연구가 안고 있는 실질적인 난제를 어떻게 해결할 것인지와 관련된다. 식민지 시기에 제작된 180여 편의 극영화 중에서 2016년 현재 남아있는 필름은 15편에 불과하고, 그 중에서도 〈청춘의 십자로〉(무성, 1934), 〈심청〉(1937), 〈그대와 나(君と僕)〉(1941)는 필름의 일부가 소실된 불완전판이다.[28] 기존의 한국영화사는 이러한 '텅 빈 아카이브'[29]를 '기원'에 대한 집착으로 채우거나, 연구 불가능성의 알리바이로 삼거나, 혹은 부재하는 필름들을 신화화하는 태도를 반복해 왔다. 그러나 김소영이 제안했듯이, '텅 빈 아카이브' 그

자체를 연구 방법론을 모색하는 출발점으로 삼는 것이 오히려 생산적이다. 왜 식민지 시기에 제작된 수많은 영화 중 불과 10% 미만에 불과한 필름들만이 '텅 빈 아카이브'에 등록될 수 있었는가. 이 필름들을 둘러싼 역사적 조건이 무엇인가부터 시작해 보자.

1998년 러시아 고스필모폰드에서 발굴 수집된 〈심청〉(불완전판)을 시작으로 현재까지 한국영상자료원이 수집해 온 필름들은 국내에서 발굴된 무성영화 〈청춘의 십자로〉를 제외하고는 모두 일본이나 중국, 구(舊) 소련 지역에서 발굴되었다. 1945년 이후 변화된 세계 체제에서 어디에도 귀속되지 못한 채 국외의 수장고에 묵혀 있었던 이 고아 필름(orphan film)들이 현재 '한국영화'라는 국가 영화의 범주로 소급되어 남한의 아카이브에 귀속된 것이다.

이 책에서는 이 필름들이 제국 일본 안에서 트랜스내셔널하게 유통된 식민지산(産) 상품이었다는 사실, 바로 그 점에 주목하고자 한다. 발굴된 필름들은 '조선어 발성+일본어 자막'이거나 '일본어 발성'으로 제작되어 식민지 영화의 상품성과 월경성, 그리고 일본어를 바탕으로 한 제국적 영화권의 존재를 셀룰로이드 필름 그 자체로 입증하고 있다. 나는 남아있는 필름들을 미학적 텍스트로서보다는 식민지 발성영화의 상품성과 제국 일본의 영화 권역의 형성을 보여주는 사례로 다루어, 토키 이행이 영화 매체의 월경성을 강화하고 식민지를 넘어 제국으로 향하는 방향성을 갖게 했으며, 한반도의 경계 너머에 그리고 과거를 지나 오늘에 현존할 수 있었다는 사실을 새롭게 조명하고자 한다.

이 책은 영화의 상품성과 월경성을 영화 매체의 특질로 일반화하기보다 식민지 조선의 토키 이행이 야기한 문화적 변동들과 관련해 검토하는 한편으로, 구미영화와 일본영화, 그리고 조선영화가 다층적으로 공존하고 접촉했던 토키 이행기 극장의 변동들 속에서 조선영화의 자기구성 과정을 추적한다. 또한 식민지/제국 체제의 이중언어 상황에서 일본어를 공통어로 하는 제국적 영화권이 형성되는 과정과 더불어 조선영화의 좌표가 어떻게 설정되었는가 하는 점 역시 다루고자 한다.

이 책의 본론은 세 부분으로 구성된다. 2장에서는 토키 이행기 극장의 문화적 지형 변화를 개괄하고, 3장에서는 조선영화가 토키화를 통해 세계영화의 동시대성을 확보했다는 자각과 함께 종족성에 대한 자의식을 조선영화의 미장센으로 구성하고자 모색한 과정을 살펴보며, 마지막으로 4장에서는 식민지/제국 체제에서 일본어의 공통적인 사용을 바탕으로 한 영화권의 형성 과정에서 조선어와 조선어 영화가 당면한 문제들을 고찰한다.

2장은 공식어/지배어로서의 일본어와 피식민자의 모어인 조선어가 불평등하게 공존하는 이중언어 환경에서 극장이 '동족(어) 공간'으로서 갖는 의미를 분석하고, 토키 이행이 야기한 '동족(어) 공간'의 쇠퇴와 관람 경험의 균열을 고찰한다. 식민지의 이원적인 사회 구조에서 조선인과 일본인 간의 사회적·공간적 분리와 불평등한 이중언어 환경 등이 맞물리면서 극장은 민족(어)별로 분리된 관람 공간을 형성했으며, '조선인 상설관=서양 영화', '일본인 상설관=일본영화'로 상영 프로그램이 특화되었다. 식민지 조선에서는 '극장 가기' 자체가 이미 자신의 종족성을 확인하는 문화 실천이라고 할 수 있었다. 그러나 토키 이행 과정에서 무성영화의 소리들이 외부화되고 현전성이 소거됨에 따라, 극장의 동족(어) 공간으로서의 성격은 약화된다. 특히 일본어 자막이 외국 영화 번역 장치로 정착하면서 동일한 언어 공동체 안에서도 계급과 교육의 정도에 따른 수용의 비균질적 경험이 야기된 것은 이후의 흐름을 이해하는 데 중요한 배경이 된다.

3장에서는 조선영화가 토키를 토착화하는 데 성공한 이후 세계영화의 동시대성을 확보하는 한편으로, '조선영화'의 정체성을 탐구하고자 노력한 흔적들을 추적한다. 조선어 영화를 '조선의 영화'로 만들어야 한다는 당시 영화인들의 자의식이 조선영화의 미장센을 어떻게 구성하였으며, 이것이 조선영화가 제도화되는 과정과 어떻게 맞물려 있는지를 검토하였다. 이를 위해 이 장에서는 문학작품의 영화화, 조선적 영화음악의 사용과 사운드 몽타주 실험, 영화 연기의 제도화와 조선영화 스타덤의 형성이라는 세 가지 쟁점을 주요하게 살펴본다. 이러한 고찰을 바탕으로 필름이 자기완결적인 상품으로 유통되는 시대에 집합적 공간의 공적 경험과 스크린에 대한 사적 경험의 접촉 지대가 어떻게 형성되며, 이러한 조선/영화가 제국 일본 안에서 어떻게 위치되는지를 검토하고자 한다.

4장은 식민지/제국 체제의 불균형적인 언어 편제를 바탕으로 한 제국 내 영화권(Film Sphere)의 형성 과정에서 조선어 영화가 당면한 문제들을 검토한다. 조선영화는 일본 이출(移出)이나 일본과의 합작을 통해 협소한 지역 영화시장의 한계를 극복할 가능성을 발견하지만, 그것은 결국 조선영화를 제국 시장에 더욱 종속적인 관계로 묶어두는 결과를 낳았다. 이러한 상황에서 조선영화는 독자적인 시장을 유지하지 못하고, '동아 공통어'로서 일본어를 취해야만 하는 상황에 처한다. 이 과정에서 조선어는 '고쿠고(国語, 일본어)'의 외부, 교육의 외부, 도시의 외부, 미디어 테크놀로지의 외부 등에 위치되어 온 전 조선의 80% 인구를 위한 프로파간다 공간으로 재배치된다. 이 장에서는 전시기 프로파간다를 위해 조선어 구연 공간이 재배치되고 이동 영사를 통해 무성영화 상영 방식과 유사한 동족(어) 공간이 구성되는 장면을 살펴본다.

제
2
장

토키 이행기 극장의
문화적 지형 변화

발성영화의 역사에서 식민지 조선의 1930년대 전반기는 확실히 '감상(感)의 시대'[1]였으며, 조선어 토키 제작이 성공하기 전에 가져야 했던 긴 공백의 시간이었다. 서구와 일본의 토키가 조선에 수입 상영되는 동안, 조선영화만이 여전히 무성(無聲)으로 제작되었고 그나마도 1920년대 후반에 비하면 제작 편수도 확연히 줄었다. 이영일의 말대로, 이 시기는 "저조와 혼미로 시종"했으며, 조선인이 제작한 영화는 "기근상태나 다름이 없었다."[2]

그러나 '감상의 시대'는 요동의 시대이기도 했다. 1930년대 전반기를 전후로, 구체적으로는 조선에 처음으로 '말하는 활동사진'이 소개되기 시작한 1920년대 중반부터 조선어 발성영화가 활발하게 제작된 1930년대 후반에 이르기까지, 식민지 극장은 정치적·경제적·사회적·문화적 격변들과 조우하며 역동적으로 변화했다. 이 시기 극장과 이를 둘러싼 문화적 지형의 변화는 분명한 인과관계를 파악하기 어려울 만큼 여러 요인들이 서로 맞물려 중층 결정된 것이다.

2장에서는 '말(speech)'과 '언어(language)', 그리고 '목소리(voice)'의 문제에 초점을 맞추어 토키 이행기 극장과 영화 문화의 핵심적인 변화들을 살핀다. 세계영화사에서 발성영화의 출현은 '말 없는 영화'에서 '말하는 영화'로, '시각적 에스페란토'에서 '민족어'로, '목소리 없는 영화'에서 '목소리가 있는 영화'로 간추려지지만, 식민지 조선의 변화는 이러한 상식선에서 요약될 수 없을 정도로 복잡하다. 조선은 제국 일본의 식민지로서 일본의 문화적 영향권 안에 놓여 있으면서도 식민모국에 완전히 포섭될 수 없는 독자적인 영화 문화를 가지고 있었고, 조선어 인구가 절대 다수임에도 불구하고 일본어가 공식어/지배어로 군림하는 비대칭적 언어 환경에 놓여 있었기 때문이다. 식민지 조선에서 언어의 차이는 국가와 국가 사이의 경계, 혹은 '내지(內地)' 일본과 '외지(外地)' 조선 사이의 경계에만 존재하는 것이 아니라 식민지/제국 체제가 초래한 다종다양한 경계와 단층들 속에서 여러 겹으로 존재했다. 이 장은 공식어/지배어로서의 일본어와 피식민자의 모어인 조선어가 불균형하게 공존하는 식민지의 다이글로시아에서 극장이 '동족(어) 공간'으로서 갖는 의미를 분석하고, 조선의 영화 문화와 외국어 발성영화의 조우가 야기한 변화들을 고찰한다.

1. 식민지 극장과 다이글로시아

『조선총독부 통계연보(朝鮮總督府統計年報)』에 따르면, 1936년 당시 조선에 거주한 일본인의 총인구는 608,989명으로,[3] 조선에는 일본 제국 내에서 최대 규모의 재조선 일본인 사회가 형성되어 있었다. 그들 대부분은 경성을 비롯하여, 인천, 부산, 평양, 마산, 대구, 군산, 원산, 신의주 등 도시에 거주했다. 경성과 부산에서는 부내 전체 인구 중 30% 가량을, 대구나 군산에서도 각각 부내 전체 인구의 25% 가량을 일본인이 차지하고 있었는데, 이들은 사회적으로나 공간적으로나 조선인 사회와 분리되어 일종의 '일본 바깥의 일본'인 정착민 사회를 구성했다.[4] 일본인 이주자 외에도 선교와 사업 등의 목적으로 조선에 온 서양인들이 있었고, 중국 화교들이 집단적으로 거주하는 지역도 있었다. 비록 적은 숫자이기는 하지만 조선의 도시들은 다민족 사회(multi-ethnic society)로 구성되었으며, 특히 소수의 일본인과 다수의 조선인이 공존하는 사회였다고 할 수 있다.[5]

식민지 조선의 영화 문화를 재구성할 때, 이 점은 중요하게 주목되어야 한다. 조선의 극장과 영화 문화가 근대 도시를 중심으로 형성되었고, 영화산업 초기부터 식민모국 일본의 영화산업과 재조선 일본인들의 자본이 그 근간에 자리했던 만큼, 원주민인 조선인과 이주자인 일본인 간의 사회적·공간적 분리와 불균형적인 이중언어 환경이 극장이라는 집합 공간에 어떤 식으로든 작용하기 때문이다. 이미 많은 연구가 지적했듯, 민족별로 분리된 식민지의 극장은 식민 권력의 감시 아래에서 식민지인들이 합법적으로 모일 수 있는 '동족(同族)의 공간'이었다.[6] 이 절에서는 이러한 극장을 사회문화적 맥락에서 다시 상대화하고, 식민지/제국 체제에서 식민지가 필연적으로 내장하는 이원적 구조와 다이글로시아가 식민지 조선의 극장과 영화 문화의 형성에 어떻게 개입하는지를 구체적으로 살피게 될 것이다.

(1) 두 민족, 두 언어, 두 극장

1910년에 조선 최초의 영화상설관 경성고등연예관(京城高等演藝館)이 개관한 이후, 경향 각지에는 일본인 거주지를 중심으로 영화상설관들이 설립되기 시작했다. 흥행 산업 초기에는 조선 전역을 통틀어 영화상설관의 수가 극히 적어서 조선인만을 겨냥한 상설관이 매우 드물었다. 개관 첫 해, 경성고등연예관에서 활동사진을 관람했던 한 일본인은 신사코트를 입은 일본인 변사와 삼베옷을 입은 조선인 변사가 번갈아 해설하는 광경을 기록했는데, 이는 초기의 영화상설관이 일본인에게도 조선인에게도 모두 개방적인 공간이었음을 말해주는 것이다.[7] 일본인 흥행단체의 가부키나 신파연극, 료쿄쿠(浪曲)나 나니와부시(浪花節) 등을 공연하는 극장에서 일본인 관객이 압도적인 비중을 차지하고, 조선 전통 연희와 판소리, 조선인 신파극 등을 공연하는 극장이 조선인 관객들로 채워졌던 상황을 견주어 보면, 경성고등연예관에서는 상대적으로 민족 간의 구획이 희미했다.

그러나 상설관의 프로그램이 점차 장편 극영화 중심으로 이행하고, 변사의 해설이 전설(前說)을 줄이고 중설(中說)을 확대하는 방향으로 변화하면서, 변사가 구사하는 언어와 관객의 영화 취향이 흥행의 결정적인 변수로 떠오르게 되었다. 초기처럼 일본인 변사와 조선인 변사가 번갈아 해설하거나 일본어를 잘하는 조선인 변사가 일본어와 조선어를 모두 구사하며 해설하는 방식[8]은 영화 상영 중 장면의 내용과 대사를 해설해야 하는 중설(中說)과 맞지 않았다. 조선어와 일본어를 번갈아 가며 해설하면 상영 소요 시간이 늘어날 뿐더러 관객의 몰입도 방해하게 되므로, 일본인과 조선인 중 어느 쪽을 고정 관객으로 삼느냐에 따라 변사의 언어를 결정해야 하는 상황이 된 것이다.[9] 게다가 민족별로 영화에 대한 선호도가 다른 것이 뚜렷해지자 흥행주는 이 점 역시 고려하지 않을 수 없었다. 조선인 관객들은 서양 영화의 호쾌한 액션과 스펙타클에 쉽게 매혹당하면서도, 일본의 구극영화나 신파물을 정서적으로 낯설고 이질적인 것으로 여겼다. 일본 고유의 설화나 서사적 관습을 이해하지 못하는 조선인 관객에게 일본영화는 그다지 매력적인 볼거리가 아니었던 것이다.

언어의 차이와 관객의 민족별 구성, 그리고 프로그램 편성은 서로 연관되어 있었다. 초기 상설관에서는 일본인 상설관이나 조선인 상설관이나 공통적으로 짤막한 실사와 골계, 희극, 그리고 서양에서 제작된 연속영화나 장편 극영화들을 상영하되, 일본인 상설관에서는 서양 영화 외에도 일본에서 제작된 시대극영화와 신파영화를 주요한 프로그램으로 내세웠다. 반면, 조선인 관객들을 대상으로 한 상설관은 우미관처럼 일본인 상설관(제2대정관)[10]과 필름을 공유하더라도 관객들이 일본영화를 좋아하지 않는다고 보고 서양 영화 중심의 프로그램을 편성했다.

경성고등연예관이 일본인과 조선인의 공용관에서 일본인 전용관으로, 또 조선인 전용관으로 바뀌었다가 다시 일본인 전용관으로 부침하고, 뒤이어 나타난 황금관, 대정관, 유락관 등이 한정된 일본인 관객을 두고 경쟁하는 동안, 1912년에 개관한 우미관이 경성 유일의 조선인 상설관으로 자리를 굳혔다. 그러다가 1918년 12월에 단성사가 영화상설관으로 재개관하고, 1922년에 조선극장이 문을 열면서, 단성사, 조선극장, 우미관이 조선인 관객들을 확보하기 위해 삼파전을 벌이고, 일본인 상설관들 역시 이들과 경쟁하는 상설관 시대가 도래했다.

상설관 시대 변사의 구사 언어와 관객의 종족별 비율, 편성 프로그램 사이의 연관성은 식민지 조선의 영화 문화가 식민모국인 일본의 그것으로부터 많은 영향을 받았으면서도, 그와는 분명히 다른 특이성을 가지고 있었음을 보여주는 것이다. 일본에서 영화상설관은 상영 프로그램이 국산 영화인지 수입영화인지에 따라 '방화관(邦畵館)'과 '양화관(洋畵館)', 그리고 국산 영화와 수입영화를 함께 상영하는 '병영관(幷映館)'으로 삼분되었다. 이 중 수입영화만 상영하는 양화관의 비중은 극히 작아서, 실상은 국산 영화 상영관과 병영관으로 양분된 구조였다. 반면, 식민지 조선에서는 양화관과 방화관, 병영관 등의 구분에 앞서 관객의 민족적 구성에 따른 구분이 있었다. 즉 일본인 상설관과 조선인 상설관이라는 구분이 먼저 있고, 그 각각이 '일본영화 상설관/병영관'과 서양 영화 상설관으로 특화되었다. 일본인 상설관 중에는 서양 영화를 병영(幷映)하는 곳이 많았으니, '일본인 상설관=병영관', '조선인 상설관=서양 영화'라는 구도라고 해야 할 것이다. 이렇게 이분된 구도는 1930년대 중반까지 지속되었다. 변사가 영화를 해설하던, 소위 무성영화 시기 동안 극장 그 내부의 경험은 종족적으로 이원화되어 있었다.

상영 프로그램과 종족성 사이의 밀착성은 양면적인 것이기도 했다. 때로는 서양 영화가 조선인 관객을 일본인 상설관으로 유인하기도 했기 때문이다. 일본인 상설관은 조선인들이 특별히 관심을 가질 만한 서양 영화를 상영할 때에는 조선어 신문에 광고를 내거나 조선인 변사를 초빙하는 이벤트를 벌이곤 했다.[11] 1917년 4월에 하야카와 연예부(早川演藝部)가 경성의 유락관(有樂館)에서 상영한 이탈리아 영화 〈카비리아(Cabiria)〉(1914)는 일본인 변사들이 해설했지만,[12] 젊은 조선인 관객들도 많이 관람했다.[13] 같은 해 7월, 일본 도쿄의 고바야시상회(小林商會)를 통해 〈맥베쓰(Macbeth)〉(1916)를 들여온 하야카와 연예부는 《매일신보》에 조선어 광고를 게재했는데, 광고 내용은 저렴한 비용으로 유명한 서양 영화를 일본에서 파견한 변사의 설명으로 관람할 수 있다는 것이었다.[14] "일본말을 알지 못하는 이에게는 재미가 좀 적을까"[15]하는 염려에도 불구하고, 이 영화 역시 〈카비리아〉와 마찬가지로 민족이나 언어를 넘어 서구의 문화와 예술에 경도된 청년 관객들을 매혹했다. 일본인 변사의 해설로 상영하더라도 서양 영화는 종종 조선인 관객을 일본인 상설관으로 유인하는 미끼가 되었다. 1920년대에 들어 조선인 상설관=서양 영화 상설관이라는 관계가 더욱 뚜렷해지자, 서양 영화 신작을 보기 위해 일부러 조선인 상설관을 찾는 일본인 관객들의 사례도 심심찮게 발견된다.[16] 즉 식민지 조선에서 조선인 상설관(민족)과 서양 영화(상영 프로그램) 사이에 특별히 밀착된 관계가 형성되어 있었던 한편으로, 서양 영화 취향이야말로 상설관의 종족적 균질성에 틈을 내는 동인이 될 수 있었던 것이다.

경성에서는 일본인 상설관들과 관객의 구성이나 상영 프로그램 면에서 구분되는 단성사와 조선극장이 개봉하고, 지방에서는 문화운동의 분위기 속에서 조선인 상설관이 설립되기 시작한 1920년대 중반에 이르러, 일본인 상설관과 조선인 상설관의 양분 구조는 더욱 뚜렷해졌다.[17] 초기에 흥행 사업을 시작한 일본인들이 겨냥한 관객층은 '일본 바깥의 일본'에 거주하는 재조선 일본인들이었기 때문에, 일본인 극장이나 상설관이 일본인 거주지와 경제 활동 중심지에 세워진 후에, 일본인들을 중심으로 한 영화 문화의 주변부에 조선인을 위한 별도의 상영 공간이 만들어지게 되었다.[18] 이러한 이원적 구조에서 조선인 상설관은 조선인 변사가 해설하는 서양 영화를 관람하는 피식민자들의 공간이며, 일본인 변사가 해설하는 일본인 상설관의 외부로 자리 잡았다. 식민지 조선의 극장은 민족적 동질성과 단일한 언어 공동체의 상상에 기반해 구성되는 '동족(어) 공간'으로서 그 내부의 균질성은 외부와의 관계에서, 또 외부와의 경계를 통해 단단하게 구축되었다고 할 수 있다.

그런데 이 시기 관람 공간의 종족적 분리가 변사의 해설 및 서양 영화 취향과 관련된 것이라고 해도, 행정적으로 공식화되지 않은 분리가 어떻게 (일부 예외를 제외하고는) 무성영화 시대 내내 공고하게 유지될 수 있었을까. 언어의 차이만이 아니라 식민지 내의 인종적 배제와 격리의 감각이 거기에 맞물렸기 때문이 아닐까.

식민자와 피식민자가 한데 모여 있는 극장은 언제라도 민족 간의 분란이나 소요 사태가 발생할 수 있는 공간이었다. 예컨대, 경성고등연예관 초기 '권투 대(對) 유도의 대항시합' 필름 상영 직후 조선인과 일본인 사이에 난투극이 벌어졌다. 영화에서 몇 번이나 승패가 엎치락뒤치락하던 중에, 서양인 권투선수를 응원하는 조선인 관객들과 일본인 유도선수를 응원하는 일본인 관객들의 흥분이 점점 과열되었고, 마침내 유도의 승리로 끝나자 서로 욕설을 퍼붓고 주먹질이 오갔다는 것이다.[19] 평북 의주에서는 일본의 관동대지진을 촬영한 필름을 영사했을 때, 일본인들은 본국의 재난에 슬퍼하고 '동정

(同情)'하는 데 반해 조선인들은 '광희(狂喜)'하는 경향을 보여 영사가 중단된 일이 있다.[20] 한 장소에서 상영되는 같은 필름을 두고 일본인과 조선인이 동정과 광희라는 상반된 반응을 격하게 표현할 때, 민족·간 감정의 골은 더욱 깊어질 수밖에 없었다. 두 민족의 상영 공간이 물리적으로 격리되지 않았다면 서로의 반목과 갈등이 폭력으로 치닫는 사태가 빈번히 발생했을지 모른다.

상영 공간의 이원적인 구조를 지속시킨 것은 이러한 물리적 격리보다 더 근원적인 차원에서 작용하는 생래적인 배제의 감각이었다. 화재 등으로 상영관이 갑작스럽게 소실되는 사태가 아니라면 일본인들이 조선인 상설관을 찾는 일은 거의 없었다.[21] 어느 재조선 일본인 관객은 조선인 상설관이 저렴한 입장료로 서양 영화를 볼 수 있다는 장점은 있지만, 빈대가 많고, "조선인 특유의" "이상한 냄새"가 나며, 여기저기서 "지저분한 욕"을 하는 자들이 있다고 말한다.[22] 피식민자의 공간은 일본인들에게는 불결하고, 불편하며, 위험한 공간이었다. 반면, 앞서 제시한 사례처럼 일부 조선인들은 저명한 영화를 일본인 변사의 해설로 관람하기 위해 일본인 상설관을 찾곤 했다. 일종의 동경이나 일본어를 이해할 수 있다는 특권적인 우월감이 그곳으로 이끌었을 것이다. 그러나 동족(어) 공간의 외부에서 그들이 느끼는 것은 우월과 모멸이라는 양가적인 감정이었다. 피식민자에 대한 식민자의 불안과 공포, 혐오가 한편에 있다면, 다른 한편에는 식민자에 대한 피식민자의 위축과 공포, 분노가 있었다. 어느 쪽이든 이민족의 흘깃거리는 시선을 감수할 수 없으면, 경계 너머의 공간을 기웃거리지 않았다. 흘깃거리거나 기웃거리거나 그 시선의 감각은 피부와 근육이 지각하는 공간과 경계의 감각이기도 하다. 식민지에서 동족(어) 공간으로서의 극장이란, 시청각 경험의 장일 뿐 아니라 동족의 신체가 군집된 '육감적(肉感的) 공간'[23]이다. 임석경관으로 상징되는 식민 권력의 감시와 통제, 규율체계가 작동하는 공간[24]일 뿐 아니라, 소음과 체취, 옆 사람의 체온, 실내의 더운 열기와 한겨울의 냉기를 참아내야 하는 공간이기도 하다. 이러한 것들을 참아낼 수 있는 것은 결국 '여기' 밖에는 없다는 감각, 즉 동족(어)의 공간을 외부화하는 식민지의 격리와 배제의 감각 때문이다. 극장의 역사는 이러한 감각들이 민족적 결집과 저항의 잠재성을 내장하고 있음을 증언해 왔다. 그 잠재성을 현실화하는 것은 동족에게 건네는 불온한 말이었다.

(2) '동족(어) 공간'의 정치적 잠재성

식민지 시기에 조선인 상설관은 누구를 위한 공간이었을까. 조선인 상설관은 모든 조선인을 위한 공간이었을까. 범박하게 말하면, 조선인 상설관의 관객은 도시에 거주하는 중산층으로 제한되어 있었다. 유료 관객의 수가 어느 정도 예상될 수 있는 규모의 도시여야 상설관이 설립되었고, 도시 거주자라고 해도 경제적 여유가 없는 하층민에게 극장의 문턱은 높았다. 1925년 어느 여름밤 종로 거리를 산책했던 한 기자는 극장이 "서울 중산계급의 사람들이 시달린 머리를 쉬며 삶의 위안을 받는 유일의 향락장"이라고 단언했다. 과연 극장 안에서 그가 본 관객들은 "무대의 스크린을 바라보고 좋아하고 웃는 학생", "부인석의 아양피는 기생", 기생들을 보고 "어리석은 기쁨을 짓는 점잖다는 신사"[25]들이었다.

그러나 1920년대 중반을 지나며 관객층은 물론 극장의 관람 분위기에 어떤 변화가 감지된다. 1926년 여름, 경영 상태가 극도로 악화된 경성의 상설관들은 서로 간의 협정을 파기하고 입장료를 경쟁적으로 인하했다. 신문지상에는 '대인(大人) 30전, 소인(小人) 20전'으로 광고하면서 가두선전에서는 '10전'을 부르며 호객하는 식이었다. 서로 제 살을 깎아내는 무리한 시도였지만, 소위 '10전 관객'들이 새로운 관객층으로 흡수되면서 영화상설관의 관객 수가 격증했다. 조선총독부 경무국 도서과의 통계에 따르면, 1926년 한 해 동안 경기도의 영화상설관을 찾은 관객은 1,312,466명인데, 그중 1월부터 6월까지의 관객 수는 549,468명인 데 반해, 7월부터 12월 사이에는 상반기보다 무려 38%가 증가한 762,998명이 영화를 보았다. 영화 관객은 입장료가 인하된 8월, 9월, 10월에 가장 많이 몰렸다.[26] 이때의 상황을 최승일은 「라듸오·스폿트·키네마」에서 다음과 같이 적고 있다.

> 한참 적에는 그나마 상설관서 네 개가 문을 닫힐 지경이라, 하는 수 없이 일금 10전 하니까 전에 못 보던 팬들이 우아—하고 몰려든다. 내가 어렸을 적에 돈 10전을 내고 구경해 본 적이 있지마는 요즈막 와서 상설관에서 10전 받는다는 것은 아마도 이 지구 위에 조선밖에는 없으리라. 그러나 어쨌든 잘한 일이다. 다른 것— 모든 예술보다도 가장 민중과 가까운 의미를 가진 영화조차 일반 민중에게서 자꾸 멀어간다는 것이 좀 섭섭한 일이니까 10전 받을 제 몰려들어온 새로운 팬! 그들이 정말— 영화의 팬인 것을 짐작해야만 될 것이다.[27]

최승일의 표현을 빌자면, "전에 못 보던" 이 새로운 관객들은 응당 애초부터 영화의 관객이었어야 할 "일반 민중"이다. 여선정은 이 시기의 입장료 인하가 "잠재적인 관객층이던 하층 유랑민들을 영화적 공공영역으로 불러들임으로써 이전과는 상이한 영화소비 국면으로 전환"되었다고 하면서, 식민지 극장이 "대항적 공공영역으로서 색채를 지니게 되는 것은 배제되어온 이들 집단의 공간 전유와 관련이 있다"[28]고 주장하였다.

그러나 '하층 유랑민'의 극장 출입이 이후로도 지속적이었다고 하기는 어렵다. 식민지 시기 내내 입장료 인하는 종종 있었지만, 그때마다 그것이 '하층 유랑민'이 극장으로 유입되는 효과로 이어졌다고 단언할 수는 없다. 실제로 불과 몇 달 만에 극장들은 입장료를 다시 인상했다. 입장료 인상 후에 쓰인 1927년 3월의 「극장만담」은 아동 관객이 줄어 장내가 소란스럽지 않고, 부인석에 "노부인, 여염집 부녀, 기생 그리고 여학생" 등 여성 관객이 늘었다고 전한다.[29] 기생이나 한량, 학생들로 제한되었던 관객층이 확대된 한편으로, 장내 질서를 유지하며 관람의 매너를 지키는 성숙한 '영화팬'들이 늘어났다. 1928년 만년설(한설야)과 조선영화의 현실에 대한 격론을 벌이던 심훈은 '어떠한 종류의 사람들이 현재 영화팬을 형성하고 있는가'를 물으며, 아래와 같이 자답했다.

> 서울이나 지방도시의 상설관을 불문하고 관중의 전부는 도회인이다. 유동관객이라고는 아주 없다고 할 수 있으니 농민이나 순전한 노동자는 그림자도 찾을 수 없다. (중략) 진종일 비지땀을 흘려서 간신히 양쌀 한 되를 팔아먹는 사람들로서는 하룻밤에 육칠십전을 판출(辦出)할 여유가 없을 것이니 **조선의 영화팬이란 유식계급(遊食階級)의 쁘띠 부르주아지들로 국한되어 있는 것**을 발견할 수 있을 것이다.
> 그 대부분은 학생으로 점령되어 있어서 방학 때가 되면 거의 문을 닫히게 되는 현상을 보인다. 그밖에도 지류계(芝柳界)와 부랑자(浮浪者), 다음으로는 화사숙녀(花士淑女) 급의 상등(上等) 손님, 그 다음으로는 공손들이니 이 무료입장자(영화계와 상설관계자 및 신문기자)가 이른바 고급팬의 부류에 속하는 것이다. 그러므로 조선의 극장과 상설관이 대중적으로 개방이 되지 못하고 한군데도 프롤레타리아의 손으로 지지(支持)되

어 있지 못한 것을 알 수 있는 것이다. 어쨌든 **영화극장에는 아직도 짚신을 감발을 한 사람들의 발자국이 한 번도 이르러보지 못한 것이니 우리가 말하는 의미의 대중이나 민중과는 아주 거리가 먼 사람들에게 독점된 향락장인 것**이다.[30] (굵은 글씨 강조는 인용자)

심훈이 보기에, 영화상설관은 서울이든 지방이든 여전히 도시에 사는 "유식계급(遊食階級)의 쁘띠 부르주아지들"이 점령한 향락장 이상이 아니다. 학생과 화류계 여성, 부랑자가 대부분이고, 상등석에 앉는 신사 숙녀나 영화계, 상설관 관계자, 신문기자 등이 고급 관객 무리에 속한다. 관객이 늘고 관객층이 다양해졌다고는 하지만, 여전히 농민이나 노동자, "진종일 비지땀을 흘려서 간신히 양쌀 한 되를 팔어먹는 사람들", 그리고 짚신을 신고 감발을 한 사람들이 쉽게 찾을 수 있는 곳이 아니다. 1926년 하반기 입장료 인하로 하층민 관객이 늘었던 것은 매우 일시적인 현상이었던 것이다.

그럼에도 1926년 이후의 극장은 이전의 극장과 결코 동일하게 취급될 수 없다. 이 무렵 관객 수가 격증하고 관객층이 확대된 것은 단순히 입장료가 파격적으로 인하되었기 때문만은 아니다. 이는 당시 조선 사회에 발생한 여러 문화적 현상들이 중층적으로 작용한 결과였으며, 또 이후 여러 현상들의 발단이었다.

이경돈이 주목했듯,[31] 1920년대 중반 문화 주체로서 '대중(大衆)'의 형성과 영화와 같은 새로운 매스미디어의 등장은 서로 밀접한 관계가 있다. 당시 조선에서 미디어의 이용 기반 자체가 매우 허약했다고 하더라도 새로운 미디어들은 연령과 성별, 계층을 아우르는 다양한 사람들이 동시적으로 문화를 소비할 수 있는 가능성을 보여주었다. 1926년에 발생한 일련의 사건들을 열거하며, 천정환은 이러한 미디어의 출현과 대중의 형성이 민족주의와 결부되었을 때 엄청난 파급력을 가졌다고 말한다.[32] 가령, 1926년 4월 조선왕조의 마지막 왕인 순종이 붕어(崩御)하자, 3·1운동 이후 잠재되어 있던 '국권 상실'에 대한 울분이 산발적이고 자발적으로 표출된 사건들이 있었다. 인산일인 6월 10일의 가두시위도 그 중 하나다.

이 해 10월에 개봉한 영화 〈아리랑〉이 조선영화 초유의 흥행을 기록한 것은 당시의 사회적 분위기와 무관하지 않았다. 또 이러한 분위기에서 〈아리랑〉은 영화를 관람한 관객들이나 상영에 참여한 많은 이들에게 매우 특별한 경험으로 회고되어 왔다. 당시 보통학교 4학년생이었던 안동수는 학교가 영화관 출입을 엄금했음에도 모친을 따라 처음으로 극장에 간 경험을 회상했다. 그 자신뿐 아니라 모친과 함께 갔던 부인들도 모두 그때 처음으로 '활동사진 구경'을 했다고 한다. "그만큼 〈아리랑〉은 일반대중에게 알려졌고 또 일반대중은 〈아리랑〉으로 하야 활동사진이란 것이 어떠한 것이란 것을 알게 되었다"[33]는 것이다. 바로 이 해에 조선총독부 경무국 도서과가 신설되고, 필름과 출판물의 검열을 실시하게 된 것은, 역설적으로 '대중'과 미디어, 그리고 민족주의 사이의 결속이 야기할 효과를 상상해 보게 만든다.

1920년대 중반 조선인 상설관을 찾은 관객들을 무어라 부르건 간에—대중이든 민중이든, 혹은 군중이든—또 그들을 주목한 세력이 누구이든 간에—식민 권력이든 민족해방운동 세력이든, 혹은 프롤레타리아 운동 세력이든—, 그들이 〈아리랑〉의 주제가를 함께 부르며 남녀노소, 빈부귀천을 불문하고 옆자리의 관객과 정서적 교감을 나눌 수 있었다는 것이 중요하다. 극장은 '하층 유랑민' 관객이 존재했기 때문에 '대안적 공공영역'으로 기능한 것이 아니라, 그들을 '민족'이라는 이름으로 포함할 수 있었기 때문에 '대안적 공공영역'으로서의 잠재성을 내장하게 되었던 것이다. 우리가 주목해야 하는 것은 관객이 스스로 '조선인임'을 느끼고, '식민지인임'을 느끼고, 그리하여 서로 같은 운명으로 '연루됨'을 느낄 수 있는 계기가 조선인 상설관 시대의 극장에 잠재되어 있었다는 점이다. 〈아리랑〉 상영에 대한 회고들은 바로이 점을 시사한다. 그렇다면 이 불특정 다수의 관객을 공통의 지각 경험으로 이끄는 힘은 무엇이었을까. 극장에서 그들은 어떻게 '조선인'이 되었는가.

소설 『광분』의 시위 장면에서 식민지 원주민이 어떻게 '식민지인됨(the colonized-ness)'의 정체성을 확인하는지를 독해한 이혜령의 연구는 여기에 매우 유용한 시각을 제시해 준다.[34] 『광분』을 통해 이혜령이 읽어낸 식민지 군중이란, "식민지 체제에 내재해 있는 종족적 배제와 행정적 폭력성의 계기가 실현되어 식민지인들이 전적으로 익명적인 상황 속에서도 서로의 운명이 근본적으로 연루되어 있음을 목도하게 될 때"[35] 군집하는 실체이다. 이를 극장에 대한 논의로 끌어온다면, 조선인 관객들이 운집한 극장은 식민지인이 '잠재적 군중'이 될 가능성을 내장한 동족(어) 공간이라고 말할 수 있을 것이다. 유흥과 오락을 즐기기 위해 일정 정도의 입장료를 내고 조선인 상설관을 찾은 한 관객이 있다고 하자. 그가 일본인 상설관을 찾지 않은 이유는 순전히 일본인 변사의 해설을 알아듣지 못하거나, 일본영화에 별 흥미가 없거나, 일본인 상설관의 분위기가 불편해서일 수도 있다. 아니면, 조선인 변사의 맛깔스러운 해설이 재미있고, 미국영화에 관심이 많기 때문일 수도 있다. 이러한 '극장 가기'는 이미 자신의 종족성(ethnicity)을 확인하는 문화 실천이다. 그런데 극장에는 그가 전혀 예기치 못한 상황에서 자신의 민족적 정체성을 재확인하고 극장 안의 관객들과 자신의 '연루'를 확인하는 계기가 잠재되어 있다. 극장에 상주하는 임석경관이 갑자기 호각을 불어 공연이나 상영을 중지시킬 때, 치안상의 이유로 관객들을 불시에 검문검색하고 신체를 수색할 때, 조선인 극장의 불결을 문제 삼을 때, 관객들은 '식민지인'으로서 극장 안에서 벌어진 동일한 사태에 '연루'되어 있음을 자각하게 되는 것이다.

식민지 시기에 극장에서 발생한 여러 사태들 중에는 극장의 공기를 금세 불온하게 바꾸어 버린 '말' 때문에 '식민지인임'을 자각하게 된 사례가 상당히 많았다. 이른바 조선인 상설관 시대라 할 1920년대부터 1930년대 전반기에 걸쳐 극장에서 가장 많이 발생한 상연/상영 중지 사건은 배우가 검열을 통과한 대본에 적혀 있지 않은 대사를 하였다거나 변사가 불온하게 해설했다거나 하는 것이 그 사유들이었다.[36] 다중(多衆)이 군집한 장소에서 수용되는 연극이나 영화(의 해설)는 한 번 내뱉으면 공기 중에 흩어져버리는 말로 극장을 순식간에 열광의 도가니로 만들 수 있었다. 보이지도 않는 목소리가 극장을 불온한 장소로 바꾸어 버리는 것이다. 일단 발설하면 다시 주워 담을 수 없고, 관중의 귀에 닿은 목소리를 다시 제자리로 돌려놓을 수도 없는 말을 어떻게 통제할 것인지가 식민 당국의 관심사가 되는 것은 당연했다. 경향 각지에 새로운 영화상설관들이 세워지고 영화의 대중적 영향력이 점차 확대되자 경찰 당국은 변사들의 입과 격양된 목소리가 갖는 절대적인 영향력을 묵과할 수 없게 되었다.

1920년 7월, 우미관 변사 정한설은 상영 중 휴식 시간에 무대에 나타나 긴장된 표정과 흥분된 어조로 주먹을 불끈 쥐고 객석을 향해 외쳤다. "오늘은 자유를 부르짖는 오늘이요, 활동을 기다리는 오늘이라, 우리의 맑고 뜨거운 붉은 피를 온 세상에 뿌리어 세계의 이목을 한번 놀래어서 세계만국으로 하여금 우리의 존재와 우리의 정성을 깨닫게 하자." 곧바로 임석경관에게 체포된 그는 종로경찰서에 구인되었다. 상영되는 영화와는 무관한 불온한 언사로 관중을 선동하고 사상을 고취했다는 죄목이었다.[37] 당시의 기사는 변사가 상영 도중 "언론에 대한 관계로 구인"된 것은 이 사건이 처음이라고 기록하고 있다.

이처럼 변사가 정치적 발화자로 전화할 수 있는 잠재성이 확인되자, 당국은 필름을 넘어서는 변사의 말을 단속할 법적 근거를 필요로 하게 된다. 1922년 경기도 경찰부를 필두로 각 지방 경찰은 지원자의 상식과 품행을 평가하여 변사 면허를 내주는 활동사진 변사 자격 검정제도를 실시했다.[38] 관객에게 더 나은 관람 환경을 제공하기 위해 일정 정도의 자격을 갖춘 변사만 '설명업'에 종사할 수 있게 한다는 것이다. 그러나 실제 이 제도는 변사 개인의 신원(身元)과 사상을 당국이 통제하고 관리해서 감히 불온한 말을 발설할 수 없도록 예방하는 기능을 했다.

한편, 극장에서 공연자(배우, 변사)의 '언사'가 불온한가를 판단하는 것은 임석경관의 몫이었다. 무성영화는 상영마다 다른 텍스트와 의미를 산출하는 현장성이 강하기 때문에, 경무국 도서과의 출판경찰(검열관)이 검열에서 예단할 수 없는 변수들을 각 지방의 풍속경찰(임석경관)이 단속하도록 한 것이다.[39] 임석경관은 공연자의 말이 자신의 귀에 거슬리고, 그 말을 들은 관중의 분위기에서 어떤 반향이 감지되면 '불온한 것'으로 확신하고 호각을 불었다.

문제는 경찰이 호각을 불고 "중지!"를 외치는 순간, 극장 안에 어떤 일이 발생할 것이라는 불안과 공포가 관객들을 엄습하는 순간, 그리고 그들 스스로 이러한 상황이 부당하다고 느끼는 순간, 발생한다. 극장 안에서 발생한 사태들이 관객의 기억에 각인되고 식민 권력의 감시와 처벌이 내재화될 때, 관객은 무엇이 합법적이고 무엇이 불온한가에 대한 감각을 내면화하게 된다. 그러나 관객이 언제나 훈육되기만 한 것은 아니다. 때로 임석경관의 흥행 중지에 불만을 느낀 관객들은 경찰의 과잉 단속을 강력히 항의하고 비난했다.[40] 단순히 관람을 방해받은 데 대한 불쾌감에서 비롯된 행동이라 하더라도, 여기에는 식민 권력의 비정상성에 대한 비판이 내포되었다. 그리하여 이러한 소요들은 이전까지 열등하고 야만적이고 비정상인 존재로 폄하되었던 피식민자의 존재를 스스로 긍정적으로 인식하고 재정의하는 실천이 될 수도 있었다. 식민지 극장은 식민 권력의 규율이 강하게 작동하는 공간인 한편으로 이러한 정동(affect)의 순간들을 잠재했다.

다시, 1926년 영화 〈아리랑〉이 상영된 조선인 상설관의 시간으로 돌아가 보자. 영화 〈아리랑〉은 농촌을 배경으로 계급 갈등을 도덕적인 선악의 이분법으로 그리면서 관객의 공감과 눈물을 이끌어냈던 흥행작이다. 잘 알려진 대로 이 영화는 '민족영화의 신화'이자 '나운규 신화'의 정점에 있다. 식민지의 '민족적 울분'을 표출한 대표적인 저항 영화로 서술되어 왔고, 또 동시대를 살았던 많은 이들이 그렇게 회고해 왔다. 그러나 포스트콜로니얼 시대의 여러 연구자들은 〈아리랑〉이 어떻게 '민족영화의 신화'가 되었으며, 사람들은 왜 〈아리랑〉을 저항 영화로 기억하게 되었는지를 되물으며, '〈아리랑〉이라는 사건'을 다시 읽고자 시도한다. 이들은 〈아리랑〉의 대중적인 활극성이나 신파성을 조명한다거나, 가장 민족적인 영화로 추앙되어온 〈아리랑〉이 실은 미국영화의 영향과 자장 속에서 만들어진 것임을 지적하기도 했다.[41] 〈아리랑〉이라는 사건을 분석하는 많은 연구들은 〈아리랑〉을 신화로 만든 민족주의 영화사 서술의 무게를 덜고, 관객의 감정을 극대화하면서 스릴과 유머가 있는 영화, 지루하지 않고 따분하지 않은 대중적인 영화를 만드는 데 주안점을 두었다는 나운규의 말에 더 비중을 두었다.[42]

이 연구들이 공통적으로 주목하는 것은 〈아리랑〉이라는 사건이 무성영화 시대의 상영 환경에서 발생했다는 점이다.[43] 이제까지 한국영화사 속에서 들리지 않았던 변사의 목소리는 〈아리랑〉과 더불어 큰 울림을 갖게 되었다. 1926년에 개봉되어 한국전쟁 후까지도 전국을 돌며 상영된 〈아리랑〉이 필름 검열에서는 단 한 번도 문제된 일이 없음에도, 극장에서는 여러 차례 상영 중지 사고가 발생한 것은 이 영화의 '불온성'이 필름이 아닌 상영 현장에서 만들어졌음을 시사한다. 예컨대, 변사 성동호는 극장에 임석경관이 있는지 없는지에 따라 〈아리랑〉을 다르게 해설했다고 술회한다. 감시하는 경찰이 있을 때에는 영진(나운규 분)이 "서울 모전문학교에 재학 중 철학을 연구하다가 미쳐났다"고 해설했지만, 감시가 소홀할 때에는 "서울 모전문학교에서 철학공부 하다가 3·1운동의 고문으로 미치광이"가 되었다고 해설했다는 것이다.[44] 대부분의 경우 〈아리랑〉이 감시의 기제가 작동하는 공적인 장소에서 상영되었으므로 변사는 전자와 같이 해설했을 것이다. 변사는 낮을 들어 오기호를 살해한 후에야 정신이 든 영진이 순사의 포승줄에 묶여 끌려가며 마을 사람들에게 하는 마지막 대사도 상영 상황에 따라 다르게 읊었다.

> "여러분은 웃음으로 나를 보내 주십시오. 여러분이 우시는 걸 보면, 나는 참으로 견딜 수가 없습니다. **이 몸이 이 강산 삼천리에 태어났기 때문에 미치였으며 사람을 죽였습니다.** 여러분! 그러면 내가 일상 불렀다는 그 노래를 부르며 나를 보내주십시오."[45] (강조는 인용자)

마치 웅변자와도 같은 변사의 신파조 해설은 관객의 눈물을 자극했다. 관객들은 영진의 처지를 동정하며 눈물을 흘렸다. 〈아리랑〉을 보려고 난생처음 극장을 찾은 "누구의 어머니도, 누구의 고모도, 누구의 이모도 다들 훌쩍"[46]였다. 영진의 여동생으로 출연한 신일선은 해방 후에 회고하기를, 영화가 끝나자 "우는 사람, '아리랑'을 합창하는 사람, 심지어 조선독립만세를 외치는 사람"까지 있어 극장 안은 그야말로 "감동의 도가니"가 되었다고 했으며, 나운규의 친구 윤봉춘도 "미친 사람으로 가장한 영진은 태극기 대신 낫을 흔들었다. 애국가 대신 아리랑을 불렀다. 변사도 울고 관중들도 운다"[47]

나운규가 감독하고 주연한 영화 〈아리랑〉(1926) 촬영장의 스태프.

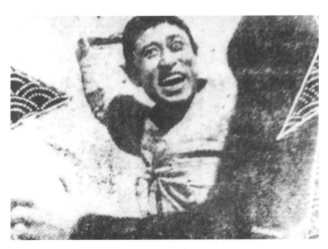

나운규 감독, 주연의 영화 〈아리랑〉의 한 장면.

고 기억했다. '마지막 변사' 신출은 1940년대 초반 원산에서 〈아리랑〉을 상영할 때 라스트신의 해설 때문에 고등계 형사에게 곤욕을 치렀다고 회고한다.[48]

물론, 이들의 기억은 사후적이고, 그렇기에 과장되거나 왜곡된 것일 수 있다. 그러나 이 마지막 시퀀스가 영사되자마자 상영 중지를 외친 임석경관이 있었던 것처럼,[49] 〈아리랑〉의 마지막 장면이 격앙된 "대중의 공통 심리와 정서를 공적인 장 속으로 끌어들이고 그와 공명"[50]하는 공동체적인 결속을 끌어냈던 상황은 실재할 수 있다. 이편에서 흘러나온 변사의 말이 저편에 있는 관객의 귀에 가닿을 때, 귀와 목소리가 닿는다는 것은 두 주체의 신체가 만나고 포개지는 일이다. 그 소리를 한 공간에 더불어 존재하는 여러 귀가 듣고, 흐느끼고, 노래를 따라 부르며 더 우렁찬 소리로 반향(反響)한다. 이것을 '공명(共鳴)'이라고 한다면, 〈아리랑〉을 둘러싼 소문과 신화의 원천은 바로 그 속에서 찾을 수 있을 것이다.

무성영화 〈아리랑〉을 일종의 '구멍 뚫린 텍스트'[51]라고 한다면, 이 구멍과 여백을 메우고 다층적인 의미를 만드는 것은 임석경관이라는 감시자의 존재, 변사의 목소리, 그리고 이 모든 환경을 능동적으로 수용하려는 관객들의 의지였다. 특히 변사의 목소리는 흩어진 사람들을 정서적 공동체로 묶고, 공통의 감각에 종속시켰다. 이로써 관객은 단지 영화를 감상하는 한 개인이라기보다 극장 안에 울리는 소리에 참여하는 신체가 된다. 그 공간의 공명이 식민지 극장의 정치적 잠재성의 바탕일 것이다.

다음 절로 넘어가기 전에, 1930년 1월 16일 밤에 있었던 사건 하나를 언급해두고자 한다. 리처드 탈마치(Richard Talmadge)의 영화와 토월회의 연극이 있었던 경성의 조선극장에서, 다음 영화를 위해 잠시 소등한 사이에 발생한 일이다. 갑자기 여러 명의 청년들이 삐라를 살포하고 만세를 불렀다.[52] 삐라는 조선문과 언한문, 순한문 등 세 종류로 씌어졌다. 조선어와 조선문, 조선어와 언한문, 조선어와 순한문으로 의사소통을 하려는 사람들이 누구였는지는 굳이 설명할 필요가 없을 것이다. 동족(어) 공간의 다층적인 리터러시를 고려한 커뮤니케이션에서 배제된 언어 사용자가 누구였는지 역시 쉽게 짐작할 수 있다. 그러나 동족과 더불어 외치는 만세 소리는 과연 언제까지 울릴 수 있었을까. 그로부터 열흘 후, 조선극장에는 토키(talkie)가 울렸고, 1년 후에는 일본어 수퍼임포즈드 자막이 붙은 〈모로코(Morocco)〉(1930)가 개봉되었다. 그날 디트리히의 각선미를 보러 간 누군가는 조선극장의 스피커에서 동족(어) 공간이 균탁(龜坼)하는 소리를 들었을지도 모른다.

2. 외국 발성영화의 도래와 '방문자막(邦文字幕)'의 출현

사운드와 이미지를 동조하는 발성영화에서 배우의 신체('목소리')는 '말'이 거주하는 특정한 장소로서 의미화되었고, 그 '말'의 영토와 영화의 국적성(nationality)은 정치적으로나 경제적으로 민감한 문제로 부상했다. 사운드 시대로 진입한 영화산업에서 언어의 장벽은 마치 갑자기 솟아오른 것처럼 보였고, 그때까지 세계 영화시장을 지배해온 할리우드의 독주를 막아설 만큼 큰 파장을 몰고 올 듯했다.

1920년대 후반 외국 발성영화가 소개되기 시작한 조선에서 언어의 장벽은 처음에는 그다지 큰 문제가 되지 않았다. 조선의 관객들은 이전에도 서양 영화 관람을 위해 '통역'을 필요로 했는데, 이 역할을 변사라는 훌륭한 해설자가 담당해 왔다. 언어의 장벽과 관련한 여러 '미국발(發) 위기론'에 대해서도 조선 관객들은 무감한 편이었고, "한 개의 영화로서 자유자재로 여러 나라 말로 들리는 기계를 발명하였다"[53]는 미국영화기술협회의 발표에 기대어 과학의 진보가 언어 문제도 쉽게 해결하리라 막연히 낙관했던 듯 보인다.

실제로 이 시기 미국의 영화제작자들은 제1차 세계대전 이후 확보한 세계 시장의 패권을 유지하고자 '번역 기계' 개발을 위해 고심을 거듭했다. 그러나 '조선어 사용자들'이 그들의 고려 대상이 된 적은 단 한 번도 없었다. 할리우드는 여러 번역 기술들—다언어 버전(multi-language version), 후시녹음(dubbing), 수퍼임포즈드 자막(super-imposed title) 등—을 실험했지만, 어디까지나 유럽의 비영어권 관객들을 겨냥해 효율적인 번역 모델을 구축하고자 모색했을 뿐이다. 할리우드는 아시아 지역 시장에 대해서는 상대적으로 관심을 기울이지 않았다. 하물며 일본의 식민지인 조선에서 언어의 교통 문제는 관계자들의 머릿속에 아예 없었다고 해도 과언이 아니다. 할리우드 영화에 대한 절대적인 애호에도 불구하고 이 소규모 시장의 관객들에 대해 제작 국가 측이 아무런 조치도 취하지 않았다는 것, 바다 건너 '바벨의 신화'가 식민지 조선에서 문제가 된 것은 오히려 이 지점이었다. 조선어 사용자들은 그들이 애호하는 서양 영화를 감상하고 이해하기 위해, 할리우드와는 전혀 다른 방향에서 자체적으로 언어의 장벽을 해소하기 위한 방법을 강구해야 했기 때문이다.

이 절은 서구 제작 국가의 무관심 속에서 스스로 언어의 장벽을 해결하기 위해 조선 흥행계가 벌인 분투에 초점을 맞춘다. 토키 이행기 외국어 영화의 번역과 수용이 무성영화기의 영화 문화와 어떻게 절합되며, 그 단절과 연속이 시사하는 바가 무엇인지를 주목하고자 하는 것이다.

(1) 무성영화기 외국 영화의 수용: 과잉 혹은 유연성의 조건들

일반적으로 무성영화는 언어 외적인 판독성(legibility) 때문에 '보편적인 침묵'의 매체라고 여겨진다. 그러나 무성영화 역시 다른 언어권 시장에 배급할 때에는 필름에 삽입된 '간자막(間字幕, intertitle)'을 번역해야 했으므로, 엄밀한 의미에서는 언어나 번역의 문제와 무관하지 않았다.

간자막은 디제시스에 속하지 않는 부분에 프린트된 자막 쇼트들을 가리킨다. 영화사 초기에는 흥행주가 자체적으로 슬라이드로 자막 카드를 만들어 삽입하는 일이 있었는데, 1903년에 제작된 영국영화 〈도로시의 꿈(Dorothy's Dream)〉(UK, 1903)과 에디슨사의 〈톰 아저씨의 오두막(Uncle Tom's Cabin)〉(USA, 1903)부터 제작 단계에서 자막을 삽입해 관객의 영화에 대한 이해를 소극적으로나마 조정해 가기 시작했다. '리더(leader)'라고 불렸던 이 초기의 자막은 필름의 맨 앞에 삽입되었다. 하지만 관객 중에는 문맹이 많았고 극장에는 영상을 설명해주는 해설자(lecturer)가 있었기 때문에 자막이 영화 상영에서 반드시 필요한 요소는 아니었다. 그러나 1912년 무렵부터 등장인물들 간의 대화가 자막으로 삽입되는 비율이 점차 높아졌다. 이와 동시에 편집의 중요성이 부상하고, 영화의 내러티브가 해설자의 영향력에서 벗어나 자율성을 갖게 되었으며, 장편 극영화가 발전했다.[54] 영화에서 간자막은 배우의 몸짓만큼 핵심적이지는 않지만 디제시스의 장면들과 상호작용하면서 한층 복잡한 내러티브를 전개할 수 있도록 하기 때문에, 장편 극영화 시대에는 간자막의 내용을 이해하는 것이 중요해졌다.

미국과 유럽에서는 원래의 자막 쇼트를 분리해 내고 그 자리에 번역된 자막을 삽입하여 재편집하는 식으로 간자막의 번역 작업을 진행했다. 초기에는 영화의 외국배급자들이 일련의 자막을 번역하여 스튜디오로 보내면 제작사에서 다시 새로운 타이틀로 된 프린트를 만들어 공급하는 식이었는데, 스튜디오가 인증한 프레임 안에서 텍스트를 촬영하고 프린트에 새로운 자막을 삽입하거나, 처음부터 자막을 가능한 한 많은 언어로 번역하여 여러 벌의 프린트를 만들거나 하는 방식 등을 취하여 해외 시장 공략에 나섰다.[55]

그러나 아시아 시장에서는 서양 영화의 간자막이 번역 및 재편집되어 배급된 사례가 거의 없었다. 고바야시 이사무(小林いさむ)에 따르면, 파테(Pathé)의 경우 1907년에는 간간이 제공하던 대본을 1910년부터는 정기적으로 일본의 변사들에게 제공하기 시작했는데, 이 대본에는 제목과 스탭, 배역, 간단한 줄거리 요약, 그리고 필름의 간자막을 전사한 내용이 포함되어 있었다. 그리고 1915년 무렵부터는 외국 영화 배급업자들이 변사들에게 간자막을 번역하여 제공했다.[56] 외국 영화의 간자막을 일본어로 번역하여 재편집하는 방식이 아니라 변사에게 일본어 설명 대본을 제공하는 방식으로 외국 영화의 번역 작업이 정착한 것이다. 할리우드가 본격적으로 일본에 지

점을 설치할 무렵에는 이미 변사의 설명이 동반되는 영화 문화가 정착되어 있어서, 유럽에 비해 규모가 작은 동아시아 시장을 겨냥해 굳이 별도의 간자막 재편집 작업을 하지 않아도 되었기 때문이다.

외국 영화의 번역이 지역과 언어에 따라 다양한 방식으로 취해졌다는 것은 필름의 이동 및 번역의 문제와 관련해 여러 시사점을 던져준다. 세계영화사에서 간자막이 서사 장치로 등장한 것이나 미국이나 유럽의 영화해설자들을 스크린의 옆자리에서 밀어냈던 것과 달리, 일본을 비롯한 아시아 지역의 극장에서는 오히려 간자막과 더불어 변사의 위치가 더욱 확고해졌다. 무성영화라고 해도 인간의 목소리와 분리되어 수용될 수 없었던 아시아의 영화 문화는 눈에 보이나 해득되지 않는 낯선 서양어 간자막의 존재에서도 그 형성 배경을 찾을 수 있는 것이다.

한편, 일본과 그 식민지들로만 한정해 보면, 제국 일본 안에서 서구 무성영화의 번역은 서양어 간자막을 일본어로 번역한 후 여기에 기반을 두고 변사의 설명 대본을 구성해 내는 과정이었다. 영화산업 구조가 열악한 조선에서는 흥행업자가 주로 일본의 제작사나 배급업자로부터 필름의 프린트를 1벌만 대여하여 상영하고 흥행이 끝나면 다시 소유자에게 돌려보내는 식이 일반적이었다.[57] 따라서 조선에서 외국 영화의 번역이란 여러 경로를 통해 얻은 일본어 설명 대본을 조선어 입말로 옮기는 작업이라고 할 수 있었다.

외국 영화의 조선 상영을 위한 설명 대본은 대개 세 가지 방식으로 구성되었으리라 짐작된다. 일본어 설명 대본을 직접 배급업자로부터 정식으로 구하여 번역하거나, 일본에서 발간된 잡지에 수록된 영화 설명을 바탕으로 조선어 설명 대본을 구성하거나, 혹은 일본 변사의 영화 설명을 받아 적어 조선어로 번역하는 것이다. 후에 단성사 선전부장으로 일하게 되는 이구영은 도쿄 체류 시절에 아사쿠사(浅草)의 인기 변사 이코마 라이유(生駒雷

遊)의 해설을 받아 적어 단성사 주임변사 김덕경에게 보내는 것으로 흥행계와 인연을 맺었다.[58] 변사의 일본어 설명을 듣고 기록하고 번역하여 조선어 설명 대본을 구성하는 방식이 일반적이었다고 할 수는 없으나, 이구영의 사례는 설명 대본을 번역하고 구성하는 데 여러 방식이 존재했으며, 이 번역이 언제나 고정된 문자 텍스트에서 출발하지는 않았다는 점을 보여준다.

일본어 영화 설명과 전사(傳寫), 조선어 번역, 대본 구성에 이르는 과정에서, 외국 영화의 번역이란 처음부터 간자막의 자구(字句)를 넘어서는 복수의 텍스트를 생산해 내는 행위이며, 동시에 영화의 태생적인 이국성(foreignness)을 탈색하거나 덧칠해 가는 과정이었다. 이 과정에서 조선어 설명 대본이 구성되기까지 경유하게 되는 '일본(어)'의 존재는 상영 현장에서는 직접적으로 가시화되지 않는다. 영화는 마치 조선인 변사가 서양어 간자막을 번역해 설명하는 것처럼 상영된다. 사실상 조선어 변사에게는 서양어 간자막 번역에 대한 일차적인 책임이 없음에도, 관객들이 변사의 출중하지 못한 외국어 실력을 곧잘 비판했던 것은 필름과 번역의 경유지가 무성영화 상영 상황에서는 잘 드러나지 않기 때문이다. 스크린에 펼쳐지는 낯선 이국의 풍경을 '여행 경험이 풍부한 선원'의 태도와 '자기 고향의 이야기와 전설을 잘 아는 농부'의 언어로 풀어내는 조선인 변사는 문화 번역을 수행하면서도, 구연(口演) 행위를 통해 '일본(어)'라는 번역의 경유지를 감추고 서양과 조선이 직접 매개되는 환상을 만들어냈다.[59]

식민지 조선의 극장에서 서양 영화를 해설하는 변사는 기점 언어(source language)인 서양어가 대상 언어(target language)인 조선어로 번역되는 과정에 온전히 개입하지 못했다. 일본어 설명 대본을 조선어 대본으로 구성하는 데 관여할 수 있는 변사는 소수였고, 조선인 변사들의 어학 실력이라든가 상식이 그다지 빼어나지도 않았다. '변사자격검정시험'에 따라 변사들의 학력 정도를 통계 조사한 내용을 살펴보면, 조선에서 활동하는 전체 변사 중 조선인은 절반에 못 미치는데, 그들 대부분의 학력이 대체로 보통학교 졸업 정도였다.[60] 1920년대 중반, 한 관객은 조선에 들어오는 영화가 "대개가 영어 타이틀이라 특수한 사람을 제한 외에는 일반은 알 수가 없"는데, 조선의 "영화 해설계에는 영어 타이틀을 화면에 나타나는 그대로 보지 못하고 대본을 본 뒤에야 비로소 해석하게 되는 듯하다"[61]고 말한다. 유명한 영화라면 이전에 상연된 대본을 필기하거나 암기하는 식으로 설명 대본을 구성하기도 했겠지만,[62] 대부분의 변사들은 상영에 임박해 검열을 통과한 대본을 받아들고 마치 공연을 앞둔 지휘자가 자기 식의 음보(音譜)를 만들 듯이 해설 대본을 만들었다. 이구영에 따르면, 무성영화 시대에는 극장마다 영화 프로그램이 교체되기 2, 3일 전에 해설자 대기실에서 시사를 하였는데, 이때 일어를 모르는 변사들에게는 따로 번역 겸 해설을 보조하는 직원이 있었고, 일어를 아는 변사라고 하더라도 지도하는 직원에게 자문을 청하였다고 한다.[63] 그들의 관심은 얼마나 정확히 번역하느냐가 아니라 구성된 대본을 얼마나 맛깔나게 연행할 것인지에 있었다.

그러나 상영 상황에서 서양 영화 번역은 변사의 조선어 설명과 동시에 완료된다. 경유지로서의 일본(어)는 외국인의 이름을 "'쨱크'를 '짯구'"[64]라거나 "쎈듸(Sandy), サンテイ, 폭스(Fox), ホオクス라고 부르는 것, 또 대사의 일본식 직역"[65] 등으로만 흔적을 남긴다. 화면의 외국어 간자막은 텅 빈 기표가 되어 구어 텍스트의 보조 자료로 전환된다. 간자막에 남는 것은 타이포그래피의 시각성, 영화의 리듬과 템포, 분위기 등이다. 화면 속 배우들의 몸짓은 간자막이 아니라 변사의 목소리와 관계를 맺고, 관객은 자막 쇼트들의 지속 시간을 초과해 가며 달변을 이어가는 변사의 목소리에 귀를 기울인다.

이처럼 변사의 연행이 영화의 간자막을 '보고 이해하는 것'에서 '듣고 이해하는 것'으로 변환하여 첨단의 영화를 토착적인 구술 문화와 결합시키는 것은 무성영화가 지역적인 맥락에 따라 다양한 방식으로 번역되고 변경된다는 것을 보여준다. 그런데 식민지 조선의 경우, 여러 상영 맥락 중에서도 검열이 행사하는 압력이 강력했다. 검열은 기존의 영화사 서술들이 강조해 왔던 것처럼 조선영화 제작자들의 상상력과 제작 의욕에 대한 억압 기제였을 뿐 아니라,[66] 합법적 생존을 위해 필름을 절단하고 왜곡하는 방식으로 외국 영화를 복수(複數)의 텍스트로 증식하는, 역설적인 의미에서의 또 다른 생산 기제였다. 조선에서 서양 영화를 상영하기 위해서는 그 경유지인 식민모국과 상영지인 조선에서 각각 검열을 거쳐야 했다. 실제 상영에서 서양영화의 필름이 일본을 경유했다는 사실은 가시화되지 않는 듯 보이지만, 일본과 조선의 검열 기관을 거치는 동안 많은 필름들이 제작 국가를 떠났을 때와 다른 제목과 줄거리, 그리고 다른 길이(feet)로 재편집되었다. 국경이 표면화하는 영화의 합법성과 언어의 장벽이 전 세계적으로 동일한 텍스트를 공유할 수 없도록 했던 것이다.

이 지점에서 검열과 번역의 상관성에 대해 생각해 볼 수 있다. 외국 영화의 일본어 설명 대본이 구성되는 일차적인 과정에서부터, 번역은 두 언어 사이의 인종과 문화의 차이뿐만 아니라 필름 검열을 통과하기 위해 일본 국내의 합법적 기준에 유의해야 했다. 만일 치안(治安)과 풍속(風俗)을 저해할 우려가 있다는 이유로 검열에서 문제될 부분이 있다면, 검열의 신청자(배급업자 혹은 흥행업자)는 검열관의 가위질을 피하기 위해 '의도적인 오역(誤譯)'이나 '의역(意譯)'을 꾀하게 된다. 그리피스(D. W. Griffith) 감독의 〈풍운의 고아(Orphans of the Storm, 일본 개봉명 '嵐の孤児')〉(1921)가 일본에서 상영될 때 설명 대본은 "교훈—프랑스 대혁명은 악한 정부를 정당하게 뒤엎었다(The lesson—The French Revolution RIGHTLY overthrew a BAD government)"는 자막을 "이 영화의 교훈은 나쁜 통치 전통에서 야기된 프랑스의 정치적 분란이 더 나쁜 결과를 가져왔다는 것이다"[67]라고 번역했다. 이 '과잉'된 번역은 관객에게 프랑스 문화와 역사를 안내하기 위한 것이라기보다는 국가 전복에 관한 내용을 금지하는 당시의 검열 기준[68]을 고려한 '의도적인 오역'이다.

　일본 내부성의 검열을 통과한 필름이라 해도 식민지에서 상영되기 위해서는 다시 한 번 더 총독부의 검열을 거쳐야 했다. 풍속상의 기준에는 큰 차이가 없지만, 치안 문제는 일본의 식민지라는 조선의 상황을 고려해 조선총독부의 검열이 식민본국의 그것보다 더 까다롭게 적용되었다. 이에 따라 같은 필름이라도 일본 상영본보다 더 많이 '절제(切除)'되거나 '제한(制限)'될 수 있었고, 아예 '거부(拒否)'되기도 하였다.[69] 가령, 푸도프킨(Vsevolod Pudovkin)의 〈아세아의 대동란(Potomok Chingis-Khana, 일본 개봉명 'アジアの嵐')〉(1928)은 1930년 일본에 독일판 필름이 수입되었는데,[70] 검열에서 거의 500척 가량이 삭제되고, 순진한 몽고 청년이 사회주의 혁명에 눈을 뜨게 된다는 줄거리도 "황인종이여, 백인을 아세아에서 몰아내라"는 식으로 변질되어 버렸다.[71] 이듬해인 1931년 2월, 조선에서 공개된 필름은 일본에서 상영된 버전보다 훨씬 더 많은 부분이 삭제된 것이었다. 아마도 식민지에서의 치안상의 문제 때문이었을 것이다. "미국과 일본에서 많은 커트를 당하고 또 총독부 경무국에서 많이 단재(斷裁)되어 병신이 되었"[72]던 〈아세아의 대동란〉처럼 필름이 대거 삭제되면 변사의 설명 대본도 수정하지 않을 수 없었다. 이 경우 대본의 수정은 번역의 수준을 넘어서는 개작일 수밖에 없다. 합법성의 기준이 그 필름의 생살여탈을 쥐고 있는 한, 서구에서 일본으로, 식민본국에서 식민지로 그 경계를 넘을 때마다 번역은 더욱 유연해졌다. 이러한 번역의 유연성이야말로 무성영화기 외국 영화 수용의 한 특징이라고 할 수 있다.

물론 유연한 번역은 합법성 여부를 고민하는 번역자와 검열관 사이의 두뇌싸움 속에서만 탄생하지는 않는다. 경제적 이해득실을 셈하는 흥행업자와 배급업자, 관객의 호응과 임석경관의 감시를 의식하는 변사 모두가 유연한 번역의 관계자들이다. 그중 변사는 필름이 조선총독부의 검열을 통과한 후에도 여러 개의 텍스트로 증식되는 데 가장 적극적인 역할을 했다. 스크린의 디제시스 외부에서 변사의 연행이 언제든 필름 텍스트를 넘어서는 다층적인 의미를 생산해 낼 수 있었기 때문이다. 외국어 자막을 충실히 번역해 주고 영화의 전체적인 템포에 어그러지지 않는 정도에서 극적 효과를 돕는 것이 변사의 역할이라지만,[73] 그 앞에 놓인 고정된 텍스트—즉 검열을 통과하고 상영을 허가 받은 필름 프린트와 일본어 혹은 조선어로 번역된 설명 대본—에 충실하지 않은 변사는 많았다.

저마다 의도와 방식은 다르지만, 그들의 연행은 몇 가지로 유형화될 수 있다. 먼저, 필름이나 대본을 완전히 이해하지 못한 상태로 대담하게 설명에 나선 변사가 있다. 일본어 설명 대본을 대강 살펴보고 제목이나 배우의 이름을 제멋대로 불러가며, 쓸데없는 문자나 미사여구 등을 쥐어짜내어 시간을 채우는 변사들은 언제나 지탄의 대상이었다.[74] 또한 자신의 입담을 과시하기 위해 설명 대본에 충실하지 않은 변사들도 많았다. "변사들이 영화대본(說明書)을 보지 않는지, 영화의 내용과는 아주 다른 추담(醜談)을 베푸는 변사"[75]가 많다는 것은 누누이 지적되어 왔다. "어떠한 영화든지 시사를 숙시하여 영화의 예술성을 모독치 않는 범위에서 솔직한 통역으로 화면을 따라 기분을 고조시킬 만한 자기 독특의 해설대본을 만들지 않으면 안될" 일이나 "자기의 능변을 뵈어 갈채를 얻으려고 극의 근본과는 하등 관계도 없는 곳에서 자기 광고를 하려고 개인주의를 발휘"[76]한다는 것이다.

이처럼 변사의 무지와 불성실, 자기과시에서 비롯된 오역은 때로 관객들의 질타를 받기는 해도 임석경관의 상영 중지 사태까지 불러오지는 않았다. 그러나 1928년 마산에서 발생했던 〈풍운의 고아(嵐의 孤兒)〉의 상영 중지 사건과 같이, '사상적으로 불온한' 오역은 언제든 문제가 될 수 있었다. "총독부 검열에 없는 사상적으로 해설한 것이 불온할 뿐 아니라 경찰법에 위반"이라고 하여 변사에게 구류와 벌금형이 처해졌던[77] 이 사건의 핵심은, "검열에 없는" 내용을 해설했다는 것이 아니라 "사상적으로 해설한 것"이었다. 설명이 오역인가 혹은 변사의 연행이 설명 대본을 벗어났는가의 여부가 아니라, 언제나 '불온성'이 문제였던 것이다.

그렇다면 오역을 범하지 않고 검열이 허가한 대본대로 설명하면서, 불온성의 센서를 교묘하게 역이용할 수는 없을까. 1929년 단성사에서 개봉된 〈벤허(Ben-Hur: A Tale of the Christ)〉(1925)의 상영에서 그 가능성의 단초를 발견할 수 있다. 우여곡절 끝에 검열을 통과한 〈벤허〉는 단성사 개봉 당시 설명을 맡은 변사 서상필의 해설로 인해 장안의 화제가 되었다. 윤치호가 그의 일기에서 "경찰이 조선에서 이 영화를 온전히 상영하도록 허가한 게 신기하기만 하다"고 할 정도로,[78] 〈벤허〉는 민족 감정을 자극하는 요소가 많았으나 단성사 선전부장 이구영의 기지로 무사히 검열을 통과한 것으로 알려져 있다.[79] 검열 당시 검열관과 배석한 이구영은 "너의 한 시간은 말이야, 우리 유대 민족의 백 년이란 말이야. 우리 민족의 백 년 한을 알겠느냔 말이다"라는 대사가 문제가 될까봐 마음을 졸였다고 하는데, 단성사에서 관객을 자극했던 것은 유태인들이 로마 장교가 휘두르는 채찍의 아픔을 견뎌가며 "이 노를 저어야 하는 우리의 손에는 조국의 운명이 달려 있다"는 대사였다고 한다. 이 장면에서 변사 서상필이 언성을 높여 해설했고, 그것이 관객의 감정을 흥분시켜 극장을 흥분의 도가니로 만들었다는 것이다.[80] 당시 검열 절차에서는 설명 대본을 먼저 검토한 후에 필름을 실사하도록 하였기 때문

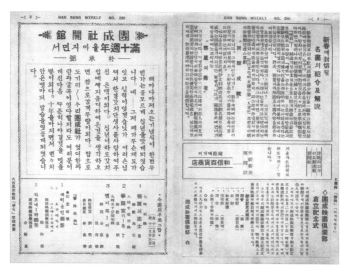

단성사 개관 10주년을 알리는 《단성사주보》. 영화 〈벤허〉에 관한 소개가 있다.

에, 필름 실사 중에 이구영이 발휘했다는 기지가 과연 얼마나 결정적이었는지는 단언하기 어렵다. 그럼에도 이 사례는 검열의 우연성과 비일관성을 잘 보여줄 뿐 아니라, 설명 대본의 문자 텍스트와 검열실에서의 필름 실사를 넘어서 상영 현장에서 변사의 연행이 조장하는 수용 맥락의 중요성을 되짚어 준다.

식민지의 상황을 환기하는 영화를 상영할 때, 변사는 대본 그대로 설명하면서도 언성을 높인다거나 열렬히 부르짖는다거나 "혹종(惑種)의 암시"를 던짐으로써,[81] 영화에 액센트(accent)를 부여하곤 했다. 이러한 영화가 변사의 설명 없이 절대적으로 간자막에 의존해 상영되었다면, "동감의 박수"나 "감격의 눈물"[82]은 터져 나오지 않았을지도 모른다. 변사는 허용된 문자 텍스트대로 설명하면서도 관람 공간의 맥락에서 음성의 어조나 성량, 뉘앙스를 조절하며 문자 텍스트를 넘어서는 구연(口演)을 수행한 것이다. 이는 비단 정치적으로 문제가 될 만한 필름에만 한정되는 이야기가 아니다. 중요한 것은 무성영화기 극장에서 영화의 정치성은 필름 그 자체가 아니라 상영의 유연성에서 비롯되었다는 점이다.

(2) 초기 외국어 발성영화의 상영 방식들

'말하는 활동사진'의 일반 공개 상영에 대한 기록은 1926년 2월 27일 과 28일 이틀 동안 경성공회당(京城公會堂, 現 소공동 한화빌딩 자리)에서 매일 신보사 주최로 리 디포리스트(Lee de Forest)의 포노필름(phonofilm)이 상영된 다는 기사에서 처음 발견된다.[83] 경성공회당 상영에 뒤이어 3월 1일과 2일 에는 우미관에서도 포노필름이 상영되었는데,[84] 상영 프로그램은 공회당의 것과 동일했으리라 짐작된다. 이때는 《동아일보》가 우미관 독자 우대 할인권 을 발행하여 관객몰이에 나섰다. '말하는 활동사진' 상영은 경성공회당이라 든가 진고개에 있는 왜관(倭館)이라고만 알려진 어떤 흥행장[85] 그리고 휴관 중이었던 우미관[86] 등 그 상영 장소의 면면에서 짐작되듯이, 영화팬을 위한 '특작 영화'의 상영 행사가 아니라 신기한 발명품을 전시하는 단발성 이벤트 였다. 이 무렵 "유성기를 사용하던 말하는 활동사진과는 전연 다른 것으로 참말 그림으로부터 육성이 우러나오는 것"[87]의 원리가 신문지상에 곧잘 보 도된 것과 같은 맥락에서, "그림이 활동한다는 것만도 신기한 일인데 더구나 그림이 말을 한다면 그 얼마나 신기한 일"[88]이냐며 과학기술의 획기적인 발 전을 전시하는 것이다.

짧은 기록 영상들로 편성된 상영회의 프로그램은 흡사 초기 영화 시대 의 구경거리들에 방불했다. 1926년 3월에 경성에 소개된 포노필름이란 "오 케스트라도 있고 독창과 합창 등 음악도 있는데 그 사진 외에 여덟 권의 설

명하는 사진"[89]이었고, 1928년 1월에 우미관에서 상영된 일본 쇼와(昭和)키네마주식회사의 필름들은 육군군악대 연주, 독창, 무용, 동화, 연극 〈여명(黎明)〉, 린드버그의 환영 장면 등 십여 종으로 구성된 것이었다.[90] 대부분 단편적인 실사 필름으로, 음악이나 무용 공연을 기록하여 사운드가 화면의 이미지와 어떻게 조화를 이루는지 보여주려 한 것이 특기할 만하다. 그중 연극 〈여명〉은 오사나이 가오루(小山內薫)가 연출한 단편으로 일본의 초기 토키 실험작 중 하나이다.[91] 이외에도 단발성으로 상영된 것들 중에는 워너브라더스사가 제작한 바이타폰(Vitaphone) 영화 〈돈 후안(Don Juan)〉(1926)[92]이라든가 마키노 마사히로(マキノ正博) 감독의 〈모도리바시(戻橋)〉(1929)[93]도 있지만, 실제 조선의 극장 상영에서 이 필름들의 사운드를 어떻게 재생하였는지에 대해서는 알려진 바가 없다.

리 디포리스트의 "말하는 활동 사진" 광고.
출처: 《매일신보》, 1926.02.27.

경성의 대표적인 조선인 상설관인 단성사와 조선극장이 발성영화 상영을 시작한 것은 1930년 1월이었다. 먼저 단성사가 음력 정초를 기해 조선인 배급사인 동양영화사가 수입 배급한 미국 파테사(Pathé Exchange)의 '사운드 토키'를 개봉했다.[94] 《조선일보》 1930년 1월 27일자 석간 3면 하단에는 단성사의 광고가 상당히 이례적으로 커다랗게 게재되었다. 광고는 "제8예술의 최첨단 완전무결한 필름식 포노폰 발성영화 조선최초의 제일성(第一聲)은 본사에서"라는 휘황한 문구와 함께, "보고듣자! 옥반(玉盤)에 구슬을 굴리는 듯한 음악과 육성, 그윽한 신비 가운데서 나오는 음향과 의음(擬音). 항간에 선전되어오던 레코드장치 토키와 동일시하지 말라. 당당한 본격적 토키의 최고봉인 것을 믿으라!"며 호소했다. 〈도라몬드 대위(Captain Swagger)〉(1928)와 〈순회극단(The Spieler)〉(1929), 그리고 〈최후의 일책〉, 〈엉터리 낚시질〉 등의 단편 토키 필름들이 이날부터 단성사에서 상영되었는데, 특별히 극단 조선연극사의 단막극을 막간에 편성하고, 신문사의 애독자 할인권을 발행하는 등 다양한 관객의 관심을 끌고자 했다.

이러한 대대적인 홍보는 단성사와 조선극장이라는 양대 조선인 상설관 간의 경쟁과 기신양행과 동양영화사라는 두 조선인 배급사들 간의 경쟁이 중첩되면서 과열된 '토키 열기' 때문이다.[95] 공교롭게도 전 세계적으로 불어닥친 '토키 열풍' 속에서, 두 회사는 '올토키(all talkie)'와 '음향반(音響盤)'을 상대보다 먼저 들여와 상영하기 위한 '백병전(白兵戰)'을 펼쳤다.[96] 동양영화사는 단성사와, 기신양행은 조선극장과 각각 계약을 맺어 발성영화를 공급했고, 1930년 1월 마지막 주 단성사와 조선극장은 거의 동시에 본격적인 발성영화 상영을 시작했다.

1930년 1월, 두 극장은 이전과는 차원이 다른 '발성영화'를 상영한다고 광고했다. 그러나 이때 상영된 영화들은 기본적으로는 무성영화와 큰 차이가 없었다. 단성사에서 상영된 〈도라몬드 대위〉와 〈순회극단〉은 RCA의 포토폰 방식(Photophone System)을 채택하였는데, 원래 무성영화로 제작된 〈도라몬드 대위〉는 음향과 음악을 덧입혔을 뿐이었으며, 〈순회극단〉은 약간의 대화 장면만 부분적으로 사운드를 삽입한 것이었다. 검열 관계로 단성사보다 하루 늦은 1월 28일부터 개봉된 조선극장의 상영작은 폭스(Fox)의 무비톤(MovieTone) 방식을 채택한 파라마운트(Paramount)의 〈네 날개(The Four

1930년 1월 마지막 주, 하루 차이로 발성영화 상영을 개시한 단성사와 조선극장의 신문광고.

Feathers〉〉(1929)와 〈야구시대(Fast Company)〉(1929)였다. 이들 영화 역시 음악과 음향에만 사운드를 삽입한 것으로, 광고처럼 '올토키'는 아니었다. 당시 단성사와 조선극장에서 영화를 관람했던 한 관객의 감상을 살펴보자.

> 〈순회극단〉을 보고: 말하는 사진! 이것만으로도 어떠한 충동을 느끼었다. 서양에서 떠들고 일본에서 떠든다고 조선에서도 떠들어야 할 이유는 없겠지만 움직이는 사진만으로 만족할 수 없는 우리에게는 한번 보아 두어야 할 필요로 첫날 단성사에서 토키를 보았다. 제일 재미있는 것은 서양의 서화의 예술적 감흥이다. 이것은 발성을 빼어놓고 그대로 보고라도 누구든지 웃지 않을 수 없다. 그리고 〈도라몬드 대위〉는 발성영화로 감상하는 것보다 그대로 무성영화의 재미있는 스토리를 감상하는 편이 낫겠다. 다만 사운드로써 발성영화의 원리를 뵈어줄 뿐이다. 〈순회극단〉의 맨끝 막에서 비로소 발견하고 광희하였다. 군중의 떠드는 소리, 분노에 타는 세리프(대사*), 요염한 여자의 음성, 참으로 신기한 생각을 아니 느낄 수 없었다. 어서 우리 조선말로 된 토키가 나오기를 바란다.

> 〈야구시대〉를 보고: 발성영화 〈야구시대〉를 조선극장에서 보았다. 완연히 실연을 보는 것 같다. 영화의 스토리는 무성영화에서 흔히 보던 것과 방사하지만 다만 신기한 것이 간쓰메(통조림*) 떼는 소리까지 완연히 들린다. 영어를 잘 모르는 나로서도 가끔 가다가 한 마디 두 마디 주워듣는 것이 타이틀 읽은 그것보다는 새로운 흥치를 느끼었다. 영어를 충분히 못하는 것이 유감이다. 그러나 성음(聲音)과 표정을 종합하야 귀와 눈을 한꺼번에 활동시키는 것은 연극 볼 때나 다름없다. (於 의동 K생)[97]

의동(義洞)에 사는 관객 K생(生)은 음악과 음향효과에만 사운드가 삽입된 〈도라몬드 대위〉보다는 마지막 장면에서 "군중의 떠드는 소리, 분노에 타는 세리프, 요염한 여자의 음성"이 들리는 〈순회극단〉이 더 발성영화답다고 느꼈으며, 세미다큐멘터리에 가까운 〈네 날개〉보다는 "성음과 표정을 종합하야 귀와 눈을 한꺼번에 활동"시켜서, "완연히 실연을 보는 것" 같은 느낌을 주는 〈야구시대〉에 더 흥미를 가졌다. K생은 단성사와 조선극장의 '올토키'라는 광고가 과장에 지나지 않음을 확인했지만, '성음'과 '표정'의 종합이라는 새로운 영화 연기를 감상하고, 영화에서 듣기의 즐거움을 발견했다는데 의의를 부여하고 있다. 어떻게 보면, 이제 문제는 배우의 '성음'을 이해하는 방법이다. K생은 외국 배우의 목소리를 들으며 자막을 읽을 때와는 다른 흥미를 느꼈지만, 그의 외국어 실력으로는 귀에 들리는 그 말의 내용을 충분히 이해할 수가 없다. '듣기의 즐거움'과 '해득력의 결핍' 사이에서 온전히 즐기지 못한다는 자각이 든 것이다.

새로운 영화 경험이 펼쳐지는 조선의 토키 이행기에는 외국 발성영화가 상당히 다양한 방식으로 상영되었다. 가령 《조선일보》 1930년 1월 31일자 석간 1면에 실린 단성사의 광고를 살펴보면, "라디오톤 사운드 발성판"(RCA Photophone) 〈명일의 결혼(Marriage By Contract)〉(1928) 워너브라더스의 "무성판" 〈뉴욕광상곡(Wolf's Clothing)〉(1927), 톰 믹스(Tom Mix)가 출연한 RKO 특작 "무성판" 〈공중전전(空中轉戰)〉이 한 프로그램 안에 편성되어 있다.[98] 발성영화의 시대가 도래했다고 해서, 그것이 곧 조선 전역에서 발성영화 필름을 일률적인 방식으로 상영하고 관객의 영화 경험이 표준화된다는 것을 의미하지는 않았다. 이행기의 특성상 무성영화와 발성영화가 동시에 수입되었고, 수입된 발성영화의 녹음 방식도 아직 표준화되지 않았던 데다가, 조선의 열악한 흥행 산업 구조상 발성영화 상영 시스템으로 완전히 전환되는 데

여러 사운드 시스템의 영화를 동시에 상영중인 단성사 광고.
출처: 《조선일보》, 1930.1.31.

상당한 시간이 소요되었기 때문이다. 당시 발성영화를 상영하기 위해서는 약 3, 4만원 가량의 설비를 갖추어야 했는데,[99] 언제쯤에나 설비 투자 비용을 회수할 수 있을지 불확실했다. 특히 상영의 장에서, 무성영화에서 발성영화로의 전환은 오랜 기간 진행되었다.

그렇다면 무성영화가 여전히 변사의 해설을 동반해 상영되는 중에 조선에 들어오기 시작한 외국어 발성영화들은 어떠한 방식으로 번역·수용될 수 있었던 것일까. K생이 느꼈던 바로 그 듣기의 즐거움을 포기하지 않으면서 외국어 영화를 이해하기 위한 가장 효과적인 방법은 무엇이었을까. 1932년 뉴욕 체류 중이던 한보용이 《조선일보》에 연재한 「세계영화론」은 이러한 궁금증을 푸는 데 어떤 단초를 제공해준다. 한보용은 당시 일본에서 외국어 발성영화를 상영하는 방식으로 일곱 가지가 공존하리라 추정했다. '① 설명자부 전부발성판(說明者附 全部發聲版), ② 발성영화 사일런트판, ③ 발성영화 사운드판, ④ 무설명표부(無說明表附) 토키, ⑤ 환등설명문부 전부발성판(幻燈說明文附 全部發聲版), ⑥ 일문자막 삽입(日文字幕揷入), ⑦ 수퍼임포즈드' 등이 그것이다.[100] 식민지 조선의 상영 상황이 일본의 경우와 완전히 동일하지만 않겠지만, 조선의 영화 문화가 일본의 영향을 받고 있었던 상황임을 고려하면, 제법 복잡해 보이는 이 일곱 가지 분류가 1930년대 외국 발성영화의 상영 방식을 살피는 데 중요한 실마리가 되리라 생각된다. 우선 그가 언급한 일곱 가지 상영 방식들을 검토해 보자.

① **설명자부 전부발성판**(說明者附 全部發聲版): multi-language version, cut-in explanation

설명자가 붙은 발성판이란 필름의 각 권 첫머리에 앞으로 전개될 내용에 대한 변사의 설명이 간단히 덧붙여진 방식을 가리킨다. 말하자면 초기 영화의 '리더(leader)'와 유사한 방식으로 변사의 전설(前說)이 필름 안에 첨부된 것이다. 이것은 할리우드가 1929년부터 1933년 사이에 제작했던 다언어 버전(multi-language version)이 일본에 맞게 변형된 방식으로 주로 레뷰영화에서 시도되었다. '컷 인 해설(cut-in explanation)'이라고도 불렸다.

일본인이 영화의 내용을 소개하는 설명자로 출연한 일본판 영화로는 파라마운트가 제작한 〈해피 데이즈(Happy Days)〉(1930)와 〈파라마운트 온 퍼레이드(Paramount on Parade)〉(1930), 그리고 유니버설의 〈킹 오브 재즈(King of Jazz)〉(1930) 등이 있다. 이 영화들은 일본판 외에도 여러 다국어 버전이 제작되었다. 재미 일본인을 설명자로 내세운 다른 두 편과 달리, 〈파라마운트 온 퍼레이드〉는 유명한 일본 변사 마쓰이 스세이(松井翠聲)가 직접 미국에 건너가 촬영한 해설이 각 권의 첫머리에 첨부되었다. 〈파라마운트 온 퍼레이드〉는 파라마운트를 대표하는 감독과 배우진이 총출연해 여러 볼거리를 펼치는 레뷰영화이므로 번역이 없어도 관람에 큰 어려움이 없지만, 변사의 해설이 동반되는 일본의 상영 관습을 고려하여 마쓰이 스세이에게 레뷰 사회자의 역할을 부여했다. 파라마운트사는 유명 변사의 출연을 통해 "오직 일본인만 즐길 수 있는 세계에서 유일한 영화"[101]인 듯이 일본 관객을 소구하려 했던 것이다.

일본판 〈파라마운트 온 퍼레이드〉는 1931년 10월에 경성의 조선극장에서 상영되었다. "일본인 송정취성(松井翠聲)씨의 일본말로 하는 설명이 매권 첫머리마다 있어 일본말 하는 이에게는 이해하기에 매우 도움이 되겠다"[102]고 소개한 기사로 보아, 조선인 상설관에서 상영했지만 별도로 조선인 변사의 해설을 동반하지 않은 듯 보인다. 레뷰영화의 특성상 해설이 없어도 무난하게 감상할 수 있었겠으나, 조선인 상설관에서는 관객의 일본어 해득력에 따라 다른 효과를 가졌을 것이다. 기사에서 소개한 대로, 일본어를 듣고 이해할 수 있는 관객에게는 일본인 상설관에 가지 않아도 일본인 변사의 해설로 영화를 관람하는 새로운 경험을 가져다주었겠지만, 일본어 해득력이 없는 관객에게 조선어로 번역되지 않는 마쓰이의 해설이란 그가 위치하는 장소와 영화의 '원산지' 사이의 거리 감각을 복잡하게 만들 수도 있었다. 이는 할리우드가 조선을 단일 시장으로 고려하지 않는 한 더욱 심화될 현상이었다.

② 발성영화 사일런트판

상영관에 발성영화의 영사기가 구비되어 있지 않으면, 발성영화라고 해도 무성영화처럼 사운드 재생 없이 상영되었다. 필름의 사운드트랙을 벗겨내고 무성영화로 공개하는 것인데, 사운드 초기에는 이러한 상영 방식이 꽤 여러 지역에서 시도된 것으로 보인다. 조선의 경우에도 발성영화 영사기를 구비한 극장 자체가 드물었기 때문에 "원체가 발성영화인 것을 무성영화로 상영하여서 죽도 아니고 밥도 아닌 싱거운 영화를 상영"[103]하는 경우가 많았다. 이렇게 발성영화의 무성판을 상영하게 되면, 발성영화의 미학이 제대로 구현되지 못하여 관객이 이해하기 곤란한 경우가 생길 수 있었다. 한보용도 예를 들었듯이, 무성영화에서는 총을 쏘았다는 것을 총구에서 나오는 검은 연기로 표현할 수 있지만, 외화면의 음향효과로 총소리를 삽입한 발성영화를 무성판으로 상영하면 관객이 사건의 연결을 이해하기 어렵게 된다. 다만 이 경우 조선에서는 무성영화와 마찬가지로 변사의 해설이 상영에 동반되어 필름의 내용을 이해하는 데 도움을 주었으리라 짐작된다.

③ 발성영화 사운드판

한보용이 거론한 '발성영화 사운드판'이란 필름에 음악과 음향만이 후시 녹음된 영화들을 가리키는 것으로 보인다. 필름에는 음악만 있기 때문에 기존의 무성영화와 마찬가지로 변사가 음악에 맞추어 해설을 해 나가게 된다. 1930년 1월 단성사와 조선극장에서 상영된 영화들을 비롯하여 초기 발성영화들 중 상당수가 사운드판이었다. "그리피스(D. W. Griffith)의 〈국민의 창생(The Birth of a Nation)〉, 〈문명의 파괴〉, 세실 드 밀(Cecil B. DeMille)의 〈킹 오브 킹(The King of Kings)〉 등이 사운드판으로 되어 가지고 다시금 시장에 나왔다 한다"[104)는 기사가 있는데, 이처럼 과거 무성영화 시대의 명작에 사운드를 넣어서 재발매한 필름이 조선에서도 상영되었을 가능성이 있다. 이러한 사운드판은 변사들보다는 악사들의 생계를 위협했다. 이제까지 악사들이 연주해온 극장음악을 고정된 영화음악이 대체할 수 있었기 때문이다. 박승희의 회고에 따르면, 토월회가 조선극장에서 공연 활동을 했던 1930년경 조선극장은 악사들을 해고하고, "전축을 사용하여 연극에도 영화에도 반주"를 하였다고 한다. 극장 측이 나이도 많은 악사들을 "한 푼 퇴직금도 없이 내보내" 악사들이 대단히 반발했으며, 변사들도 "실업할 시기가 얼마

남지 않았다"는 위기감에 토월회와 갈등을 빚었다는 것이다.[105] 토키 이행기 동안 변사와 악사 같은 이들로 표상되는 '무성영화식 상영'은 발성영화라는 새로운 테크놀로지와 갈등과 경합, 그리고 협력하면서 상영 방식을 복수화했다.

④ 무설명표부(無說明表附) 토키: résumé

'무설명표부(無說明表附) 토키'란 외국어를 모르는 관객을 위해 줄거리에 대한 간략한 설명, 즉 '리더'가 삽입되는 레주메(résumé) 상영을 가리킨다. 관객이 무성영화식으로 간자막을 읽어서 내용을 이해하는 것이 용이치 않고 토키를 듣고 싶은 열망이 강하다면, 영상을 중단하지 않고 사전에 요약 자막을 먼저 읽히는 것이 하나의 상영 방식이 될 수 있었다. 가령 스위스 로잔(Lausanne) 지역의 경우는 1930년 8월에 조세프 폰 스턴버그(Josef von Sternberg)가 연출하고 마를레네 디트리히(Marlene Dietrich)가 출연한 〈탄식하는 천사(The Blue Angel/Der Blaue Engel)〉(1930)가 프랑스어 레주메로 상영되었다.[106] '무설명'이란 변사의 해설이 동반되지 않는다는 표시지만, 조선인 상설관에서 이런 영화가 상영되었다면 변사가 일본어 요약 자막을 해설하는 상황이 펼쳐졌을 수도 있다.

⑤ 환등설명문부(幻燈說明文附) 전부발성판: side-title

'환등설명문부 전부발성판'은 번역된 자막의 슬라이드를 환등(幻燈, magic lantern)을 이용해 스크린 오른쪽에 영사하는 방식을 말한다. 이러한 측자막(side-title) 영사는 발성영화 초기에 중국과 몇몇 지역에서 표준적인 방식으로 이용되었다.[107] 그러나 관객이 영상을 보면서 시선을 옮겨 다른 스크린에 있는 자막을 읽어야 하는 불편이 있었다. 이 점을 개선한 것이 수퍼임포즈드 자막이다.

⑥ 일문자막삽입: cut-in title

외국어 발성영화를 상영할 때 관객이 듣고 이해할 수 없는 본래 외국어 토키 부분을 제거하고, 제작 단계에서는 없었던 새로운 대사나 해설 자막을 무성영화 방식의 간자막으로 삽입한 것이다. 발성 영사기가 없는 상영관에서 무성영화로 상영하기에 용이한 방식이었다. 발성영화 초기에 유럽에서 많이 행해졌던 어댑테이션(adaptation)이나 오리지널 회화를 들리지 않게 하면서 영어 자막을 삽입한 엑스 버전(X-Version)과 유사한 발상이다.

일본에서도 1920년대 말과 1930년대 초에 이러한 방식이 시도되었다. 최초의 '일본어 간자막 토키'는 1929년 9월 일본에서 개봉된 프랭크 카프라(Frank Capra)의 〈도노반(Donovan Affair)〉(1929)이다. 이 영화에는 각 권마다 다음에 전개될 내용의 설명이 간자막으로 삽입되었다. 또 그레타 가르보(Greta Garbo)가 출연한 〈안나 크리스티(Anna Christie)〉(영어 1930, 독일어 1931)가 유명한 변사 도쿠가와 무세이(德川夢声)의 감수로 일본어 간자막이 삽입되어 공개되었다. 이 영화에 삽입된 일본어 자막은 '컷 인 타이틀(cut-in title)'이라고 불렸다. 대사의 오리지널 음성은 남기되 영상을 중단하여 무성영화 방식의 일본어 번역 자막의 설명을 적절하게 삽입하는 방식인데, 배우가 말하는 동안 표정을 볼 수 없다는 것이 문제였다.[108]

⑦ 수퍼임포즈드: superimposed title

한보용이 마지막으로 언급한 수퍼임포즈드 자막은 도입 당시 일본식 명명대로 '자막 수-파-(字幕 ス—パ—)'라고 불리기도 한다. 수퍼임포즈드는 상영 언어로 번역된 자막이 이중인화되어 화면 가장자리에 삽입된 프린트이

다. 대사가 진행되는 동안 관객이 화면 한쪽에 겹쳐 나오는 자막을 읽을 수 있도록 하는데, 아시아에서는 자막이 화면 왼쪽이나 오른쪽에 세로쓰기로 삽입되었다.[109]

서구영화의 해외 배급 라인이 일본 시장에 묶여 있었던 조선에서는 일본어 수퍼임포즈드 자막으로 처리된 영화들이 수입되었다. 일본어 수퍼임포즈드 자막을 최초로 사용한 영화는 일본에서 1931년 2월에 개봉한 조세프 폰 스턴버그 감독의 〈모로코(Morocco)〉(1930)이다. 이 영화가 흥행에 성공한 것을 계기로 수퍼임포즈드 자막은 가장 효율적인 번역 장치로 자리 잡았다.

한보용은 동시기 일본에서 공존한 상영 방식을 가정해 이상의 일곱 가지 방식을 언급했다. ①에서 ③까지가 자막 없이 상영되는 방식이라면, ④부터 ⑦은 어떤 식으로든 자막이 첨부되는 방식이다. 그런데 이 영화들이 조선에서 상영될 경우에는 삽입된 일본인 변사의 해설이나 일본어 자막을 번역해야 하는 2차적인 문제가 발생한다. 필름의 경유지(일본)가 선명한 흔적으로 남고, 식민지에서는 그 필름에 기입된 식민본국의 언어를 경유해야만 온전히 감상할 수 있다고 가정되는 시대가 온 것이다. 초기에는 무성영화의 관습대로 변사의 설명이 동반되면서, 무성영화보다 조금 더 소란스러운 상황이 연출되었다. 변사는 해설자로서 여전히 유효한 존재였다. 그러나 발성영화가 흥행계를 주도하고 조선인 관객들 사이에서도 사운드 그 자체를 즐기고자 하는 욕망이 커져가자, 변사는 매우 곤혹스러운 존재가 되었다.

⑶ '방문자막'의 출현과 정착

일본과 조선에서 변사의 해설이 상영에 동반되지 않는 '무설명' 상영으로 전환되는 시점은 지역마다 극장마다 차이가 있다. 토키 이행기에 시도된 여러 방식 중 가장 효율적인 외국어 영화 번역 장치로 변사들의 목소리를 대체한 것은 일본어 수퍼임포즈드 자막이었다. 이것은 같은 시기 유럽에서 일련의 다언어 버전 영화들이 제작되다가 결국 더빙(dubbing)이 유력한 번역 장치로 자리 잡은 것과는 대조적이다.

일반적으로 자막보다 더빙이 내셔널리즘과 친연 관계에 있다고 여겨진다. 스페인, 독일, 이탈리아 등 유럽의 파시스트 국가들은 외국어 영화가 자국의 언어 및 문화의 성숙과 발달을 저해하리라 우려된다는 이유로 자국어로 더빙된 영화만 상영하도록 했기 때문이다. 그러나 더빙과 내셔널리즘을 의심의 여지없이 밀접한 관계로 단정할 경우, 제국 일본에서는 왜 더빙이 아닌 자막이 선택되었는지와 같은 질문에 답할 수 없게 된다. 일부 유럽 국가에서 더빙이 유용한 번역 장치로 선택된 데에는 여러 중층적인 요인들이 작용한다. 가령 기술적이거나 산업적인, 혹은 사회문화적인 맥락들이 있을 수 있다. 자국어 더빙이 반드시 내셔널리즘을 그 배경으로 하는 것은 아니다.

토키 초기에 일본에서도 더빙의 시도는 있었다. 폭스(Fox)사는 라울 월쉬(Raoul Walsh) 감독의 〈재생의 항(The Man Who Came Back, 일본 개봉명 '再生の港')〉(1931)의 일본판을 더빙으로 제작했다. 자네트 게이너(Janet Gaynor)와 찰스 패럴(Charles Farrell)이 출연한 이 영화는 서던캘리포니아 대학(University of Southern California)의 일본인 교수 나카자와 켄이 직접 미국에 거주하는 그 지역 일본인 이주자들을 지도하고 그들에게 목소리 연기를 맡겼다. 이들은 전문적인 연기자도 아니고, 도쿄 출신도 아니었다. 《키네마준보(キネマ旬報)》는 이 영화가 "가장 순수한 의미에서 일본어 버전"이라며 추켜올렸지만, 1932년 1월 일본 공개 당시 도쿄 관객들은 오랫동안 일본 본토에서 떨어져 살고 있는 히로시마 출신들의 거칠고 둔탁한 목소리와 사투리에 당혹

감을 느꼈다.[110] 〈재생의 항〉은 조선에서도 1932년 3월 경성의 중앙관(中央館)에서 상영되었는데, 〈킹 오브 재즈〉와 〈아바드 여왕〉을 상영하는 단성사의 광고와 나란히, 중앙관의 일본어 광고가 실린 것이 이색적이다. 같은 해 6월 부산 상생관 상영 광고에도 "전일본어발성(全日本語發聲)"[111]이라는 광고 문구가 있는 것으로 보아, 일본어 더빙판이 이입된 것으로 짐작된다. 조선어 신문에 일본어 광고를 게재한 중앙관의 경우에서 미루어보건대, 일본어 더빙 영화를 관람한 조선인 관객들도 없지는 않았을 것이다. 그러나 일본인 상설관에서 〈재생의 항〉의 주요 관객은 재조선 일본인들로, 이들은 본토의 일본인들과 크게 다르지 않은 반응을 보였을 것이다.

토키 초기의 자막 번역가였던 시미즈 슌지(清水俊二)는 일본에서 더빙이 아닌 자막이 정착한 결정적인 계기로 자네트 게이너(Janet Gaynor)가 히로시마 방언으로 말하는 것을 들었을 때 일본 관객들이 받았던 충격을 언급한다.[112] 실제로 〈재생의 항〉이 흥행에 실패한 원인이 성우들의 히로시마 방언과 어색한 연기에 있다는 것은 여러 글을 통해 확인된다. 그러나 이 영화에서 표준 일본어가 자연스러운 목소리 연기로 더빙되었더라도 더빙이 자막보다 더 우세한 상영 방식이 되었으리라 가정하기는 어렵다. 백인 배우들이 일본어로 말하는 것을 들을 때 아시아인이 느끼는 인종적 이질감은 해소될 수 없을 것이기 때문이다.

변사의 해설이 배우에 대한 동일시를 어떤 식으로 방해하든 간에, 무성영화의 관객은 배우의 목소리를 마음속에 품는다. 만일 이 관객이 드디어 발성영화에서 그 배우의 목소리를 듣게 된다면, 그는 그동안 상상해온 목소리와 전혀 다른 소리를 듣는 것이 된다. 〈재생의 항〉에 출연한 자네트 게이너는 〈제7의 천국(Seventh Heaven, 일본 개봉명 '第七天國')〉(1927), 〈선라이즈(Sunrise)〉(1927), 〈거리의 천사(Street Angel, 일본 개봉명 '街の天使')〉(1928) 등을

중앙관의 '일본어토키' 〈재생의 항〉과 단성사의 〈킹 오브 재즈〉 광고.
출처 : 《조선일보》, 1932.03.19.

통해 일본에서 인기를 누리고 있었다. 게이너의 목소리는 일본 팬들의 마음
속에서 (일본어로 덮어 씌워졌다고 하더라도) 셀 수 없이 많은 음색으로 상상되
었을 것이다. 그런데 자네트 게이너의 목소리가 어색한 일본어 음성으로 대
체되고 그것이 극장에서 공개적으로 표면화되었을 때, 그 음성의 이질감은
변사의 목소리가 덮어 씌워진 것보다 더 부자연스러웠을 것이다. 자네트 게
이너와 일본인이 다른 인종이라는 사실을 인지하는 한, 일본어로 말하는
목소리는 자네트 게이너의 신체와 동일시될 수 없다. 일본어로 말하는 게이
너는 더 이상 그녀 자신이 아닌 것이다. 서양인의 신체에 어울리는 서양인의
목소리, 즉 일본인이 들어서는 완전히 해득할 수 없는 외국어 음성이야말
로 할리우드 여배우의 신비스러운 아우라를 지속시켜줄 수 있었다.

　〈재생의 항〉의 실패는 아시아에서 외국 영화의 번역을 통한 수용 과정
에서 서구의 이국성이 어떤 식으로 유지되어야 하는지를 확인해 준 것이라
고도 할 수 있다. 더빙이 배우의 낯선 외국어에 그 지역의 사회적·문화적 특
정성의 요소를 덧입혀 영화의 수용을 로컬화한 것이라면, 자막은 관객 스스
로 자막을 읽으며 암묵적으로 자신의 목소리를 거기에 불어넣고 그 자신과
영화의 사회문화적 기원이 다르다는 점을 계속 확인하게끔 하는 것이다. 일
상의 경험과 훨씬 더 밀착되어 있는 대화를 이러한 방식으로 감상하는 것은
관객의 사회적·문화적 감수성을 혼란에 빠뜨리는 일이었을지도 모른다.[113]

그러나 아시아에서 서구영화의 매력은 바로 그 이질성 자체에도 있었기 때문에, 시네마와 관객 사이의 거리를 안정적으로 유지시키는 자막이 더빙보다 더 유효한 번역 장치가 될 수 있었다.

물론 제작 국가 측면에서 보면, 아시아 시장에서 자막이 선택된 것은 경제적인 요인이 더 크다고 할 수 있다. 다언어 버전보다는 더빙이, 더빙보다는 자막이 훨씬 더 경제적으로 채산성이 있는 방식이었다. 유럽보다 시장의 규모가 작은 아시아에서 더빙을 시도하는 것은 더욱 그러하였다. 게다가 〈재생의 항〉의 경우가 반증했듯이, 일본어 더빙을 훌륭하게 해낼 수 있는 목소리 연기자들을 찾기 위해서는 일본에 별도의 스튜디오를 설립하는 것 외에는 별다른 도리가 없었다.

한편 더빙이 자막보다 열세에 놓였던 것은 〈재생의 항〉이 그 몇 달 전인 1931년 2월에 일본에서 공개된 '최초의 일본어 수퍼임포즈드 자막 영화' 〈모로코〉(1930)의 흥행 성공을 뛰어넘지 못했기 때문이기도 하다. 〈모로코〉의 일본어 자막을 담당했던 타무라 유키히코(田村幸彦)는 1930년 말 뉴욕의 파라마운트로 건너가 자막 번역 작업에 참여하면서, 자막의 위치와 숫자를 정하는 일부터 촬영될 자막을 쓸 달필가를 찾는 문제까지 도맡아 진행했다.[114] 이렇게 완성된 파라마운트사의 첫 번째 일본어 수퍼임포즈드 자막은 일본에서 크게 성공을 거두어서, 〈모로코〉는 1931년도 《키네마준보》의 '독자들이 뽑은 베스트 텐(Best 10)'에서 당당히 외국 영화 부문 1위에 올랐다.

일본에서 〈모로코〉의 성공은 조세프 폰 스턴버그과 마를레네 디트리히, 최초의 일본어 수퍼임포즈드 자막 등의 조합이 만들어냈다고 해도 과언이 아니다. 〈모로코〉의 일본판은 관객이 변사의 설명 없이, 스크린 바깥으로 시선을 옮기지 않고, 배우의 목소리를 들으며 외국 영화의 내용을 이해할 수 있는 혁신적인 방법을 보여주었다는 점에서 대단히 의미 있는 사건이었다.

이렇게 일본에서 획기적인 번역을 선보였던 〈모로코〉는 1931년 10월에 경성의 두 극장에서 개봉되었다. 이때의 개봉은 두 가지 점에서 주목된다. 먼저 제국 일본 내 필름의 유통 구조에서 경성의 지위란 문화의 첨단을 향유하기 어렵게 만드는, 로컬의 문법에 의해 지정되었다는 것이다. 재조선 일본인들을 주요 독자로 하는 《경성일보(京城日報)》는 일본인 상설관인 중앙관에서 〈모로코〉를 오사카 쇼치쿠자의 주임해설자로 "본방해설계(本邦解說界)의 제1인자"인 사토미 요시로(里見義郎)의 해설로 10월 6일부터 상영한다고 보도하면서, 요염하게 서 있는 디트리히의 오른편에 일본어 자막이 길게 삽입된 장면 사진을 함께 실었다.[115] 말하자면 매력적인 디트리히와 친숙한 일본어를 한 화면 안에서 감상할 수 있으며, 문맹을 위해 특별히 본토의 유명한 변사가 조선에 방문해 공연한다는 것이다. 이것은 〈모로코〉의 조선 상영이 '무설명'이 아니었을 뿐 아니라, 재조선 일본인들에게는 서구영화의 일본판 상영이라는 점보다 사토미 요시로의 경성 방문 해설이라는 점이 더 매력적일 수도 있었음을 시사한다. 동일한 필름을 영사하지만 식민지 조선의 일본인 상설관에서는 식민모국과는 다른 맥락과 상황 속에서 〈모로코〉가 상영된 것이다. 이 사건의 의미는 변사의 해설을 대체하는 '방문자막'이 아니라, 이 '방문자막'이 첨부된 필름의 상영을 더욱 특별한 이벤트로 만들기 위해 내지에서 방문한 변사의 해설이 덧붙여졌다는 데 있었다.

이처럼 일본인 상설관에서는 배우의 목소리와 일본어 자막, 사토미 요시로의 해설이 병행되는 과잉의 이벤트가 펼쳐진 반면, 조선인 상설관에서는 배우의 목소리와 자막, 그리고 변사의 해설이 중복되어도 채워질 수 없는 분명한 결여의 지점이 만들어지고 있었다. 당시 조선인들을 주요 관객으로 하는 조선극장 측은 광고에 '일문자막(日文字幕)'이라는 것을 선명하게 부각시키고 "동양의 팬을 위하여 일본문으로 된 측자막(側字幕)이 있어 해설 없

영화 〈모로코〉의 한 장면. 화면 왼편에 일본어 자막이 수퍼임포즈드된 것을 확인할 수 있다.
일본어 자막 영화는 '일본판 영화'라고 불리기도 했다.
출처: 《京城日報》, 1931.10.6.

이도 넉넉히 이해할 수 있다 한다"[116]고 선전했다. 여기서 측자막이란 환등
영사를 통해 보는 사이드 타이틀(side-title)이 아니라 필름에 이중인화되어
영상과 같은 화면에서 볼 수 있는 수퍼임포즈드 자막을 가리킨다. 조선인
상설관인 조선극장에서 〈모로코〉를 처음 상영한 것은 10월 7일로, 하루 일
찍 개봉한 일본인 상설관 중앙관과 직접적으로 흥행 경쟁이 붙은 상태라고
할 수 있었다. 그러나 조선극장이 공급받은 〈모로코〉 필름은 상태가 불량해
발성 효과를 제대로 낼 수 없었고, 결국 하루 만에 다른 무성영화 프로그램
으로 대체되고 만다. 상태가 양호한 필름을 다시 공급받아 상영을 이어간
것은 같은 달 23일로, 이미 일본인 상설관 중앙관에서 〈모로코〉가 일주일이
나 상영되고 막을 내린 후였다.[117] 조선극장의 〈모로코〉 상영에 변사가 해설
을 곁들였는지는 확인할 수 없지만, 먼저 공급받은 필름의 상태가 '발성 효

과'를 제대로 낼 수 없어 상영을 무기한 중단했다는 것은 그만큼 '소리를 듣는 것'을 중요하게 여겼다는 것으로 해석할 수도 있다. 아무리 일본어 자막이 붙어 있다고 해도, 또 사실 제대로 이해할 수 없는 외국어가 흘러나오는 영화라고 해도, 소리가 제대로 들리지 않는다면 〈모로코〉는 〈모로코〉가 아닌 것이다.

이후 조선극장에서는 〈모로코〉에 이어 재키 쿠건(Jackie Coogan)이 출연한 〈장난꾼 대장(Huckleberry Finn)〉(1931년 제작, 1932년 3월 경성 개봉), 〈대비행선(Dirigible)〉(1931년 제작, 1932년 4월 경성 개봉) 등 일본어 자막이 수퍼임포즈드된 '전발성영화 일본판' 영화들이 속속 공개되었다. 그러나 일본어 수퍼임포즈드 자막을 도입한 덕분에 동양의 영화팬들이 변사의 해설이 없이도 외국 영화를 충분히 이해할 수 있다는 변은 대단히 공허한 말이다. 일본어를 모국어로 하지 않는 아시아의 다른 지역 관객들에게 수퍼임포즈드 자막은 번역 장치로서 제대로 기능할 수 없기 때문이다. 한보용이 반문했듯이, 일본어를 모르는 조선인들에게 일본어 수퍼임포즈드 자막이 무슨 도움이 될 수 있겠는가. 하지만 규모가 작은 조선 시장만을 위해서 필름 1편에 1,500달러 내지 2,000달러씩이나 들여 조선어 자막을 수퍼임포즈드할 리 없으니, 조선인 관객들은 "지금 외국 토키 상영방법으로 제일 나은 수퍼임포즈드 방법조차 사용 향락할 수 없는 백성들"[118]인 것이다.

외국어 영화에 삽입된 일본어 수퍼임포즈드 자막은 조선의 식민적인 이중언어 상황에서는 영화의 수용을 오히려 이중으로 굴절시켰다. 일차적으로 자막은 일본어에 대한 헤득력이 없는 조선인들을 배제하는 기능을 한다. 미완성 유고에서 "박래 토키를 (영어, 불어, 독어 등) 듣고 볼 때에는 음향과 대사와 해설자의 설명이 동시에 떠들어대어 고막이 먹먹할 지경인데 또 그와 동시에 시선은 당면(當面)과 알아보기 어려운 방문자막(邦文字幕) 사이를 초(超)스피드로 왕래"[119] 해야 하는 조선의 영화팬이 가엾다는 심훈의 동정이나, "영어를 알아듣지 못하는 사람이 영어로 녹음이 된 구미영화를 보고서 (그러니 영문 모를 음악이 섞인 무성영화를 보았다고 해야 할 것을) 곧잘 그의 예술을 이해 감상한 양 기뻐한다. 고것이 한 두 사람이라면 희극으로 흘리고 말겠는데 조선사람 영화관람자 중 십분지구(十分之九)가 그러하니 이는 차라리 비극"[120] 이라는 채만식의 냉소는 이러한 맥락과 닿아 있다. 경성의 개봉관에서 변사가 자취를 감춘 1939년에 채만식은 외국 발성영화에 대한 완전한 이해를 기대할 수 없는 "십분지구"의 조선인들의 처지를 '토키'가 낳은 '비극'이라 말했다.

다른 한편으로 수퍼임포즈드 자막은 외국 영화의 수용을 교육의 정도라든가 리터러시(literacy)와 관련지음으로써, 모어의 소외를 통한 인종적 불평등만이 아니라 계급과 교육의 불평등 문제를 동반했다. 바꾸어 말하면, 동일한 언어 공동체 안에서도 리터러시에 따라 비균질적인 수용이 야기된 것이다. 일본어를 해득하는 조선인 관객이라면 글을 읽을 수 없는 일본인 문맹 관객보다 외국 영화의 대사를 더 잘 이해할 수 있다. 이들은 일본어 자막을 읽지 못하는 동족들, 즉 채만식의 표현을 빌자면 '십분지구의 조선인들'보다 자막을 읽을 수 있는 일본인들과 유사한 경험을 공유할 가능성이 높다. 이러한 언어 사용자들이란 대개가 도시 지역의 교육받은 엘리트 남성으로 대표되는 소수 인구에 불과했다.

그렇다면 대다수의 조선인들이 일본어 자막을 읽지 못하여 외국 영화를 온전히 이해하기 어려웠던 상황에도 불구하고, 어떻게 조선에서는 일본어 수퍼임포즈드 자막이 정착할 수 있었을까. 또 〈모로코〉 이후 조선의 외화 상영과 관련한 담론에서, 외국 영화의 자막에 대한 관객의 불평이 매우 드문 것은 어떻게 해석해야 하는가.

우선 오늘날의 관점에서는 사뭇 기이해 보이는 현상을 파악하기 위해서, 영화를 이해하고 감상하는 열쇠가 전적으로 언어에 있지는 않다는 점을 상기해야 한다. 무성영화에 비해 발성영화에서 대사의 비중이 높은 것은 사실이지만, 대사를 온전히 이해하지 못한다고 해서 영화의 내용을 전혀 이해할 수 없는 것은 아니다. 가령 관객은 지각 능력과 선지식, 경험 등에 의해 영화의 스토리를 구성할 수 있다. 보드웰(David Bordwell)은 관객이 움직임을 지각하고 이미지와 소리를 3차원적 세계의 재현으로 파악하며, 언어의 이해를 넘어 스토리를 구성한다고 주장했다. 능동적인 관객은 누락된 정보를 추론 혹은 추측할 수 있고, 시간순으로 배열되는 사건들을 시퀀스별로 파악하고자 하며, 예측과 회상을 통해 사건들 간의 인과 관계를 찾으려고 노력한다. 즉 관객이 내러티브 영화의 스토리를 구성하고 내용을 이해하는 데에는 영화의 정황과 이전의 영화 경험에서 비롯된 다양한 유형의 스키마(schemata)의 연관성이 중요하다.[121] 이렇게 외국어 영화의 이해가 관객이 가진 내러티브 스키마에 따라 달라진다고 했을 때, 조선 관객들에게 친숙한 고전적 할리우드 영화의 내러티브가 그다지 이해하기 어려운 대상은 아니었을 것이다.

둘째, 언어의 장벽을 의식한 초기 외국 발성영화들 중 대사에 대한 의존도가 낮은 영화들이 많았다는 것이다. 토키 초기에 레뷰영화나 음악영화가 유독 선호되었던 것은 조선의 일반 관객들이 부딪쳤던 언어의 장벽과 무관하지 않다. 대사에 대한 의존도가 낮을수록 민족이나 계급, 리터러시 등에 의한 편차가 좁혀지기 때문에 흥행의 성공 가능성이 높게 점쳐질 수 있었을 것이다.

셋째, 자막 이해에 곤란을 느끼는 관객들이 사전에 영화의 줄거리를 숙지했을 가능성을 생각해 볼 수 있다. 개봉을 전후로 신문이나 잡지에 소개된 외국 영화의 개요나 줄거리는 영화팬들이 영화를 취사선택하는 것뿐 아니라, 관람하는 영화의 이해에도 영향을 미쳤을 것이다. 당시 극장에서는 별도로 영화 프로그램을 판매하기도 했는데, 이 또한 관객이 외국 영화의 내용을 이해하는 데 상당히 중요한 지침이 되었을 것이다.

네 번째로 생각해 볼 수 있는 것은, 식민지 조선의 영화 문화에서 형성된 조선인 엘리트 집단의 아비투스(habitus)이다. 식민지 시기 내내 영화는 언제나 대중문화의 총아였지만, 영화 감상이라는 취미는 사실상 도시 거주자들의 여가에 한정되었다. 더구나 1930년대 들어 일종의 영화 저널리즘이 형성되자 영화와 그 주변의 이야기들은 엘리트들 사이에서도 인기 있는 화젯거리가 되었다. 특히 이 시기에 들어서 일본어 자막을 통해 감상해야 하는 서구영화는 외래문화에 관심이 많은 학생이나 도시적 삶을 즐길 여유가 있는 중산층에게 세련된 도회적 취미로서 인지되고 있었다. 서구의 유명한 배우나 감독의 이름을 줄줄 꿰고, 개봉 영화에 대한 감상과 논평을 늘어놓아 그들 자신의 취향과 안목을 과시할 수도 있었다. 채만식의 표현대로 조선의 '십분지구(十分之九)'가 온전히 이해할 수 없는 일본어 자막에 대해 당대의 엘리트들이 별다른 비판을 내놓지 않았던 것은 어찌 보면 자연스러운 일이다. 영화에 대한 담론을 주도했던 이들은 일본어를 능히 해득하는 '십분지일(十分之一)'에 속한 사람들이었기 때문이다. 그들의 관점에서 볼 때, 변사의 해설을 자막이 대체해가는 현상은 문화의 진보를 증명하는 것이며, 일본어 자막을 통해 서구영화를 감상하는 것이야말로 그들의 특권적 지위를 확인시켜 주는 것이었다.

조선의 흥행계에 사운드가 도래한 후부터 첫 번째 조선어 발성영화 〈춘향전〉(1935)의 제작이 성공할 때까지 수년간 조선의 스크린에서는 기존의 무성영화들 외에 영어와 프랑스어, 독일어 등으로 녹음된 서구영화들과 일본 발성영화들이 상영되었다. 조선어는 기존 방식대로 무성영화를 해설하거나 발성영화의 사운드를 줄이고 해설을 곁들이는 변사의 목소리를 통해 들려졌다. 극장에서 울려 퍼지는 변사의 '육성(肉聲)'과 필름에서 '발성(發聲)'되는 외국 배우들의 목소리가 서로 경쟁하는 가운데, 많은 조선인 관객들이 일본어 수퍼임포즈드 자막으로부터 언어적인 소외를 경험하게 된다. 이때 그들에게는 세 가지의 선택지가 있었다. 일본어 자막 영화를 보지 않는 것, 영화를 일본어 자막으로는 이해하지 않는 것, 그리고 영화 감상에 필요한 일본어 자막의 해득력을 획득하는 것이다. 이 세 가지 선택지에 대해서는 다음 절에서 구체적으로 살펴보도록 하자.

3. 상영의 표준화와 극장의 문화 정치적 위상 변화

1938년 여름, 두 명의 변사가 음독자살했다. 그중 한 사람은 조선 최고의 변사로 일세를 풍미했던 서상호로, 8월 12일 저녁 경성부 관철정 89번지 우미관 화장실에서 사체로 발견되었다.[122] 경성고등연예관에서 변사 생활을 시작한 그는 "대본을 한번 보고 대번에 화면의 진행과 해설의 템포를 맞추는 점에 있어서 그를 따른 사람이 없"[123]다고 할 정도로 뛰어난 기량을 인정받았고, 우미관으로 옮겨온 후에는 두세 명의 견습 제자까지 두고 최고의 인기를 구가한 "딸라 뽁쓰"[124]였다. 그러나 몰핀 중독과 방탕한 생활에서 헤어나지 못했던 그는 말년에 파고다공원에서 〈명금(The Broken Coin)〉(1915)이나 〈암굴왕(Le Comte de Monte-Cristo)〉(1918) 등을 구연하며 구걸하는 신세로 전락했고, 결국 자신의 인생이 가장 빛나던 시절의 그곳에서 마지막 숨을 거두었다.

또 다른 자살 사건은 두 달 전 광주에서 있었다. 광주 어느 극장에서 활동사진 변사로 있던 서규성이라는 사람인데, 곤궁한 생활 때문에 아내까지 가출해버리자 자신의 처지를 비관하고 음독하였다.[125] 한때 절정의 인기를 구가했던 서상호와, 아마도 그 서상호처럼 유명한 변사를 꿈꾸었을 서규성의 자살에는 공통적인 배경이 있었다. 극장에서 영화를 해설하는 재주만으로는 생계 유지가 어려워진 설명업계의 위기가 바로 그것이다. 외국 발성영화가 수입된 지 햇수로 8년, 조선 무성영화의 상징이었던 나운규도 한 해 전인 1937년 자신의 두 번째 발성영화 〈오몽녀〉를 유작으로 남기고 영면하였고, 〈순정해협〉(1937) 이후로 조선에서 새로운 무성 극영화의 제작 소식은 들리지 않았다. 신문지상에 온통 '발성영화'와 '토키'에 관한 소식뿐인 것은 이미 오래된 일이었다. 극장의 무성영화 매출이 점차 감소하고 자연히 변사의 수입이 줄어든 현실과, 앞으로는 조선영화도 모두 발성영화로 제작되리라는 관측 속에서, 광주 변사 서규성이 자신의 미래를 낙관하기는 어려웠을 것이다.

'변사(辯士)의 변사(變死)'는 토키 이행기를 맞이한 극장 공간의 변화를 상징적으로 보여준다. 앞 절에서 살펴보았듯이, 식민지 조선에서 영화 상영은 변사 연행을 떼어놓고는 상상하기 어려웠지만, 발성영화가 도래하자 활동사진 변사들의 목청은 극장 한 구석의 스피커로 대체되었고, 변사들의 맛깔난 외화 해설은 일본어 수퍼임포즈드 자막이 대신해 갔다. 발성영화를 보러 가는 사람들은 외국어를 알아듣지 못해도 배우의 입모양과 맞아떨어지는 목소리를 들으며 스크린 속 배우들이 주고받는 대화의 맛을 음미하고자 했다. 활동사진을 '보러' 가는 게 아니라 '들으러' 가도록 만들었다던 변사들은 이제 개봉관의 천덕꾸러기였다. 그들의 묵묵한 퇴장으로 극장은 '육성(肉聲)'의 시대에서 녹음된 목소리가 재생되는 '발성(發聲)'의 시대로 이행했다. 이 절은 변사의 육성이 사라지고 스피커에서 발성되는 재생음이 극장에 울려 퍼지게 되었을 때, 변사의 번역과 해설이 일본어 자막으로 대체되었을 때, 식민지의 동족(어) 공간에 발생한 변화와 역동, 그리고 여기에 작용한 힘과 헤게모니를 살펴본다.

(1) '육성(肉聲)'에서 '발성(發聲)'으로

토키 이행기 일본에서는 실직한 악사와 변사의 노동쟁의가 심각한 사회 문제였다. 반면 식민지 조선의 이행기는 무성영화 인력들의 집단적인 반발 없이 순조롭게 진행된 듯 보인다. 영화상설관 수 자체가 적었던 데다가 발성영화 상영 시스템으로 전환하는 기간이 상당히 오래 걸려서, 일자리를 잃은

극장명	개연일수(일)	인원 (명)	요금 (원)
동아구락부	364	345,348	55,171.49
우미관	363	328,707	58,756.20
희락관	365	247,643	48,321.78
단성사	364	233,125	74,609.30
조선극장	365	229,450	66,625.55
중앙관	346	169,051	34,851.19
대정관	350	144,912	62,827.22
경룡관	364	24,243	24,602.00
조일좌 *	113	29,266	17,416.75
낭화관 *	200	26,201	18,218.77
용산좌 *	155	33,687	5,486.50
개성좌 *	215	32,620	4,077.69

표 1. 1930년도 경성 소재 극장의 입장인원 및 입장수입.

비고: *는 소극장. 개연일수는 작년 통계년도 7월 이후
출처: 「府內の映畵ファン百八十二萬餘人─各 映畵館の盛衰を延べ人員」, 《京城日報》, 1931년 1월 25일자 2면.

악사와 변사가 한꺼번에 거리로 쏟아져 나오는 사태가 빚어지지 않았던 것이다. 관객의 입장수입으로 구입비를 회수할 수 있을지 불확실한 상황에서 상설관들은 고가의 토키 영사기의 구입을 망설였다. 토키 영사기를 설치하지 못한 대다수의 상설관에는 배급업자가 일본에서 차입한 토키 장치와 영화 프로그램을 함께 공급하는 퍼센트 흥행을 했다.[126] 토키 초기에는 발성영화 프로그램을 상설화할 수 있는 상영관 자체가 드물었던 것이다.

그러나 발성영화가 수입되기 시작한 1930년에는 영화 인구가 전국적으로 500만 명을 넘어섰고,[127] 세계대공황과 불경기, 만주사변 등의 여파에도 불구하고 조선의 흥행 산업은 비교적 순조롭고 완만한 성장세에 올라있었다. 이 한 해 동안 경성부 내 극장의 흥행 통계는 여러 악재에도 불구하고 극장이 얼마나 성황을 이루었는지를 보여준다. 대부분의 극장이 1년 내내 거의 쉬는 날 없이 문을 열었고, 동원한 관객 수도 많았다. 입장인원 수에서

동아구락부와 우미관은 무려 30만 명을 넘어서는 월등히 많은 숫자를 자랑했다. 각각 하루 평균 948명, 905명이 입장한 셈이다. 입장수입에서는 토키 설비를 갖춘 단성사와 조선극장이 동아구락부나 우미관은 물론, 일본인 상설관들보다도 수위를 점했다. 일본인들도 외국 발성영화를 보려면 이들 극장을 찾았기 때문이다. 특히 1932년에는 지난 몇 년 간 흥행 성적이 저조했던 단성사가 조선극장을 제치고 경성에서(아마도 조선 전체에서도) 가장 높은 수입을 올렸다. 조선극장이 내분으로 10월 말부터 휴관에 들어가기도 했지만, 단성사가 조선극장과 계약이 완료된 기신양행과 배급 계약을 체결하고 성능 좋은 RCA형 발성영화 영사기를 매입하면서, 새로운 토키 설비와 신작 외국 발성영화로 관객의 요구에 부응해간 덕분이었다.[128] 조선에 토키가 본격적으로 도입된 지 2년이 지난 이 해, 단성사 외에도 대구 만경관과 평양 제일관이 토키 영사기를 구입하고 발성영화 상영을 개시했다. 토키 이행의 기운은 경성을 넘어 전국적인 차원으로 확산되어갔다.[129] 같은 해 4월에《조선일보》가 도쿄에서 발간된 신문의 기사 제목을 인용해 "토키의 살인"이라는 사설을 게재한 것[130]도 이러한 흐름과 무관하지 않다.

영화상설관들은 발성영화 영사기를 설치하여 토키 시스템으로 전환하는 한편으로, 여전히 흥행에 강력한 변수로 작용하는 변사들을 통해 관객을 확보했다. 조선에서 가장 먼저 토키 시스템을 갖춘 조선극장은 새로 상영할 발성영화 프로그램과 나란히 변사 모집 광고를 냈고, 1932년에 새로운 발성영화 영사기를 설치한 단성사는 1936년 무렵까지 변사를 극장에 상주시켰다. 악사의 경우에는 전기축음기를 설치한 극장에서 해고되는 사례가 있었던 반면,[131] 변사의 해설은 사운드 재생 장치의 볼륨을 낮추고 대사를 낭독하는 '키리세츠(切り說)'로 비교적 오래 지속되었다. 일본어 자막을 읽으며 영화를 감상할 수 있는 관객층이 매우 얇았기 때문이다. 변사 김영환은 일본

에서 전개되고 있던 '토키영화 설명 반대론'에 대하여 "민중오락에 본위를 가진 영화 그 물건으로 하여금 일부 유식계급만이 즐길 수 있는 일종(一種) 독락적(獨樂的) 기호물(嗜好物)을 만들어버리겠다는 전횡적 야심인 동시에 가공적 잠꼬대에 지나지 못하는 것"[132]이라고 논평한 바 있다. 토키 이후 변사의 존재가 위기에 놓였다고 해도, 영화가 문맹자들까지도 관객으로 포괄하는 '민중오락'이라면 극장에서 변사를 몰아낼 수 없으리라는 자신감을 내비쳤던 것이다. 적어도 토키 이행 초기에는 변사가 흥행에 미치는 영향력이 여전히 컸다. 잦은 경영진 교체로 일류 변사를 포섭하지 못한 조선극장, "B급 해설자로 2류 재영관으로 전락된" 우미관[133]의 경쟁에서, 단성사는 최신 토키 설비와 "관람객 본위의 우수한 사진",[134] 그리고 "원로 노장급을 중심해서 소장 4, 5인"의 일류 변사를 내세워 1932년 최고의 흥행 성적을 기록할 수 있었다.

그러나 시간이 흐를수록 상영 중에 변사가 끼어들어 해설하는 데 대한 비판이 높아졌다. "외국어의 세리푸를 취입한 발성영화를 수입하여다가 해설자를 내세워가지고 비빔밥을 만들려고"[135] 한다는 것이다. 자막을 읽지 못하는 관객을 위해 변사의 설명이 필요했지만, 이로 인해 "음향과 대사와 해설자의 설명이 동시에 떠들어대어 고막이 먹먹"[136]해지고, "영어와 조선말은 혼합이 되어서 듣기 싫은 잡음으로 변하고 마는 것"[137]이었다. 제2차 세계대전 직후의 풍경을 그린 〈多桑(A Borrowed Life)〉(대만, 1994)이나 〈상하이 룸바(Shanghai Rumba)〉(중국, 2006)의 장면에서처럼 조선에서도 변사가 토키와 경쟁하기 위해 마이크를 사용하였는지는 확인되지 않지만, 변사는 영화 속 배우들의 목소리보다 더 큰 목소리로 더 많은 말을 쏟아내기 위해 분투했다. 무성영화 해설을 하듯이 변사가 자막으로 번역된 대사 외에 자기 말을 덧붙이는 일은 부지기수였다.

(가) 전일 얀 키에푸라(Jan Kiepura)의 노래를 들으려고 시외 모관(某館)에 갔더니 키에푸라가 한참 가극 〈토스카〉를 노래하고 있는데 갑자기 그 중도에서 발성이 적어지며 변사 아저씨가 "맑은 시냇물소리와도 같은 그의 노래는 사랑하는 사람의…." 하고 나오기 시작함으로 변사의 뱃심에 어처구니가 없어서 얼이 도망갔다. 그랬더니 다음 장면에 음악이 나오면서 주역의 두 사람이 사랑을 속삭이는 '러브씨인'에 이르러 영화는 바이올린의 선율로 반주되고 들리는 것은 영사실의 기계 도는 소리…… 라고 하는 판에 벽력 같은 소리와 함께

"변사 죽었니, 해설해라!"

하는 고함이 관중 속에서 일어났다. 나는 이런 속에서 구경하는 것이 어쩐지 소름이 끼쳐서 나와 버린 일이 있다.[138]

(나) 전일 모관(某館)에 갔더니 그레타 가르보(Greta Garbo)의 영화를 하는 것이었다. 그런데 장면장면 상세한 해설을 붙이는 것은 말할 것이 없거니와 장면 중 가르보가 "앙드레에! 앙드레에!" 하고 부르니까 변사도 "앙드레에! 앙드레에!" 하고 따라 부른다. 또 노크 소리가 나자 가르보가 "캄인!" 하니까 변사도 "캄인!" 한다. 이런 것까지 해설(?)해주는 것은 친절의 도가 지났다. 그것도 가르보의 그 소리를 고대로 흉내낸다면 그것만으로 재미가 있겠지만 어디 우락부락한 소리로 가르보의 뒤를 따라 흉내내니까 볼 재미가 없어진다. 장면의 청년은 물론 가르보의 부르는 소리에 돌아서고 혹은 들어온 것이지만 나는 그 변사가 "앙드레에!" 하는 소리에 장면 중의 청년이 돌아서고 변사의 "캄인!" 소리에 비로소 장면 중의 청년이 들어온 것같이 느껴졌다. 그래서 만일 변사가 "앙드레에!"나 "캄인!"을 쫓아 안했던들 그 장면이 어찌되었을까 하고 종일 그

일 때문에 하마터면 신경쇠약이 걸릴 뻔하였다. 바라건대 아주 철저하려면 유리창 깨지는 소리며 총소리며 노래소리까지 따라서 흉내를 내거나 그렇지 않거든 아예 번역문이나 해설할 일이다. "御無沙汰"(ごぶさた, 오랫만에 만났을 때 하는 격식 있는 인사— 인용자*)를 "어무사타"로 "流石"(さすが, 과연—인용자*)을 "유석"이라고 하는 것쯤은 오히려 상관없다.[139]

인용한 글의 필자 하소(夏蘇) 조풍연은 경성의 어느 변두리 극장에서 테너 얀 키에푸라(Jan Kiepura)가 출연하는 음악영화를 관람하던 중 갑작스럽게 변사가 해설을 하거나, 관중이 변사의 해설을 요구하며 고함을 치는 것을 목격한다([가]). 고요한 음악이 흐르면 으레 해설이 뒤따라야 한다고 생각하는 변두리 극장의 변사와 관객들에게, 변사는 정확한 의미 전달을 위해 존재하는 '번역자'라기보다 즉흥적인 해설로 관객의 흥을 돋우는 '이야기꾼'으로 존재했다. 하소가 그레타 가르보의 출연작을 보기 위해 찾은 또 다른 극장에서도 변사는 수다스럽게 장면마다 해설을 덧붙였다([나]). 심지어 변사는 그레타 가르보의 대사("앙드레에", "컴인")를 뒤따라 반복하면서, 여배우의 목소리와 영상의 동조 효과를 뭉개기까지 했다. 그가 보기에, 이런 식의 해설은 엉터리 번역보다도 더 나쁜 것이다. 번역자로서의 역할도 제대로 수행하지 못하면서 발성영화의 미학을 훼손하는 변사는 상영에 불필요한 존재가 아닐 수 없었다.

하소의 글이 발표된 무렵 경성에서 조선인 변사 제도를 유지하는 것은 재개봉관들뿐이었다. 조선극장은 1936년 초에 큰 화재를 당해 폐관되었고, 단성사는 한 해 전 반주악단을 해체한 데 이어서 1936년 변사 제도를 폐지했다.[140] 단성사 출신의 세 변사 중 성동호와 서상필은 재개봉관인 제일극장

단성사 변사로 활약했던 서상필. 서상호의 동생이기도 하다.

과 도화극장에서 각각 설명업을 계속 이어갔고, 박응면은 엠파이어영화대리점을 하며 외화배급업으로 전업했다. 1938년 봄에 《조광》이 주최한 활동사진 변사 좌담회에서 서상필은 "관객들의 지식과 이해력이 늘어가니까 앞으로는 (조선인에 대해서도—인용자*) 필요가 없"으리라 전망하였다.[141] 변사의 해설이 없어도 영화를 충분히 이해하고 감상할 수 있는 관객층이 부상하고 있는 현실 속에서, 변사 스스로도 관객의 문화 수준 향상과 변사의 지위가 반비례한다고 여기고 있었다. 변사가 점차 극장에서 자취를 감추어가는 것은 새로운 테크놀로지의 등장으로 인한 자연스러운 현상으로 받아들여진 듯 보인다.

그러나 그것은 과연 자연스러운 현상이었을까. 인용문의 다른 부분에서, 하소는 변사의 해설이 동반되는 것은 영화가 아니라 영화의 전사(前史)인 '활동사진'이라고 단언한다. 변사의 연행에 대한 비판과 더불어 영화를 새롭게 정의하고 있는 것이다. 이러한 사후적 정의는 토키의 출현과 정착에 단순히 사운드트랙의 유무나 인간과 기계의 교체 정도로 설명될 수 없는 어떤 결정적인 단절이 있음을 시사한다. 변사의 퇴장, 그리고 그 배경이 된 토키 이행은 영화의 텍스트성과 '영화 보기'의 경험에 전환을 가져온 것이다.

대량으로 복제된 프린트가 동시에 유통될 수 있다는 영화 미디어의 특장에도 불구하고, 무성영화는 언제 어디서나 동일한 텍스트로 수용되지 않았다. 변사의 해설이나 악사들의 반주음악이 상영마다 다르고, 상영되는 필름의 리듬과 속도, 상영 시간조차 같지 않았다. 이를테면 무성영화의 쇼트들은 영사기사가 영사기를 돌리는 속도에 따라 달라질 수 있었기 때문에 각 상영관마다 지속 시간이 달랐다. 또한 조선 내에서는 1개의 프린트가 각 지역을 순회하는 방식으로 유통되었기 때문에, 무성영화는 동시성을 갖는 복제 미디어가 아니라 반복 불가능한 일회성과 현장성을 내포한 공연의 재료라고 할 수도 있었다.[142] 이러한 무성영화 상영에서 관객은 스크린이라는 계기를 통해 '변사―영사기사―악사'가 서로 협동하며 만들어내는 특유의 상영 공간에 자신의 신체를 투기하여 향유하는 일종의 참여자였다. 키타다 아키히로(北田曉大)의 말대로, "우연적인 수용의 맥락(context)을 부여하는 '변사―영사기사―악사―관객'의 관계성이 첨예하게 구축되고, '장(場)'의 분위기를 만들어내는 데 '눈'에 한정되지 않는 신체성이 중요한 의미"[143]를 갖는 것이 무성영화 상영과 그 수용 경험이었다.

무성영화 상영이 여러 인간적이고 우연적인 계기들이 작용하여 하나의 필름을 복수의 텍스트로 생산하는 실천이었던 반면, 발성영화는 관객과 상영 주체들 간의 커뮤니케이션과 상영 공간의 맥락을 약화시켰다. 대신 발성영화는 언제 어디서나 동일한 텍스트를 수용할 수 있는 표준화를 지향했다. 영상과 음향이 조직적이고 계획적으로 결합되고, 편집 장비에 무비올라(moviola)가 장착되어 필름의 영사 속도를 일정하게 통제함으로써, 영화는 비로소 자기완결적인 텍스트가 되었다. 편집 단계에서 결정된 텍스트는 언제 어디서나 정확히 같은 텍스트로 상영될 수 있게 되었다. 물론 검열이나 번역의 변수는 여전히 존재하지만, 같은 법역(法域) 안에서 같은 언어를 사용하는 관객은 동일한 텍스트를 수용한다고 상상될 수 있었다. 이순진이 지적했듯이, 무성영화가 갖는 "텍스트의 불확정성"이 제어됨으로써 영화는 비로소 복제 미디어로서 전국적으로 균질한 수용을 조장하는 "가장 유력한 근대 미디어"로 등극한 것이다.[144]

따라서 무성영화와 발성영화 사이의 단절은 사운드트랙의 유무라기보다는, 변사의 '소리(聲)'가 창출했던 상영 공간과 스크린에서 발성된다고 여겨지는 토키의 '음(音)' 사이의 단절이다. 상영 공간의 맥락에서 내포하게 되는 '비(非)필름적인 요소들'[145]을 배제함으로써, 영화는 더욱 '영화적인 것(the cinematic)'이 되었다. 무성영화에서 발성영화로의 이행은 영화 관람에서 영화의 '현시(presentation)' 공간과 관객의 신체가 맺는 관계성이 느슨해지고 스크린에 투사되는 '표상(representation)'을 관객이 소급적으로 해석하는 인식론적 차원이 강화되는 과정이라고 할 수 있다.

이처럼 관객의 신체에서 시각을 특화하려는 욕망이 일본에서는 이미 1910년대 말부터 엘리트들의 담론과 실천으로 존재해 왔다. 카에리야마 노리마사(帰山教正)나 오사나이 가오루(小山内薫) 등이 주창한 '순영화극운동(純映畵劇運動)'이 바로 그것이다. 일본의 연극적 관습과 극장 환경에 종속되어 있는 영화를 자율화하기 위해 구체적으로는 활동사진 변사 제도를 폐지하고, 온나가타(女形)가 아닌 여배우를 출현시키며, 자막을 최소화하고, 클로즈업, 컷백 등 영화적 기법을 활용해야 한다는 것이었다. 이 운동은 흥행성의 문제와 관련해 업계와 대립을 빚다가 결국 좌절되었으나, 영화의 '영상문법'을 확립해야 한다는 이념은 이후 일본영화 형성에 긍정적인 밑거름이

되었다고 평가된다.[146] 키타다 아키히로는 1920년대의 예술지상주의자들뿐
아니라, 전위예술가나 프로키노 영화인들까지도 관객의 신체에서 시각을 특
화하는 새로운 지각에 대한 인식틀을 전경화하려는 욕망에서 '영화의 자율
화'를 지향했다고 말한다. 이렇게 "영화에 고유한 논리를 추구하면서도 그
범주에서 일탈하는 존재로서 가츠벤(活弁) 문화와 결탁하지 않고 '소리'를 외
부화하는"[147] 담론의 자장에서 "영화 수용의 장(場)에 자신의 신체를 투기하
는 관객과는 근본적으로 다른 '키노 그라스(映畵眼)'를 가진 관객성이 획정
되어 갔다"는 것이다.[148] 따라서 토키의 출현은 영화를 시각 장치로 보는 담
론에 저항하거나 시각의 우위를 뒤흔든 사건이 아니라, 오히려 시각의 우위
에 청각을 종속시킨다는 기획에서 나온 것이다. "시각의 특권화야말로, 토
키를 준비시킨 것"[149]이다.

키타다의 글은 영화의 자율화 지향과 시각 장치화 사이의 관계에 초점
을 맞추고 있지만, 실제적인 차원에서 감각들 간의 위계를 설정하는 논의로
이해되어서는 곤란하다. 새로운 표상 미디어로서 힘을 얻게 된 발성영화는
무성영화의 '소리(聲)'를 외부화하는 대신 필름 텍스트 안으로 '소리(音)'를 포
섭한 것이지 '귀'를 '눈'에 완전히 복속시킨 것은 아니다. 필름을 확정적인 텍
스트로 만들고, 관객이 영화의 내러티브가 구축하는 세계와 등장인물에 효
율적으로 동일화하게끔 유도하기 위해서, 실제 영화 제작은 '눈'과 '귀'의 자
연스러운 연관에 기반을 두고 자연스러운 비율로 영상과 음향을 제공하는
'자연스러운 모델(natural model)'을 지향했기 때문이다.[150]

한편 식민지 조선의 현실에서는 영화에서 연극적/극장적 맥락을 배제
하는 '영화의 자율화'보다, 무성영화가 상영 맥락에서 갖게 되는 텍스트의
다층성을 어떻게 전유할 것인지가 더 중요하게 논의되었다. 조선의 후진적인
배급 방식으로는 1개의 프린트를 '순연(巡演)' 방식으로 유통할 수밖에 없

었기 때문에 상영 장소마다 동일하지 않은 다층적인 텍스트가 생산되었고, 그러한 다층성이야말로 식민 권력의 검열을 우회할 수 있는 하나의 출구였다. 특히 동족 공간의 성격이 강했던 무성영화기의 극장은 임석경관이 상주해도 언제든 조선인들의 집회 장소로 변모할 가능성이 있었다. 이러한 공간에서 변사의 해설이라든가 막간 공연, 나운규가 즐겨 삽입한 프롤로그나 에필로그 공연 등의 '비필름적인 요소'들은 영화를 표상의 차원을 넘어 현전하는 공간에 위치시킴으로써 식민 권력의 필름 검열로는 포착되지 않는 정치적인 잠재성을 내재하고 있었다. 〈아리랑 그 후 이야기〉(1930)의 에필로그 공연을 어떻게 해석할 것인지를 두고 나운규와 윤기정 사이에 벌어진 논쟁이 조선영화계의 헤게모니 투쟁이라는 점 이전에, 검열 제도 하에서 무성영화의 퍼포먼스가 갖는 현전성과 정치적 상징성의 측면에서 검토되어야 하는 것도 이러한 이유이다.[151] 또 1929년 말 박완식이 경제적, 기술적인 수준의 후진성 외에 "검열로 인한 필름의 중단이 생기더라도 해설상 사건 연락에 큰 곤란을 면"[152]해 온 무성영화의 장점을 제시하면서 발성영화 제작을 반대한 것도 같은 맥락에서 논의할 수 있다. 필름 검열과 흥행 통제로 이원화된 식민 권력의 통제 시스템에서 텍스트의 다층적 해석 가능성을 담지하는 무성영화 상영은 식민지 극장이 내포한 잠재적인 저항의 계기들과 밀접한 연관을 맺었던 것이다. 이렇게 보면 식민지 조선의 토키 이행은 상영을 표준화하여 영화를 시각 장치화하려는 흐름과 그러한 세계영화의 흐름에 뒤처질 수밖에 없는 조선의 현실 사이의 간극뿐 아니라, 관객의 수용을 통제하여 영화를 선전 도구로 활용하려는 제국적 욕망과 그것에 완전히 포획되지 않으려 하는 식민지 극장의 소요(所要) 사이의 긴장으로도 설명될 수 있다.

그렇다면 영화의 현전성이 점차 약화되어 가고 관객의 신체를 둘러싼 환경보다 관객의 눈이 바라보는 것이 중요해져 가는 시대에, 새로 구성된 영화의 텍스트성과 '영화 보기'는 어떠한 사회문화적 변화를 초래하게 되었을까. 그리고 여기에 식민지의 이중언어 환경은 어떻게 개입하였는가. 이제 극장이라는 동족(어) 공간의 변화를 들여다보도록 하자.

(2) '동족(어) 공간'의 쇠퇴와 상영의 문화적 지형 변화

무성영화기 식민지 조선의 관람 공간이 조선인 상설관과 일본인 상설관으로 분화되고, 이것이 다시 '조선인 상설관=서양 영화', '일본인 상설관=일본영화'와 같이 상영 프로그램의 선호에 따라 뚜렷하게 구분되는 것은 『활동사진필름검열개요』(1931)에서도 여러 번 언급될 만큼 식민 당국의 주의를 끌었다. 1933년 가을, 당시 조선총독부 경무국 도서과장이었던 시미즈 시게오(清水重夫)는 조선의 영화상설관들이 "일본것, 서양것을 각각 전문으로 상영하는 곳이 있어 편협된 경향"[153]을 보이는데, 이 점이 식민지 조선에서의 '내선융화(內鮮融和)'에 장애가 된다고 지적했다. 조선에서 상영 프로그램에 따른 관람 공간의 분리는 민족적 이분화와 밀접하게 결부되어 있었기 때문이다. 관람 공간이 민족적으로 균질하고 그 구획의 배타성이 견고하게 유지되는 한, 관객이 서양 영화를 보는가 일본영화를 보는가는 단지 개인의 취향에 따른 선택만이 아니라 동족(어) 공간의 참여자가 될 것인가 이민족의 공간을 기웃거리는 월경자가 될 것인가의 문제이기도 했다.

식민 당국은 1934년에 '활동사진영화취체규칙'을 공포하는데, 여기에 외국 영화 상영 비율을 통제하는 조항을 두어, 조선에 대한 서양 영화의 영향력을 차단하고, 민족별로 뚜렷하게 구분되는 상영 환경을 변화시키고자 했다. 외국어 발성영화에 대해 느끼는 언어적,·문화적 소외를 역이용하여 자국 영화산업을 보호해 나가고자 했던 유럽 국가들과 달리, 변사가 구사하는 언어에 준하여 관객이 들고 나는 조선의 극장에서는 '외국어(서양어)'가 외국 영화의 차단벽이 되지 못했다. 따라서 영화의 언어가 아니라 국적에 따라 상영 비율을 규제하는 정책이 더 실효성이 있었다. 중요한 것은 이 정책이 발성영화의 도래와 함께 고안되고, 입안되었으며, 시행되었다는 점이다. 정책이 목표하는 바가 조선인 상설관과 일본인 상설관이라는 이원적인 구조를 해체하여 '내선융화'를 기하는 것이라고 한다면, 정책의 실효는 토키 이행과 맞물림으로써 높아질 수 있었다. 토키 이행은 극장을 동족(어) 공간으로 형성시키는 구심인 변사를 극장으로부터 밀어내는 과정이었기 때문이다.

1930년대 들어 조선어 신문에 일본인 상설관 광고가 실리거나 일본어 신문에 조선인 상설관 광고가 실린 것을 찾기 어렵지 않다. 경성에서 가장 먼저 토키 영사기를 구비하고 기신양행이 배급하는 외국어 발성영화를 상설 프로그램으로 편성했던 조선극장은 이 무렵부터 일본어 신문인《경성일보》에 광고를 실었으며, 일본인 상설관인 중앙관도 서양 영화를 상영할 때에는 조선어 신문에 광고를 싣곤 했다. 일본어 자막으로 외국 영화를 감상할 수 있는 터에 조선인이라고 해서 굳이 조선인 변사가 해설하는 조선인 상설관을 고집할 필요가 없었고, 이 점은 재조선 일본인 관객 역시 마찬가지였다. 일본어 자막이 동족(어) 공간을 벗어나 월경(越境)할 수 있는 통로가 되었던 것이다. 따라서 이러한 시기에 상영 영화의 국적별 비율을 일정하게 통제하는 것은 '조선인 상설관=서양 영화'와 '일본인 상설관=일본영화'로 특화된 동족(어) 공간의 색채를 무성영화기에 비해 훨씬 용이하게 탈색할 수 있었다. 실제로 이 시기에 들어 외국어 발성영화를 보기 위해 조선극장이나 단성사를 찾는 일본인들이나 동시대 일본영화를 즐기고자 남촌의 일본인 상설관을 출입하는 조선인들이 늘었다.[154]

무엇이 이들을 이민족의 공간으로 월경하도록 한 것일까. 또 누가 월경을 꾀했던 것일까. 김려실은 토키의 도입과 더불어 상당수의 조선인 관객들이 일본인 상설관으로 월경한 것은 조선인 상설관의 낙후된 시설과 객석 부족에 대한 불만이 누적되었던 데다가, 경성을 제외한 대부분의 지역에서 토키 설비를 갖춘 조선인 상설관이 드물었기 때문이라고 주장한다.[155] 사실 극장 설비 면에서만 보자면, 일본인 상설관이라고 해서 모두 고급하고 세련된 시설과 편의시설을 갖추지는 않았으며, 토키 설비 역시 조선인 상설관이 일본인 상설관보다 뒤처졌다고 일반화하기 어렵다. 경성의 경우, 적어도 초기에는 조선극장과 단성사가 일본인 상설관보다 앞서서 토키 설비를 갖추고 양질의 외국 영화를 공개해 왔으며, 평양이나 대구의 조선인 상설관도 비교적 이른 시기인 1932년에 발성영화 영사기를 구비했다. 그러나 조선인 상설관의 시설이 낡고 편의시설이 잘 갖추어지지 않은 데 대한 관객들의 불만이 꾸준하게 제기되어 왔음은 몇몇 자료를 통해 충분히 짐작할 수 있다.[156] 극장이 관객을 볼거리 그 자체만으로 유인하지 않는다는 점, 그리고 관객의 극장 경험은 영화만이 아니라 극장의 설비나 편의시설, 서비스 등과도 연관되어 있다는 점을 환기하면, '무엇을 보는가' 못지않게 중요한 질문은 '왜 극장에 가는가'이며, 극장 가기의 의미는 당대 도시 문화의 맥락 속에서 파악되어야 할 것이다.

주지하듯이, 1920~1930년대를 거치면서 소비 문화의 경성 집중은 더욱 두드러졌으며, 경성 내에서도 특히 남촌 지역에 소비 자본의 개발이 편중되었다. 이렇게 지역 차가 심화되어 가는 현상은 영화 문화에서도 그대로 나타난다. 〈표 2〉의 통계를 보면, 1932년 현재 조선 전역의 영화 전문 상설관 34관(전체 흥행장은 99관) 중 32%에 해당하는 11개관이 경성에 집중되어 있고, 1년 간 관람인원 5,935,363명 중 39.4%에 해당하는 인원이 경성부민이었다. 관람인원의 민족별 인구당 비율을 살펴보면, 재경성 일본인 1명이 1년

	흥행장 수				관람인원	인구	인구당비율
	영화전문	기타	합계				
경기도	11	6	17	내지인	1,139,711	134,639	8회 미만
				조선인	1,203,313	1,981,971	3인에 2인
충청북도	–	2	2	내지인	22,663	7,916	3회 미만
				조선인	23,961	858,111	35인에 1인
충청남도	1	6	7	내지인	95,389	23,983	4회 미만
				조선인	47,664	1,349,622	29인에 1인
전라북도	1	6	7	내지인	117,839	33,558	4회 미만
				조선인	67,327	1,410,108	21인에 1인
전라남도	4	3	7	내지인	144,482	41,958	3회 미만
				조선인	141,195	2,293,346	16인에 1인
경상북도	4	5	9	내지인	411,351	48,319	4회 남짓
				조선인	286,976	2,299,668	8인에 1인
경상남도	6	11	17	내지인	528,805	86,067	6회 남짓
				조선인	237,829	2,015,817	8인에 1인
황해도	–	6	6	내지인	29,836	18,147	2회 미만
				조선인	45,618	1,474,576	32인에 1인
평안남도	5	3	8	내지인	254,471	32,960	8회 미만
				조선인	142,635	1,278,736	9인에 1인
평안북도	–	3	3	내지인	81,527	19,971	4회
				조선인	143,878	1,511,215	11인에 1인
강원도	–	2	2	내지인	19,496	11,660	2회 미만
				조선인	11,939	1,421,860	111인에 1인
함경남도	2	6	8	내지인	256,524	35,928	7회
				조선인	302,082	1,499,598	5인에 1인
함경북도	–	6	6	내지인	107,808	28,750	4회 미만
				조선인	16,414	696,645	42인에 1인
계	34	65	99	내지인	3,209,909	525,452*	6회 미만
				조선인	2,725,454	20,037,273	23인에 1인

표 2. 1932년 조선 각도별 유료영화 관람인원 총계

출처 : 『國際映畵年鑑(昭和九年)』, 國際映畵通信上, 1934
* 내지인(재조선 일본인) 인구 합계는 523,856명이나 여기서는 원문 그대로 인용함.

동안 극장에 출입하는 횟수는 8회 정도이지만, 경성에 사는 조선인은 3명 중 2명이 1년에 1회 꼴로 극장에 갔다. 강원도의 경우, 도 전체를 통틀어 2개의 흥행장(영화상설관이 아님)에서 1년 간 흥행물을 관람한 조선인 비율이 111명 당 1명꼴이었다.[157]

대략 40%의 관람인구가 경성에 집중되어 있었던 만큼, 토키 이행기 경성의 변화는 당시 조선에서 문화 지형의 변화를 압축해 보여준다고 가정할 수 있을 것이다. 이 시기 경성은 "한 말로 하면 자본주의 도시인 경성으로 변하여가는"[158] 중으로, 조선식 건물이 헐린 자리에 서양식 근대 건축물이 들어서고 아스팔트 도로가 늘어나는 한편으로, 도시 빈민들의 토막도 늘어났다. 이렇게 계층적 양극화가 뚜렷해지는 가운데 일본인 구역인 남촌의 본정(本町)은 경성 최대, 더 나아가 조선 최대의 번화가로서 위세를 굳혔다. 백화점, 은행, 호텔, 극장 등 도시의 고도 소비 문화를 전시하는 건물들이 본정을 중심으로 한 남촌에 집중되어, "한편으로는 근대적·자본주의적인 균질화를 경험하게 되는 동시에, 다른 한편으로는 개발이 집중된 지역과 그로부터 소외된 지역 간에 공간적 차별화와 양극화가 더욱 심각한 문제로 대두"[159]되었다. 북촌과 남촌을 가로지르는 민족적 경계가 "개발과 소외를 가로지르는 자본주의적 경계"[160]로 변화하게 된 것이다.

김백영이 재구성한 1926~1936년 사이 남촌과 북촌에 신축된 근대 건축물 분류표를 살펴보면, 이 기간에 남촌에는 16개의 문화 시설이 새로 들어선 데 반해 북촌에는 겨우 1개가 신축되었다.[161] 이 무렵 극장의 위치와 설비를 살펴보아도 여러 면에서 남촌과 북촌 간의 문화적 격차는 매우 뚜렷하다. 경성도시문화연구소가 경성을 방문하는 내지(內地)의 일본인들을 위해 펴낸 『신판대경성안내(新版大京城案內)』(1936)는 각 극장의 영사설비와 편의시설, 신축 정도, 그리고 개봉의 신속성 등을 조목조목 정리했다. 이 책자

명치좌(현재 명동예술극장). 자료제공: 함태영

에 따르면, 명치좌(明治座) 개관 이전까지만 해도 위치로 보나 영사설비로 보나 경성 최고를 자랑하며 스팀 설비까지 갖춘 본정 1정목의 희락관은 입장료가 평균 계상 70전, 계하 50전으로 가장 높게 책정되어 있는 반면, 용산 연병정에 위치해 있고 쇼치쿠와 PCL 영화를 재개봉하는 경룡관(京龍館)의 입장료는 평균 20전이다. 종로에 자리 잡고 있는 조선인 상설관들의 경우, 단성사는 신축을 통해 재조선 일본인 관객들까지 포함하는 다수의 외국 영화 팬들을 유치하고 있지만, 조선극장은 외국 영화를 개봉하기는 하나 일본 영화 재상영과 연극 상연 등으로 명맥을 유지하면서 입장료가 저렴한 재개봉관으로 하락했다. 우미관과 제일극장은 아예 조선 대중을 대상으로 일본 영화를 재상영하고 있다.[162] 개봉관으로 살아남기 위해서는 최신 토키 설비를 구비하는 것은 물론, 신축이나 재개축을 통해 내외관을 새롭게 하고, 냉온방 설비를 갖추어야 하며, 안정적인 배급 체인을 통해 최신작을 개봉할 수

극장명	조선인 관객	일본인 관객	비고
동양극장	거의 대부분		연극전용관
단성사	8	2	
우미관	9	1	
황금좌	6	4	
명치좌	5	5	1936.10. 개관
약초극장	5	5	1935.12. 개관
희락관	5	5	

표 3. 1938년도 경성 주요 극장의 관객 구성

출처: 「기밀실―조선사회내막일람실」, 《삼천리》, 1938. 5. 28쪽.

있어야 했는데, 단성사를 제외한 대다수의 조선인 상설관들은 이러한 요건
을 충족시키지 못했던 것이다.

결국 이 조선인 상설관들은 저렴한 입장료로 일본영화를 재상영하는
재개봉관이 되었다. 경성의 재개봉관 그룹에는 일본인 상설관인 송죽좌(松
竹座)와 경룡관(京龍館)도 포함되어 있었는데, 일본인 상설관에서는 일본인
변사가, 우미관과 제일극장에서는 조선인 변사가 영화 해설을 맡았기 때문
에, 같은 영화를 상영한다고 해도 재개봉관들 사이에서 일본어 자막을 통로
로 월경하는 사례는 개봉관의 경우보다 많지 않았으리라 짐작된다. 재개봉
관의 조선인 관객들은 종로의 저류(低流)를 부유하는 하층계급 노동자이거
나 교육받지 못한 자, 노인 등 도시 문화의 주변부에 위치된 일본어 문맹자
들이었다. 이미 철지난 염가의 영화를 상영하는 재개봉관에서 조선인 변사
의 해설로 영화를 관람하는 그들의 경험이 안락하고 세련된 시설을 갖춘 개
봉관에서 일본어 자막으로 외국어 발성영화를 감상하는 관객의 경험과 동
질적일 수 없음은 당연하다.

확실히 1930년대 중반을 지나면서 식민지 조선의 극장이 갖고 있던 동

족(어) 공간의 정치적이고 문화적인 기능은 둔화되고, 관객의 계층과 (상영 방식의 문제도 포함하는) 영화 취향이 무성영화 시대를 특징지었던 민족적 구획을 침식했다. 남촌의 일류 개봉관에서 상영되는 발성영화의 매혹이 "민족 간 경계를 넘어서 공유되는 소비와 기호(嗜好)의 새로운 실천의 규범"[163]을 만들어냈던 것이다. 남촌의 새로운 명물로 부상한 약초극장(若草劇場, 1935년 12월 31일 개관)과 명치좌(明治座, 1936년 10월 9일 개관)는 "새로운 설비, 시네마 기분 만점!"(약초극장)[164]이라든가 "겨울은 따뜻하게, 여름은 시원하게. 우수한 기계, 가장 좋은 설비. 최고의 영화연극전당. 대중적 요금의 저렴한 만전의 서비스"(명치좌)[165] 등의 광고 문구를 제시하며, 세련되고 고급한 상설관의 이미지로 관객 유치에 나섰다. 변사 해설과 차 서비스를 폐지하여 제일 먼저 상설관의 고급화를 꾀했던 약초극장과 막대한 공사비를 들인 화려한 콘크리트 건축물로 개관 전부터 화제를 모았던 명치좌, 여기에 황금관(1937년 3월 개축, 후에 경성보총극장(京城寶塚劇場)으로 개칭)이 뛰어들면서 1930년대 후반 경성의 흥행계는 3파전의 양상을 보였다.

이러한 구도 속에서 때마침 중일전쟁이 발발하고 외국 영화 수입 금지 조치가 내려지자, 배급 경쟁에서 밀린 단성사는 '북촌(北村) 제일의 양화봉절관'이라는 명예를 뒤로 하고 명치좌의 이시바시 료스케(石橋良介)의 손에 넘어가게 된다.[166] 한때는 조선인이건 일본인이건 인텔리라면 단성사에서 상영하는 서양 영화 최신작을 보러 가던 시절도 있었으나,[167] "서울의 웬만한 인텔리 관객은 이제는 명치정이나 약초정이 아니면 영화를 보러갈 곳을 발견하지 못하고 있는 형편"[168]이 된 것이다. 한때 조선의 대표적인 '서양 영화 상설관'이었던 조선극장과 단성사가, 하나는 화재로 소실되고 나머지 하나마저도 일본인 흥행업자에게 넘어가 '북촌의 재개봉관 대륙극장(大陸劇場)'으로 전락해 버렸다. 고급한 서양 영화와 조선영화를 개봉하는 조선인 상설관

의 시대는 막을 내린 것이다.[169]

이러한 변화 속에서 '극장 가기'의 의미는 무엇이었을까. 그리고 그것은 무성영화기의 '극장 가기'와 어떻게 달랐는가. 안락하고 세련된 극장에서 신작 외국어 발성영화를 일본어 수퍼임포즈드 자막으로 관람한다는 것은 어떤 의미였는가. 앞서 2절의 말미에, 토키 이행기에 외국어 영화 번역 방식으로 일본어 수퍼임포즈드 자막이 정착되면서 조선인 관객이 외화를 관람하는 데 던져진 세 가지 선택지를 언급하였다. 일본어 자막 영화를 보지 않는 것, 영화를 일본어 자막으로는 이해하지 않는 것, 그리고 영화 감상에 필요한 일본어 자막의 해득력을 획득하는 것. 그러나 엄밀히 말하면, 그것은 개개인의 자발적인 선택이라기보다 아비투스에 의해 생성되는 문화 실천들이었다. 경성과 지방, 도시와 농촌, 엘리트와 비엘리트, 일본어를 해득할 수 있는 자와 그렇지 않은 자의 경험의 차이가 만들어낸 위계 안에서 재생산되는 것이다. 세 가지 선택지는 이제 이렇게 고쳐 말해야 한다. 경성의 개봉관에서 신작 외국어 영화를 일본어 자막을 보며 이해할 수 있는 관객, 일본어 자막을 이해할 수는 없어도 외국어 발성영화를 관람하는 관객, 변사가 해설하는 상영관에 찾아가 무성영화나 철지난 외국 영화를 보고 연극을 관람하는 관객이다. 이 분류에서 중요한 것은 관객의 종족성(ethnicity)이 아니라 일본어 자막을 읽을 수 있는가 없는가, 변사의 해설이 없어도 영화를 즐길 수 있는가이다. 말하자면, 일본어든 토키라는 새로운 미디어든 그것을 읽어낼 수 있는 리터러시의 문제가 중요한 것이다. 이것을 기준으로 '고급관객'과 '저급관객' 혹은 '엘리트'와 '대중'이라는 위계가 설정되었던 것은 아래 인용하는 1930년대 후반 관객 분화에 대한 당시의 언급에서도 확인할 수 있다.

(가) 외국 영화의 고속도시발달(高速度時發達)에 따라 재래의 무성영화시

대의 변사의 열변에 도취를 당하던 일반 저급 대중팬은 보고 듣기에 알기 쉬운 연극에로 가버리고 고급팬은 외국토키에 침식되어 가끔가끔 나오는 조선영화의 무성판 같은 것은 눈도 떠보지 않고 토키로 나오면 가보고들 한다.[170]

(나) 지금 연극을 보는 손님들이란 게 토키를 보아낼 수 없고 또 그렇다고 제3,4류 극장 해설자 있는 상설관엔 가기 싫구 한 손님들이거든요. 말하자면 화류계 있는 여성들, 또 거기 따르는 한량 손님들이 토키를 보아낼 재주가 부족하니까 연극을 구경하러 오는 셈이죠. 그러니까 주머니는 다들 튼튼한 손님들일 밖에요.[171]

(가)는 1937년에 영화평론가 서광제가 발표한 글의 일부이다. 여기에서 그는 조선의 관객을 외국 발성영화를 보는 '고급팬'과 연극을 보는 '일반저급대중팬'으로 구분하고, 양측 모두 조선영화의 무성판을 외면하고 있다고 말한다. 경성 유일의 연극 전용관인 동양극장 지배인 최독견은 연극을 보는 관객들은 "토키를 보아낼 재주가 부족"하고, "제3, 4류 극장 해설자 있는 상설관엔 가기 싫구 한" 사람들로, "주머니는 다들 튼튼"하다고 말한다((나). 공통적으로 이들은 외국 발성영화를 즐겨보는 '고급 관객'과 어쩔 수 없이 연극으로 취미가 제한된 '저급 관객'을 포착하고 있다. 양 극단의 사이에 존재하는 소위 '제3, 4류관'의 "해설자 있는 상설관"에 가는 관객들에 대해 별다른 언급은 없지만, 외국어 발성영화를 즐기지 못하는 사람들 중에서 주머니가 두둑한 관객들은 낡은 재개봉관에서 값싼 무성영화를 보는 관객들과 자신들을 구분 짓고 싶어 한다는 것이 문맥에서 짐작된다. 세련되고 고급한 영화 문화를 즐기고 싶다면, 약초극장이나 명치좌에 가서 일본인들과 뒤섞여

영화를 관람하고, 외국 발성영화를 이해하는 데 어려움이 있다면 조선인 연극을 보러 동양극장에 가지만, 연극을 볼 만큼 경제적 여유가 없는 이들은 변두리의 무성영화 재개봉관을 찾는다. 경성에 거주하는 일본인들 사이에서도 비슷한 양상이 나타날 수 있었을 것이다. 그러나 조선에서는 일본인 연극을 공연하는 극장 시설이 무성영화 상설관들보다 열악했기 때문에, 앞서 동양극장 지배인 최독견이 말했던 '토키—연극—무성영화'의 위계가 재조선 일본인들에게도 고스란히 반복되었다고 볼 수는 없다.

1935년에 이르러서야 조선어 발성영화가 제작되기 시작하고 이제 겨우 몇 편 제작되었을 뿐인 그 무렵 일본어 자막이 붙은 외국 발성영화뿐 아니라 일본에서 제작된 일본어 영화들도 셀 수 없이 많이 조선에서 상영되었다. '활동사진영화취체규칙'(1934) 이후 제도상으로는 '서양 영화 상설관'이 사라지고 거의 모든 영화관이 병영관 체제로 변화한 만큼, 1930년대 후반에는 일본어를 모르는 관객이라 해도 개봉관에서 일본어 영화를 관람할 기회가 많았다.[172]

분명한 것은 토키 시대를 맞이하는 극장에서 영화를 취미로 향유하는 데 리터러시와 교양이 개입하게 되었으며, 식민지 조선에서 이것은 학교 교육과 밀접한 연관을 맺고 있었다는 점이다. 일본어 자막으로도 충분히 내용을 이해할 수 있는 조선인 관객이란 학생을 포함한 식자층으로 극소수에 불과했다. 일본어는 '고급 문화'를 향유하기 위한 도구이자 통로이며, 식민지 조선인들이 민족적 한계를 넘어설 수 있는 계층적 언어였다. 소설가 선우휘는 경성사범 재학 시절 명치좌에서는 명화를 관람하고, 종로의 제일극장에서 10전 균일 요금으로 두 편씩 재개봉하는 외화를 보러 다녔으며, 식민지 말기에는 극장에 일본어 대역본을 들고 들어가 영어 공부를 하기도 했다.[173] 일본어 해득력 덕분에 그는 어느 극장에나 갈 수 있었고, 영어를 깨우치고,

세계를 만났다. 해방 전에 나온 영화는 거의 모두 보았다고 할 만큼 영화광이었던 극작가 오영진 역시 일본의 영화잡지 《키네마준보》를 정기 구독하면서 영화와 세계를 만났다.[174]

　　그러나 변사 해설이 없는 영화 관람을 주저하는 관객들이 갈 수 있는 극장은 제한적이었으며, 그들이 만날 수 있는 세계도 그러했다. 도시 문화의 주변부에 위치한 이들이 발성영화 관객으로 포섭되지 않는 한, 두 집단 간의 간극은 쉽게 해소될 수 없었다. 1930년대 중반에 제작을 시작한 조선어 발성영화는 바로 이 간극을 인식하는 지점에서 출발했다. 1936년에 자신의 첫 번째 발성영화를 준비하던 나운규가 역설했듯이, 조선영화의 의무는 "일부의 관객층이 변하였으면서도 여전히 변해오는 작품에 취미를 가지지 못하는 관객의 존재"[175]에 관심을 갖는 것이어야 했다. 조선어 발성영화는 애초부터 모든 조선인을 위한 영화로 출발한 것이 아니라, 외국어 발성영화에서 소외된 조선인 관객을 소구함으로써 '조선의 영화'가 될 수 있었다. 발성영화 도래 이후에도 극장은 여전히 종족적 동질성에 기반한 '참여하는 신체들'의 집합 공간이었지만, 그 한편에는 취향과 기호를 공유하는 소비 공간으로 탈정치화되는 흐름이 존재하고 있었음을 기억해 두도록 하자.

제
3
장

―――――――――――

‘발성’하는 신체와
‘조선영화’의 형성

〈재즈싱어(The Jazz Singer)〉(1927) 이전에도 사운드와 영상의 동조에 성공한 필름들은 있었다. 그러나 즉석에서 삽입된 알 졸슨(Al Jolson)의 몇 마디 대사 덕분에, 〈재즈싱어〉는 사운드 도입을 기술적, 산업적 측면에서만이 아니라, 미학적 차원에서 하나의 결절점으로 위치지은 영화가 되었다. 극장의 스피커에서 울려나온 알 졸슨의 목소리가 갖는 영화사적 의미를 이 자리에서 굳이 설명할 필요는 없을 것이다. 그러나 배우의 목소리를 영상과 동조(synchronization)하게 된 것이 세계영화사의 보편적인 흐름에서뿐 아니라 식민지 조선의 특수한 맥락에서 어떠한 변화를 이끌었는지는 반드시 검토해야 할 지점이다.

이미 2장에서 살폈듯이, 언제 어디서나 동일한 필름을 볼 수 있도록 상영을 표준화하는 토키 이행은 극장 공간에서 영화 상영의 현전성과 개별성을 소거할 뿐 아니라, 극장의 장소성(sense of place)을 탈각시키게 된다. '동족(어) 공간'으로서 여러 정치적 잠재성을 내포하고 있었던 식민지 극장에서 '조선인임' 혹은 '식민지인임'은 관객의 신체가 그 공간에 참여함으로써 경험되는 것이었다. 그러나 토키 이행을 거치며 이러한 정체성은 극장이라는 개별 장소의 특정한 경험에서 인지되기보다 스크린에 재현되는 세계에서 동일성과 차이를 발견하는 주관적인 경험을 통해 주조되는 것으로 이동해간다. 그렇다면 극장에서 변사의 해설이 객쩍어지고, 스크린 속 배우의 신체와 관객의 신체가 맺는 관계가 변화하고, 극장 안의 여러 소리들이 스피커에서 흘러나오는 말에 종속되어 갈 때, 조선어 영화의 등장은 어떤 의미를 갖는 것일까. 3장에서는 식민지 조선의 극장이 토키로 이행하는 중에 등장한 조선어 영화를 '동족(어) 공간'의 집합적이고 공적인 경험과 스크린에 대한 사적 경험이 만나는 그 접촉 지대(contact zone)에 두고, 조선어 영화의 제작이 조선영화의 형성에 어떻게 작용하였으며, 당대 조선의 문화 장(cultural field)에서 발생한 이행 및 변동과 어떻게 조우하게 되는지 고찰한다.

1. 조선어 영화의 등장과 조선영화 만들기

바벨의 붕괴처럼 영화의 보편성이 무너진 자리에서 발성영화와 내셔널리즘의 발흥이 서로 긴밀한 연관을 맺게 되었다는 점은 잘 알려져 있다. 조선영화 역시 '조선어 영화'로서의 민족적 자각을 동반하면서 발성영화 시대로 진입했다. 첫 조선어 영화 〈춘향전〉은 "발성영화라면 의례히 외국 영화로서 거기서 지껄여 나오는 외국어는 들어도 모르는 채 궁금히 넘기는 것이 일대 유감이던 차"[1]에 제작되었고, 이후 〈장화홍련전〉, 〈홍길동전 속편〉, 〈미몽〉 등이 조선인 배우의 조선어 대사로 제작되면서 조선어가 모어(母語)인 사람들을 위한 '조선어 영화'의 시대가 열렸다.

1930년대 중반 조선어 영화의 제작은 단순히 '민족어 영화'의 제작 이상을 의미했다. 조선영화의 토키 제작이라는 꿈은 외국 발성영화가 소개되던 때부터 시작되어, 마침내 토키 기술을 토착화함으로써 실현되었다. 따라서 조선어 영화의 제작에 성공했다는 것은 민족어 영화의 시대를 엶과 동시에 세계영화의 동시대성을 확보했다는 것을 의미했다. 비록 다른 지역에 비해 상대적으로 뒤처졌더라도, 토키화를 통해 조선영화는 사운드 테크놀로지의 국제성에 참여하게 되었다. 이 국제성이 언어를 바탕으로 한 내셔널한 단위로의 분립이 전제된 것이라고 하면, 토키화는 조선영화를 '국제적인 것

(the international)'이자 '내셔널한 것(the national)'으로 위치시켰다고 말할 수 있을 것이다.[2] 더구나 '활동사진영화취체규칙'(1934)을 통해 조선영화가 일본영화와 더불어 '국산 영화'로 범주화됨으로써, 토키 이후 조선영화와 '내셔널한 것'의 관계는 한층 긴밀해졌다고 할 수 있다. 그런데 여기서 우리는 식민지 영화가 과연 '내셔널한 것'이 될 수 있는가라는 근본적인 질문과 대면하게 된다. 식민지 조선영화와 제국 일본, 그리고 제국 너머 세계와의 관계성, 또 그것에 대한 상상은 과연 어떤 것이었는가.

토키 이후 조선영화의 시대적 화두인 '조선적인 것'의 문제는 이러한 복잡한 상상과 연관되어 있다고 해도 과언이 아니다. 이 절에서 검토할 조선어 영화의 등장과 관련한 문제들은 조선영화가 단지 민족어로 제작되었기 때문이 아니라, 스크린을 통해 접촉한 세계영화들과의 관계에서 형성된 '조선적인 영화'에 대한 자의식을 통해 '조선의 영화'가 되었다는 것을 보여준다. 조선영화가 비로소 사운드 테크놀로지의 시대를 개시하였을 때, 조선영화와 '조선적인 것'에 대한 자의식이 조선영화의 미장센을 어떻게 구성하였으며, 이것이 조선영화의 제도화 과정과 어떻게 맞물려 있었는지가 이 절에서 주로 다룰 내용이다.

(1) '음화(音畵)'로의 재출발

'최초의 조선어 토키'라는 타이틀을 탐낸 사람은 무성영화의 황금기를 이끌었던 춘사(春史) 나운규였다. 1929년에 일본의 마키노영화사가 제작한 〈모도리바시(戾橋)〉가 조선에 소개된 직후, 그는 이와 같은 디스크식 녹음 방식으로 발성영화를 제작하려 했다. 얼마 후 영화계 주변에는 〈아리랑〉의 후일담인 〈아리랑 후편〉(1930)이 발성영화로 제작된다는 소문이 돌았다. 그러나 이구영이 메가폰을 잡은 〈아리랑 후편〉은 여러 사정상 무성영화로 제작 공개되었다.

첫 조선어 발성영화가 되리라는 〈아리랑 후편〉이 소문만 무성한 채 결국 무성으로 제작된 것을 보고, 박완식은 "조선에서 발성영화란 일개 몽상에 불과한 것이며 조선의 사회실정 하에서 '저널리즘'에 도취하여 허황한 기도(企圖)를 감행함은 조선영화계에 대한 모독"[3]이 아닐 수 없다고 못 박았다. 이에 앞서 〈아리랑 후편〉의 토키 제작 계획을 듣고 발표한 「발성영화의 국산 문제」에서 그는 조선영화의 토키화에 대하여 비관적인 입장을 밝힌 바 있었다.[4] 세계영화계의 흐름에 따라 조선영화계에도 토키 제작 의욕이 이는 것은 자연스러운 일이지만, "무성영화의 영화다운 한 편도 내어놓지 못한 조선의 영화제작자로서 소위 발성영화의 제작이란 추수적 한 장난거리의 자위적 도락"[5]이라는 것이다. 그는 조선의 영화 제작 환경이 경제적으로나 기술적으로 매우 허약하며, 소규모 시장의 한계로 인해 고가(高價)의 토키 상영 시설을 갖추고도 제작비를 회수할 수 없는 구조라는 점을 지적했다. 더 나아가 영화 운동의 입장에서 발성영화는 검열에 대한 대응력이 부족하다는 점을 우려했다. 무성영화는 "해설상 사건 연락에 큰 곤란은 면하겠지만 토키에 있어서 중단이 된다면 음향까지도 중단이 될 것"[6]이기 때문이다. 그는 견실한 토대 위에서 무성영화로나마 영화 운동을 전개하는 것이 조선영화의 방향이 되어야 한다고 믿었다. 당시 일본뿐 아니라 서구에서도 여전히 시험기에 있는 발성영화를 조선에서 제작한다는 것이 몽상일 뿐이라고 생각한 사람은 박완식만이 아니었다.

〈아리랑 후편〉은 '조선영화의 영웅' 나운규가 추락해 가는 시작점에 있다. 잘 알려진 대로, 카프(KAPF) 계열 비평가들은 나운규가 각본과 주연을 맡은 〈아리랑 후편〉이 기존 조선영화계의 총체적인 문제를 압축한 영화라고

구별	발성		무성	
연별/수량	건수	권수	건수	권수
1934년	574	3,859	2,160	10,018
1935년	1,007	6,286	1,711	8,382
증감	433	2,427	▲449	▲1,636

표 4. 1934~1935년도 영화 검열 건수

비고: ▲는 감소를 나타냄.
출처: 「조선의 필름검열」, 《국제영화신문》, 1936년 3월 하순(170)호, 33쪽. 한국영상자료원 영화사연구소 엮음, 『일본어 잡지로 본 조선영화 1』, 한국영상자료원, 2010, 112쪽.

혹독하게 비판했다.[7] 〈아리랑 후편〉 논쟁 이후 수년 간 나운규는 슬럼프에 빠져 있었다. 공교롭게도 이 시기 조선영화 제작계의 사정 역시 매우 좋지 못했다. 외국 발성영화의 상영 비율은 해마다 두 배 이상 급증하여 1933년에는 무성영화의 21%, 1934년에는 40%, 1935년에는 85%에 이르렀다.[8] 외국 발성영화의 상영 편수는 해를 거듭할수록 매섭게 증가하고, "토키 영화기가 각 상설관에 배치되어서 무성영화를 여지없이 짓밟아 버리는"[9] 상황에서, 여전히 무성영화로 제작되고 있는 조선영화는 1920년대 후반에 비해 그 제작 편수도 급감한 상태였다.

그러나 조선영화 제작계 내부에 위기감이 고조되어 있던 이 시기에, 나운규를 비롯한 몇몇 영화인들은 조선어 발성영화 제작이라는 새로운 꿈을 꾸기 시작한다. 아직 완성도 높은 무성영화 한 편도 제작하지 못했다는 비판이 팽배했지만, 발성영화 제작에 성공한다면 현재의 위기를 돌파하고 새로운 단계로 도약할 수 있으리라 기대했다. 누구보다도 먼저 조선어 토키를 성공하고 싶었던 나운규는 때마침 상하이에서 귀국해 〈아리랑 후편〉에 참여한 이필우에게 디스크식 녹음 방식의 일종인 바이타폰(Vitaphone) 영화를 제작해 보자고 제안했다.[10] 상하이 대중화백합영편공사(大中華百合影片公司)

에서 활동하면서 미국 발성영화의 도래를 목격했던 이필우는 사운드 테크놀로지의 새로운 역사가 조선에서도 곧 시작되리라 예감했을 것이다. 이런 그가 나운규의 제안을 마다할 리 없었고, 두 사람은 최초의 조선어 토키를 만드는 데 의기투합했다. 나운규가 주연과 연출을 맡고, 이필우가 녹음과 촬영을 하기로 한 영화의 제목은 〈말 못할 사정〉이었다. 당시 조선어 토키 제작에 대한 영화계 안팎의 부정적인 여론을 의식했던 이필우는 〈말 못할 사정〉의 제작 의의를 다음과 같이 설명한다.

> 외국에서도 완전한 것을 내놓지 못하는 형편에 대자본을 요하는 토키 제작이 조선서 손쉽게 될 리가 없다. 그러므로 거의 몽상에 가까운 이야기다. 그러나 그것이 어떤 것이라든지 어떻게 하면 손쉽게 할 방법이 없을까 하는 것을 연구하기도 전에 낙심하고(원문에는 '낙심말고') 멀리 떠나려는 것은 어리석은 짓이다. 더구나 외국물(발성영화)의 수입이 시작된 오늘에 우리는 그것을 바라보고 있을 수는 없다. 우선 알아보자. 어떠한 것인지 알고 난 후에 가능하다든지 불가능이라든지 판단을 할 것이다. 하는 데까지는 해보는 것이 영화제작자가 된 책임이요 의무가 아닐까. 무성활동사진 제작사업이 조선서는 불가능이라고 일반이 생각하고 있던 10년 전을 돌아보면 우리는 이 발성영화 사업도 결코 불가능은 아닐 것이라고 믿는다. 그러므로 한번 해본다는 것이다. 그 결과는 단언할 수 없다. 그러나 이것으로 조선서 발성영화 제작 사업의 가능, 불가능을 판단하는 운명을 결정하는 것으로 알고 착수하는 것이다.[11]

단지 조선영화라는 이유만으로 시도해 보지도 않고 불가능하다고 단념해서는 안 되며, "하는 데까지는 해보는 것이 영화제작자가 된 책임이요 의

무"라는 이필우의 말은 초창기 개척자다운 신념에서 나온 것이다. 영화의 도래에서부터 조선영화 제작까지 20년 가까운 시간이 소요되었고, 자신이 최초의 조선인 촬영기사로서 참여한 〈장화홍련전〉(1925)이 개봉된 지도 불과 5년 남짓 지났을 뿐이지만, 그렇다고 조선영화의 낙오를 당연시해서는 안 된다는 게 그의 입장이었다. 외국 발성영화의 홍수가 예상되는 가운데, 조선에서 조선영화가 조선인 관객을 잃지 않으려면 질적 수준의 향상 못지않게 토키를 제작하는 것 자체가 중요했다. 토키화의 성공은 조선영화의 존재 의미를 재확인하는 것이자, 조선영화가 동시대 세계영화와 같은 시간 속으로 진입한다는 것을 의미했다.

〈말 못할 사정〉은 나운규가 연출하는 〈철인도〉(1930)의 단성사 개봉 수익으로 제작될 예정이었다. 그 사이 이필우는 일본에 건너가서 미나가와 요시조(皆川芳造)가 리 디포리스트의 기술권을 매입하여 수정 고안한 미나 토키를 사용하기로 계약하였다. 그러나 〈철인도〉의 흥행 참패로 일본에 계약금을 보내지 못했고, 제작은 무산되어 버렸다. 1930년 4월 하순부터 일간지에 1, 2일 간격으로 게재되었던 "조선 초유의 발성영화" 〈말 못할 사정〉의 단성사 개봉 예정 광고는 9월 초순을 지나며 완전히 사라진다. 이후 두 사람은 배구자 일행의 순회공연을 따라다니며 다음 기회를 엿보지만, 순회공연 중 불미스러운 사건으로 결별하고 각자의 길을 걷게 된다.[12]

〈말 못할 사정〉의 제작 무산 이후에도 두 사람 모두 첫 번째 조선어 발성영화의 꿈을 버리지 않았다. 그러나 그 영광의 타이틀은 이필우에게 돌아갔다. 이필우의 증언에 따르면, 나운규와 결별 후 배구자 일행의 일본 순회에 따라나선 이필우는 오사카에서 일본의 초기 토키 시스템 개발자인 쓰치하시 다케오(土橋武雄), 나카가와 다카시(中川堯史) 등을 만나게 된다. 잘 알려진 대로, 쓰치하시는 쓰치하시식(土橋式) 토키 시스템을 개발해 일본영화

사상 최초의 일본어 발성영화 〈마담과 아내(マダムと女房)〉(1931)의 제작에 기여한 인물이다. 또 후에 이필우와 함께 〈춘향전〉의 녹음에 참여한 나카가와는 치에프로덕션(片岡千恵蔵プロタクション)에서 쓰카고시식(塚越式) 녹음 시스템을 개발한 쓰카고시 세이지(塚越成治)의 조수로 일하다가 나카가와 사이치로(中川佐一郎)라는 본명을 나카가와 다카시(中川尭史)로 개명하고 그 자신의 녹음 방식인 NT 사운드 시스템을 개발하게 된다.[13] 토키 시스템 개발은 거의 특허 전쟁이었다고 해도 과언이 아니었고, 이 때문에 선진 기술의 작동 원리를 파악하기 어려웠다. 이필우는 오사카에서 이들과 만나 토키 시스템의 공동 개발을 약속했고, 상하이로 건너가 폭스 17호 뉴스반의 레코더를 살펴보고 돌아와 그가 관찰하고 파악한 바를 전달해준다. 그가 상하이에서 얻은 정보와 지식이 이들의 토키 시스템 개발에 실질적으로 도움이 되지는 못했으나, 후에 이필우가 도움을 청하면 언제든 조선에 와서 도와준다는 계약을 받아냈다고 한다.[14]

조선에 돌아온 이필우는 조선발성영화연구소를 만들었다. 녹음 기술을 토착화하는 데까지는 더 기다려야 했지만, 기존의 토키 특허권에 저촉되지 않으면서 값비싼 외국제 영사기를 대체할 수 있는 "값싸고 간편하고 효과 있는 발성장치기"에 대한 연구를 통해 1933년에는 순조선산 P.K.R.식 발성영사기도 발명했다.[15] 이필우가 개발한 장치가 상영관의 토키 영사 시스템으로 정착하지는 못한 것으로 보이나, 이렇게 기술의 토착화를 위한 시도와 노력이 꾸준하게 이어지고 있었다는 점을 특기할 필요가 있다.

경성촬영소가 제작한 최초의 조선어 발성영화 〈춘향전〉은 이필우의 발성영화에 대한 열정과 다년간에 걸친 꾸준한 기술 연구의 결실이었다. 와케지마 슈지로(分島周次郎)를 설득해 발성영화를 제작하기로 한 이필우는 일전에 협업을 약속했던 일본의 나카가와에게 연락하여 녹음 장치를 구입하고,

그가 들고 온 기계로 〈춘향전〉을 제작했다. 그리하여 조선영화계는 마침내 1935년에 발성영화를 만들 수 있는 기술을 얻게 된다.

당시 기사는 〈춘향전〉에 사용된 녹음 장치를 "조선폰"[16]이라고 전하고 있으나, 이때 사용되었던 녹음 장치는 아마도 나카가와가 개발한 NT 시스템으로 추정된다. 1938년 5월 11일자 〈키네마준보〉에서 스가야 에이이치로가 소개한 바에 따르면, 경성촬영소에서 이필우가 나카가와와 함께 '나카가와 시스템'의 녹음을 담당했었다는 기록이 있다.[17] 나카가와의 NT 사운드 시스템은 교토(京都)에 있었던 에토나영화(エトナ映画)에서 사용되다가 1935년에 영화사가 해산되면서 사용이 중단되었다. 나카가와가 조선에 와서 이필우를 도운 시기는 에토나영화사의 해산과 맞물려 있는데, 영화사 해산 이후 새로운 활로를 모색해야 했던 나카가와가 NT 설비를 가지고 조선에 건너와 〈춘향전〉의 녹음에 도움을 주었다고 볼 수도 있을 것이다.[18]

〈말 못할 사정〉의 제작 무산부터 〈춘향전〉의 성공에 이르기까지 이필우는 오사카와 상하이를 오가며 영화 녹음 기술을 연구하고 시스템을 고안하기 위해 노력했고, 조선에 돌아와서는 제작자와 촬영소를 물색하느라 여러 자본가들, 식민 당국의 관계자들을 직접 만나 교섭하였다.[19] 이러한 그의 노력으로 기틀이 다져진 경성촬영소에서 〈춘향전〉 이후 초기 조선어 발성영화들이 속속 제작되었다. 카메라와 필름을 능란하게 다루는 이필우의 기술은 첫 번째 발성영화 제작이라는 위험한 시도에 자본을 투자할 사람들, 즉 와케지마 슈지로나 홍순언 같은 투자자들을 움직이는 힘이었다.

한편 조선영화가 발성영화 제작으로 한 단계 도약할 때 그 중심에 이필우가 있었다는 것은 발성영화가 기술과 자본의 더욱 강력한 결합을 통해 탄생하였다는 것을 상기시킨다. 조선영화는 "자본의 은혜를 몽(夢)하지 못한 대신에 그 폐해를 받지 아니했다"[20]는 임화의 통찰은 "음화(音畵)로의 재출발"[21] 이후의 영화에 대해서만큼은 교정을 요한다. 대자본이 투자되는 발성영화는 자본과 더욱 종속적인 관계를 맺게 된다. 이러한 종속이 조선영화의 경향에 영향을 미쳤고, 제작과 배급의 기업화라는 욕망을 들끓게 했으며, 결과적으로 조선영화라는 고유의 영역을 제국으로 흡인하는 힘이었다. 이 점에 대해서는 이 책의 4장에서 확인할 것이므로, 여기서는 자세한 논의를 생략한다. 다만 음화로의 재출발이 조선영화에 기술과 자본의 문제를 비롯한 여러 쟁점들을 부각시켰다는 점을 언급해 둔다.

(2) 조선어 대사로 영화 만들기: 나운규의 시도와 좌절

〈말 못할 사정〉의 제작이 무산된 후, 나운규는 1930년 9월에 신설된 미나도좌 신극부에 가입하여 몇 편의 공연 무대에 섰다. 그러다가 도야마 미츠루(遠山滿) 프로덕션이 제작한 〈금강한〉에서 순진한 처녀의 정조를 유린하고 끝내 비참한 죽음을 맞는 호색한을 연기하는 등 '조선영화의 영웅'으로서는 실망스러운 행보를 이어갔다. 그런 나운규에게 대중은 등을 돌렸다. 이 시기 나운규에 대하여 심훈은 "뜀박질 잘 하던 기린아(麒麟兒)는 지금 언덕비탈을 거꾸로 달리고 있다. 일본국수회(日本國粹會)의 지회장이 돈을 대는 〈금강람(金剛嵐)〉(후에 〈금강한〉으로 개제)에 검극배우 원산만(遠山滿)이와 공연하여 나운규의 '나(羅)' 자가 떨어지고 미나도좌로 배구자 일행을 따라다녀서 다녀서 '운(雲)' 자까지 잃어버렸다는 말이 들리게까지 된 것은 참으로 애석하다"[22]고 썼다. 미나도좌의 신극부와 도야마 프로덕션 이후, 그는 신무대, 배구자 일행, 극단 형제좌(현성완 일행) 등과 함께 여러 무대를 전전했고, '나운규'를 앞세워 만든 영화로 한몫 잡으려는 사람들 틈에서 스스로를 소모해가고 있었다. 이런 그를 두고 영화계의 지인들은 "속속들이가 낡아빠진 사

도야마 프로덕션이 제작한 영화 〈금강한〉(1931). 나운규는 순진한 처녀를 유린하는 호색한으로 출연했다. 아래 사진에서 오른편에 있는 인물이 나운규이다.

람이 되고 말았다"[23]고 비난했다. 그러나 그 시절을 그렇게 보내지 않았다면 "굶어죽었거나 도적질밖에 할 것이 없었겠지요"[24]라고 토로할 정도로, 나운규는 극심한 재정적 어려움에 시달리고 있었다.

당장의 현실적인 이유로 무대에 서고 졸속으로 영화를 만들었지만, 외국 발성영화가 도래한 1930년대 전반기를 지내는 동안 나운규는 관객의 영화 취향이 변화해 가는 것을 목격하고, 발성영화 제작이 더 미룰 수 없는 조선영화계의 과제라는 점을 강하게 확신하게 된다.

> 영화는 지금 한두 사람이 좋아하거나 말거나 조선서도 토키로 제작하여야 할 때에 이르렀다고 나는 본다.
>
> 이제는 토키 아니고는, 사일런트의 영화를 가지고는 더 개척하기 어렵게 됐다. 조만간 조선에서도 토키 영화가 나오게 될 것이다. 그러나 토키 제작이 가능하게 될 때까지 수수방관할 일은 못된다. (중략) 몇 해 전만 하여도 연극이나 영화계에 뜻 둔 사람의 표어는 "그저 군중을 웃겨라, 웃기기만 하면 성공이다."라고 하였다. 그러기에 그의 취미를 맞추느라고 정도 이하로 취미본위의 영화를 만들고 정도 이하로 관객을 취급하여 왔다.
>
> 그렇지만 나는 이번 순회에서 이제는 이 생각을 버릴 것임을 느꼈다.
>
> 오늘의 관중은 연출자 이상으로 진보된 두뇌를 가지고 있다.
>
> 스턴버그의 작품이 삼사년 전만 하여도 환영을 못 받았다. 그러나 지금은 스턴버그의 작품이면 아래층, 삼등 관객층에게도 열렬한 환영을 받는다.
>
> 이제는 예술적으로 가치 없는 작품은 군중에게 수요되지 않는다.
>
> 이제는 웃기는 영화, 웃기는 연극은 모두 버릴 때이다.[25]

자신의 무대 활동에 대한 비난을 의식하며 발표한 이 글에서, 나운규는 "정도 이하로 취미본위의 영화를 만들고 정도 이하로 관객을 취급"하는 "웃기는 영화, 웃기는 연극"보다 예술성이 있는 영화를 만들어야 한다고 주장한다. 영화제작인으로서 반성적인 각오까지 엿보이는 대목이다. 이필우와 함께 '첫 번째 조선어 토키'라는 꿈을 꾸었던 나운규는 이필우와는 다른 방식으로 그 꿈을 실현하고자 했다. '영화 기술의 개척자'인 이필우의 관심은 토키 기술을 토착화하는 데 있었다. 반면 각본·감독·주연을 담당하며 영화를 만들어온 나운규는 관객의 관람 수준과 취향의 변화를 예민하게 포착하며 '어떤 영화를 만들 것인가'를 고민했다. "연극을 하여보니까 조선 문단에 좋은 각본이 없는 것이 새삼스럽게 개탄된다. 천품(天品) 있는 극작가의 출현을 재삼(再三) 바라서 마지않는다"[26]는 인식의 변화도 이 시기의 경험에서 나온 것이다. 그러나 1930년대 전반기에 나운규가 만든 영화들은 이러한 변화들을 반영하지 못했다. 〈개화당 이문〉, 〈종로〉, 〈칠번통 소사건〉, 〈무화과〉 등은 제작 태도나 완성도 면에서 비난을 면치 못했고 관객들로부터도 외면당했다.

오히려 이 시기 나운규의 대표작은 배우로서 출연한 이규환 감독의 〈임자 없는 나룻배〉(1932)였다. 〈임자 없는 나룻배〉는 일본 신코키네마(新興キネマ)에서 스즈키 시게요시(鈴木重吉)의 조감독으로 연출 수업을 받은 이규환의 첫 연출작으로, 〈아리랑〉 이후 조선영화의 새로운 이정표가 된 작품으로 평가된다. 이 영화는 조선 농촌의 비참한 현실을 그리면서도, 이전의 무성영화들과는 다른 스타일로 조선 관객들을 소구했다. "감상적인 일편(一篇)의 서정시와도 같은 감(感)을 주는" 영화는 "최후의 씬을 제외하고는 전부가 정적(靜的)"[27]이었다고 전한다. "갈등이 있을 뿐이오, 투쟁이 없"[28]는 이 영화에서 나운규의 연기는 이전과 사뭇 달랐던 듯하다. 농토와 생계수단을 빼앗

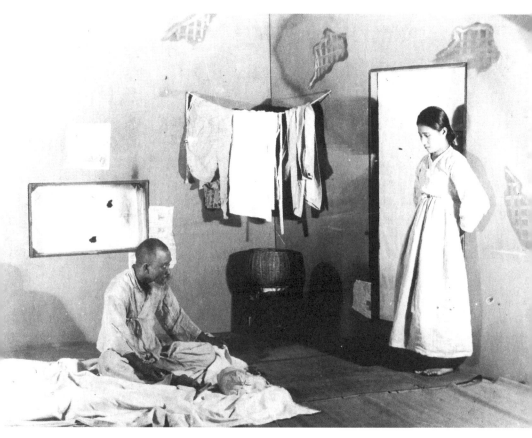

영화 〈임자 없는 나룻배〉(1932)의 한 장면. 이규환 감독이 연출한 이 영화에서 나운규는 주인공 춘삼 역을 맡아 식민지 농민의 몰락과 비참을 그려냈다. 사진은 춘삼이 딸(문예봉 분)의 늦은 귀가를 꾸짖는 장면이라고 알려져 있다. 〈임자 없는 나룻배〉는 문예봉의 영화 데뷔작이기도 하다.

기고, 가족까지 잃는 "조선민중의 한 전형"[29]이라 할 만한 춘삼(春三)을 연기한 나운규는 "열(熱)로 가득 찬 동작과 표정"[30]은 그대로였으나, "이규환 군의 감독술은 재래의 나운규 씨의 모션을 어느 정도까지 없애버렸으며 (중략) 출연자 나운규 군은 감독의 통제를 받아서 다소 침착한 태도가 보였"[31]다는 것이다.

이러한 평가들은 나운규의 동적인 연기가 정적인 스타일을 추구하는 이규환의 연출을 만나 서로 잘 어우러진 결과였을 것이다. 이 영화에서 특유의 "모션"이 억제되고 침착한 연기가 영화 전체를 관통하는 서정적인 분위기와 조화를 이루었다면, 나운규는 소위 '나운규 영화'로 대표되는 무성영화의 활극적 연기와는 확연히 다른 스타일을 보여준 것이다. 이는 1930년대 전반기 관객들의 영화 취향을 의식한 변화이기도 하다. 당시 관객들은 외국에서 수입된 무성영화 후반기의 수작들과 초기 발성영화 등을 통해서 동시대 외국배우들의 자연스럽고 섬세한 연기 스타일과 조선인 배우들의 행동 중심의 과장된 연기를 한 공간에서 비교할 수 있었다. 앞서 인용한 글에서 나운규 자신이 언급했듯이, 이제 조선의 관객들은 "웃기는 영화, 웃기는 연극"보다 스턴버그의 섬세하고 세련된 영화를 더 좋아했다. 나운규는 "배우들의 액팅이 이유도 없는데 함부로 뜀박질을 하는 것과 같이 그저 행동적 변화에만 치중하여 안면의 표정이 부족한 것이 통폐(通弊)"[32]라는 당시 조선 배우들의 연기에 대한 평가를 뒤엎고, 관객의 변화된 관람 수준과 취향에 부응해야 한다는 자각에서 스스로 연기 스타일의 변화를 보여주었다고 할 수 있다. 비록 나운규의 이미지에 결정적인 타격을 입혔지만, 〈금강한〉(1931)이 유일하게 평가된 지점이 "주연자의 표정이 극의 델리케트하고 침착한 그것"[33]이었다는 점을 상기할 필요가 있다.

나운규가 연출하거나 출연한 필름이 한 편도 남아 있지 않은 상황에서 그의 연기를 논하는 데는 한계가 있다. 그러나 이러한 한계를 전제하고 당대의 기록을 종합해 보면, 1930년대 전반기 나운규의 무대 활동은 단지 생계 수단으로서만이 아니라 발성영화 제작을 기약하며 연기를 연마하는 과정으로도 자리매김한다. 나운규는 무성영화계에서는 독보적인 스타였지만 성량이 부족한 편이었고 상대적으로 연극 무대의 대사 연기에 취약했다.[34] 여러 극단의 무대를 전전하는 동안 그는 이러한 자신의 한계를 자각한 듯 보인다.

비록 제작은 무산되었지만 나운규 각본의 〈말 못할 사정〉은 1931년 콜롬비아의 유성기 음반극으로 출시되었다.[35] 다행스럽게도 오늘날 우리는 이 음반극을 통해 목소리로나마 나운규의 대사 연기를 감상할 수 있다. 음반극 〈말 못할 사정〉에는 여동생(석금성 분)과 오빠(나운규 분)의 말다툼, 오빠가 순사(심영 분)에게 자신의 죄를 고백하는 장면이 담겨 있다. 오빠는 순사에게 자신의 죄를 고백한다고 하면서도 '말 못할 사정'만은 끝까지 털어놓지 않는데, 그 사정이란 폐병에 걸려서도 실직 상태의 오빠와 무능한 아버지를 부양하기 위해 몸을 팔아야 했던 여동생의 "불행한 줄 알면서도 살 수밖에 없는 팔자"였다. 여기서 나운규는 여동생 역을 맡은 석금성과의 대화에서 신파조의 격정적인 대사를 쏟아낸다. 또 순사 역인 심영과의 대화에서는 여동생을 지키지 못한 죄책감과 (아마도 거짓) 자백하게 되는 복잡한 심리를 표출하기에 다소 부족한 평면적인 대사를 들려준다. 곧 다가올 발성영화 시대에 적합한 배우가 되기 위해서는 내러티브 전개에 따른 개별 감정이나 심리를 '말(대사)'에 실어 표현하는 화술(話術) 연구가 그에게 더 절실했을 것이다.

무성영화에서 강렬한 몸짓으로 연기해 온 나운규에게 발성영화에서 대사로 연기하는 것이 얼마나 어려운 문제였는가는 〈아리랑 제3편〉의 실패에서 확인할 수 있다. '첫 번째 조선어 토키'라는 타이틀은 경성촬영소의 〈춘향전〉이 차지해 버렸지만, 무성영화 시대를 대표하는 〈아리랑〉의 후속작 〈아리랑 제3편〉은 나운규의 각본, 감독, 주연과 그때의 여주인공 신일선의 출연으로 만들어진다는 것만으로도 기대를 모았다. 영화 제작 중 어느 인터뷰에서 나운규는 "사람이 동작하며 말할 수 있는데 동작하면서 말을 못한다는 것은 시대적 역류"라고 하면서, "조선서도 토키 영화가 아니면 대중의 요구를 만족시키지 못할 것"[36]이라고 첫 발성영화에 임하는 각오를 밝혔다. 그러나 1936년 5월 그의 생애 첫 발성영화 〈아리랑 제3편〉이 공개되었을 때, 결과는 참혹했다. 이미 제작 중에 예견된 기술적 실패[37]—"컴컴하고 더러운 화면, 불유쾌한 녹음"[38] 등—를 차치하고라도, 〈아리랑 제3편〉에 관한 몇몇 비평들은 조선의 무성영화 시대를 대표해 왔으며, 누구보다도 조선어 토키 제작에 대한 강한 열망을 가지고 있었던 나운규가 어떤 지점에서 발성영화 시대로 진입하는 데 실패했는지를 전해준다.

우선 무성영화 〈아리랑〉과 같은 방식으로 나운규 혼자서 원작, 각색, 감독, 연기 등을 담당한 것 자체가 실패의 원인이라는 비판이 있었다.[39] 대사의 중요성과 시나리오의 비중이 더욱 커진 만큼, 시나리오 작가와 감독의 역할을 구분하고, 전문적인 작가가 시나리오를 집필해야 했다. 그런데 나운규의 야심이 지나쳐 이 모든 역할을 겸해 버렸다는 것이다. 스스로도 "천품 있는 극작가의 출현"이 좋은 연극을 만들 수 있다고 했듯이, 이즈음의 나운규는 전문적인 각본가의 중요성을 알고는 있었다. 그러나 이제까지 각본과 연출, 연기를 모두 담당해 온 그가 첫 번째 발성영화로 〈아리랑〉의 후속작을 만들어야 했을 때, 각 영역을 분화할 수가 없었던 것이다. 〈아리랑 제3편〉에 대한 의욕이 지나쳤기 때문일 수도 있고, 그때까지 고수해 온 작업 방식을 바꾸고 새로운 시스템을 만들어내기가 어려웠기 때문일 수도 있다. 그러나 분업화되고 전문화된 제작 시스템을 지향하는 발성영화 시대에 나운규 식의 작업 방식은 맞지 않았다.

또한 〈아리랑 제3편〉의 배우들은 발성영화에 적합한 연기를 보여주지 못했다. 이 점에서 나운규는 감독으로서나 배우로서나 모두 실패했다. 1930년대 전반기 중 상당한 시간을 무대 위에서 보냈지만, 그는 발성영화에서 대사가 갖는 특질과 배우의 화술에 대한 이해가 부족했다. 배우들의 성량은 조절되지 못했고, 대사는 "극히 졸렬무쌍"하게 연출되었다.[40] 배우들은 마치 이제 갓 글을 배운 아동이 교과서를 읽듯이 어색한 어조로 한 글자 한 글자 떠듬떠듬 대사를 낭독했다.

> 그러한 졸렬 어색한 대화의 표현은 또 다시 촌 동리 가의사(假醫師)—(김덕심 역)—와 측량기사—(전택이 역)—와의 말다툼에서도 드러나니 대사를 몇 번 읽어 외인 (암송) 삼매목(三枚目)의 배우가 무대 위에서—더욱이 희극 장면에서—돌아가지 않는 혀(舌)를 억지로 놀려가며 사람을 웃기는 그러한 유창하지 못한 능란하지 못한 것 같이었다. 비단 대화의 졸렬뿐만 아니라 영진이가 철쇄에 얽히어 자유를 잃고 몸부림을 칠 때에 발(發)하는 그 아우성 소리는 자유에 구속을 받은 인간 최후의 발악의 비명(?) 소리였지만 토키를 사용하게 되었다는 점에서 그것을 너무나 지나치게 희용(戲用)하지 않았다 하고 생각되며, 여기서 〈아리랑 제3편〉을 토키화시킨 것도 단지 영진의 그러한 비참한 부르짖음 아우성 소리를 표현하기 위한 것이 아니었던가 하고 극단적으로 생각된다. (중략) 토키에 있어서는 연기는 무엇보다도 대화와 조화되는 데서 어색하지 않게 자연스럽게 표시된다. 그 점에서 영진의 발악의 아우성 소리는 산란하다 할까? 그러나 먼저도 말했거니와 대화가 졸렬한 데서 연기에 부자연스러운 점이 한두 곳 아니었다. 앞으로는 대화와 연기의 조화 이 점에 노력을 치중하지 않으면 안 되리라고 믿는다.[41]

토키 시대의 아리랑, 〈아리랑 제3편〉.
출처: 《매일신보》, 1935.11.18.

인용한 글은《영화조선》창간호에 김중희가 쓴 비평의 일부다. 여기에서 김중희는 김덕삼, 전택이 등의 어색한 대사 연기 외에, 나운규가 영진의 광기를 연기하기 위해 부르짖은 "아우성 소리"에 초점을 맞추어 〈아리랑 제3편〉의 대사들이 얼마나 부자연스러운지를 지적한다. 나운규가 영진으로, 신일선이 영진의 여동생 영희로 출연한 〈아리랑 제3편〉의 내용은 다음과 같다. 수리조합 공사장의 측량기사 태준은 미친 오빠를 보살피며 삯바느질로 겨우 생계를 유지하는 영희를 탐내지만, 양복을 입은 사람을 싫어하는 영진 때문에 영희에게 접근할 수가 없다. 태준은 영진을 돈으로 꾀어 가두고, 어느 밤 혼자 있는 영희의 방에 찾아가 겁탈하려 한다. 놀란 영희는 태준에게 식도를 들이미는데, 칼에 찔려죽은 것은 태준이 아니라 영희다. 살인을 한 태준이 담을 넘어 도망치자 영진이 아우성치고, 이 소리에 동리 사람들이 모여든다. 도망치는 태준을 쫓아 지붕에 올라간 영진은 사람들 앞에서 태준을 죽인다.[42] 김중희가 강렬한 인상을 받은 것은 결말 부분에서 몸이 묶여 마음대로 움직일 수 없는 영진의 "발악의 아우성 소리"다. 그가 보기에는 나운규가 '토키 〈아리랑〉'을 만들고자 했던 동기는 이 아우성에 응축되어 있었다. 그런데 이 비참한 발악의 소리가 오히려 "희용(戲用)"이었다는 것이다. 이 영화에서 영진의 절규는 그 동기와 인과성을 떠나 존재하는 것일까. 왜 영진의 절규는 감동을 주지 못했는가.

〈아리랑 제3편〉의 결말부는 10년 전 조선 전역을 떠들썩하게 만든 무성영화 〈아리랑〉(1926)의 마지막 장면을 상기시킨다. 〈아리랑〉에서 영희를 겁탈하려는 오기호를 환상 속에서 낫으로 찔러 죽이고 그 충격으로 정신이 든 영진은 순사에게 끌려가며 말한다. "이 몸이 이 강산 삼천리에 태어났기 때문에 미치었으며 사람을 죽였습니다. 여러분! 그러면 내가 일상 불렀다는 그 노래를 부르며 나를 보내 줍시오."[43] 물론 영진의 대사는 변사의 목소리에 실려 극장 안에 울려 퍼지고, 마음속에서 영진의 목소리를 상상하는 관객의 내적 목소리와 만난다. 극장 안의 관객들이 모두 함께 아리랑을 따라 부르며, 〈아리랑〉은 스크린 너머로, 또 극장 너머로 확장되었다.

그런데 영진의 절규를 들려주는 〈아리랑 제3편〉은 무성영화 〈아리랑〉의 정조와 리듬을 잃고 "신파활극을 다시 되풀이"[44]했다는 비난을 받았다. 〈아리랑〉에서 "그 아름다운 정조에 감격했던 사람들에게는 나운규, 신일선, 윤봉춘, 기억에 새로운 이들의 이름에서 상기되는 아름다운 상상을 향락하는 편이 사진을 보는 편보다 훨씬 유쾌할 것"[45]이라고 비아냥거릴 정도로, 〈아리랑 제3편〉은 관객의 기대에 한참 못 미쳤다. 〈아리랑〉의 관객들은 이성을 찾은 후 자신이 살인자가 된 것을 알아차린 영진을 연민하고, 그의 마지막 소원대로 아리랑을 부르며 영진을 배웅했다. 그러나 〈아리랑 제3편〉에서 영진의 광태(狂態)는 "킹콩 흉내"에 불과해, "불쾌를 지나치어 증오의 감"[46]을 불러일으켰다는 것이다. 미친 영진을 연기하는 나운규의 신체는 '킹콩'이나 '프랑켄슈타인'과 유비되고, 〈아리랑〉의 강렬한 파토스 대신 '기괴성(奇怪聲/性)'이 관객을 엄습했다.

발성영화 〈아리랑 제3편〉에서 미친 영진의 절규는 동정도 연민도 불러일으키지 못했을 뿐더러, 공포를 자극했다. 한때는 '조선의 탈마지(Richard Talmadge)'로 불렸던 나운규가 "서양 프랑켄슈타인의 조선적으로 번역된 난쟁이 프랑켄슈타인",[47] "조선적 포리스·칼로(Boris Karloff—인용자*)"[48]가 된 것이다. 〈아리랑 제3편〉은 조선의 무성영화 시대를 대표하는 '미친 영진/나운규'의 신체를 "무서운 얼굴과 미친 부르짖음"[49]을 갖는 괴물의 신체로 전환시켜 놓았다. 나운규의 작고 다부진 몸을 '난쟁이'로, 개성적인 외모를 '프랑켄슈타인'으로 만든 것은 "비참한 부르짖음", "발악의 아우성", "인간 최후의 발악의 비명"이었다.

이러한 전환(transformation)은 두 측면에서 생각해 볼 수 있다. 하나는 관객의 적극적인 참여를 통해 공명을 생산한 〈아리랑〉의 마지막 장면이 발성영화 시대의 변화된 상영 환경에서는 구현될 수 없다는 것이다. 1930년대 전반기 무대에서 관객의 취향이 변화해 가는 것을 목도했던 나운규는 이제 극장을 변사도 울고, 관객도 울면서, 아리랑을 함께 부를 수 있는 공간으로 기대하지 않았다. 그는 이성을 찾은 영진(변사)을 통해 동리 사람들(관객)에게 아리랑을 불러 달라고 부탁하는 대신, 여전히 미쳐 있는 영진의 울부짖음을 들으며 망연자실해 있는 동리 사람들의 자리에 관객을 둔다. 나운규는 〈아리랑〉의 마지막 장면이 가져다 준 강한 파토스를 미친 영진의 절규로 대체하려던 것이 아닐까. 말이되 말이 아닌 것, 혹은 말을 넘어서는 절규.

그렇다고 했을 때, '미친 영진/나운규'의 신체가 괴물의 신체로 전환된 것이 의미하는 또 다른 측면은 '활극(活劇)'의 실패다. 다른 말로 하면, 그것은 무성영화식 연기의 좌절이다. 활극 스타로서 나운규의 역동적인 신체 연기와 그것이 유발하는 감정 효과는 도덕적 투명성의 순간에 감정을 쏟아내는 멜로드라마적 감수성(melodramatic sensibilité), 즉 동정(同情)의 맥락에 있었다.[50] 반드시 선(善)이 승리하는 것은 아닌 싸움에서, 그는 뛰어내리고, 구르고, 주먹을 휘두르며, 낫을 뽑아들었다. 여기에 음악과 변사의 해설이 수반되어 관객의 동일시와 감정의 극대화를 이끌어낼 때, 극장은 관객들의 유대와 결속의 장소가 되었다. 이때, 행동의 강렬한 변화를 보여주는 표현적인 신체 연기는 무성영화를 작동시킨 중요한 요소였다. 그러나 발성영화에서 이러한 활극적 연기는 과장되고, 우스꽝스러우며, 기괴해 보였다. "말의 해방은 몸의 억제를 동반"[51]하는 한편으로, 무성영화의 무거운 이미지들을 해방시켰다.[52] 신체의 역동적인 움직임보다는 자연스럽고 심리적인 연기를 지향한 것이다. 그러나 〈아리랑 제3편〉에서 '미친 영진/나운규'는 자신이 놓인 미장센 안에서 복합적인 심리와 감정을 의미가 분절된 언어로는 표출하지 못했다. 미친 영진은 울부짖을 뿐이다. 절규란, '몸 안에 갇힌 말'이다. 영진의 말은 몸에서 해방되지 못했다.

〈아리랑〉, 〈먼동이 틀 때〉, 〈임자 없는 나룻배〉 등의 무성영화에서 "사회에 저항하는 무법자(out-law) 인물들"의 극단적인 행위를 "일제에 대한 혁명의식을 가지고 있는 일종의 '피의 예술'"이라고 본 이영일은 1930년대 후반의 영화들을 가리켜 '흙의 예술'이라고 하였다.[53] 기괴한 소리가 되고 만 영진의 절규가 '피의 예술'에서 '흙의 예술'로의 변화상에 놓여 있었다면, 철저한 실패작이었던 〈아리랑 제3편〉의 자리는 조선영화가 새로운 말의 세계로 입사하는 문지방 어디쯤이 될 것이다. 움직이는 몸이 풍경이 되는 세계, 감정보다 실감을 자극하는 재현의 세계가 '흙의 예술'이라면, 미친 영진은 그 세계로 건너갈 수 없는 인물이다. 발성영화에서 프레임 안의 인물은 말하기 위해서 거기에 존재한다. 그런데 영진은 말하는 대신 울부짖는다. 영진의 울부짖음에서 기괴함을 느끼는 것은 관객의 감정 구조(structure of feeling)의 변화, 그리고 그에 따른 영화 미학의 변화 때문이다.

그런 점에서 나운규가 두 번째 발성영화로 소설을 영화화한 〈오몽녀〉를 만들고, 직접 카메라 앞에 서지 않았던 것은 〈아리랑 제3편〉을 통해 여전히 '피의 예술'일 수밖에 없는 자신의 신체와 변화된 시대의 '흙의 예술' 사이의 이질성을 절감했기 때문이라고도 볼 수 있다. 어느 어촌의 토속적인 분위기를 담아내고 있는 〈오몽녀〉에서 그는 자신이 연출하는 세계를 바라보는 자의 자리로 물러섰다. 여전히 화술 연기를 연출하는 데 부담을 느꼈던 탓에 〈오몽녀〉는 대화가 지나치게 많이 생략되었고, "회화적(會話的) 테크닉"이 부족하다는 평을 들었다.[54] 그러나 그때까지 '나운규 영화'에 비판적이었던 이

들조차도 이 영화에서 '감독 나운규'가 보여준 태도에 주저하지 않고 경의를 표했다. "과거의 수다한 나씨의 영화 중에서 볼 수 없던 감독만의 길에 들어선 것과 그의 표현한 바에 있어서 침착하고 그보담도 사물에 대한 냉정한 태도를 가졌음을 볼 때에 나씨는 이제부터 그보담도 영화에 있어서도 연배의 그 눈이 다름을 알 수 있다."[55] 1937년 〈오몽녀〉를 촬영하는 카메라 뒤에서 나운규는 어떤 미래를 예감하고 있었을 것이다. 무성영화의 활극 스타 나운규(라는 '몸')의 죽음, 그리고 그의 시대가 구현하려 했던 '피의 예술'의 종장(終章)이 거기 있었다.

(3) 문학과 영화, 그리고 조선영화의 '신세리티'

〈오몽녀〉(1937)는 동명의 이태준 단편소설을 원작으로 했다. 그동안 원작, 각본, 감독, 주연을 도맡아하던 나운규는 이 영화를 통해 평단으로부터 오랜만의 호평을 얻었다. '문학작품의 영화화'는 나운규의 영화 경력에서 변화가 도드라지는 지점인 동시에, 1930년대 후반의 맥락에서 새로 부상한 쟁점이기도 했다. 물론 이 시기에 이르러 문학작품이 처음으로 영화화된 것은 아니다. 나운규도 〈오몽녀〉 이전에 나도향 원작의 〈벙어리 삼룡〉(1929)을 만든 일이 있었고, 이광수 원작 〈개척자〉(이경손 감독, 1925), 최독견 원작 〈승방비곡〉(이구영 감독, 1930), 안석영 원작 〈춘풍〉(박기채 감독, 1935) 등 동시대의 문학이 이미 무성영화로 제작되었다.

그러나 1930년대 후반 문학작품의 영화화에 대한 논의는 이전과는 분명히 다른 의미와 효과를 가졌다. 무엇보다도 그것은 사운드 도입 이후 세계영화계에 보편적으로 나타난 현상이었다. 토키화가 성공하기 전부터 이미 조선에서는 외국에서 문학작품의 영화화가 붐을 이루는 현상이 화제였다. 한태산은 1934년에 쓴 글에서, 외견적으로는 캐서린 햅번(Katharine Hepburn)이 주연한 영화 〈작은 아씨들(Little Women, 일본 개봉 제목(若草物語)〉(1933)의 성공 후 문학작품의 영화화가 유행하는 듯 보이지만, 실은 "토키 진로로서의 방법에 그것이 합치된" 것이라고 말한다. 그리고 "연극보다도 공간적 시간적으로 비약할 가능성이 많은 (중략) 소설을 연극적으로 정리하고 다시 토키적인 몽타주를 한 것이 문예영화"라고 정의하여 영화와 소설의 근친성을 강조했다.[56] 토키 시대의 영화는 단순히 소재 정도가 아니라 내러티브와 미장센의 차원에서 문학의 방법을 취해야 할 것으로 예견되고 있었다.

잘 알려진 대로, 최초의 조선어 토키는 조선인이라면 누구나 잘 아는 고전을 영화화한 〈춘향전〉이었다. 경성촬영소는 〈춘향전〉 성공 직후 〈장화홍련전〉, 〈홍길동전 속편〉 등 역시 대중적인 고전들을 영화화했다. 임화가 말했듯이, 고소설들은 무성영화 초기뿐만 아니라 "음화(音畫)로의 재출발"에도 "그 고유한 형식을 암시했을 뿐만 아니라, 풍요한 내용을 제공"[57]했다. 그러나 원작의 대중성에 절대적으로 의존했던 경성촬영소는 시나리오의 독자성이라든가 전문성을 간과했다. 새로 등장한 영화인 세대는 이러한 경성촬영소의 영화들이 통속적이고 상업적인 기획이라고 비판하면서, 조선영화가 발성영화의 미학을 질문하는 영화로 나아가야 한다고 주장했다.[58]

'말하는 활동사진(talking picture)'이라는 별칭대로, 인물들 간의 대화로 사건이 전개되는 발성영화에서 대사는 스펙터클의 일부이자 미장센의 핵심이었다. 데쿠파주와 몽타주도 발성영화에서는 대화를 주고받는 사람들과 그들의 관계를 보여주기 위한 것으로 달라져야 했다.[59] 고정된 텍스트로서의 대사와 텍스트를 수행하는 배우의 화술 연기, 그리고 그것을 연출하는 감독의 역할은 자막이 스토리를 전개하고 변사가 상영을 매개하는 무성영화에서와는 분명히 다른 것이었다. 이처럼 영화가 동시대 문학과 교섭하는 문제는 기본적으로는 토키화에 성공한 조선영화계의 내적 필요와 기대를 바탕으로 제기되었다. 발성영화 이후 제작 시스템의 기업화와 분업화, 전문화가 요구되는 가운데 시나리오의 중요성이 커졌지만, 당장 수준 높은 오리지널 시나리오가 집필되기는 어렵기 때문이다.

문학작품을 영화화하는 데 가장 적극적인 의욕을 보인 사람은 박기채였다. 그는 일본 교토의 도아키네마(東亞キネマ)와 다카라즈카키네마(宝塚キネマ)를 거쳐, 귀국 직후 안석영의 신문연재소설을 원작으로 한 〈춘풍〉을 연출했다. 그리고 이듬해인 1936년 봄, 『무정』의 영화화 계획을 발표한 후부터[60] 박기채는 영화와 문학의 교류에 대해 여러 편의 글을 발표한다. 그는 토키의 성공을 통해 영화는 '언어'라는 요소를 문학과 공유하게 되었다고 하면서, "영상과 정황에 의하야 즉 소설의 서사적 긴장 속에서 하나의 이야기를 창조"[61]한다는 입장에서 영화와 문학의 교섭 가능성을 타진했다. 그런가 하면, "현재의 문학이 가진 진실성이 영화인의 그것보다 한 보(步) 나가 있"으므로, 영화의 사명은 문학에서 재료를 구하여 일반의 수준을 높이는 것이라고도 주장했다.[62] 토키화를 통해 이전보다 복잡한 스토리를 다룰 수 있게 된 영화가 (문학이 그러하듯이) 개인의 내면과 인간의 심리를 충실히 묘사함으로써 예술적 위상을 높일 수 있으리라는 기대는 그 자신뿐 아니라 토키와 함께 부상한 제작 세대가 공통적으로 품고 있었던 것이다.[63]

한편 이 논의는 같은 시기 일본에서 전개된 문예영화 담론의 영향을 받은 것이기도 하다. 조선영화계가 토키화에 성공한 1935년 시점에, 쇼치쿠(松竹)가 다니자키 준이치로(谷崎潤一郎)의 〈슌킨쇼(春琴抄)〉를, P.C.L.(도호(東寶)의 전신)이 나쓰메 소세키(夏目漱石)의 〈도련님(坊ちゃん)〉을 영화로 제작했다. 이것은 종래 기쿠치 칸(菊池寛) 류의 통속소설을 영화화한 것과는 분명 다른 경향이었다. 1930년대 중후반 일본에서 영화화된 소설들은 조선에서도

많은 엘리트 독자들을 확보하고 있는 오자키 시로(尾崎士郎), 가와바타 야스나리(川端康成), 하야시 후미코(林芙美子), 기시다 쿠니오(岸田國士), 야마모토 유조(山本有三) 등 소위 '순문학(純文學)' 작가로 분류된 이들의 작품이었다.[64] 문학계의 별다른 반향 없이 일부 영화인들의 일시적인 언급에 그칠 법했던 논의가 1937년을 지나며 본격화된 것은 이러한 일본 문화계의 흐름과 무관하지 않았다. 일본에서 '순문학자의 신문소설과 단행본'이 영화화되어 "금일의 일본영화를 세계적 영화수준에 끌어올리는 데 위대한 역할을 하였다"[65]는 평가를 바탕으로, 조선영화는 동시대 조선의 문학에서 무엇을 취할 수 있는지를 묻게 된 것이다.

영화와 문학의 교류에 대해 입장을 밝힌 문학계 인사들은 오리지널 시나리오의 빈곤을 해소하기 위해 문학작품을 영화화하는 과도적 단계를 거칠 수밖에 없다는 데 대부분 공감하면서도 원작의 훼손을 우려했다. 가령 이태준은 나운규가 연출한 〈오몽녀〉에 대해 불만을 표현하면서, '순문학' 작가가 시나리오 집필에 관여하거나 영화화하기에 용이한 '좋은 통속소설'이 많이 나오도록 권장해야 한다고 주장했다. 문학은 '단 한 사람의 독자'를 위해서도 창작될 수 있지만 영화는 '대중'을 위해서 제작되어야 하는데, "대중은 통속 편"이므로 영화의 경제적 채산성을 위해 '좋은 통속소설'에서 출발하되 관객의 수준을 '고급한 것'으로 향상시켜 가야 한다는 것이다.[66] '고급'과 '통속'을 구분하는 이태준의 태도는 채만식의 글에서는 '사상'과 '풍속'의 문제로 변주된다. 채만식은 이광수의 소설 『무정』을 원작으로 한 영화 〈무정〉이 원작의 "사상은 전연 보여짐이 없고 다만 인정세사(人情世事)의 어떤 무정한 단면만" 그리고 있다면서, "영화작자의 대(對) 문학작품의 태도는 매우 책임 있는 과제"라고 말한다.[67] 문학작품의 영화화에 대한 문학인들의 입장이란, 영화는 문학의 본질인 사상성과 "내면적인 리얼리티"[68]를 결코 온전히 담아낼 수 없다는 것이다. 이는 '(순)문학=고급', '영화=통속'이라는 이분법적인 사고를 바탕으로 했다.[69] 원작이나 문학 그 자체에 대한 반성이나 비판은 없었다.

이 시기 문학인들은 문학작품을 원작으로 영화를 만드는 것이 흡사 '번역(translation)'의 과정처럼 여겼다. 영화 〈무정〉의 원작자인 이광수는 박기채에게 보내는 공개장에서 감독은 원작의 "의역적 개작적 각색"[70]에 주력했다고 딱 잘라 말했다. 〈무정〉을 본 후 채만식 역시 직접적으로 '번역'이라는 표현을 사용하여, 문학작품의 영화화는 "소설을 그대로 스크린에다가 번역하는 것"과 "단지 그 소설의 사상만을 차용하는 것", 두 가지라고 말한다. 이때 번역이란 "소설이 문자로써 기록했던 그대로를 갖다가 화면과 음향 급(及) 언어로서 스크린 위에다가 재생을 시켜 그 소설의 사상이 스스로 살도록" 하는 것이다.[71] 영화평론가이자 감독인 서광제는 "두 개의 예술의 출발점으로 보더라도 도저히 문학을 영화에 직역시킬 수 없다는 것을 알 것이며 따라서 이것이 문학이 가진 자신의 명예라면 명예일 수 있다"고 하면서, 문학과 영화의 매체적 차이를 전제한 위에서 이 문제를 논의하고자 했다. 그러한 그도 "문예작품을 영화화시키는 데 직역을 방기하는 동시에 문학적인 것을 어디까지든지 영화적으로 만드는 데에서 각색가의 책임과 의무가 있을 것"[72]이라고 하여, 문학과 영화의 관계를 원작과 번역의 관계로 틀 지우고 있었다. '직역'과 '의역'을 어떻게 볼 것인가에 대한 인식의 차이는 있지만, 문학인이든 영화인이든 문학과 영화 사이에는 원작의 번역이라는 일방통행적인 관계와 위계를 설정했던 것이다. 여기에 문자 언어와 영상 언어, 고급과 저급 등의 위계화가 중첩되었다.

이 시기 문학작품의 영화화에 대한 논의들은 원작(문자 언어)을 영화(영상 언어)로 번역(각색)하는 과정에서 어떤 것이 '결여'되고 '상실'되는지의 문제

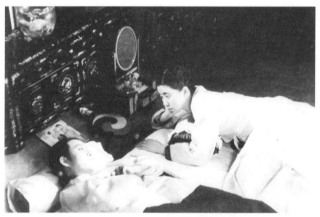

이광수의 원작소설을 박기채가 각색, 감독한 영화 〈무정〉(1939). 최남주가 설립한 조선영화주식회사의 창립작이기도 하다. 시사회에 참석한 이광수의 모습과 그를 사이에 두고 양 옆에 앉은 주연배우 한은진(영채 역)과 감독 박기채의 상기된 표정이 흥미롭다.

에 집중했다. 그런데 이때의 번역이란, 문자 언어에서 영상 언어로, 문자 미디어에서 영상 미디어로, 다시 말해 서로 다른 기호 체계로 전환되는 과정이라는 점을 주목할 필요가 있다. 그리고 이러한 번역이 여러 층위의 전환이 교차하는 지점에서 시도되었다는 것이 중요하다. 조선영화가 토키를 토착화하여 '조선어'를 필름의 미장센 안으로 흡수하게 되었을 때, 무성에서 발성으로 이행하는 한 축[73]과 문자 미디어가 영상 미디어로 번역되는 한 축이 교차한다. 또 거기에 문화에 대한 관념이 '증여'에서 '교환'으로 이행하는 한 축과 식민지 조선의 영상이 제국의 아케이드에 전시되는 또 다른 한 축이 겹쳐진다. 1930년대 후반의 조선영화는 이렇게 여러 층위의 축들이 교차하는 가운데 놓여 있었다.

토마스 엘새서(Thomas Elsaesser)는 1970년대 뉴 저먼 시네마(New German Cinema)가 "세대·국가·문화의 기억을 구성하는 이미지, 소리, 이야기를 수집하고 기록하고 보고하려는 시도이자 그것을 사람들의 마음이라는 소멸되기 쉬운 지지 기반으로부터 하나의 미디어로 번역하려는 시도"[74]였다고 말한 바 있다. 그리고 그는 이러한 '방대한 전사 과정(a vast transcription process)'의 결과물로서의 뉴 저먼 시네마를 문자 텍스트에 기반한 문화에서 영상이 지배하는 문화로 이행하는 전환과 번역의 과정에 위치시켰다. 레이 초우(Rey Chow)가 강조했듯이, 이때의 전사 혹은 번역이란 '민족지(ethnography)로서의 영화'를 사유하게 하는 열쇠이다.[75] 식민지/제국 체제 안에서 제작되었던 토키 이후의 조선영화를 국민국가 시대의 '내셔널 시네마'와 등치할 수는 없겠으나, 그럼에도 불구하고 그것이 세대·민족·문화의 기억을 구성하는 이미지, 소리, 이야기를 전사 혹은 번역하려는 시도일 수 있었던 것, 그리고 이 시도가 상상적 공동체에게 닥쳐올 어떤 위기(crisis), 구체적으로는 민족어와 민족문학, 그리고 민족문화의 위기를 예감하는 시점에서 진행되었던 것에 특별히 주목해야 하지 않을까.

1930년대 중반 부상한 새로운 세대들에 의해 조선영화가 '피의 예술'에서 '흙의 예술'로 이행할 때, 민족과 문화의 기억이 영화 미디어로 전사되는 과정과 문자 미디어에서 영상 미디어로 번역되는 과정이 교차했다. 토키 이후의 조선영화가 당대의 조선문학을 번역하는 문제는 제국 일본을 향하여 조선의 문화를 번역하는 문제와 교차했다. 이렇게 '방대한 전사 과정'을 염두에 두고, 토키 이후의 조선영화를 여러 층위의 전사와 번역, 이행이 교차하는 지점에 위치시키면, 번역으로서의 영화를 '결여'와 '상실'이 아니라 문학의 '대리보충(supplément)'으로 보는 시각이 열린다. 번역으로서의 영화는 문학이라는 원작의 존재를 의미하는 동시에 원작의 결여를 지시한다. 그리고 문학에 덧붙여지며 문학을 대체한다.[76] 때로 이들 사이에는 불협화음이 발생하고, 번역이 원작을 넘어서버리는 전도가 발견되기도 한다.

1930년대 후반 조선에서 영화와 문학의 교류 논의는 영화 〈나그네〉(1937)가 일본의 평단에서 호평을 얻고, 일본 극단 신쿄우(新協)가 장혁주의 희곡과 무라야마 도모요시(村山知義)의 연출로 〈춘향전〉(1938)을 공연한 것과 겹쳐볼 수 있다. 문학과 영화의 교류를 주제로 박기채와 대담 중인 이태준이 '조선적인 것'에 대한 질문을 받았을 때, 그는 왜 신쿄우의 〈춘향전〉 공연을 언급하며 조선 정서나 정조를 "백화점의 '미야게'"[77]같이 해석하는 사람들이 많다고 했을까. 이 지점에서 이태준의 말을 다시 검토해 볼 필요가 있다.

잘 알려진 대로, 백화점에 진열되는 '오미야게(お土産)'란, '내지인'에게 보여주기 위해 조선의 풍물이 수집되고 전시되었다는 데 대한 불쾌감을 그대로 드러낸 표현이다. 이태준의 말은 타자의 시선을 인식하면서 자신의 문화적 정체성을 구성하고, 이것을 상품화되고 테크놀로지화된 이미지로 전시

극단 신쿄우의 〈춘향전〉광고(좌)와 신쿄우의 기관지에 실린 공연 관련 기사(우).

하는 '자기 오리엔탈리즘'에 대한 일갈(一喝)이라고 할 것이다. 실제로 이 표현은 그 후에 열린 한 좌담회에서 "〈나그네〉 이야기가 났으니 말이지만 거기나타난 조선 정서는 '조선적인 것'이기보다 이태준 씨의 말을 빌면 '백화점의선물 표본 같은 정서'가 많은데 이런 것은 조선적인 것이 아니겠지요"라고[78]인용된다. 그런데 그가 '오미야게'의 사례들 중 하나를 신쿄우의 〈춘향전〉 공연에서 제시한 것은 단순히 자기 전시에 대한 불쾌감 때문만은 아닐 것이다.'오미야게'라는 표현에 배어 있는, 번역이 원작의 진정성을 '결여'할 뿐더러'박탈'하고 '왜곡'한다는 관념은 〈춘향전〉이 '내지인'에게 보여주기 위한 번역일 뿐 아니라, '내지인'에 의한 번역이라는 점과 관련된다. 〈춘향전〉의 대본을장혁주가 각색했다고 하여도, 이것이 일본 측의 제안에 의한 것이었고, 무라야마 도모요시의 연출로 일본 극단의 일본 배우들을 통해 무대화되었다는 것을 상기하자. 비유하면, '오미야게'란 흡사 얼굴을 검게 칠한 백인이 추하고 우스꽝스러운 몸짓으로 등장하는 민스트럴 쇼(minstrel show)를 흑인이 관람할 때와도 같은 모욕감의 표현이다.

그렇다면 이 시기 극장에서 '조선적인 것'이 "백화점의 미야게"처럼 잘못 해석되고 있다는 말은 번역의 주체가 누구인가, 그리고 어떠한 미디어로 번역되는가의 문제를 동시에 포함한다고 할 수 있다. 이 표현이 《문장》지를 주관하는 '순문학계'의 중진으로 '고완품' 취미를 가진 이태준에게서 나왔다는 점을 상기할 때, 우리는 어떤 진정성을 가지고 있다고 상상되는 전통적인 문화의 우위가 위협받고 있다는 위기의식을 발견하게 된다. 이때 원작을 왜곡하고 훼손하는 행위로서의 번역이란, 그 전통적인 문화가 지켜온 어떤 진정성의 영역이 침범당할지도 모른다는 혹은 이미 침범당하고 있다는 위기의식을 현실화하는 계기일 것이다.

1930년대 후반 문화 장 안에서 조선문학이 이행과 변동과 번역의 문제와 얽히는 상황은 레이 초우가 『원시적 열정』에서 말한 "우세한 전통문화의 기호가 의미작용을 독점하지 못하게" 된 "문화적 위기의 순간"[79]과 닿아 있다. 그 위기란 이태준이 「조선 문화의 장래」(1938) 좌담회에서 조선어를 읽을 줄도 모르고, 그래서 조선문학을 읽은 적도 없는 "내지 선배"에게 "우리 조선 작가가 조선어로 쓰는 일을 마음으로부터 희망하고 계십니까, 아니면 내지문으로 쓰는 일을 더 희망하십니까?"[80]라고 묻게 되는 상황, 여러 층위의 번역과 그 수행에서 발생하는 충돌과 전도를 목격하게 되는 상황 모두와 관련된다. 일본어 독자에게 조선문학의 존재 의미를 증명하기 위해 조선문학이 일본어로 번역되거나, ('머릿속 번역'을 거쳐) 일본어로 창작되어야 한다고 할 때, 그때까지의 조선문학의 근간은 흔들리지 않을 수 없다. 조선문학이 번역의 대상이 되고, 조선어를 구사하는 자가 그 번역의 주체가 될 수밖에

체코영화 〈사춘조〉의 단성사 개봉 광고와 〈흘러가는 첫사랑(일명 '흐름')〉의 한 장면.
1930년대 체코영화는 토키 이후 조선영화가 취해야 할 방향성을 보여주었다.
〈사춘조〉 광고 출처 : 《京城日報》, 1935.08.25.

없는 식민지적인 이중언어 상황에서, 조선문학은 끊임없이 번역을 의식하면서 번역될 수 없는 '잉여', 즉 '번역불가능성'을 붙들 수밖에 없었다.[81]

반면 토키화를 통해 테크놀로지의 국제성을 획득한 조선영화는 이 시기 몇 가지 계기를 통해 "문맹자라도 언어를 불통(不通)하는 외국인이라도"[82] 수용할 수 있는 영화의 특장을 확인했다. 조선어 토키 〈춘향전〉이 공개된 1935년 여름 공교롭게도 제1회 베니스 국제영화제(1934)에서 호평을 받은 두 편의 체코슬로바키아의 영화—〈사춘조(思春調, Ecstasy)〉(1933)와 〈흘러가는 첫사랑(Reka, 일명 '흐름')〉(1933)—가 조선에 소개되었다. 영화는 단순한 스토리를 바탕으로 체코의 자연 풍광을 보여주는 로케이션 촬영으로 제작되었다. "대륙적 하늘—보헤미안의 하늘—이러한 변화로서 시객(視客)의 눈을 새롭게" 하고, 대사가 거의 없이 음악만으로 섬세하게 연출하여 세계의 관객들에게 체코의 '향토성'을 보여주었다는 점이 당시 조선 문화계에 깊은 인상을 남겼다.[83] 토키를 토착화하여 드디어 '조선어 영화' 제작에 성공한 그 때, 소규모 제작 국가가 '민족어'의 한계를 뛰어넘을 수 있는 그 모델을 제시해준 것이다. 체코의 풍토나 풍속 등을 소재로 세계영화계에 진출한 체코영화는 예술적으로나 상업적으로 조선영화가 취할 수 있는 방향성을 보여주었다.

또한 영화 기업의 바람이 불기 시작할 즈음 스턴버그가 경성을 방문한 사건도 당시 조선영화계에는 대단히 고무적이었다. 1936년 9월 초순, 1박 2일간 경성을 방문한 스턴버그가 조선영화인들과 만나서 나눈 말이나 행동 하나하나는 상당히 오랫동안 인구에 회자되었다.[84] 스턴버그는 조선영화인들에게 "조선사람이 스스로 생각하기를 이것이야말로 우리밖에는 표현할 수 없는 것이라고 생각하는 그것을 영화로 표현하면 그것이 곧 서양사람이 보아서도 좋은 영화일 것"[85]이라든가 "훌륭한 예술을 만들려면 그 예술

스턴버그의 경성 방문. 할리우드의 유명 감독 조세프 폰 스턴버그(Josef von Sternberg)는 1936년 9월 경성을 방문해 조선영화인들을 만났다.
출처 : 《조선영화》 제1집(1936.10.)

에 대한 미(美)를 먼 곳에서 구하려 말고 될 수 있는 대로 자기가 밟고 있는 발밑에서 구한 미(美)에서라야 위대한 예술품이 창조되는 것"[86]이라는 말을 남겼다. 어쩌면 스턴버그의 '외교적인 언사'일 수도 있는 조언들이 '세계 속의 조선영화'를 꿈꾸게 했다는 것은 과장이 아니다. 당시 조선영화인들에게는 스턴버그가 그 말을 했다는 것보다, 스턴버그와 동시대의 영화 그리고 조선 영화에 대하여 함께 이야기했다는 경험이 중요했다. 언어의 문제가 첨예해지 는 토키 시대에도 영화는 국경과 언어를 초월하여 동시대성을 경험할 수 있 게 한다는 것을 "코스모폴리탄의 진수(眞髓)에 철저"[87]한 스턴버그의 방문 을 통해 확인한 것이다. 물론 그들은 영화를 만드는 데 자본과 사상(검열) 중 어느 것의 구속을 받느냐는 질문을 이해하지 못하는 스턴버그와 자신들의 처지가 다르다는 것을 알고 있었지만,[88] 스턴버그의 조언에서 조선영화의 가능성을 발견하고 싶었던 것이다.

이처럼 문화 간 번역, 그리고 미디어 간 번역이 교차하는 길에서 문학과 영화가 취한 태도는 사뭇 달랐다. 영화가 세대·민족·문화의 기억을 전사하 는 방식은 문자 미디어의 그것과 다를 수밖에 없다. 더욱이 내외의 요청으 로 조선 문화가 반도의 경계를 넘어 번역되는 문제와 맞물릴 때, 체코영화와 같은 모델을 떠올리게 되면 '조선어'를 통해 조선의 문화와 사상을 번역해야 한다는 것이 골치 아픈 문제가 되기까지 한다. 토키에서 대사 문제를 어떻 게 생각하느냐는 나운규의 질문에, "말을 적게 하여 세계인이 다 이해할 수 있도록 할 것"[89]이라고 단언하는 스턴버그나 언어에 덜 의존하면서 세미다 큐멘터리 같은 영화를 만들어낸 체코의 경우를 참고한다면, '조선적인 것'을 전사하는 과정은 문학을 취하되 문학으로부터 이탈하는 것일 수밖에 없었 다. 게다가 조선영화를 '조선적인 것'으로서 소비할 해외 시장—구체적으로 는 일본 내지 시장—을 염두에 둘 때, '조선적인 것'이란 피상적인 차원에서

'토속적인 것'을 수집하는 것으로 굴절되기 쉬웠다.

이태준을 비롯한 당시의 문화계 인사들이 비판했듯이, '내지인'의 시선을 의식해 만든 조선영화는 당장에는 "외국시장에 판로를 얻기 위한 의도"로 일본에서 "환영받을 사용가치의 이용을 선처한 것에 불과"[90]한 것일 수밖에 없었다. 장승과 아리랑과 기생을 그림엽서를 연결해 놓은 듯 전시해놓거나,[91] 농촌의 빈곤을 그리기 위해 "너무도 허물어지고 궁상맞은 곳만 보이"[92]고, "갓쟁이가 자전거를 타고 찌그러져가는 초가에 다 죽어가는 노인"[93]을 보여주는 것만으로 '현대 조선'의 모습을 재현할 수 없다는 비판은 옳다. 〈나그네〉를 보고 '흐뭇한 동정'을 보내는 일본인들의 이그조티시즘과 식민주의적 노스탤지어를 지적하는 비판도 옳다.[94] 그리고 〈나그네〉 이후 조선영화에서 강화된 '수출영화적인 면모'를 식민지 영화의 자기 오리엔탈리즘으로비판하는 것 역시 옳다.[95]

그러나 오늘의 시점에서 이 현상을 재고할 때, 토키 이후 일본 시장진출의 내적 필요와 제국 일본 안에서 식민지 조선의 정치적·경제적·문화적 위치의 변화와 맞물려 조선영화가 스스로를 오리엔탈라이징(self-orientalizing)했다고 말하는 것은 손쉬운 귀결이 되고 만다. 1930년대 후반일본의 영화평론가는 〈나그네〉를 보며 흐뭇하게 느꼈지만, 영화 신체제 이후의 라운드에서 그가 주목했던 조선영화의 "이채(異彩)"와 "시적(詩的)"으로"화면을 하나의 그림으로 조망하려는 경향"[96]은 '내선일체'의 모순을 드러내며 식민자의 시선을 되돌려주는 이미지의 역습으로 준비되기 때문이다. 또한 토키 시대의 영화 만들기는 영화가 식민지 문화 장에서 문학이 갖는특권성을 전유하려는 욕망의 발현이면서, 조선문학의 특권적 지위와 그것이처한 위기를 드러내는 것이었기 때문이다.

조선 근대문학의 정전 『무정』을 영화화하여 '문예(文藝)'의 지위를 획득하고자 했던 박기채의 야심찬 도전은, 영화 〈무정〉이 『무정』의 사상을 결여하고 엉뚱하게 '조선색'을 가미한 풍속화에 지나지 않는다고 비난하는 이들의 권위주의와 사실상 같은 선분 위에 있다. 또 이러한 이중성은 〈무정〉의 그네, 빨래터, 우물 장면 등이 "조선풍속을 모르는 관중의 흥미를 끌기 위한 양념"인 듯하니 "문예영화랄진대 이러한 테크닉은 피함이 좋을 듯"[97]하다면서도, "조선어를 모르는 관중이 화면과 막(자막의 오식*)을 가지고 스토리를 이해하지 못할 듯한 것"을 걱정하는 이광수의 말에서도 변주된다.[98] 말하자면, 조선영화가 '조선적인 것'을 어떻게 재현할 것인가의 문제는 조선영화의 관객이 조선어 사용자로 한정되거나 조선문학의 독자만으로 한정되지 않는 시대에 조선어(문자 언어)가 아닌 것(영상 언어)으로 '조선적인 것'을 어떻게 번역할 것인지의 문제였다. 이 번역은 문학의 '직역'일 수가 없는 것이다.

문학작품의 영화화 논의와 영화에서 '조선적인 것'의 문제는 문학과 영화 사이에 발생하는 공시적인 교환과 갈등, 그리고 그 둘보다 선행하는 정신적·문화적 기반, 혹은 어떤 기원에 대한 환상을 함께 불러왔다. 문학과 영화의 관계를 원작과 그것의 불충실한 번역으로 고정하지 않고, "마치 사기그릇의 파편이 사기그릇의 일부를 이루듯이 보다 큰 언어의 파편으로 인식"[99]한다면, 그 기원에 대한 환상은 "보다 큰 언어"를 향해 가는 몸짓이라고 할 수 있을 것이다. 이 시기에 논의되었던 조선영화는 "조선사람에게 고유한 감정, 사상, 생활의 진실의 일단(一端)"과 "그 시대를 휩싸고 있던 시대적 기분"[100]의 표현이어야 한다는 자각, 영화인으로서의 인격과 양심, 그리고 문학이 구현하는 '사상'과 '정신'에 가닿으려는 '신세리티(sincerity)'[101] 등은 모두 "보다 큰 언어"를 향한 몸짓을 이루는 것들이었으리라.

1938년과 1939년 두 해 동안 활발하게 논쟁되었던 영화와 문학의 교류 문제는 논의를 구체적으로 심화시키지 못한 채 막을 내린다. 여러 이유가 있겠지만, 1940년 1월 조선영화령의 공포가 가장 주된 원인일 것이다. 조선영화령은 영화가 추구해야 할 사상과 정신, 그리고 '신세리틱'를 모두 제국으로 수렴하려는 것이었기 때문이다. 임화의 「조선영화론」이 "기업가도 국가도 사회 예술가에게 구하는 것은 항상 성실"이며, "성실을 통해서만 기업엔 이윤을, 국가에는 충성을, 국민에겐 쾌락을, 그리고 자기는 성과를"[102] 줄 수 있다고 끝맺었듯이, 여전히 조선영화가 추구해야 할 가장 중요한 가치는 '신세리틱'였다. 그러나 조선영화령 이후 시국의 요구 속에서 조선의 "고유한 감정, 사상, 생활의 일단"을 '신세리틱'를 가지고 형상화해야 한다는 조선영화에 대한 요구는 "조선영화도 국민 문화재(文化財)로서 자기의 중요성을 자각하지 않으면 안 된다"[103]는 주장으로 굴절되고 말았다. 그 시점에서 영화가 지향할 바는 문학이 아니라 국가에서 찾도록 요구되었던 것이다.

2. 초기 조선어 영화의 사운드 실험

토키 시대로 진입한 조선영화는 동시대 문학과의 교섭을 꾀하는 한편으로, 새로 획득하게 된 사운드 테크놀로지를 통해 조선영화의 미장센을 어떻게 구성할 것인지 모색하게 된다. 이 절에서는 초기 발성영화에서 토키를 토착화하기 위한 사운드 테크놀로지 실험과 조선적 사운드트랙을 구성하기 위한 여러 시도들을 살펴본다. 이러한 실험과 시도들은 '조선의 영화'를 만들고자 하는 의지의 표명이었으며, 토키 이행기 식민지 극장을 둘러싼 여러 층위의 상황들과 인접한 것이기도 했다.

(1) 경성촬영소의 토키 토착화 시도

〈춘향전〉으로 조선어 토키의 시대를 연 경성촬영소는 경성부 본정 3정목 경성연예관 안에 자리했다. 실질적인 소유주는 경성 흥행계의 유력인사인 와케지마 슈지로(分島周次郎)였고, 이필우, 박제행, 김소봉(일본인, 본명 山崎時彦) 등을 주축으로 운영되었다. 와케지마가 도일(渡日) 전인 1931년에 촬영소 운영을 위탁했다는 이필우의 회고와 류신키네마가 〈임자 없는 나룻배〉 흥행권과 관련해 경성촬영소를 고소한 사건[104] 등으로 보건대, 촬영장과 현상소 등을 다른 제작사에 대여해 주다가 1934년부터 제작에 뛰어든 것으로 추정된다. 경성촬영소는 "동경이나 경도의 일활(日活), 송죽(松竹) 모양으로 아직 제법 지은 건물은 못되지만 그래도 바라크나마 반영구적 시설"을 하였고, "크기는 웬만한 극장 한 개가 들어앉을 만치 높고 넓어서 아무리 큰 세트장도 만들 만하고 또 수십 명쯤 쓰는 엑스트라 장면 같은 것도 넉넉히 박일 만"[105]하다고 홍보되었으나, 실제로는 그리 넓지 않은 강당 정도의 스튜디오를 보유했던 듯 보인다.[106] 현상실, 분장실 등을 갖추고 있었고, 무엇보다도 전기 설비가 되어 있어서 당시로서는 여타의 제작사에 비해 기반 시설을 잘 갖춘 편이었다.

1934년 말 창립작 〈전과자〉의 제작을 완료한 후부터 1937년 1월 〈오몽녀〉를 공개할 때까지, 경성촬영소는 매우 의욕적으로 영화를 제작했다. 〈전과자〉 이후, 윤백남 원작의 〈대도전〉, 〈홍길동전 전편〉에 이어 최초의 조선어 발성영화 〈춘향전〉을 공개하고, 이후에는 〈아리랑 고개〉(1935.12.), 〈장화홍련전〉(1936.2.), 〈홍길동전 속편〉(1936.6.), 〈미몽(迷夢)〉(1936.10.), 〈오몽녀〉(1937.1.) 등을 차례로 제작·공개했다. 촬영소의 제1회 작품 이후 2년여간 3편의 무성영화와 6편의 발성영화를 합하여 총 9편을 제작한 것이다. 이러한 양상은 한두 편을 제작하고 해산해 버리던 무성영화기 제작사들과는 대조적이다.

이처럼 제작이 왕성하고 신속하게 이루어질 수 있었던 이유는 경성촬영소가 스튜디오와 녹음 설비 등의 제반 여건을 갖추고 있었고, 고려영화배급소를 통해 조선 각지와 일본에까지 필름을 유통시킬 수 있었기 때문이다. 또한 이미 내용이 잘 알려진 이야기들을 영화화하여 시나리오 집필에 드는 노력을 최소화하고 입장 수익을 어느 정도 예상할 수 있는 안정적인 기획을 꾀했던 점도 중요한 이유이다. 창립 작품 〈전과자〉는 경성에서도 공연된 적이 있는 일본연극을 영화화한 것이었고,[107] 이어서 발표한 〈대도전〉은 윤백남의 《동아일보》 연재소설을 원작으로 했으며, 윤백남이 각색한 〈홍길동전 전편〉도 원작의 대중성만큼은 의심의 여지가 없었다. 〈아리랑 고개〉도 홍개명의 원작으로 되어 있으나 토월회의 공연과 동일한 제목이며, 발성영화 〈춘향전〉과 〈장화홍련전〉, 〈홍길동전 속편〉은 대중적인 고소설을 영화화한 것이다. 오리지널 시나리오로 제작된 〈미몽〉과 이태준 원작 소설을 나운규가 각색·연출한 〈오몽녀〉가 이례적일 정도이다. 이러한 경성촬영소의 필모그래 피에 대하여 새로운 세대 영화인들은 "저급한 영화팬을 상대로 하여 흥행가 치를 본위로 한 영화"[108]들이라고 비난했다. "고전적인 복고주의적 현실과는 거리가 너무나 떨어진 위낭만적(僞浪漫的) 요소를 강제 부가하여 영업을 목 적한 것이 곧 〈춘향전〉이오, 봉건적인 의협가로 공상의 제단 위에 모시어 놓 고 비현실적 세계를 창제한 것이 곧 〈홍길동전〉"[109]이라는 것이다.

경성촬영소가 '저급한 영화팬'을 노린 '흥행 본위'의 제작을 한다는 비판 은 두 측면에서 생각할 수 있다. 하나는 초창기 조선어 발성영화는 원래부터 이러한 '저급한 영화팬'들을 염두에 두고 제작되었다는 점이다. 이필우를 비 롯해 초기 조선어 발성영화 제작에 관여한 경성촬영소 인력들은 외국 발성 영화가 수입 상영되면서 일본어 자막을 해득할 수 없거나 발성영화의 감상 문법을 터득하지 못한 관객들을 겨냥했다. 다시 말하면, 초기 조선어 발성영 화의 관객들은 "종래로 발성영화라면 의례히 외국 영화로서 거기서 짓걸여 나오는 외국어는 들어도 모르는 채 궁금히 넘기는 것이 일대 유감이던"[110] 사 람들이며, "여전히 변해오는 작품에 흥미를 가지지 못하는 관객"[111]들이었 다. 조선어 토키 시대를 연 경성촬영소가 〈춘향전〉을 비롯해 〈장화홍련전〉, 〈홍길동전〉 등을 영화화한 것은 외국 발성영화로부터 소외된 사람들을 관객 으로 소구하려 했던 것에서 그 이유를 찾을 수 있다.

또 하나는 사운드 테크놀로지의 토착화에 주력한 경성촬영소가 그 외 의 부분에는 연구를 소홀히 했다는 점이다. 1절에서도 살펴보았듯이, 경성 촬영소를 실질적으로 운영했던 이필우는 애초부터 '예술'이 아니라 '기술'의 측면에서 발성영화에 접근했다. 독자적인 기술 시스템을 개발하고, 외국산 기술을 토착화하는 것이 그 개인의 목표이자 경성촬영소에 소속된 조선인 기술진의 목표라고 할 수 있었다. 이필우가 〈춘향전〉을 통해 조선영화의 토

경성촬영소가 제작한 최초의 조선어 토키 〈춘향전〉(이명우 감독, 1935)의 한 장면(위).
이필우, 이명우 형제를 비롯한 경성촬영소 기술진의 노력에 의해, 조선영화는 드디어 사운드 테크놀로지라는 '세계표준시'에 진입하였다. 아래는 경성촬영소와 그 직원들의 사진.

키화에 성공한 후 경성촬영소는 전기 조명, 벨 앤드 하웰 프린터기, 80갤런의 현상 탱크, 카메라 방음 장치 등 점차 더 나은 설비와 기자재를 보유하게 된다.[112] 이 새로운 테크놀로지를 통해 조선어 토키의 시장 가능성을 확인했기 때문이다. 이후 경성촬영소의 기술진이 고심하고 분투했던 것은 녹음 편집 기술을 향상시키는 것이었다. 필름에서 잡음을 줄여 기구의 작동을 은폐하고, 그리하여 피사체와 그 재현 사이에 인지되는 거리를 줄이기 위해 애썼던 것이다.[113] 첫 번째 토키인 〈춘향전〉을 제작할 때에는 입모양(이미지)과 말(사운드)을 동조(synchronization)시키는 것이 무엇보다도 큰 과제였다. 그러다가 후시녹음과 동시녹음을 오가며 동조를 성공시킨 후에는 녹음에서 발견되는 고질적인 잡음과 소음을 줄이고, 조선영화에 적절한 사운드트랙을 구축하기 위해 여러 실험을 했다.

〈춘향전〉은 이필우와 나카가와 다카시가 공동으로 담당하여 후시녹음(after recording)으로 제작되었다.[114] 제작진은 방음 시설이 허술한 스튜디오 벽면에 "멍석 1,600여 매를 사다가 물을 추겨 두 겹으로 막아놓고" 조용한 밤을 타서 영화를 촬영했다. 당시 감독을 맡았던 이명우는 "촬영 도중의 밖에서 들려오는 개 짖는 소리, 자동차 소리, 새벽 두부 장사 소리" 때문에 몇 번이나 다시 촬영해야 했으며, "아프·레코"(후시녹음)에 대한 이해가 없는 제작자에게 왜 같은 장면을 두 번 촬영해야 하는지를 설명해야 하는 등 고충이 많았다고 회고한다.[115] 방음도 문제였지만, 녹음 기계가 노이즈리스 시스템이 아니어서, 잡음이 많았고 낮은 소리는 잡히지도 않았다. 스피커에서 발성되는 조선어 대사의 감흥은 컸으나, 부자연스러운 배우들의 목소리와 조금씩 어긋나는 배우들의 입모양과 말 등 기술적인 미숙함이 여실히 드러나면서, 완벽한 동조와 잡음의 소거가 기술진의 과제가 된다.

기술을 비롯한 여러 면에서 〈춘향전〉의 영화적 완성도는 확실히 이전의 무성영화나 동시대의 외국 발성영화에 훨씬 못 미쳤다. 그러나 토키의 핵심인 영상과 사운드의 동조 기술을 독자적으로 습득했다는 점은 주목할 만하다. 처음에는 동조를 구현하는 사운드 선행에 대한 이해가 없어서 나카가와가 일본에 간 사이에 제작한 〈춘향전〉의 예고편은 동조화에 실패했다. 그러나 이러한 시행착오를 바탕으로 조선인 제작진은 35mm 필름에서는 사운드 트랙을 이미지트랙보다 20프레임 선행하여 프린트해야 한다는 원리를 파악했고, 〈춘향전〉 본편 제작에서는 동조에 성공할 수 있었다. 〈춘향전〉보다 먼저 제작에 들어간 나운규의 〈아리랑 제3편〉이 동조에 실패해 공개가 지연된 것과 비교해 보면, 당시 경성촬영소의 기술은 조선 내의 다른 제작사들보다는 확실히 앞서 있었다.

경성촬영소는 〈춘향전〉 이후, 〈아리랑 고개〉와 〈장화홍련전〉, 그리고 〈홍길동전 속편〉을 발성영화로 제작하였다. 〈춘향전〉을 두고 "발성이라 할지라도 결코 완전한 발성이 아니고 애프터 레코딩(after recording)"[116]이었다고 평한 것을 보면, 당시에는 동시녹음을 후시녹음에서 한 단계 더 진보한 기술, 즉 '완전한 토키의 실현'으로 여겼던 듯하다. 〈춘향전〉을 통해 조선어 발성영화 제작을 성공시킨 이필우의 다음 도전이 동시녹음이 된 것은 당연했다. 동시녹음을 통해 입모양과 말의 보다 완전한 동조를 성취하고, 제작비도 줄여보려는 계산이었을 것이다. 브라이언 이시스는 한국영상자료원에 소장된 〈홍길동전 속편〉의 촬영 현장 사진을 근거로 이 영화가 이필우의 첫 번째 동시녹음 작품이라고 추정하고 있지만,[117] 이영일과의 인터뷰에서 이필우가 〈장화홍련전〉과 〈홍길동전 속편〉의 동시녹음에 관한 에피소드를 회고한 것을 보면, 동시녹음 시도는 〈장화홍련전〉으로 거슬러 올라간다.[118] 그러나 영화 전편을 동시녹음으로 촬영했는지는 분명치 않다. 이필우의 인터뷰에 동석한 유장산은 〈미몽〉이 "거리에 나간 동시녹음으로 시초"[119]라고 말하고 있기 때문이다.

"규모의 장대함을 자랑하며 기술의 엄청난 약진을 역력히 보여준 공전의 대작!"이라는 홍보 문구에서 짐작되듯이, 경성촬영소는 신작을 공개할 때마다 그들이 이루어낸 기술의 진보에 많은 의미를 부여했다. 그러나 녹음편집 기술이 이미 상당한 수준에 이른 외국 발성영화에 길들여진 관객들에게 〈홍길동전 속편〉의 음질은 매우 조악했다. 김관은 "현재 경성촬영소의 녹음 조작으로서는 음량 조절과 증폭의 효과가 불완전한 것이라는 소리를 듣고 있는 필자이라, 미비한 녹음장치의 핸디캡은 고려하지 않을 수 없다 치더라도 〈홍길동전〉의 레코딩 기술은 감심(感心)할 수 없다"[120]고 평했다.

경성촬영소가 잡음을 최소화하면서 동시녹음을 성공시키려는 열망은 〈미몽〉으로 이어진다. 당시 〈미몽〉의 녹음에는 이필우가 '노이스레스 P.L. 시스템 조선폰'을 사용했다는 기사가 있는데,[121] 여기에서 이필우가 동시녹음과 잡음 없는 상태를 계속해서 시도하고 있었음을 짐작할 수 있다. 한국영상자료원이 2005년에 발굴한 필름 〈미몽〉을 통해 경성촬영소의 녹음 기술을 확인해 보면, 이 영화의 동시녹음은 배우의 입모양과 말이 맞아떨어지도록 하고 경성 거리의 날것 그대로의 소리를 담아내어, 동시성의 감각을 살리고 있다. 그러나 먼 소리는 작게, 가까운 소리는 크게 녹음하여 자연스럽게 들리도록 하는 사운드 원근법이라든가 공간의 동질성을 상상하게끔 하는 음의 균질적인 조성 등에는 실패했다. 사운드 조절과 증폭의 효과가 불완전하여 대사 전달이 어려울 정도로 사운드 공간은 대단히 불안정하다. 잡음을 비롯한 동시녹음의 고질적인 문제들을 해결하지 못한 이필우는 결국 나운규의 마지막 영화 〈오몽녀〉를 후시녹음으로 촬영하게 되었던 것이다.[122]

〈오몽녀〉 이후 경성촬영소는 실질적으로 영업을 중단한 상태가 된다.[123] 이필우가 자신이 개발한 녹음기계를 들고 그를 따르던 기술진과 함께 탈퇴

〈홍길동전 속편〉을 동시녹음으로 촬영하는 사진.

〈홍길동전 속편〉(1936)의 광고. "조선영화로서 일본진출 대표작", "조선어 전발성 '수파인포—스
(superimposed)' 일본판" 등의 문구가 눈길을 끈다.
출처: 《조선일보》, 1936.06.10.

하면서, 경성촬영소 자체는 유명무실한 제작소가 되어버렸기 때문이다. 이후 경성촬영소와 긴밀한 관계에 있었던 동양극장(지배인 최상덕)과 경성촬영소의 배급을 도맡았던 고려영화배급소(대표 이창용)가 1938년 11월에 촬영소를 공동으로 인수하여 경영하고,[124] 그 첫 작품으로 동양극장의 흥행작 〈사랑에 속고 돈에 울고〉를 영화화했다. 경성촬영소를 나온 이필우의 다음 녹음 작업은 기신양행의 창립작 〈심청〉(1937)이었다. 음악영화에 대한 발상은 이필우의 것이 아니었지만, 그는 후시녹음과 동시녹음을 거쳐 음악영화에 도전한 엔지니어가 되었다.

식민지 시기 영화 기술 부문에서 경성촬영소가 차지하는 의의는 적지 않다. 경성촬영소는 기술과 자본이 집적되는 토키 제작에 의욕적으로 뛰어들면서 조선어 영화 시대의 물꼬를 텄다. 그뿐만 아니라, 독자적인 사운드 테크놀로지의 개발과 토착화를 위한 시도를 아끼지 않음으로써 조선영화를 그야말로 '조선산(産) 영화'로 만들기 위해 노력했다. 이필우와 함께 사운드 시스템을 연구했던 나카가와 다카시가 경성촬영소에서 몇 차례 녹음을 도왔고, 일본인인 김소봉이 여러 편의 연출을 담당하기는 했지만, 경성촬영소의 기술진 거의 대부분은 조선인들이었다. 토키 이후 조선영화 제작이 현상·녹음·편집 등의 기술 부문에서 제휴나 합작의 형태로 사실상 일본영화계에 종속되어갔던 경향에 비추어 보면, 이들 조선인 기술진이 제한적인 조건 안에서 독자적인 시스템을 개발하려던 노력은 그 성패와 상관없이 높이 평가되어야 한다. 경성촬영소 기술진의 이러한 토키 토착화의 노력들은 다음에서 살펴볼 조선적인 사운드트랙에 대한 모색과 동시에 전개되었고, 그것이 조선영화를 '조선의 영화'로서 대중성 있는 상품으로 발견하는 한 축이 되었음을 기억해야 할 것이다.

⑵ '사운딩 코리안': 조선영화의 음악, 노래하는 조선

경성촬영소가 갖는 또 다른 의의는 조선영화의 사운드트랙에 대한 구상을 실험해 보였다는 점이다. 조선어 대사와 조선의 음악, 조선의 음향을 미장센 안에 적절하게 배치하고 구성하고자 탐색하는 중에, 특히 조선영화에 적절한 영화 음악을 찾고자 시도한 점은 주목할 만하다. 초기 조선어 발성영화에서 음악은 대단히 큰 비중을 차지한다. 영화가 문학과 '언어'를 공유하게 되었다고 인식한 것과 거의 동시에, 영화와 음악의 관계 역시 새롭게 탐구되기 시작했다고 하겠다.

영화는 그 탄생부터 음악과 함께 존재해 왔다. 영사기의 소음을 덮어주고, 어두운 공간에 있는 관객들에게 안정감을 주며, 움직이는 영상에 지속적인 시간성을 부여하기 위해서 영화가 상영되는 동안 극장에서 음악이 연주되었다.[125] 변사의 해설은 일본과 조선 등 아시아 지역에 국한되는 관습이지만, 극장 음악은 세계적으로 공통적이었다. 식민지 조선에서 1920년대 중반에 극장 음악에 대한 다수의 논평들이 나왔던 것도 영화 관람의 보편적측면에서 영화의 음악이 새롭게 인식된 것이라고 볼 수 있다. 당시 극장 음악에 대한 요구들은 대부분 조선의 상영관 특유의 수다스럽고 과잉된 변사의 해설을 제한하고, 좋은 오케스트라 반주로 영화 장면과 조화를 이루는 곡목을 선택해 반주하되, 영화 프로그램이 교체될 때마다 반주를 바꾸어달라는 것이었다.[126] 같은 시기 일본에서는 변사 해설의 과잉성을 제한하면서 반주 음악의 중요성을 부각시키고, 별도의 음악을 창작하려는 움직임이 일었고,[127] 경성에서도 일부 조선인 관객들이 일본인 상설관을 찾는 이유가 세련된 음악 해설 때문이라는 이야기가 돌았다.[128] 어떤 변사가 해설하는지가 중요한 것처럼, 그 극장의 음악 반주가 어떠한지 그리고 해설과 음악이 조화를 잘 이루어 최적의 영화 관람 환경을 제공하는지가 관객의 선택에 영향을 미칠 수도 있었다.

무성영화기에 영화 상영에 동반되는 음악의 선곡, 연주, 그리고 영상과의 조화가 극장의 악단 지휘자와 연주자의 책임이었다면, 발성영화에서 음악은 영화제작자의 통제 아래 놓이게 된다. 화면과 음악의 어울림은 연출과 음악감독의 몫인 것이다. 극장 음악이 사운드트랙으로 흡수됨으로써, 영화의 음악은 언제 어디서나 동일한 시간성을 재현하게 되었다. 어떤 영화를 상영하든 몇 가지 레퍼토리가 반복적으로 반주되었던 극장 음악의 시대로부터, 동일한 영화는 언제 어디서든 동일한 음악을 들려주는 복제된 재생음의 시대로 이행한 것이다. 물론 이것은 무비올라를 통해 비로소 필름의 영사 속도를 일정하게 유지할 수 있게 되었기 때문에 가능한 일이었다.

사운드 테크놀로지가 "소리를 재현(在現)하는 데서 소리를 재현(再現)하는 문제로"[129] 옮겨놓자, 조선영화에 삽입되는 음악은 극장 음악으로 연주되던 곡들이 사운드트랙에 기입되었다고 단순화할 수 없는 측면들이 생겨난다. 토키 시대 조선영화의 음악은 '조선' 영화를 만든다는 특별한 자의식 혹은 조선영화의 종족성 및 지역성과 미장센 사이의 깊은 상관성 속에서 구성되었기 때문이다. 그럼에도 무성영화의 음악과 연속되는 측면은 존재하는데, 이러한 연속과 불연속의 지점을 통해 조선영화에서 음악의 특징을 발견할 수 있다.

그 연속과 불연속의 지점을 설명하기 위해, 미셸 시옹이 영화 음악을 분석하는 데 사용한 개념들을 빌려오도록 하자. 시옹은 영화 음악에서 음악의 실행 지점을 기준으로 '스크린 음악(screen music)'과 '박스 음악(orchestra pit music)'을 구분한다. 스크린 음악이란, 음악의 출처가 스크린을 통해 보이거나 스크린 속의 액션에서 확인되는 것이다. 이와 대비되는 박스 음악은 관객이 현재 위치하는 장소와 스크린에서 펼쳐지는 공간을 이어주는 중간 지점에 상상적으로 오케스트라 박스가 있다고 가정하는 것이다.[130] 이기림은 무성영화 〈아리랑〉의 영화 음악을 고찰하면서, 이 영화가 다섯 지점에서 스크린 음악을 사용하고 있는 것을 밝혀내고 그 구체적인 내용을 분석했다.[131] 고향에 돌아온 현구를 알아보지 못하는 영진이 부르는 '광인의 아리랑', 영희에게 현구가 들려주는 바이올린 연주 '사랑의 멜로디', 현구의 바이올린 연주에 맞추어 영진과 영희, 현구가 함께 부르는 '젊은이의 아리랑', 동리의 풍년제에서 꽹과리 회적 소리에 맞추어 현구, 영진, 농민들이 함께 부르는 '아리랑', 마지막으로 끌려가는 영진을 배웅하며 모두가 함께 부르는 '아리랑', 무성영화 〈아리랑〉에는 이렇게 다섯 번의 스크린 음악이 나온다. 이 영화가 상영될 때 극장의 악단이 계속해서 반주 음악을 곁들였는데,[132] 그 음악은 네 번의 '아리랑'과 한 번의 바이올린 연주로 구성되는 스크린 음악과 스크린 속 액션으로는 환원되지 않는 박스 음악으로 구분되는 것이다.

〈아리랑〉 외에도 여러 편의 무성영화들이 스크린 음악을 사용했다. 가령 〈농중조〉(1926)에는 만돌린을 연주하는 장면과 카페에서 노래를 부르는 장면이 있고, 〈낙화유수〉(1927)에는 풍금 연주와 여주인공인 기생 춘홍(복혜숙 분)이 부르는 노래가 스크린 음악으로 사용된다. 영화 속에서 춘홍이 불렀다고 상상되는 노래 〈강남달〉(김영환 작사·작곡)은 이정숙이 막간에 불러 히트했고, 음반으로도 취입되었다. 또 발성영화 〈춘향전〉과 같은 해에 제작된 박기채 감독의 무성영화 〈춘풍〉(1935)에서도 사은회에서 〈꽃동산〉, 〈사은가〉, 〈학도가〉 등의 노래를 부르는 장면이 등장한다. 스크린 음악은 주로 노래를 부르거나 악기를 연주하는 장면을 삽입하여 사용되었는데, 무성영화라고 하더라도 스크린 음악과 박스 음악을 적극적으로 활용한 사례는 놀라울 정도로 많다.

그렇다면 토키 시대 조선영화에서 음악은 사운드트랙 안에 어떻게 배치되었을까. 기본적으로는 영상과 어울리도록 음악을 선곡하고 배치하는 것이 가장 중요했다. 가령 나운규 연출 〈아리랑 제3편〉은 영진과 영희가 어머니의 무덤을 찾아가는 장면에 〈윌리암 텔 서곡〉을 삽입했는데, 이 원곡의 의미와 영화 속 장면의 상황이 맞지 않아 "가당치도 않은"[133] 선곡이라고 지적되었다. 이 장면은 박스 음악을 사용한 것이다. 박스 음악은 영상의 정조와 분위기를 조성해주되, 관객이 화면에 음악이 흐르고 있다고 자각하지 못하도록 해야 한다. 그런데 애수(哀愁)의 화면에 흐르는 "천기괴후(天氣怪候)의 변화과정"이 표현된 곡이란, 영상에 도전하는 음악이 된 격이었다. 그런 의미에서 〈아리랑 제3편〉의 박스 음악은 분명 좋은 선곡이 아니었다.

한편 '조선의 영화'를 만든다는 자의식에서 조선영화의 내러티브와 미장센을 구축하고자 할 때, 조선영화로서의 특징이 드러나도록 영화 음악을 사용하는 문제가 중요해졌다. '폴리돌 양악반(洋樂盤)'을 사용해서 베토벤 교향곡 〈운명〉과 〈전원〉을 사용한 〈홍길동전 속편〉에 대하여 음악평론가 김관은 조선의 고전을 영화화하면서 장면과 아무런 유기적 연관 없이 클래식 음악을 사용하는 것은 매우 부적절하다고 비판했다.[134] 〈아리랑 제3편〉의 경우 장면에 적절하지 않은 음악이 사용된 것이라면, 〈홍길동전 속편〉의 경우에는 조선시대를 배경으로 한 사극의 미장센과 서양음악의 부조화가 지적된 것이다. 이는 조선영화가 재현하는 조선의 문화적 특수성과 서양음악이 상상하게 하는 세계적 보편성이 어떻게 조화를 이루어야 하는지의 문제를 제기한 것이라고 할 수 있다.

이러한 관점에서 보면, 토키 시대 조선영화의 음악은 〈춘향전〉의 방식을 원형으로 취했다고 해도 과언이 아니다. 홍난파가 담당한 〈춘향전〉의 음악은 서양의 클래식 음악을 주로 하고, 부분적으로 조선음악을 삽입한 것이었다. 감독 이명우에 따르면, 처음에는 아악(雅樂)을 고려했으나, "영화적으로 편곡할 만한 연구가가 없으므로 할 수 없이 양악의 반주를 넣었고 부분적으로 조선악(朝鮮樂)을"[135] 배치했다고 한다. 악사들이 삼현육각(三絃六角)을 연주하고 예기(藝妓)들이 한데 어우러져서 춤을 추는 장면이라든가, 남원부사 잔치 장면에서 악사들이 연주하고 고수가 북으로 장단을 맞추는 장면, "풍악을 치며 농부들이 벼 심던 장면"[136] 등에 '조선악'을 배치하고, 그 외 장면에는 양악을 사용했으리라 짐작된다. 시옹의 개념을 빌어 말하면, 스크린 음악으로서 '조선악'을 배치하고 박스 음악으로 '양악'을 사용한 것이다. 스크린에서 재현되는 특정 장면의 액션(action)과 함께 조선음악이 어트랙션(attraction)처럼 배치되고, 그것을 서양의 고전음악이 에워싼다. 이렇게 사운드트랙에 배치된 조선음악은 '조선의 소리'를 듣는다는 경험을 강조해 줄 수 있었을 것이다. 그러나 음악의 템포가 너무 느려 영화의 긴장감이 떨어진다는 안석영의 지적처럼,[137] 스크린 음악과 박스 음악을 영상의 리듬에 맞게 잘 배치하면서 '조선적인 것'의 분위기를 살리기는 쉽지 않았다.

스크린 음악으로 조선음악을 배치하는 것은 1930년대 후반 조선영화에서는 '로컬 컬러(local color)'를 드러내는 방식의 하나로서 일종의 컨벤션(convention)처럼 자리 잡아 간다. 현재 필름이 남아 있는 영화 〈군용열차(軍用列車)〉(1938), 〈어화(漁火)〉(1939), 〈그대와 나(君と僕)〉(1941, 불완전판), 〈망루의 결사대(望樓の決死隊)〉(1943), 〈사랑과 맹세(愛と誓)〉(1945) 등에서도 이러한 양상은 쉽게 확인해 볼 수 있다. 가령 〈군용열차〉에서 기생인 영심(문예봉 분)이 요릿집 천향원에서 부르는 〈심청가〉의 〈추월만정〉이 그러하고, 〈어화〉의 〈쾌지나 칭칭나네〉라든가 기생이 장구를 치며 부르는 노래도 그러하다.

특히 〈어화〉의 〈쾌지나 칭칭나네〉는 영화에서 매우 인상적으로 사용된다. 이 노래는 처음과 끝에 각각 다른 목소리로 흘러나온다. 첫 장면의 〈쾌지나 칭칭나네〉는 풍어제에서 마을 사람들이 덩실덩실 춤을 추며 부르는 스크린 음악으로 설정되었다. 그런데 마지막 장면의 〈쾌지나 칭칭나네〉는 마을 아이들의 춤사위에 소리꾼의 창이 겹쳐지면서, 스크린 음악과 박스 음악의 경계를 모호하게 흐린다. 마을 사람들이나 춤을 추고 있는 아이들의 목소리가 아니라, 화면(frame) 바깥에서 들리는 소리꾼의 목소리로 〈쾌지나 칭칭나네〉를 덮어씌운 것이다. 이것을 어떻게 해석할 수 있을까. 하신애는 〈쾌지나 칭칭나네〉를 풍어제의 환유로 보고 이러한 민속 의례의 주도권을 제국에 빼앗기고, 조선의 민속이 제국의 의도에 따라 재맥락화되기 시작했음을 이 장면에서 포착할 수 있다고 말한다.[138] 그런데 〈쾌지나 칭칭나네〉를 부르는 사람의 위치에 주목하면, 마지막 장면을 다르게 비틀어 해석할 수도 있다. 이 장면에서 〈쾌지나 칭칭나네〉의 동기가 되는 사건(action)인 원무는 스크린 안에 있고, 그 소리는 화면 외부에 있다. 이때 노래를 부르는 소리꾼의 목소리는 스크린 속의 사건을 바라보는 자의 위치에서 발화되는 것이 된다. 마지막 장면의 〈쾌지나 칭칭나네〉는 스크린 속 사건과 동일한 시간성을 갖는다고 확신하기 어려워지며, 소리꾼의 목소리는 일종의 보이스오버 나레이션이 된다. 이렇게 보면 이 영화에서 〈쾌지나 칭칭나네〉를 곧바로 제국으로 소환하는 것은 다소 성급한 해석이 될 것이다. 어린 아이들의 원무에 겹쳐지는 소리꾼의 〈쾌지나 칭칭나네〉는 기원에 대한 확인이자, 새로운 출발을 위한 종결의 선언이라고도 할 수 있다. 다만, 무엇을 향한 출발인지가 분명치 않을 뿐이다.

〈춘향전〉부터 〈사랑과 맹세〉에 이르기까지 조선음악을 스크린 음악으로 삽입하는 것은 토키 시대 조선영화의 특징이다. 서양음악을 박스 음악으로 사용하여 할리우드 고전영화가 표방하는 보편적인 영화 문법 안에 있으면서도, 스크린 음악으로 조선음악을 삽입하여 조선적인 특수성을 강조하는 방식인 것이다. 이렇게 스크린 음악들이 사용된 장면들은 소위 '조선적인 것'을 재현하기 위해 '로컬 컬러'를 덧칠하는 미장센이 되었다. 최근 여러 연구들은 식민지 말기 조선영화가 재현한 '조선적인 것'이 일본 시장을 겨냥한 자기 오리엔탈라이징이었다고 지적한다.[139] 조선을 제국 일본의 한 지방으로 재현함으로써 일본 시장에 진입할 수 있었던 조선영화는 1940년대에 이르러서는 조선 안에서 내선일체 이데올로기를 선전하고 조선인을 전쟁에 동원하기 위해서도 '로컬 컬러'를 채색하게 된다.

1930년대 후반 영화들이 '로컬 컬러'를 드러내기 위해 의식적으로 조선음악을 영화 음악으로 선곡하였다면, 1940년대 일련의 선전영화들은 확실히 이전과는 다른 취지에서 조선민요를 삽입했다. 〈망루의 결사대〉에서는 신참 순사의 환영연에서 김순사로 출연한 강홍식은 일본어로 〈하쿠토산부시(白頭山節)〉를 부른 데 이어서 조선어로 〈사발가(沙鉢歌)〉를 불러 정겨운 장면을 만든다.[140] 허영(일본명 히나쓰 에이타로(日夏英太郎)) 감독의 〈그대와 나〉에서 조선민요가 등장하는 시퀀스도 단순히 '로컬 컬러'를 채색하기 위한 장면으로만 읽히지 않는다. 가령 〈그대와 나〉는 내선일체 이데올로기와 '일본-조선-만주'의 돈독한 유대를 선전하는 장면에서 조선음악을 스크린 음악으로 사용했다. 불완전판 필름에서 확인할 수 있는 백마강 시퀀스는 내선일체의 실천으로서의 영화 만들기가 스크린 음악을 어떻게 활용하는지를 보여준다. 이 장면에서 조선인 지원병 가네코 에이스케(金子英助, 김영길 분)는 그의 연인이 될 일본 여성 미츠에(浅野美津枝, 아사기리 교코(朝霧鏡子) 분), 그녀의 조선인 친구 백희(李白姬, 김소영 분)와 함께 백마강에 나가 나룻배를 타고 내선일체의 성지인 부여를 소개한다. 유행가 가수 김정구가 연기한 뱃사공은 그들을 나룻배에 태우고 〈낙화삼천〉을 부른다. 제목에서 짐작되는 대로, 노래의 가사는 오래전 백제의 수도였던 이곳에서 의자왕의 삼천궁녀가 강물에 몸을 던져 자결한 이야기를 담고 있다. 뱃사공의 노래가 끝나자 이번

영화 〈그대와 나〉에서 만주 여배우 리샹란(李香蘭)이 김영길(가네코 역)과 함께 〈양산도〉를 부르는 장면.

에는 가네코가 조선의 대표적인 민요 〈양산도(陽山道)〉를 부른다. 가네코의
선창에 이어 나루터에서 배를 기다리던 만주 여인(리샹란 분)이 노래를 따라
부른다. 조선의 유행가 가수 김정구(뱃사공)와 일본에서 '나가타 겐지로(永田
絃次郎)'라는 이름으로 활동하는 오페라가수 김영길(가네코), 그리고 만영(滿
映)의 스타 여배우이자 가수인 리샹란(李香蘭)이 한데 출연한 이 시퀀스는
마치 화려한 어트랙션 쇼와도 같이, 그 돌출적인 윤곽선을 일부러 드러내는
듯하다.

　이 영화들은 조선인 관객들의 정서적인 공감을 끌어내기 위해 내선(內
鮮)의 친화를 도모하는 장면에서 조선민요를 스크린 음악으로 사용한다. 그
러나 조선민요를 부르는 시퀀스가 모든 선전영화에서 관습적으로 일관되게
배치된 것은 아니다. 〈망루의 결사대〉에서 김순사의 〈사발가〉는 연출 단계에
서 즉흥적으로 끼어든 것으로 보이며,[141] 〈젊은 자태(若き姿)〉(1943)는 일본

인 병사가 부르는 나니와부시(浪花節)와 조선인 병사가 부르는 조선민요가 한데 어우러지는 위로회 등의 장면들이 시나리오 심의와 개작 중에 모두 삭제되었다.[142] 또 〈병정님(兵隊さん)〉(1944)은 무용가 조택원, 도쿄음악학교를 졸업한 소프라노 마금희와 테너 히라마 분주(平間文壽), 그 뒤를 이어 등장하는 바이얼리니스트 계정식, 그리고 마지막으로 만영 스타 리샹란이 등장하는 화려한 위문공연 장면을 연출하였는데, 조택원의 무용곡 외에는 조선음악이 등장하지 않는다. 그러나 일본의 패전 직전에 공개된 〈사랑과 맹세〉는 조선인 출정 군인을 위한 마을의 환송회 장면에 〈쾌지나 칭칭나네〉, 〈천안 삼거리〉, 〈뽕 따러 가세〉 등을 배치했다. 이 영화에서 마을 사람들의 노래와 풍물패의 연주에 벚꽃이 몽타주되는 클로즈업 쇼트는 마을(조선)에서 나고 자란 조선인이 군인으로 죽음으로써 제국 일본의 품에 안긴다는 메시지를 함축했다. 그렇다면 선전영화 속의 조선음악들을 식민지/제국의 맥락에서 정치적으로 해석할 여지는 다분하지만, 그것이 반드시 어떤 특정한 정치적 태도에 의해 일관성 있게 배치되었다고 단순화할 수는 없겠다.

조선영화에 삽입된 조선민요는 단순히 '로컬 컬러'나 '자기 오리엔탈라이징'의 맥락에만 닿아 있는 것이 아니다. 이 조선민요의 삽입 장면들은 당시 식민지 극장의 스크린을 둘러싼 여러 층위의 상황을 고려할 때, 오히려 다층적으로 해석할 가능성이 열린다. 크게는 세 측면의 영향을 추정해 볼 수 있다. 첫째, 토키와 함께 도래한 외국 음악영화들, 둘째, 중일전쟁 이후 미국식 음악영화를 배척하면서 일본과 만영(滿映)에서 시도되었던 음악영화들, 셋째, 초창기부터 낭시까지 조선영화와 함께 공존했던 극장의 다른 흥행물들의 영향이다.

먼저, 조선영화의 토키 전환이 이루어지기 전부터 유행했고, 또 여전히 유행하고 있었던 동시대의 음악영화들—레뷰나 뮤지컬, 음악가의 전기영화를 포함한—의 영향을 생각해 보자. 1930년 경성에는 수많은 음악영화들이 유입되고 조선인들에게 상당한 인기를 끌었다. 〈레뷰시대〉, 〈킹 오브 재즈〉, 〈파라마운트 온 퍼레이드〉, 〈몽 파리〉, 〈파리의 지붕 밑〉, 〈미완성교향곡〉 등에 이르기까지 다양한 음악영화들이 상영되었다. 음악영화가 많이 제작되고 상영된 것은 언어의 차이를 둔화시키려는 발성영화 초기의 보편적인 현상인데, 조선이 이제 막 토키화에 성공한 1935년 무렵에는 음악영화들이 눈에 띠게 많이 유입되었다.[143] 외국 음악영화의 인기가 토키 시대를 맞이한 조선영화에 어떤 자극이 되었으리라 짐작할 수 있다.

예컨대, 오케레코드사 영화제작부가 경성촬영소 기술진의 도움으로 제작한 〈노래 조선〉(1936)[144]은 외국의 레뷰영화를 참조한 것이다. 필름이 현재 전해지지 않지만, 이 영화에는 오케연주단의 일본 공연 실황과 오케 전속 가수들이 출연한 〈춘향전〉이 편집되어 있었다고 전한다. 또 이듬해 제작된 기신양행영화부의 〈심청〉(1937)도 그 출발점은 음악영화에 있었다.[145] 기신양행의 이기세가 안석영에게 "가요를 주체로 만들어보자"는 제안을 했고, 안석영은 가요가 주가 되는 방식이 아니라 명창 이소향과 김소희를 초빙해 부분적으로만 노래를 삽입하는 방식을 취하여 연출했다.[146] 〈심청〉의 불완전판 필름에서, 심청(김소영 분)이 인당수로 떠나기 전날 밤 아버지와 자신의 신세를 처량하게 한탄하는 시퀀스에 심청가의 한 대목이 흐르는 것은 이러한 구상에서 만들어진 것이다. 〈심청〉의 음악에 대해 서광제는 "일본 내지의 낭화절(浪花節—나니와부시)을 듣듯이 영화는 정적(靜的)인데 격에 안 맞는 조선악의 억지로의 에펙트(effect)를 내려고 하지 말고 숫제 음악계의 권위자에게 레코드를 선택해 달래서라도 아프·레코를 하였더라면 더 효과적"[147]이었을 것이라고 평한 바 있다. 애초부터 〈심청〉은 조선에 맞는 '음악영화'로 기획되었으나, 그 의도가 효과적으로 전달되지는 못했던 것이라고 할 수 있겠다.

이 시기 조선영화의 음악은 중일전쟁 이후 일본영화의 경향과 관련해서도 살필 수 있다. 조선영화계가 겨냥했던 해외 시장이 일본 내지였고, 외화 수입 및 상영이 통제되면서 일본영화가 조선의 흥행계에 미치는 영향력도 커졌기 때문에, 조선영화는 이전보다 일본영화계의 흐름에 민감해졌다. 미국의 음악영화는 1936년에 36편, 1937년에 31편이 일본에 수입되었는데, 외국 영화 수입이 제한된 후 1938년에는 16편으로 줄어들고, 그 후 1941년 4월에 수입이 금지될 때까지는 겨우 4편이 수입되었다. 이러한 상황에서 뮤지컬 영화 흥행에 공백이 생기자, 이 틈에 일본식 음악영화가 적극적으로 시도되었다. 마키노 마사히로 감독의 〈야지 키타 여행기(弥次喜多道中記)〉(1938)나 〈원앙가합전(鴛鴦歌合戰)〉(1939), 후로가와 롯파(古川綠波) 주연의 〈롯파 노래의 수도에 가다(ロッパ歌の都へ行く)〉(1939) 등 시대극이든 현대극이든 명랑하고 쾌활한 노래가 풍부하게 삽입된 영화들이 제작되었다. 또 리샹란이 출연한 도호의 대륙영화 3부작인 〈백란의 노래(白蘭の歌)〉(1939), 〈지나의 밤(支那の夜)〉(1940), 〈열사의 맹세(熱砂の誓ひ)〉(1940)를 비롯하여, 〈대륙행진곡(大陸行進曲)〉(1938), 〈히노마루 온도(日の丸音頭)〉(1939), 〈고쿠센야갓센(國性爺合戰)〉(1940) 등 대륙을 주제로 한 음악영화들도 다수 쏟아져 나왔다. 이렇게 모던한 노래들을 주로 삽입한 영화들이 있는가 하면, 중일전쟁 이후 강화된 군국주의와 복고주의 풍조에 힘입어 소위 '료쿄쿠(浪曲) 영화'라는 '일본형 음악영화'의 제작도 활발했다.[148]

일본형 음악영화가 미국식 뮤지컬 영화와 차별화된 일본의 고유성을 음악으로 주장하려는 시도였다면, 같은 맥락에서 조선민요가 스크린 음악으로 사용되는 조선영화의 장면들도 서구 음악영화와 일본 음악영화를 의식하며 만들어진 시퀀스라고 볼 수 있다. 서양 영화 상영 통제로 인해 미국식 뮤지컬 영화의 공백이 생겨나고, 그 틈을 비집고 일본의 음악영화들이 진출한 것과 거의 동시적으로 조선영화도 부분적으로는 일종의 음악적 실험들을 하고 있었던 것이다. 일본형 음악영화가 국가 및 시장의 논리와 연동되어갔던 국면을 살펴본 사사가와 케이코(笹川慶子)의 논의[149]를 조선의 경우에 적용해 생각해 보면, 이러한 음악 실험들은 영화의 시장성을 확장하고 폭넓은 관객들을 소구하려는 조선영화의 전략이었다는 점이 분명해진다. 토키 시대 조선영화는 근대의 도시적 일상에서 서구의 음악 감상과 영화 관람을 취미로 삼는 엘리트들만이 아니라, 흘러나오는 조선민요에 감흥을 느낄 비엘리트 계층, 타지(他地)—일본 내지나 만주—에 거주하며 반도에서 온 영화를 기다리는 재외 조선인들, 또 식민지 영화의 이그조틱한 미장센에 호기심을 갖는 일본인들 모두를 관객으로 아우르려는 것이었다. 다시 말해, 토키 시대의 조선영화는 조선 내적으로나 외적으로나 조선영화의 관객을 확대하려는 분명한 기획을 갖고 있었던 것이다. 이 점을 영화의 스크린 음악으로 사용되는 조선음악을 통해 확인할 수 있다.

마지막으로, 조선영화의 음악은 식민지 조선의 극장에서 공존했던 여러 흥행물들과의 관계에서도 살필 수 있다. 더 정확히 말하면, 영화 음악과 극장이 공시적·통시적으로 맺고 있는 관계이다. 앞에서 설명한 대로, 무성영화기에 영화는 극장 음악과 밀접한 관계를 유지하고 있었다. 변사가 해설하는 동안 악단의 반주가 이어졌고, 스크린 음악이 사용되는 장면에서 가수가 직접 등장해 반주에 맞추어 노래를 부르기도 했으며, 상영을 시작하기 전후나 막간에 악단과 가수가 관객의 여흥을 돋우었다. 영화 상영에 동반된 악단의 반주는 발성영화 출현 이후 사운드트랙 안으로 편입되었다. 그러나 막간 여흥, 무용이나 레뷰, 어트랙션 등에 동반되는 음악들은 여전히 극장 안에 울려 퍼졌다.[150] 1930년대 후반 외화 상영 제한으로 필름의 품귀 현상이 빚어지자 단순히 '막간'의 차원을 넘어선 어트랙션 공연들이 성행하면서,[151] 극장은 매우 풍요롭고 혼종적인 음악의 전시장이 되었다. 조선영화의 음악도 그 극장의 여러 음악들 중 하나였을 것이다. 이러한 환경에서 레뷰나 어트랙션과 같이 음악이 동반되는 공연들이 조선영화의 스타일에 직·간접적으로 영향을 미쳤으리라 짐작해 볼 수 있다.

그런데 여기서 놓칠 수 없는 대목은 조선음악을 스크린 음악으로 사용한 시퀀스들이 대부분 노래를 부르는 장면이라는 점이다. 이 점에서 극장 음악의 현장성이 영화에 개입하고 영화의 음악이 극장의 현장성으로 확장되는 가능성을 생각해 볼 수 있다. 무성영화 〈아리랑〉의 음악은 여기에 하나의 원체험을 제공한다. 노래 〈아리랑〉과 영화 〈아리랑〉, 그리고 그 상영 공간의 관계를 다시 들여다보자. 나운규가 〈경기자진아리랑〉에서 착안한 〈아리랑〉의 주제가는 전통적인 박자 대신 근대적인 리듬인 3/4박자를 사용하여 따라 부르기 쉽게 편곡하고 작사한 것이다.[152] 이 〈아리랑〉은 영화에서 모두 4번 불리는데 영화의 전개에 따라 점차 감정을 고조시켜 가는 역할을 한다. 특히 마지막 장면에서는 끌려가는 영진의 당부대로 마을 사람들이 그를 배웅하면서 현구의 선창에 따라 〈아리랑〉을 합창한다. 영진의 말(변사의 목소리)에 이어 현구의 선창(스크린 음악)이 있고, 그 뒤에 관객들이 〈아리랑〉을 따라 부름으로써 영화 속의 〈아리랑〉은 스크린을 넘어 극장 전체로 확장된다.[153] 백문임이 지적했듯이, 〈아리랑〉은 "노래를 모티프로 하여 기획된 영화, 무성(無聲)의 디제시스에 연주 장면과 노래 장면을 대거 삽입한 영화, 그리고 상영시에 가수와 오케스트라와 변사를 통해 끊임없이 소리를 생산했을 뿐만 아니라 관객마저도 스크린 속 인물들과 입을 맞춰 노래를 부르게끔 유도했던 영화, 즉 영화 '안'과 '밖'에서 모든 가능한 소리를 추출하여 극장 공간을 동질적인 청각장으로 통합하려 했던 영화"[154]이다. 무성영화 〈아리랑〉의 스크린 음악은 동족(어) 공간인 극장에서 조선인 관객의 참여를 통해 극장 전체의 사건으로 확장될 수 있었다.

반면 발성영화는 제작자가 필름 텍스트의 의미를 통어할 수 있도록 이러한 현장성을 배제하고 음악을 사운드트랙에 고정시킨다. 1930년대 후반 영화에 삽입된 '노래 부르기' 장면들에서 〈아리랑〉과 같은 사건을 기대하기는 어렵다. 그러나 세계적인 보편성을 지향하는 영화가 근대적인 리듬에서 비켜 있는 민요나 잡가, 판소리의 한 대목을 삽입하였을 때, 이 돌출적인 스크린 음악들은 스크린 속의 사건을 지켜보는 조선인 관객에게 '조선인임'이라는 귀속성의 감각을 환기시킬 수 있었다. 〈어화〉의 마지막 시퀀스에서 흘러나오는 소리꾼의 〈쾌지나 칭칭나네〉는 명백히 디제시스의 외부에 있는 소리지만, 나레이션처럼 스크린과 관객을 중개한다. 〈아리랑〉과 같이 극장 안의 모든 관객이 그 노랫소리를 따라 부를 확률은 낮지만, 소리꾼의 〈쾌지나 칭칭나네〉를 들으며 관객은 마음속으로 흥얼거릴 수 있다. 〈어화〉를 본 관객이라면 모두 똑같은 〈쾌지나 칭칭나네〉를 듣게 되고, 동일한 필름에 대한 개별 관객들의 경험이 집합된 극장을 떠난 후에도 이 음악은 관객에게 어떤 심리적 작용을 할 수 있다. 발성영화가 복제미디어라는 점을 상기하면, 이러한 경험은 어느 특정한 극장에서만 국한되지 않는다. 언제 어디서 이 영화를 보았든 〈어화〉의 관객들은 〈쾌지나 칭칭나네〉를 통해 유사한 경험을 하게 되는 것이다.

이제 다시 〈그대와 나〉의 백마강 시퀀스로 돌아가 보자. 김정구와 김영길과 리샹란이 노래하는 이 장면은 식민지와 제국 사이의 차이를 나타내는 표지를 현시함으로써, 조선을 다민족국가(multi-ethnic nation)인 제국 일본의 한 지방으로 위치시키는 것으로 해석될 수 있다. 즉 부분의 합으로서 전체를 보여주기 위한 시도인 것이다. 그러나 내내 조선인과 일본인 사이의 가장

된 평등과 우애를 재현해 보였던 영화에서, 이들이 부르는 조선어 노래는 식민지와 제국, 피식민자와 식민자, 조선인과 일본인 사이를 명확히 구획하는 데에만 그치지 않는다. 〈낙화삼천〉이나 〈양산도〉가 '식민지/피식민자/조선인'과 맺고 있는 관계는 '제국/식민자/일본인'과의 관계와 다를 수밖에 없기 때문이다. 백마강 시퀀스의 조선어 노래는 〈그대와 나〉에서 조선어가 '잡음'이 아닌 '말'로 등장하는 거의 유일한 장면이다. '가네코 에이스케' 혹은 '김영길/나가타 겐지로'가 부르는 노래들은 일본인 관객들에게는 번역되어야만 하는 세계에 있다. 일본인들은 조선인 지원병 가네코 에이스케와 일본어로 우정을 나누지만, 이 조선인이 일본어로 노래를 번역해 주지 않으면 그 의미를 알 수가 없다. 설사 일본어로 번역된다고 하더라도 일본어로 듣는 〈양산도〉는 조선인들의 〈양산도〉와 동일할 수 없다. 본래 노래란 번역될 수 없거나, 번역될 필요가 없는 영역에 있는 것이다.

이 장면에서 현시되는 조선의 문화적 정체성과 차이는, '거의 일본인 (almost Japanese)'에 가까웠던 피식민자에 대한 식민자의 불안을 잠재우는 효과도 있었을지 모른다. 그러나 시종 내선일체의 실천을 이야기하는 일본어 영화 속에서, 다른 곳도 아닌 내선일체의 성지 부여에서, 그들이 왜 일본 노래가 아닌 조선민요를 부르는지에 대해 다른 이야기를 해볼 수도 있을 것이다. 이 장면에서 식민지인들이 식민지의 언어로 부르는 식민지의 노래는 전혀 다른 두 방향으로 해석될 수 있다. 하나는 노래를 부름으로써 "겉모습(形)도 마음(心)도 피(血)도 살(肉)도 모두 일체(一体)가 되어야 한다"[155]는, 쉽게 합리화되지 않는 세계로의 비약이 시도되고 있다고 할 수 있다. 이때 노래란 논리나 이성으로 설명될 수 없는 세계에 있는 것이다. 다른 하나는 '노래 부르기'가 스크린 바깥으로 확장될 가능성과 관련된다. 영화를 보면서 〈양산도〉를 조심스럽게 따라 부르거나 영화를 본 후 극장을 나온 관객이

〈양산도〉를 흥얼거리는 상황을 가정해 보자. 백마강 시퀀스를 연출한 감독 허영의 의도가 무엇이었든 그 효과는 의도를 쉽게 배반한다. 백마강 시퀀스는 일본인과 조선인 모두에게 흥을 돋우는 어트랙션으로서 어필할 수 있지만, 이 노래를 따라 부를 수 있는 자가 누구인지는 명백하며, 이때 '노래 부르기'의 실천이 반드시 제국의 신민을 주조하는 쪽으로만 정향되지는 않을 것이기 때문이다.

(3) 육체와 음성의 사운드 몽타주

2004년 이후 한국영상자료원이 해외에서 발굴 수집하여 공개해 온 영화들의 상당수는 초기 조선어 발성영화들이며, 감독들의 첫 번째 극영화이다. 양주남의 〈미몽〉, 안석영의 〈심청〉, 서광제의 〈군용열차〉, 그리고 안철영의 〈어화〉는 모두 당대의 사회문화적 맥락에서 저마다 심장한 의미를 드러내는 한편으로, 초기 발성영화가 사운드와 이미지를 몽타주하는 스타일을 보여준다는 점에서 흥미로운 텍스트들이다.

예컨대 양주남의 연출 데뷔작이자 현전하는 최고(最古)의 발성영화인 〈미몽〉은 "나는 말한다. 그러므로 나는 보인다"[156]는 명제에 충실한 영화이다. 이 영화에서 말하는 사람은 모두 카메라의 피사체가 된다. 그들은 말하기 때문에 존재하며, 말하지 않는 사람은 다음 쇼트에서 사라져 버린다. 또 인물의 대사에서 언급된 것이 바로 다음 쇼트에 이미지로 등장하여, 인물의 말이 다음 이미지를 생산해 내는 방식이 되기도 한다. 이 영화는 마치 인간의 말할 권리와 말의 힘을 증명하려는 듯이, 대사의 의미를 강조하거나 선명히 하는 데 집중하고 있다.

사운드 몽타주를 통한 시공간의 전환도 흥미롭다. 가령 애순(문예봉 분)

이 백화점에서 지갑을 분실한 후 "쓰리가 집어갔나"라고 중얼거리는 대사 뒤에 "그렇게 생각했는데, 당신이 찾아주셔서"라는 대사가 이어지며, 화면은 카페에 앉아 있는 창건(김한 분)과 애순을 투샷으로 보여준다. 또 애순과 창건이 함께 맥주를 마시는 카페 안의 경쾌한 음악이 고조되면서, 방에서 혼자 맥주를 들이키는 남편(이금룡 분)의 모습이 연결된다. 정종화의 말을 빌면, 〈미몽〉의 정교한 편집은 디제시스를 구축하는 데 있어서도 전혀 "낭비가 없다."[157] 이전에 제작된 경성촬영소 영화에 대한 평가를 상기해 볼 때, 오리지널 시나리오로 제작된 〈미몽〉은 상대적으로 편집을 통한 디제시스 구축에 공을 들인 영화이다.[158]

이 영화에서 인간의 음성(말)은 어떤 소리보다 특권화되어 있지만, 거리에 나가 동시녹음으로 촬영한 장면들에는 근대 도시의 소리가 날것 그대로 담겨 있다. 카메라가 백화점(화신백화점으로 추정), 미용실(오엽주미용실), 공연장(동양극장으로 추정), 박경림 무용연구소(조택원 무용연구소), 카페, 서울역 등 1936년 당시 실재하는 경성의 풍경과 풍속을 담아내는 동안, 관객은 인물의 대사뿐 아니라 근대 문명과 도시의 소음에도 귀를 기울이게 된다. 특히 택시를 타고 기차역으로 달려가는 애순을 보여주는 장면은 이 영화의 백미이다. 창건이 세탁소 모퉁이에서 하숙하는 무일푼의 건달에 불과하다는 것을 안 후 미련 없이 창건 일당의 범죄 행각을 경찰에 신고한 애순은 무용가(조택원 분)를 만나기 위해 택시를 타고 기차역을 향한다. 이 장면은 큰길 한가운데를 질주하는 택시와 속도를 높이는 기차, 그리고 카메라가 이동하며 촬영한 쇼트들을 교차 편집하였는데, 여기에 자동차의 경적 소리, 떠나는 기차의 기적 소리, 그리고 빠른 템포의 음악이 겹쳐진다. 이 시퀀스의 속도와 음악을 멈추는 것은 애순이 탄 택시가 길을 건너던 정희를 치고 급정지한 소리이다. 이 소리 이후, 애순이 쓰러진 정희를 발견하고 스스로의 '죄'를 뉘우치며 음독자살하는 대단원이 급작스럽게 전개된다.

〈미몽〉이 기차와 기차역으로 달려가는 택시를 교차 편집으로 보여주듯이, 〈군용열차〉[159]도 달리는 열차의 속도감 있는 편집이 돋보인다. 영화는 '북지(北支)'로 가는 군용열차와 이를 부럽게 바라보는 점용이 탄 기차가 교차하는 장면에서 시작하고, 점용이 운전하는 군용열차가 북지를 향해 돌진하는 장면으로 끝난다. 이 두 장면에는 같은 음악이 변주되는데, 여기에 열차가 연기를 내뿜고 기적을 울리는 소리가 열차 바퀴의 반복적인 운동과 함께 역동적인 속도감을 부여한다. 이미지와 사운드가 서로에게 충실하게 결속되어 새로운 시간성을 보여주고 있는 것이다.

잘 알려진 대로, 영화 〈군용열차〉는 당대 영화계에 날선 비평을 서슴지 않았던 영화평론가 서광제의 연출작이다. 1932년에 김유영과 함께 도일하여 교토의 영화촬영소에서 연수를 받기도 했던 서광제는 이 영화를 통해 자신이 생각해 온 발성영화의 문법을 실험했다. 대부분의 장면은 〈미몽〉과 같이 사운드와 이미지를 대칭적으로 결합했지만, 몇몇 장면에서는 이미지와 사운드의 비대칭을 통해 인상적이고 흥미로운 장면들을 만들어 냈다. 비교적 초기 발성영화인 〈미몽〉이 사운드와 이미지의 동조에 집중하였다면, 이러한 동조가 더는 새로운 것일 수 없는 시기에 만들어진 〈군용열차〉는 보이스오프나 보이스오버를 사용해 발성영화다운 드라마투르기를 실험했다.

가령 점용(왕평 분)의 여동생이자 자신의 애인인 기생 영심(문예봉 분)의 몸값을 걱정하던 원진(독은기 분)이 하숙집에 돌아와 점용과 나누는 대화를 보자. 이 장면에서 원진은 점용에게 영심의 몸값 2천 원을 융통할 수 있을 것 같다고 말한다. 그는 술집에서 우연히 만난 중학 동창생이 돈을 융통해 주기로 한 사연을 말하는데, 이 대사에 결합되는 플래시백 영상은 허름한 선술집에서 원진에게 접근한 스파이가 그를 회유하는 장면이다. 원진의 비밀(스파이의 회유)과 거짓말(동창생의 원조)이 하숙방의 사운드와 선술집의 영상으로 결합되어 있는 것이다. 이 장면을 통해 관객은 영심의 몸값을 구하지 못하여 괴로워하는 원진이 스파이에게 포섭되었다는 사실과 가장 친한 친우인 점용에게 거짓말하고 있다는 것을 동시에 알 수 있다. 영화는 원진이 스파이와 선술집에서 주고받은 대화를 들려주지 않지만, 관객은 그 내용을 충분히 짐작할 수 있다. 바로 앞 장면에서 일행과 헤어져 홀로 걷는 원진의 발과 그 뒤를 따르는 스파이의 발을 보여주고, 플래시백 영상 다음 장면에서 점용에게 "요새 군용열차가 심하게 다니나?"라고 묻는 원진의 대사를 배치하여, 무슨 일이 있었고 무엇을 감추고 있는지를 선명하게 드러내기 때문이다.

또한 〈군용열차〉에서는 그 음원과 분리되어 있는 '탈육체화된 음성'[160]이 극적으로 중요한 기능을 담당한다. 스파이에게 회유된 원진이 잠자리에 누웠을 때, 그는 영심이 속삭이는 목소리를 듣는다("원진 씨, 어서 저를 구해주세요. 저는 원진 씨만 믿고 이 세상을 사는 여자예요. 네? 원진 씨"). 또 원진의 수상쩍은 행동을 의심하게 된 점용은 일전에 원진이 던진 말을 다시 떠올리고("요새 군용열차가 심하게 다니나?"), 그의 궁색한 거짓말을 곱씹으며("그 찢어진 것 말인가?", "지나인한테서 받은 걸세") 괴로워한다. 같은 시퀀스에서 원진은 "어리석은 원진 씨, 더러운 스파이"[161]라고 욕하는 영심의 목소리와 "나에겐 거짓 없는 바른 말을 해주게"라며 진실을 요구하는 점용의 목소리를 듣는다. 둘 다 원진의 양심을 조여오지만, 영심의 목소리는 상상 속에, 점용의 목소리는 기억 속에 있다.

점용이 듣는 원진의 목소리나 원진이 듣는 점용의 목소리가 그들의 대화 일부를 '상기'하는 것이라면, 원진이 하숙방에 누워 듣는 영심의 속삭임은 되풀이되지 않는 말, 다시 말해 '환청'이다. 이 영화에서 원진은 영심의 '탈육체화된 음성'을 두 번 듣는다. 첫 번째 목소리는 가련한 처지에 놓인 영심을 구하기 위해 스파이의 수족이 되도록 원진을 충동한다. 이 대사의 의미는 이전에 전개된 스토리에서 충분히 유추할 수 있다. 그런데 원진의 첩자 행위를 전혀 알지 못하는 영심이 그를 "더러운 스파이"로 욕하는 두 번째 목소리는 기실 영심의 것일 리가 없다. 그녀의 목소리를 만들어 내는 것은 돈 때문에 우정을 버리고 "더러운 스파이"가 되어 버렸다는 원진의 자괴감이다. 따라서 이때 원진이 듣는 환청은 자신을 경멸하고 벌하는 목소리이다. 영심은 영상 안에 부재하지만 오히려 그 부재 때문에 특별한 존재감을 갖는다. 이 두 번째 환청에서 영심의 목소리는 총체적이고, 전지적이며, 절대적이다.[162) 그리하여 이 목소리는 원진이 군용열차의 선로에 몸을 던져 죽음을 선택하도록 이끈다.

이제 원진의 몸을 떠난 목소리가 유서와 함께 등장한다. 보이스오버로 들리는 죽은 자의 목소리가 화면을 가득 채운 유서의 이미지와 겹쳐지면서, 같은 의미가 동시에 두 번 생산된다. 목소리만으로 충분함에도 불구하고, 원진의 목소리가 들리는 동안 화면은 유서의 이미지에서 기관차 안에 앉아 있는 점용(롱 쇼트)으로, 또 눈물을 흘리는 점용(미디엄 쇼트)으로 이어지면서, 유서의 수신 과정을 도해한다. 이어서 이미 죽고 없는 원진이 화면 안으로 들어온다. 그는 두 손을 모으고 용서를 빌며 자신의 비극("모든 것은 영심을 위한 일이었네")과 유지("동양영원평화를 위하야 내가 할 것까지 다 해주게")를 힘주어 말한다. 그의 유언이 점용에게 어떻게 수신되는지는 그 다음 장면에서 밝혀진다. 점용은 "오빠, 어떻게 하면 좋아요"라며 슬퍼하는 영심을 떠올리며 괴로워하지만, 곧 눈물을 닦고 다시 기관석에 앉는다. 여동생의 행복을 걱정하면서, "동양영원평화"를 위해 "반도 철도"를 지키는 것이다. 이때 간과하면 안 되는 것은 점용이 눈물을 닦도록 종용하는 또 하나의 목소리가 '탈육체화된 음성'으로 존재한다는 것이다. 그것은 "자네의 도착을 생각하고 있네. 확실히 하고 오게."(일본어 대사)라는 기관구장의 목소리이다. 점용이 듣는 기관구장의 '탈육체화된 음성'은 원진의 유언보다 더 강한 힘을 갖는다. 그 목소리를, 식민지 청년을 부르는 '제국의 목소리'라고 말할 수도 있을 것이다.

원진과 점용을 통해 이 영화는 식민지 남성의 두 가지 상을 보여준다. 이들은 모두 식민지 여성(애인과 여동생)을 구하는 데 무력하다. 원진은 애인의 몸값을 구하기 위해 스파이의 회유를 받아들일 수밖에 없었고, 점용은 여동생의 희생으로 철도학교를 졸업하였으나 위기에 빠진 여동생을 구할 방도를 찾지 못한다(만주에서 온 큰 오빠가 영심을 구할 수 있기를 바랄 뿐이다). 점용에게는 여동생의 행복보다 군용열차 기관사가 되는 것이 더 중요한 일처럼 보인다. 그는 영심의 '탈육체화된 음성'을 듣지 않으며, 그를 이끄는 것은 기관구장의 목소리이다. 두 친구가 각각 다른 길을 걷는 것, 즉 한 사람은 선로에 몸을 던져 죽음을 선택하고, 다른 한 사람은 그 선로를 달려 북지로 향하는 군용열차의 기관사가 되는 것은 이들이 듣는 목소리가 누구의 것인가 하는 점에 암시되어 있다. 기생인 애인의 목소리(조선의 과거)를 듣는가, 혹은 제국 철도의 주역인 기관구장의 목소리(제국의 미래)를 듣는가.

영화 〈군용열차〉에서 원진과 점용의 운명을 각각 다른 방향으로 이끌었던 것은 화면에 부재하면서도 공간 속에 입체적으로 존재했던, 영심과 기관구장의 '탈육체화된 음성'이다. 목소리가 신체로부터 이탈해 존재하는 이 언캐니(uncanny)한 장면은 초기 발성영화들이 보이스오프를 적극적으로 실험한 것과 연관된다. 〈미몽〉이 사운드를 통해 영화가 더욱 완전하고 유기적으로 단일한 신체를 재현하고, 발화의 위치를 분명히 하게 되었음을 의식적으로 보여주려고 한 영화라면, 〈군용열차〉는 이러한 목소리/신체의 결합을 배반하여 그 경계의 불안을 이용하는 영화였다고 할 수 있다.[163]

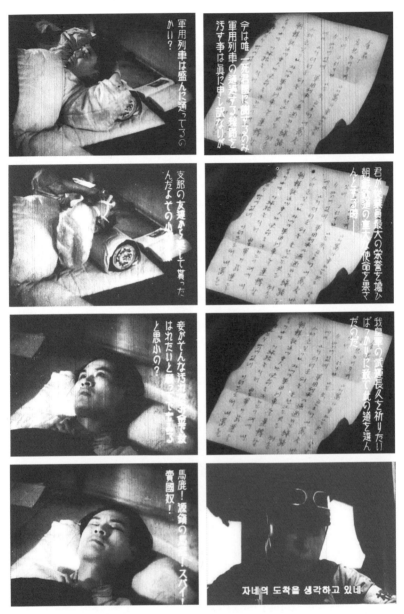

〈군용열차〉(서광제 감독, 1938)가 시도한 보이스오버. 화면 왼편의 일본어 자막은 마치 '탈육체화된 음성'의 흔적과 같다.

3. '발성'하는 신체: 목소리와 신체, 그리고 스타덤

발성영화의 사운드트랙에서 가장 특권적인 위치를 점하게 된 배우의 목소리는 스크린에서 표상되는 신체를 그 결절점(nodal point)으로 했다. 이 점은 영화사적으로 매우 결정적인 변화이다. 3절에서는 사운드 도입 이후 영화 연기의 제도화 과정을 살피면서, 배우의 말하는 '입'이 비로소 '조선어'로 '말'하는 자신의 '목소리'를 얻게 되었을 때, 배우의 연기와 스크린에서 재현되는 신체를 둘러싸고 야기된 변화를 사회문화적 맥락에서 분석한다. 토키 이행기를 거치며 상영 공간에 '참여하는 관객'에서 스크린에 '탐닉하는 관객'으로 변화해 간 관객들이 스크린에서 만나는 조선 배우의 신체에 투사한 욕망은 무엇이었을까. 그리고 그것은 식민지/제국 체제의 문화 장에서 어떠한 의미와 효과를 가졌던 것일까. 그 역시 이 절에서 다루게 될 문제들이다.

(1) 영화 연기의 제도화: '안면 근육'의 무도(舞蹈)에서 '에로큐슌'의 문제로

무성영화기 배우의 연기는 크게 표정과 동작을 중심으로 논의되었다. 표정은 얼굴의 움직임을, 동작은 몸의 움직임을 지시하는데, 이는 다시 표정에서 기예(技藝)를 발휘하는 '성격 배우'와 동작을 중심으로 연기하는 '활극 배우'의 구분으로 이어져서, 양식화된 연기와 배우의 특장, 그리고 영화의 장르가 서로 긴밀한 연관을 형성하였다.

무대는 깊이와 넓이, 연기 영역과 공간과 관련되는 동시에 지속과 극적 단위, 시간과 결부되지만, 영화는 시간과 공간의 등가물인 쇼트와 시퀀스로 구성된다. 따라서 영화에서 배우의 신체는 쇼트의 분할과 반복에 의해서 분화되고 구성된다.[164] 스크린 속의 신체는 화편화(framing)와 초점화(focusing),

그리고 편집(editing) 등 영화 장치에 의해 조합된 것이므로, 영화배우의 연기는 표정과 동작, 혹은 얼굴과 몸으로 분화되어 논의되었다. 특히 배우의 얼굴을 카메라 가까이로 끌어당겨서 스크린에 거대한 얼굴을 현시하는 클로즈업(close up)은 영화와 연극을 명백히 다른 예술로 구분지었다.

가시적 표면인 얼굴을 통해 내면의 풍경을 볼 수 있다고 말했던 벨라 발라즈(Béla Balázs)는 클로즈업을 '영화 예술의 기술적 조건'으로 정의하기도 했다. 이에 덧붙여 자크 오몽(Jacques Aumont)은 "얼굴을 위한 클로즈업은 '예술적 조건', 더 나아가 '시각의 방식'이 된다"[165]고 말한다. 클로즈업으로 바라본다는 것은 스크린에 대한 총체적인 시각을 의미한다. 오몽은 무성영화에서 "얼굴은 잠재적으로 세계에 해당하며, 얼굴-경치이자 얼굴-세계이고, 세계의 반영이자 세계의 총합"[166] 으로서, 무한한 순간에 열려 있다고 강조한다. 빌리 와일더 감독의 〈선셋대로(Sunset Boulevard)〉(1950)에서 무성영화 시대의 여배우 노마(Gloria Swanson 분)의 말("우리는 대사가 필요 없었지. 우린 얼굴이 있었거든(We didn't need dialogue. We had faces).")처럼, 무성영화의 세계에서 대사는 필요하지 않았고, 그 세계는 얼굴만으로 충분할 수 있었다.

식민지 시기에 제작된 무성영화에서 배우의 얼굴이 어떻게 세계를 담아내고, 세계를 향해 열려 있었는지는 필름이 거의 남아 있지 않은 현재로서는 확인할 도리가 없다. 다만 본격적으로 극영화를 제작하기 시작한 시점부터 배우의 얼굴을 카메라 가까이로 끌어당기는 '대사(大寫)', 즉 클로즈업이 의식적으로 사용되었고, 많은 이들이 클로즈업을 영화 예술의 특질로 생각했다는 점은 분명해 보인다. 가령 이구영은 초창기 조선영화에 관한 비평에서 이러한 인식을 곳곳에서 드러낸다. 조선인 민간자본으로 제작된 첫 번째 극영화인 〈장화홍련전〉(1924)에 대해 "클로즈업 순간 촬영 같은 것은 종합 예술한 영화극의 본령을 잊지 않고 최선을 다하려 하였음에는 당연한 노력일 것"[167]이라고 평가했으며, 〈해의 비곡〉(1924)은 클로즈업과 미디엄 클로즈업을 제대로 활용하지 못했다고 비판했다. 초기 조선영화 담론상에서 보면, 이미 십여 년간 감상만의 시대를 경험했던 조선은 제작 초창기부터 비교적 활발하게 클로즈업을 사용했던 듯하다.[168] 언제나 문제는 클로즈업으로 포착된 배우의 얼굴이었다.

> 배우들의 기술은 아직 세련되지 못하였으나 장래는 유망하다. 주역 운영(雲英)으로 분장한 김우연 양은 아리따운 용모를 가졌다. 일본의 미즈타니 야에코(水谷八重子) 같은 얼굴이다. 카메라 앞에 나서기는 처음인 까닭에 안면 근육의 움직임이 그다지 잘 되지는 못하나 그의 너그러운 얼굴과 온순하고 열성스런 기품이 능히 그 장래를 빛나게 할 것을 말한다. 우리는 그의 전도에 많은 기대를 가졌다. 김진사로 분장한 안종화 군은 눈이 좀 적다. 가뜩이나 적은 눈이 레프럭터(reflector, 인용자*)의 강렬한 광선으로 인하여 똑바로 뜨지 못하는 일이 많다. 그리고 근육 표정에 좀 더 노력하였으면 한다. 소옥 역으로 출연한 이채전 여사는 얼굴도 아름답거니와 윤곽이 뚜렷하고 눈이 크고 맑아서 영화배우에 적당한 얼굴임을 느꼈다. 그리고 안면 근육의 무도(舞蹈)가 자연스러워서 그 심적 정서를 잘 읽을 수 있다. 액션에 굳은 맛이 좀 있는 듯하나 세련되면 훌륭한 엑츠레스(actress, 인용자*)일 것을 예언한다.
> 안평대군으로 나타난 유영로 군은 일본의 이노우에 마사오(井上正夫)를 연상케 하는 원로 배우이다. 비록 그의 기예가 무대극만 못한 느낌이 없지 않으나 무빙 액터로서도 무슨 역이든지 족히 감당해 나갈 수 있음을 나는 단언한다. 충복으로 분장한 이주경 군은 표정이 너무 과장된 듯하나 근육이 잘 논다. 더욱이 활극미 있는 액션은 제물로 잘 된다. 신파 내

음새 나는 점에 좀 연구하면 장래의 큼을 바랄 수 있는 배우일 것이다. 자중하기를 바란다.[169]

인용한 글은 영화 〈운영전〉(1925)에 대해 윤갑용이 쓴 평문의 일부다. 이 영화의 제작사인 조선키네마주식회사에 몸담았었던 그는 같은 회사에 소속된 배우들 각각에 대해 "용모", "얼굴", "안면 근육", "표정" 등에 집중해 평가했다. 이 글에는 "무빙 액터"라든가 "활극미 있는 액션"에 대한 언급도 있지만, 그보다는 안면 근육의 자연스러운 움직임이 연기를 평가하는 일차적인 기준이 되고 있다. 눈이 작은 쪽보다는 "윤곽이 뚜렷하고 눈이 크고 맑"은 쪽이 영화배우의 얼굴로 적당하다는 것도, 안면 근육의 "무도(舞蹈)"가 자연스러우면서도 과장 없이 감정을 표현할 수 있다는 점에서 언급되었다.

이 글뿐 아니라 1920년대 중반에 발표된 영화에 대한 논평들은 배우의 연기를 안면 근육의 움직임에 초점을 맞추어 평가했다. 식민지 시기에 무대와 스크린을 오가며 활동한 배우들은 많았지만, 무대에서 활동해온 배우들은 "대화가 앞을 서고 동작이 뒤를 따르거나 혹은 동작과 대화가 병행"하게 되어서, "동작이 앞을 서고 대화가 뒤에 서는" 무성영화 연기에는 잘 맞지 않았다.[170] 무성영화 배우는 대사가 아닌 시각 이미지로 의미를 전달해야 하기 때문에 근육의 움직임이 얼마나 자연스러운가에 따라 연기력을 평가받았다. 가령 영화 〈해의 비곡〉에 출연한 이월화의 연기를 평하는 자리에서, 이구영은 "그의 얼굴이 아름답다고 사람들은 잘한다 하나 근육 표정은 기대키 어려운 얼굴"[171]이니 영화에는 부적합하고 다시 무대로 복귀하는 게 좋겠다고 말한다.

이 무렵 이구영은 현철과 함께 '조선배우학교'를 설립하고, '무대극과'와

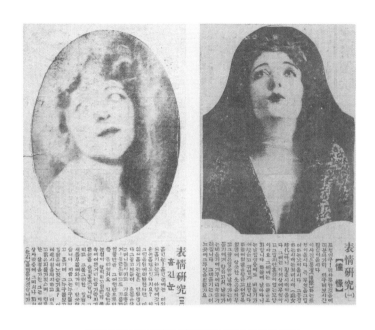

표정 연구
출처:《시대일보》, 1925.10.19.(오른쪽 위), 11.01.(왼쪽 위), 12.27.(아래)

'영화극과'로 나누어 배우 양성에 나섰다. 이들은 촬영기사 이필우와 협력하여 영화를 제작할 계획도 갖고 있었다. 이들 외에도 신생 영화사와 극단들이 전문적인 배우 양성 기관을 설치하겠다고 발표하는 것은 그 실현 여부와는 무관하게 자연스러운 일이었다.[172] 일본의 신극 단체나 영화사들의 배우양성 기관 설립에 자극을 받은 측면도 있지만, 근대적인 의미에서 연기나 배우술(俳優術)이 부재한 조선에서 연기를 위한 별도의 배우 훈련을 절감한 것이 더 근본적인 이유였다.

배우 양성에 대한 담론을 살펴보면, 어떤 특정한 연기 메소드를 구현하고자 했다기보다는 서구적인 의미에서 보편적이고 근대적인 신체, 표현하고재현하는 신체가 구상되었던 것으로 보인다. 이렇게 볼 때, 1925년 10월 말부터 12월에 걸쳐 《시대일보》에 연재된 「표정 연구」는 단순한 흥밋거리만은아니다. 서양 여배우의 프로필이나 영화의 스틸로 보이는 사진들을 제시한이 코너는 사진 아래에 각 '감정'을 표현할 때 안면 근육을 어떻게 움직여야하는지에 대한 상세한 안내를 부기하였다. 가령 11회에 연재된 '분노'는 "눈을 크게 뜨고 눈동자를 눈구멍의 한중간에 갖다 놓은 뒤에 미간을 번쩍 치키고서 눈썹의 두 쪽 끝을 추켜들면 분노의 표정이 됩니다"[173]와 같이 사진속 표정을 흉내 내기 위한 방법을 자세히 설명했다. 표정 연구는 감정과 내면을 가진 개인을 상상하게 하면서도, 표정을 감정과 내면을 겉으로 드러내는 세련된 자기표현의 방식으로 탈자연화하려는 흐름을 보여주는데, 이 사진 속 서양 배우들의 표정은 배우 지망생들뿐 아니라 가정·문예란의 독자들에게도 하나의 모델이 될 수 있었다.

1년여 후 「표정 연구」 연재의 다른 버전은 서양 여배우 대신 조선인 여배우를 등장시켰다. 주인공은 〈아리랑〉으로 일약 스타덤에 오른 신일선이다. 신일선은 1927년 2월부터 3월에 거쳐 《동아일보》에 연재한 「표정 연구」에서,

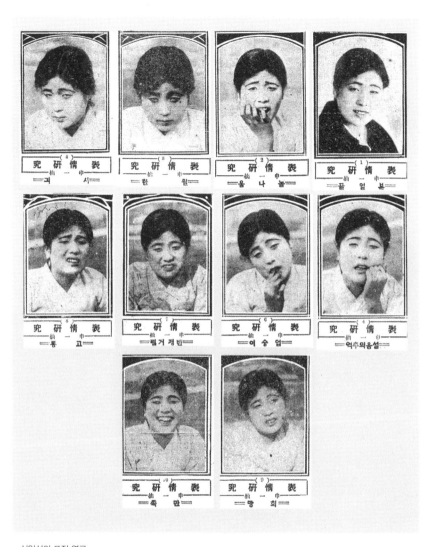

신일선의 표정 연구

무성영화 시대를 대표하는 여배우 신일선의 표정 연구는 《동아일보》에 1927년 2월 18일부터 3월 5일까지 연재되었다.

첫 회에 자신의 프로필 사진('본얼굴')을 게재한 후, '놀라움', '원한', '시기', '설움의 추억', '엄숭이', '빈정거림', '고통', '희망', '만족' 등 감정과 성격을 표현한 사진을 연속으로 신문에 게재했다. 사진에서 확인할 수 있듯이, 신일선의 표정 연구에서 각 표정들 간의 차이가 확연하게 드러난다거나, 이 표정 연구를 통해 신일선이 안면 근육을 자연스럽게 '무도'할 수 있는 배우였다고 말할 만한 근거는 없다. 그러나 하나의 감정에 대응하는 하나의 표정을 보여주고자 했다는 점은 대단히 흥미롭다. 감정을 표현하는 방식은 각 문화와 개인에 따라 다르기 마련이므로, 한 사람의 하나의 감정도 천 가지 표정을 가질 수 있다. 그런데 신일선의 표정 연구는 '1 감정=1 표현'을 보여준다. 표정은 사진이라는 정지된 이미지와 영화 속의 움직이는 이미지에서 각각 다르게 읽힐 수 있겠지만, 신일선은 안면 근육을 상황에 맞게 움직여 자신의 얼굴을 의미작용과 의사소통의 도구이자 매개로서 전시하고 있는 것이다.

이러한 식의 표정 연구는 인간의 감정이 미리 규정된 몸짓에 의해 표현될 수 있다는 델사르트(François Delsarte) 시스템을 상기시킨다. 벤 브루스터와 리아 제이콥스(Ben Brewster & Lea Jacobs)는 연기자가 회화와 조각, 또는 연기 매뉴얼의 일러스트를 참조해 포즈나 제스처를 모방하고, 이것을 코드로 하여 여러 의미를 표현하는 델사르트 시스템을 19세기 유럽의 회화적 연기(pictorial acting)의 전통으로 자리매김한 바 있다.[174] 이러한 연기는 배우의 내적 경험을 창조하는 것을 중시하는 스타니슬라프스키 시스템(Stanislavsky system)의 연기 메소드와는 그 출발점이 다르다. 말하자면 '고통'의 이미지가 그 감정을 표현하는 행위에 선행하고, 코드화된 제스처를 자연스럽게 표현하는 것이 연기자의 역할이 된다. '고통'을 재현하고자 한다면, 이 감정을 표현하는 일종의 연기 매뉴얼에 따라 외적인 신체 연기를 통해 '고통'을 표현한다. 누구나 그 표정에서 '고통'을 이해할 때 성공적인 연기가 될 것이다. 즉 이 배우들은 대사가 없이도 누구에게나 동일하게 해석되는 보편적이고 자연스러운 표정을 연마하는 것이다. 배우는 그 자신인 동시에 인간의 모방이라고 할 때, 신일선의 표정은 그 자신의 것이면서 또 다른 누군가의 모방일 것이다. 그렇다면 신일선은 누구의 표정을 모방하고 어떠한 표현을 연구하였을까. 또 '고통'을 표현하는 신일선의 얼굴에서 '고통'을 읽는 것은 누구의 눈인가. 관객은 어떻게 그 표정의 의미를 '고통'으로 이해할 수 있는 것일까.

초창기부터 관객들이 안면 근육의 움직임을 통해 배우의 표정을 읽고 그 연기력을 평가했다는 것은 조선인의 얼굴이 영화에 재현되기 전부터 이미 스크린 속의 얼굴을 독해할 수 있었음을 의미한다. "단지 감상하는 것만으로 활동사진을 이식한"[175] 조선에서, 관객들은 스크린을 통해 무수한 외국 배우의 얼굴을 보아 왔다. 조선인 배우나 관객들은 스스로의 움직임을 체득하기 전에 그들이 스크린에서 보아 온 서양 배우의 몸을 통해 신체적인 규범을 익혀온 것이다. 서양 배우들의 표정 역시 카메라 앞에서 어떤 보편 언어를 지향하며 만들어진 것이라는 점을 고려할 때, 고전적 할리우드 영화의 지배적인 영화 언어와 표상 모드가 그 보편적인 신체적 규범을 만들어냈다고 할 수도 있을 것이다. 그들과 다른 골상을 가진 동양인 배우들이 이 규범에 맞추어 보편적으로 소통할 수 있는 표정을 연마하려 했다면, 무성영화에서 인간의 보편적인 감정을 재현한다는 것은 스크린 속에서 학습한 외국 배우의 표정을 체화하여 그것과 가장 근사한 표정을 제시하는 것인 셈이다.

그러나 외국 영화, 특히 서양 영화를 기준으로 삼은 인간의 보편적인 신체 규범에 대한 지향의 이면에는 서양인의 미장센과 다를 수밖에 없음을 환기시키는 조선영화의 현실이 있었다. 골상학으로나 체형으로나, 의상이나 배경이나, 피부나 머리카락 그리고 눈동자의 색이나, 즉 인종적으로나 문화적으로나 전혀 다른 신체를 갖는 조선 배우가 누구에게나 동일하다고 상상되는 서구적인 보편 정서와 신체 언어를 표현하는 것은 거의 불가능에 가깝다. 이러한 차이를 인종적·문화적 열등이나 결여로 받아들일지, 혹은 조선의 특수성으로 받아들일지는 관객이나 배우 개개인마다 달랐으나, 조선영화에서 연기의 제도화는 인종적·문화적 차이(관습, 행동양식 등)를 인식하고, 식민지 조선의 문화적 맥락 속에서 조선인의 감정과 심리를 재현하는 연기 메소드를 구성해 가는 과정이었다고 할 수 있다.

토키 시대에 들어서 조선어 대사로 연기하게 된 배우는 무성영화에서 강조되었던 표정과 동작을 대사와 조화롭게 완화시키는 과제를 안게 된다. 눈에 띄는 움직임과 갑작스러운 표정 변화에 중심이 기울었던 무성영화와 달리, 발성영화는 순간적인 정지와 변화보다 연속적인 쇼트들의 관계 속에서 시간의 자연스러운 경과를 체화하는 연기를 지향한다. 따라서 발성영화 배우는 몸짓이나 표정의 어떤 부분들을 말로 대신하면서, 자신의 유기적이고 통일적인 신체를 통어할 수 있어야 했다.

무성영화에서 발성영화로의 극적인 변화는 현재 필름이 남아 있는 〈청춘의 십자로〉(1934)와 〈미몽〉(1936)을 통해 짐작해 볼 수 있다. 이 두 영화는 최초의 조선어 토키 〈춘향전〉 공개를 전후로 제작된 것이다. 〈청춘의 십자로〉가 무성영화 성숙기의 작품이라면, 〈미몽〉은 녹음 기술이 열악한 상태에서 제작된 것으로 발성영화의 문법을 구성해가는 과정에 있는 영화다.

안종화 감독의 〈청춘의 십자로〉는 사실상 무성영화의 전형적인 특징을 보여주는 텍스트라고 하기 어렵지만,[176] 이원용, 신일선, 김연실 등 무성영화 시대를 대표하는 배우들이 출연하여 원숙한 무성영화 연기를 보여준 영화다. 주연배우 이원용은 〈세 동무〉(1928), 〈종소리〉(1929) 등에 출연한 활극 배우로 알려져 있으며, 〈아리랑〉에 영희로 출연했던 신일선과 〈승방비곡〉(1930), 〈임자 없는 나룻배〉(1932) 등에 출연한 김연실은 무성영화기를 대

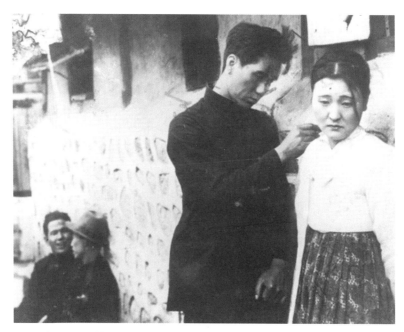

무성영화 〈청춘의 십자로〉(안종화 감독, 1934)의 한 장면. 현존하는 유일한 무성영화 필름일 뿐 아니라, 무성영화 시대의 대표적인 배우인 이원용, 김연실, 신일선 등의 원숙한 연기를 볼 수 있다는 점에서도 〈청춘의 십자로〉는 흥미로운 텍스트이다.

표하는 여배우들이다.

공개 당시 영화평을 살펴보면, 이 영화는 배우의 연기가 상대적으로 많이 언급된 편이다. 특히 시골에서 상경하여 경성역 수하물 운반부로 일하는 영복으로 출연했던 이원용의 연기에 대해서는 평가가 엇갈렸다. 〈청춘의 십자로〉의 영복은 고단한 삶의 무게를 안고 있으며, 영화의 후반부에서는 위기에 빠진 누이와 애인을 구하기 위해 분투하는 인물로 이전에 그가 연기해왔던 배역에 비해 심리적인 접근이 필요한 배역이었다. 박승걸은 이원용이 "체장(體丈)이 왜소하고 얼굴의 윤곽이 협소하므로 침통한 성격을 표현할 만한 요소를 가지고 있지 못하다"면서, "그 전에 누차 행하여 온 활극 연기가 퍽 자유스러웠고 따라서 성공하였다고 본다"[177]고 평가했다. 이원용의 '성격 연기'는 키가 작고 얼굴의 윤곽이 뚜렷하지 않은 외형적 조건 때문에 실패했으나, 그에게 익숙한 '활극 연기'만큼은 퍽 자연스러웠다는 것이다. 박승걸은 조선영화에서 "성격적 표정"을 보여준 배우는 〈아리랑〉에 출연한 나운규가 유일했다고 본다. 반면, 이규환은 "움직이지 않는 곳에 움직임이 있고 노하지 않는 곳—웃지 않는 곳—에 노소(怒笑)가 있을 듯하니 이 특징을 살리는 날에는 우리의 자랑으로 삼을 배우가 되리라"[178]며 이원용의 연기를 높이 평가했다. 박승걸이 지적한 결점을 그는 오히려 절제된 연기의 미덕으로 보는 것이다.

이들의 상반된 평가를 단순화하면, 박승걸은 '침통한 성격'을 얼굴로 재현하는 나운규식의 선 굵은 표현을 중요시하는 반면, 이규환은 '움직이지 않는 곳에 움직임이, 노하지 않는 곳에 노소(怒笑)가 있는' 연기를 더 높게 평가하는 것이다. 같은 글에서 이규환이 개철 역을 맡은 박연의 태연스러운 표정과 자유로운 동작에 주목한 것이나 〈임자 없는 나룻배〉를 연출할 때 나운규의 과잉된 움직임을 절제시켰던 것도 동일한 맥락에 있다. 말하자면,

1920년대 중반에는 나운규식의 연기가 높이 평가될 수 있었어도 1930년대 전반기에는 조선 배우의 표정과 동작에 대해 다른 견해, 즉 이전의 표정과 동작을 과잉으로 규정하고 이를 완화해가는 연기가 부상했다고 할 수 있다.

이렇게 조선어 발성영화가 등장하기 이전부터 이미 자연스럽고 절제된 연기를 추구하는 흐름이 있었으나, 〈춘향전〉 공개 이듬해에 제작된 〈미몽〉의 배우들은 그 자신의 목소리로 말하는 유기적인 신체로 현현하고 있음에도 대단히 부자연스러운 연기를 보여주었다. 배우들은 녹음 중인 마이크를 향해 외치듯이 대사하고 서로 대화를 주고받는 장면에서는 휴지(pause)가 길어서 생동감이 없다. 심지어 부부 간의 말다툼 장면에서조차 상대의 대사가 다 끝나기를 기다려 잠깐의 휴지를 두고 자신의 대사를 시작한다.

이렇게 부자연스럽고 인공적인 대화 상황을 연출한 것은 일차적으로는 녹음 기술상의 문제로 동시 대화가 어렵기 때문이었지만, 연기 면에서 보면 소위 '에로큐슌(elocution)', 즉 화술 연기가 정착되지 못했기 때문이다. 그리하여 말하는 발성영화 배우들의 연기가 부자연스럽고, 말하지 않는 무성영화 배우의 연기가 자연스러워 보이는 역전이 발생한다. 이러한 역전은 상당히 오랫동안 지속되었다. 1939년작 〈애련송〉에 대한 김태진의 평가를 보자.

> 끝으로 에로큐슌에 있어서 도시(都是) 말이 아니라 글이었다. 이것은 〈무정〉이나 〈국경〉이나 〈애련송〉에서나 다 마찬가지로 이국 사람이 조선말 흉내내듯 부자연하기란 귀에 거슬려서 들을 수가 없었다. 악센트와 그 리듬의 옥타브가 제멋대로 껑충 오르내리는 데는 귀를 가리고 싶었다. 토키로서 조선말은 남의 것이 되어 버린 듯하다. 마이크 믹서의 탈이 아니고 이것은 대사 지도에 있어 무대극에서 넘겨온 그 특유의 버릇 때문인가 한다.

연기는 문예봉 씨의 동(動)하지 않는 것이 좋았으나 움직임 없는 움직임
의 연기경(演技境)에 이른 것은 아니었다.[179)

인용한 글에서 미루어 짐작컨대, 발성영화 연기에서 가장 중요하게 인
식된 것은 "움직임이 없는 움직임의 연기", 즉 신체의 절제된 동작과 자연스
러운 구어적 "에로큐슌"으로 보인다. 〈미몽〉에서 히스테리적인 목소리를 들
려주었던 문예봉은 〈애련송〉에서 비교적 안정된 연기를 보여주었지만, 대
사 처리는 여전히 부자연스러웠던 듯하다. 김태진은 같은 시기에 연이어 개
봉된 조선영화 속 문어체 대사와 어색한 조선어 연기가 거슬리던 참이었는
데, 그와 마찬가지로 "부자연한" 〈애련송〉의 대사와 그 연기는 "무대극에서
넘겨온 그 특유의 버릇" 때문이라고 지적한다. 〈애련송〉은 최금동의 영화소
설 『환무곡』을 이효석이 각색한 것으로, 극연좌(劇硏座) 영화부에서 제작
한 영화였다. 영화의 대사 지도는 유치진이 맡았다. 이러한 제작 배경을 갖
는 〈애련송〉은 이효석의 문어적인 대사와 유치진이 추구하는 연극적인 화술
연기가 그대로 영화에 적용되었던 데다가 카메라를 낯설어하는 비전문 배
우들의 어색한 연기로 더욱 부자연스러운 대화 장면이 빚어졌으리라 짐작된
다.[180) 이 시기 극연좌는 문어적이고 다소 단조로운 기계적인 화술을 극복
하려 했다고 평가되지만,[181) 그렇다고 해서 발성영화에 맞는 일상적이고 자
연스러운 화술을 지향한 것은 아니다.

조선어 발성영화를 제작하게 되면서부터 대사('세리푸')와 화술(에로큐슌)
은 영화제작인들의 실질적인 고민거리였다. 입의 움직임과 대사가 잘 맞아
떨어지기 어려운 후시녹음으로 제작되는 한 자연스러운 대화 장면을 연출하
기는 어려웠지만, 그럼에도 무성영화에서 기술적으로 진일보한 발성영화로
서의 성취란 인물들 간의 대화가 얼마나 사실적이고 자연스러운가에 따라

평가되었다. 대사 문제 때문에 무대 출신 배우들을 캐스팅했던 〈춘향전〉은 "대화의 억양의 지나친 과장과 동작의 부드러운 맛이 없"었다.[182] 녹음 기술이나 배우의 연기 둘 다 발성영화로서는 처음으로 완성도를 평가할 만큼 향상을 보였던 〈나그네〉도 연극적인 대사를 버리지 못했다고 지적되었다.[183] 조선영화의 어색한 대화 장면에 대하여, 조선어 그 자체의 특징—이를테면 서울말도 여러 가지이듯 아직 말(표준어)이 정리되지 않은 것(안석영), 감정을 표현하는 말(이를테면, "사랑한다")의 수효가 적고 자연스럽지 못한 것(서광제, 윤봉춘), '조자(調子, 장단 또는 가락)'가 없는 것(최재서, 김기림)—에서 비롯된 근본적인 한계도 언급되었지만, 영화에 출연한 무대배우들이 무대 위의 대사와 다름없이 발성하고(윤봉춘), 대화의 억양에 대한 연구가 부족하다는 것(심영)은 배우와 감독이 극복해야 할 문제로 남았다.[184]

조선어 영화는 어떠한 조선어를 화술의 표준으로 삼아야 하는지, 그 말의 정서는 구체적으로 어떠한지, 어떤 것이 영화적인 대화인지 등의 문제를 제기했고, 더 많은 실험과 시도를 거쳐 새로운 영화 연기를 구성해 가도록 추동했다. 어떤 배우들에게는 연극 무대의 경험이 하나의 기준점이 되었지만, 발성영화가 요구하는 연기는 '무대취(舞臺臭)'와 거리를 두어야 했다. "무대극에는 허할 수 있는 (형(型)) 과취적(過吹的) 동작(연기)이라도 영화에서는 도저히 허할 수 없을 뿐 아니라 허해지지가 않는 것"[185]이기 때문이다. 발성영화의 연기는 연극 연기를 그대로 스크린에 옮기는 것(the canned theatre)이 아니라, 연극적 연기를 영화적으로 변형하는 것이어야 했다.[186]

무성영화 배우가 외국 영화를 보며 인간의 보편적인 감정을 표현하기 위한 표정과 몸짓을 연구해야 했다면, 토키 시대를 맞이한 배우는 자신의 표정과 몸짓을 완화시키며 말과 조화해 나가야 했다. 그것은 마치 보편적인 것에서 특수한 것으로, 공통어(lingua franca)에서 민족어로 분화해 가는 과정과 흡사했다. 무성영화에서도 배우는 말을 했다. 다만 그는 우리의 눈이 이해할 수 있는 말을 했다. 무성영화에서 배우의 입이 움직이는 것은 말하고 있다는 상황을 전하기 위해서지, 알아들을 수 있는 목소리를 내기 위해서가 아니다. 토키는 배우의 말하는 입을 관객의 귀에 가져다 댄다. 관객은 말하는 입을 주시할 필요가 없게 되었다. 그 말의 내용을 정확히 이해하는 것이 중요해졌기 때문이다. 그러므로 이 이행에서 조선인 배우는 자연스럽고 유창하며, 세련된 조선어의 화술 연기를 창조해야 했다. 조선인의 '표준적'인 말과 조선인이 '공감'하는 정서를 흘러가는 시간 속에 물화함으로써 조선적인 미장센을 만들어가는 것, 그리고 그 미장센의 풍경이자 주체가 되는 것이 배우에게 주어진 새로운 과제였다.

(2) '조선적 신체'와 목소리

　1935년 12월, 민병휘는 조선영화에서 느끼는 불쾌감의 원인으로 두 가지를 지적했다. 하나는 "조선의복을 입은 키 작은 조선인이 양인(洋人)의 흉내를 내려고 애쓰는" 것, 또 하나는 "조선의 현실과 하등의 관계를 갖지 않고 있는 스토리를 스크린 위에 비쳐 보는 사람들의 저열한 흥미를 끌어안으려고 급급하고 있는 그것"[187]이다. 조선영화가 서양 영화를 피상적으로 모방할 뿐, 조선과 조선 사람들의 현실과 유리되어 있다는 점을 꼬집어 말한 것이다. 이 절의 전반부에서 서술했듯이, 할리우드 영화의 영향으로 서양인(백인)의 신체를 중심으로 형성된 신체적 위계 아래에서, 식민지 조선인들은 서양 배우들의 신체를 규준으로 삼고 최대한 그것에 가까워지고자 했다. 극복할 수 없는 인종적 차이에도 불구하고 닮고자 애를 썼고, 애를 쓰면 쓸수록 같지 않다는 차이를 환기하게 되므로, 기실 그 이질성과 간극은 좁혀지지 않았다. 민병휘가 느낀 불쾌감이 갑작스러운 것은 아니겠지만, 그 발언 시점이 1935년이라는 사실은 주목을 요한다. 1935년은 조선영화에 비로소 목소리와 말을 얻은 신체가 등장했고, 그에 따라 스크린에 표상되는 신체와 그것을 응시하는 관객의 신체 사이의 관계가 여러 각도에서 변화하던 시기였기 때문이다.

관객이 배우의 입모양에 맞추어 자신의 내적 언어를 불어넣었던 무성 영화에서는, 어느 나라에서 제작된 영화이건 배우의 국적과 언어가 무엇이건, 관객의 마음속에서는 모든 등장인물이 조선어로 말했다. 그러나 발성영화는 배우의 목소리와 언어를 함께 실어 나름으로써 배우와 관객 사이의 문화적·사회적 기원의 차이를 부각시킨다. 영화는 트랜스내셔널한 미디어이지만, 사람들은 영화를 보면서도 세계 속에 자신을 위치지을 때 내셔널 아이덴티티에 대한 고착을 벗어나기 어렵다. 비로소 배우가 말하기 시작한 토키 시대 조선영화의 한 현상을 이해하기 위해서는 이러한 고착에 주목해야 한다. 사운드의 도입은 관객이 투사했던 내적 언어에 의한 상상을 방해하고, 영화와 그 안의 신체가 갖는 '이국성'을 도드라지도록 했다. 이러한 상황에서, 코카시안과 다른 골상학이나 체형으로 어줍지 않게 서양 영화를 흉내내는 조선영화의 미장센은 비록 무성영화라 할지라도 이전보다 더 어설프고 비현실적인 것으로 부각되었을 것이다. 짐작컨대, 민병휘에게 조선영화는 조선인의 작은 키를 열등하게 느끼지 않도록 하는 미장센, 즉 서양 영화의 흉내내기가 아니라 조선인의 몸과 움직임에서 출발해서 조선의 현실과 밀착한 스토리로 관객에게 어떤 자각을 주는 것이어야 했다.

토키 시대 스크린에서 목소리와 신체의 단일성과 통합적(이라고 상상되는) 신체를 확인하게 된 관객들은 변사의 육성을 매개로 하지 않고도 스크린 속의 신체에 동일화할 수 있게 되었다. 토키 이행은 이야기가 수행되는 과잉된 신체 공간에 익숙한 관객을 닫힌 이야기 공간으로 옮겨놓았다.[188] 더구나 자기완결적 상품인 발성영화 필름의 이동은 배우의 말하는 신체도 함께 이동시켰다.[189] 배우의 신체는 그때 거기에만 존재하는 것이 아니라 동시에 여러 지역의 스크린에 현현할 수 있었다. 단 하나의 목소리를 갖는 배우가 여러 곳에 존재할 수 있게 된 것이다. 경성에서도, 부산에서도, 평양에서도, 그리고 도쿄나 오사카, 신징(新京)에서도, 관객들은 배우가 동일한 목소리로 말하는 것을 본다.

신체와 목소리가 분리되지 않고 하나의 단위(unit)로 보존됨으로써, 그 필름은 어디에서든 제작의 장소(site)와 기원(origin)을 확인시켜 주었다. 일본의 영향권 안에 있는 지역에서 필름의 월경은 (더빙이 아니라) 일본어 자막을 통해 이루어졌기 때문에, 조선영화가 반도를 넘어 일본 내지나 만주에서 상영되더라도 배우의 신체와 목소리의 단위는 유지되었다. 특정한 신체와 특정한 목소리의 결합, 토키 시대를 맞이한 조선에서 이 점은 배우에게나 관객에게나 결정적인 변화였다. 극장과 같은 집합적 공간에서 스크린 속 배우에 대한 관객의 동일시는 공적 경험과 사적 경험의 접촉 지대에 '나'라는 개인 그리고 '우리'라는 집단 모두와 환상적인 거리를 유지하는 스타를 탄생시켰다.

토키 이후 조선영화가 제도화되는 과정에서, 발성영화가 요구하는 연기 양식과 관객의 감정 구조, 그리고 조선영화가 차지하는 위상 등이 맞물리면서 내셔널한 스타의 세대 교체가 일어나게 된다. 발성영화는 일종의 나르시스적인 매혹과 양식화된 연기의 틀을 벗어나지 못한 나운규와 같은 배우보다 자신을 지우고 등장인물을 보이게 만드는 '표현적 중립성의 화신'을 필요로 했다. 무성영화기 조선영화를 대표했던 나운규는 시대의 저편으로 넘어갔다. 토키 시대를 몹시 열망했으나, 결국 그 자신은 조선어 영화에 안착하지 못했던 나운규가 실제 사망으로 상징적으로 퇴장한 이후, 조선영화 스타의 부상은 두 가지로 정리된다.

우선, 김일해, 독은기, 남승민, 문예봉, 김소영, 김신재 등 발성영화와 더불어 새로운 세대 연기자들이 부상했다는 것이다. 이순진은 그 가운데서도 〈오몽녀〉, 〈한강〉(1938), 〈무정〉, 〈집 없는 천사〉, 〈반도의 봄〉 등에 출연했던 김일해를 꼽으며 나운규와 김일해를 "영웅적 연기 대(對) 사색의 배우"라고 대비하고, 이것을 발성영화로의 이행 과정에서 주목할 변화로 지적한 바 있다.[190] '나운규에서 김일해로'란, 조선영화에서 '활극'이 쇠퇴하고 일상의 경험에 견고하게 자리 잡은 세계의 이야기가 다뤄지게 된 변화와 관련된다. 나운규가 관객의 신체를 동족(어) 공간인 극장 안에 참여시키는 배우였다면, 김일해는 관객의 동일시를 강하게 작동시키는 영화 장치의 힘을 빌어 오직 스크린 속에서 표상된 신체로 존재하는 배우였다.

이 변화는 단지 관객의 영화 경험이 달라졌다는 것만이 아니라, 식민지 남성의 페르소나가 나운규로 상징되는 "국외자적 영웅, 즉 반영웅의 형상"[191]에서 계몽 주체로서의 남성 엘리트로 전이되었다는 것을 의미한다. "음산한 지하실의 분위기"[192]를 풍기는 어두운 표정으로 광인, 부랑자, 무숙자 등을 연기했던 나운규의 시대에 광기와 살인, 방화의 모티프는 조선영화의 특징이었다. 〈아리랑〉의 영진이 낫을 들고, 〈임자 없는 나룻배〉의 춘삼이 도끼를 든 것은 비정상적이고 극단적인 행동을 취할 수밖에 없는 식민지 남성의 무기력을 표출한다. 반면, 김일해가 연기했던 〈집 없는 천사〉의 방수원이나 〈반도의 봄〉의 영일은 나운규 시대의 남성들과는 확연히 다르다. 거리의 아이들을 구제하기 위해 향린원을 설립하는 방수원이나 공금까지 횡령할 정도로 '영화 예술'을 위해 열정을 불태운 영일은, 영진이나 춘삼처럼 사적인 원한 때문에 흉기를 들지 않는다. 그들은 공적인 가치를 위하여 고뇌하는 인물들이고, 그의 열정과 의지, 그 고귀한 뜻에 감복한 누군가의 도움을 통해 어려운 장벽을 넘어간다. '황국신민의 서사'나 일본 유학으로 마무리되는 결말은 그들이 추구하는 가치가 제국 일본으로 소환되는 것이었음을 보여준다.[193]

또 하나의 경향은 문예봉으로 대표되는 여배우가 조선영화의 아이콘으로 부상하는 것이다. 여배우는 무성영화 시기에는 남성 배우들에 비하면, 가십거리 이상의 관심을 끌지 못했다. 가령 나운규는 조선영화를 대표하는 인물이었지만, 그와 함께 출연한 여배우들은 대부분 가십의 대상이었다. 여배우들은 직업적 전문성이나 경제적 독립성, 적극적인 사회 활동에도 불구하고 저급하고 무식한 계층으로서 조소와 반감을 사기 일쑤였고, 성적으로 방종하고 비도덕적이라는 비난을 사기 쉬웠다. 여배우는 기생이나 카페 여급과 마찬가지로 언제나 도덕과 풍속의 문제와 결부되어 전 사회적인 관음증적 시선을 감당해야 했던 것이다.

그러나 1930년대 중반 조선영화가 발성영화 시대로 전환하면서, 여배우들은 여전한 사회적 편견 속에서도 연기력과 배우로서의 태도 등을 평가받고 자기의 목소리로 말할 수 있는 계기를 얻게 된다. 조선영화에 대한 관심의 폭이 넓어졌고, 발성영화의 시대에 맞게 발성과 연기력이 뒷받침되는 배우에 대한 요청이 있었기 때문이다. 이 시기 조선영화의 세대교체와 더불어, 《영화시대》, 《조선영화》, 《영화조선》, 《영화보》와 같은 전문지들이 잇따라 창간되고 신문과 잡지에 조선영화 지면이 증가하면서, 발성영화와 함께 등장한 여배우군(群)은 연기보다 사생활이 더 화제가 되었던 무성영화 시대의 여배우들—이월화, 신일선, 복혜숙 등—보다 배우로서 자신을 알릴 기회가 훨씬 많아졌다. 발성영화 이후 저널리즘의 다각도에 걸친 관심을 받게 된 여배우들은 스크린에서뿐 아니라 사회적으로도 소극적으로나마 자신의 목소리를 낼 수 있게 된 것이다.

특히 〈춘향전〉을 통해 최초의 '말하는 여배우'가 된 문예봉은 〈나그네〉의 성공적인 일본 진출로 '조선의 뎃트릿히(Marlene Dietrich)', '조선의 이리에 다카코(入江たゕ子)', '조선의 리샹란(李香蘭)'과 같이 서구와 일본, 만주의 여배우에 견줄 정도로 조선을 대표하는 배우가 되었다. 이전까지 할리우드 스타에 집중되었던 관심은 문예봉, 김신재, 김소영, 현순영 등 조선인 여배우들에게로 상당 부분 옮겨갔다. 당시 사회적 담론은 할리우드 영화나 일본영화에서 볼 수 있는 스타들과 대비하면서, 조선영화의 스타를 다시 위치시키고자 했다. 할리우드 스타에서 조선영화의 스타로 그 관심의 축이 이동하는 것은 중일전쟁 이후 반서양 담론이 우세했던 사회적인 분위기와도 관련되겠지만, 무엇보다도 주목할 것은 이 여배우들이 할리우드 영화나 일본영화와 구분되는 문화적/민족적 정체성을 차이화하는 존재였다는 점이다.

1940년대 '영화 신체제' 아래에서 조선 여배우들은 조선과 일본, 만주의 협화(協和)를 보여주는 상징으로서 서로의 친교와 유대를 '위장' 혹은 '과시'하도록 배치되었다. 가령, '만영의 스타' 리샹란이 경성을 방문했을 때, 문예봉과 김신재가 참석한 「만주국 명우를 환영하는 좌담회」가 『삼천리』(1940년 9월호)에 지상중계 되었던 것이나, 〈그대와 나〉의 제작에 참여한 '내선 여배우'들이 우정을 나누는 사진이 일본과 조선 양측의 잡지에 크게 실렸던 것은 '대동아'를 말하지 않고도 '대동아'를 보여주는 한 방법이었다. 추상적이고 모호한 '대동아공영'의 상(像)을 대중에게 구체화하는 데 있어서 일본과 조선, 만주의 여배우를 한자리에 모아놓는 것은 매우 효과적인 전달법이었다.[194]

김소영 〈국경〉

현순영 〈성황당〉

김신재 〈집 없는 천사〉

문예봉 〈애련송〉

사진. 발성영화 시대를 대표하는 여배우들. 문예봉, 김신재, 김소영, 현순영.

제
4
장

'소리'의 벡터:
제국의 관객을 상상하기

토키 시대로 접어든 조선영화는 비로소 한 편의 영화에 여러 개의 프린트가 존재하는 복제된 표상 미디어로 기능하게 되었다. 같은 영화는 언제 어디서나 동일한 텍스트로 상영되는 표준화가 이루어진 것이다. 그런데 이러한 토키 이행은 공교롭게도 만주사변(1931)과 중일전쟁(1937), 그리고 태평양전쟁(1941)으로 이어지는 일본의 침략 전쟁과 그에 따른 식민지/제국의 전시 체제 재편과 거의 동시적으로 전개되었다. 토키화를 통해 자기완결성을 획득한 영화는 이제 전쟁 프로파간다에 가장 효과적인 시각 장치로 주목되기에 이른다.

이러한 상황에서 조선영화에는 두 방향의 벡터가 작용했다. 하나는 조선을 넘어 일본 제국의 영토로 조선영화의 시장을 확장하려는 힘이다. 무성영화 제작비와는 비교할 수 없을 만큼 고비용이 투자되는 발성영화는 협소한 조선 시장만으로는 수익을 창출하기 어려웠다. 조선영화계는 영화의 제작과 배급을 기업화하고 일본의 영화사나 만주영화협회와의 합작 혹은 제휴를 통해 조선영화의 관객을 넓히고자 시도하게 된다. 이러한 시도가 '조선 반도'에서 '제국 일본'의 중심으로 향하는 것이었다면, 다른 하나의 벡터는 식민지 조선의 언어와 미디어 환경에서 불가피하게 근대 미디어 테크놀로지로부터 소외된 이들을 향해 작용했다. 식민지 주민의 생산력을 전쟁에 동원하기 위해 영화를 중요한 문화 선전의 도구로 삼았던 식민 권력은 이제까지 도시에 거주하는 중산층이나 젊은 세대에 한정되었던 영화 문화를 비판하면서 이동영사를 통해 영화상설관이 없는 지역의 주민들을 새로운 관객으로 끌어안으려고 했다. 물론, 이 두 벡터는 총력전 시기의 지정학적 상상력과 식민지/제국 체제의 정치적·경제적·사회적·문화적 재편과 맞물려 작동했다. 이 장에서는 토키 시대 조선영화에 작용했던 두 방향의 벡터를 제국 일본 내 영화 네트워크 형성과 언어 장의 재편에 초점을 맞추어 고찰한다.

1. 중일전쟁 이후 제국적 영화권의 편성

이 절에서는 중일전쟁 이후 할리우드 영화에 대한 배타적인 영화 블록으로서 일본을 중심으로 한 제국적 영화권이 편성되고, 식민지 조선이 영화 제국 할리우드의 '황색 식민지'에서 제국 일본의 영화권 안으로 종속되는 과정을 살펴본다. 이제까지 살펴봤듯이, 영세한 규모로나마 조선인에 의한 영화 제작이 꾸준히 이루어져 왔으며, 조선인 상설관은 서양 영화, 특히 할리우드 영화에 대해 높은 선호를 보였다. 그러나 1930년대 중반 서양 영화 상영 비율을 제한하는 정치적 강제와 전시 통제 경제 아래에서 할리우드 영화에 대한 경제적 제재 조치, 업자들 간의 과도한 경쟁 등으로 인하여, 식민지 극장의 동족(어) 공간의 성격은 약화되고, 일본 흥행계가 적극적으로 조선에 진출하게 된다. 한편, 조선영화계는 제국 시장에 진출하기 위해 일본 영화사들과 합작이나 제휴를 추진하는데, 이 과정에서 조선의 영화 및 영화 문화는 제국 일본에 대해 한층 종속적인 관계에 놓이게 된다.

(1) 식민지 조선의 양화(洋畵) 통제와 일본 흥행계의 조선 진출

1934년 8월 7일, 조선총독부령 제82호로 공포된 '활동사진영화취체규칙'(이하 '1934년 취체규칙')은 식민지 조선은 물론 일본 제국 내에서도 처음으로 외국 영화의 상영을 통제하고 국산 영화(일본영화, 조선영화)의 상영을 보호하는 조항을 포함했다. 그 시행세칙에 따르면, 1개월 동안 1개의 흥행장에서 상영할 수 있는 영화의 총 미터(m) 수 가운데 외국 영화의 상영 비율을 1935년 말까지 3/4 이내, 1936년 중 2/3 이내, 1937년 이후로는 1/2 이내로 줄여나가서 1937년 이후에는 국산 영화가 외국 영화보다 더 많이 상영될 수 있도록 규제하게 된다. 이때 외국 영화의 정의나 범주는 명확하게 규정되지 않은 채 국산 영화가 아닌 것, 실질적으로 서양 영화를 지시했다. 당시 식민지 조선에서 상영되었던 서양 영화 중에서는 미국영화가 절대적인 비중을 차지했으므로, 외국 영화 상영 통제는 사실상 미국영화를 겨냥한 '안티할리우드' 정책이었다고 해도 과언이 아니다.

이 규칙은 당시 유럽 각국이 할리우드로부터 자국 영화산업을 보호하고 육성하기 위해 외국 영화의 상영을 제한한 쿼터제(Quota)를 참조한 것이다. 실제로 조선총독부 도서과장으로 재임하면서 이 규칙을 입안했던 시미즈 시게오(淸水重夫)는 그 스스로가 당시 유럽의 안티아메리카니즘(anti-americanism)과 문화보호주의 정책에 대해 깊은 인상을 받았다고 회고하기도 했다.

런던에 있으면서 내가 배운 것이 어느 정도 있습니다. 그 당시에 알려져 있듯이 전후 유럽의 몰락이 시작되었던 때입니다. 미국문화가 대거 들어왔고, 영국에서도 프랑스에서도 어떻게 미국문화가 들어오는 것을 저지하면 좋을지를 생각할 수밖에 없었습니다. (중략) 영국에서만이 아니라 독일 혹은 북구(北歐) 등에서도 미국영화의 배척이 시작되었습니다. 국어와 동시에 영화인 것입니다. 미국적인 문화에 대하여 저항한 것이지요. 쿼터제라는 것이 여기에서 채용되게 되었습니다. 쿼터제라는 것은,

가령 하나의 영화관이 1개월 간 상영하는 영화는 외국의 것을 어느 정도, 국산(國産)을 어느 정도로 할지 결정하는 것입니다. 혹은, 수입 전체를 결정하거나 1년을 통해 어느 정도로 결정하거나, 이렇게 제한하는 것입니다. 그것이 시작이 되었습니다.[1]

할리우드의 전 지구화에 대응하는 비(非)할리우드 지역의 문화보호주의는 영화를 국가의 문화적 자산('國産')으로서 국가 간 교역의 대상이자 문화교차의 핵심으로 보는 인식의 전환에 바탕을 둔 것이었다. 이러한 인식의 전환 속에서 이와세 아키라(岩瀬亮)의 유명한 '영화 국책 설립에 관한 건의안'이 1933년 2월 제64회 제국의회에 제출된 것을 계기로, 곧바로 일본 내무성 경보국은 영화 국책에 대한 조사와 연구를 착수했다. 같은 해 9월에는 영화통제위원회와 재단법인 대일본영화협회가 조직되었다. 그리고 그로부터 얼마 지나지 않은 10월 하순, 조선총독부는 일본 내무성의 연구 결과인 「각국에서 영화국책의 개황(各國に於ける映畵國策の槪況)」을 참고삼아 새로운 영화 통제 계획을 발표하게 된다. 이듬해 여름 조선의 독자적인 영화 통제로서 공포된 '활동사진영화취체규칙'은, 그동안 조선총독부의 문화 정책이 '내지(內地)'에서 시작하여 '외지(外地)'로 흘러가는 '내지연장주의(內地延長主義)'에 입각했던 것과 달리, 식민 본국보다 앞서서, 그리고 제국을 통틀어 최초로 식민지 조선에서 실행된 것이었다. 그 때문에 이 취체규칙은 제국의 문화 통제를 설계하는 과정에서 식민지에서 먼저 정책의 실효성을 검토하려는 의도와 닿아 있다고도 볼 수 있다.[2] 이 새로운 영화 통제는 식민 본국의 문화 통제를 기획하는 데 하나의 참조점을 제공하고, 식민 본국과 제국 전체의 유동적인 상황을 아우르며 변형된 형태로 지속적인 유효성을 가질 수도 있었을 것이다. 그러나 '실험장으로서의 식민지'라는 가설만으로 제국 최초의 쿼

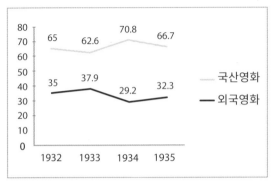

표 5. 조선총독부 경무국 도서과 검열 신청 필름 제작국별 비율

(가로 : 연도, 세로 : 백분율(%))
출처 : 『國際映畵年鑑(昭和九年)』, 國際映畵通信社, 1934 ; 《동아일보》,
1935.1.11, 3면 ; 《조선일보》, 1936.1.8, 2면.

터제가 식민지 조선에서 실시된 배경을 충분히 설명해내기는 어렵다. 식민
지 조선의 영화산업에서 제작은 워낙 미미한 비중을 차지했고, 조선의 영화
문화는 여러 면에서 식민 본국과 상당한 차이가 있었기 때문이다. 범람하는
미국영화에 대해 제작 국가들이 느끼는 위기감이나 이해타산과는 다른 정
치적·경제적·사회문화적인 맥락, 즉 식민지/제국 체제라는 조건이 조선총
독부의 독자적인 영화 통제와 깊이 연관되어 있었다고 보아야 할 것이다.[3]

　　앞서 2장에서 살펴보았듯이, 1930년대 전반 식민지 조선의 영화 관람
공간은 여전히 민족별로 분리되는 경향이 뚜렷했고, 이것이 각각의 프로그
램 구성에 영향을 미쳤으며, 일본과 달리 식민지 조선에서는 할리우드 영화
에 대한 선호가 두드러지게 나타났다. 조선총독부 경무국 도서과가 국제영
화통신사에 제출한 필름 검열 통계의 제작국별 비율을 살펴보면, 1932년
한 해 동안 검열을 신청한 필름 중 국산 영화와 외국 영화의 비율은 약
6.5 : 3.5였다.[4] 또 1933년부터 1935년까지 3개년 간 검열 신청 필름의 미터

1932년 상영 영화 (m)			
	조선영화	일본영화	외국영화
내지인 경영	—	39,091,122	55,003,876
조선인 경영	5,210,075	755,290	20,497,043
내선인 경영	167,100	2,400	261,000
계	5,377,175	39,848,812	75,761,918
백분율*	4.4%	32.9%	62.6%

표 6. 1932년 조선 상영 영화의 제작국별 필름 미터(m) 수

출처:『國際映畫年鑑(昭和九年)』, 國際映畫通信社, 1934, 130쪽

비고:1.『國際映畫年鑑(昭和九年)』에 수록된 표에는 제작국별 권수도 기재되어 있는데, 〈표 6〉 상영 점유율을 보여 주는 미터(m) 수만을 옮겼다. 합계가 맞지 않는 것은 올림이나 내림으로 인한 오차로 생각되어, 원문의 숫자를 그대로 옮겨 적었다. 2. 백분율*은 인용자가『國際映畫年鑑(昭和九年)』의 통계를 바탕으로 1932년 1년 동안 상영 필름의 총미터수에 대한 조선영화, 일본영화, 외국영화 각각의 백분율(%)을 계산한 것이다. 당시 신문에는 1932년 한 해 동안 조선에서 상영된 필름 120,000,000m 중 외국영화는 75,700,000m, 일본('내지')영화는 39,000,000m, 조선영화는 5,000,000m로 보도되었다. 「사상취체일환으로 영화통제책수립, 외국제품의 영화를 수입제한」,《조선중앙일보》, 1933.10.21, 2면; 「외국영화 구축코저 영화통제를 단행방침─조선내영화는 6할이 외국물, 도서과서 제령입안중」,《조선일보》, 1933.10.21, 석간 2면; 「은막에도 통제령! 외국영화수입을 제한─제령으로 명년1월에 발포 영화극장에 대이상」,《동아일보》, 1933.10.21, 2면; 「(内地と呼應して) 獨自の立場から鮮内の映畫統制─外國物の輸入を防遏國産映畫を獎勵」,《大阪毎日新聞》(朝鮮版), 1933.10.21. 편의를 위해 내림하여 대략적인 수치를 기재한 것으로 보이는데, 이때의 상영비율은 반올림하여 각각 조선영화 4.2%, 일본영화 32.5%, 외국영화 63.1%이다.

제작국/년도	1930	1931	1932	1933	1934
미국	22	22	12	13	11
일본	75	75	85	84	86

표 7. 미국영화와 일본영화의 일본 시장 점유율 (1930~1934)

출처: 'An International Survey of Motion Picture Markets,' The Film Daily Yearbook(1931~1935), Kristin Thompson, Exporting Entertainment: America in the World Film Market 1907~34 (London: British Film Institute, 1985), pp.219~220.

수를 살펴보더라도, 국산 영화는 언제나 외국 영화의 2배 이상을 차지했다. 그런데 1932년 한 해 동안 조선에서 상영된 필름의 미터 수를 비교하면, 이 중 외국 영화가 전체의 62.6%를 차지한다. 이는 일본에서의 제작국별 시장 점유율과는 상반된다. 즉 해마다 외국 영화 필름보다 두 배 이상 많은 일본 영화 필름이 조선에서 검열을 신청하지만, 실제 흥행 면에서는 외국 영화의 인기에 눌려 스크린을 장악하지 못했던 것이다. 이렇게 국산 영화와 외국 영화의 검열 신청 비율과 실제 상영 비율 사이에 괴리가 크다는 것은 식민지 조선에서 외국 영화에 대한 압도적인 선호와 일본영화의 상대적인 열세를 뚜렷이 입증한다. 더욱이 1930년대 들어서 상설관과 영화 관람 인구가 현저히 증가하는 추세에 있었으니 식민지 조선에서 서양 영화의 대중적 영향력은 더욱 커지리라 예측되었다.

1930년대 전반기에 조선총독부와 국제영화통신사 등에 의해 집계된 이상의 통계 자료로 짐작컨대, 식민지에서의 '영화 국책'은 상영 영화의 제작국별 비율이 일본과 정반대의 현상을 보이는 조선의 영화문화를 주시하고 있었다. 특히 〈표 6〉에서 경영자의 민족성에 따라 추정되는 상영관의 관객 지향과 제작국별 스크린 점유율 사이의 상관성은 영화 통제 초기부터 여러 차례 총독부 당국자들의 주의를 끌어왔다. '조선인 상설관=서양 영화 상설관', '일본인 상설관=일본영화 상설관/병영관'으로 특화된 조선의 상영 환경은 민족적 구획이 선행하고 그 다음 상영 프로그램의 민족별 선호도가 중첩되는 구조였다. 1934년 취체규칙을 입안한 시미즈 역시 이러한 현상에 주목했는데, 그는 조선인 관객이 일본영화에 냉담한 이유가 흔히 생각하듯 조선인의 기호(嗜好)와 맞지 않기 때문이 아니라, "델리케이트한 민족 감정", "정치적 입장이 다른 민족적 감정" 때문이라고 판단했다.[5] 그렇기 때문에 당시 우가키 가즈시게(宇垣一成) 총독이 내걸었던 '내선융화(內鮮融和)', 그리고 그

다음 단계의 동화주의적 식민 통치를 순조롭게 진행하려면, 식민지 조선에서 "민족적 감정"으로 특화된 관람 공간, 그리고 그것과 결부되어 서양 영화에 편향된 관람 문화를 구조적으로 해체해야만 한다고 보았다. 그러기 위해서 상설관에서 서양 영화의 상영을 규제하고 그 자리에 국산 영화를 장려하는 구조적인 차원의 변화를 꾀해야 했던 것이다.

한편 제국의 측면에서 보면, '동양의 미풍양속'이라는 무규정적 개념을 내세워 유럽의 안티아메리카니즘을 전유하고 서양 영화 상영 통제를 합리화했던 '활동사진영화취체규칙'은 당시의 '반서구 담론'의 자장 안에 있을 뿐 아니라, '외지(外地)' 시장에서의 안정적인 수요가 보장되어야만 했던 '내지(內地)' 영화산업의 팽창과도 긴밀하게 연관되었다. 일본의 영화산업은 대공황 후 세계적인 트러스트화의 움직임 속에서 수공업적인 흥행 형태에서 자본주의적인 경영으로 변용되고, 군소프로덕션의 블록화를 거쳐, 견고한 '일본형 스튜디오 시스템'을 확립했다.[6] 그리하여 1930년대 말에 이르면 일본은 1년 동안 500편의 필름을 제작하는 세계 제2위의 극영화 제작 국가가 된다.[7] 당시 할리우드가 아시아의 여러 지역에서 50~90% 가량의 시장 점유율을 기록하고 있었음에도, 일본은 자국 영화의 국내 시장 점유율이 높아서 할리우드가 고전(苦戰)을 면치 못하는 예외적인 지역이기도 했다.[8]

이렇게 1930년대에 일본의 영화산업은 양적으로나 질적으로 성장했고 국내 시장도 안정적으로 확보하고 있었으나, 일본영화의 소비 시장은 일본 본토와 소수의 재외일본인이 거주하는 몇몇 지역으로 한정되었다.[9] 조선이나 대만과 같은 식민지에서도 일본영화가 스크린의 패권을 장악하지는 못했다. 일본이 아무리 세계 유수의 제작 국가 반열에 올랐다고 해도, 제한적인 해외 시장으로는 결코 '또 하나의 할리우드'가 될 수 없었다. 할리우드가 영화 1편당 2백 개에 가까운 프린트를 만드는 거대한 '영화 제국'이라면, 일본

영화는 '세계 제2위의 제작 국가'라는 타이틀이 무색하게 국내외를 통틀어 기껏해야 15개의 프린트로도 충분할 만큼 협소한 시장을 가지고 있었다.[10]

따라서 일본영화의 과제는 일본 내지인과 재외일본인이 아닌 새로운 관객을 만드는 것이었다. 1930년대 초중반을 지나며 일본영화계는 미주와 유럽에서 일본영화의 수출과 상영 시간, 관객의 확대를 꾀하고, 단계적으로 조선이나 대만과 같은 식민지에서 일본영화의 시장성을 강화하는 방식을 취하게 된다. 대만에서는 영화보다는 공연이 더 인기 있었고 일본영화는 서양 영화 외에도 중국영화와 경합해야 했던 반면, 조선에서는 적어도 도시지역에서만큼은 영화가 절대적인 지위를 차지하고 있었던 데다가 영화상설관도 영화관객도 꾸준히 증가하고 있었다. 일찍부터 재조선 일본인을 위한 일본영화 상영이 꾸준히 있어왔지만, 이제 조선인 관객까지도 일본영화의 새로운 관객으로 아우를 필요, 다시 말해 일본영화가 조선인 상설관의 스크린을 포함해 더 많은 스크린을 점유할 필요가 생겨났던 것이다.

그러나 조선 역시 그저 호락호락한 시장은 아니었다. 일본에서는 토키 이행이 시작된 1920년대 후반 이후 일본영화 상설관의 비율이 증가했지만, 조선에서는 그렇지 않았다. 일본영화나 서양 영화나 온전히 모어로 접근할 수 없는 점은 마찬가지였고, 오랫동안 서양 영화를 즐겨온 조선인 관객들의 취향이 갑작스레 일본영화로 바뀔 리 없었기 때문이다. 기존의 관람 방식이 다소 변형될 수는 있어도, 서양 영화 상설관이 갑자기 일본영화에 스크린을 더 많이 열어두는 일이 생기지는 않았다. 이러한 상영 구조를 제도적인 차원에서 변화시킨 1934년 취체규칙은 일본 영화산업의 입장에서 보면 조선에서 서양 영화의 영향력을 약화시키고 일본영화가 안정적으로 상영될 수 있도록 도운 것이다. '활동사진영화취체규칙'의 입안을 계획하던 1933년 10월에 대일본활동사진협회(大日本活動寫眞協會)와 국산활동사진협회(國産活

년도	국산영화 상영관		수입영화 상영관		국산영화/수입영화 병영관		총수
	수	%	수	%	수	%	
1926	414	39.2	39	3.7	604	57.1	1,057
1927	577	49.2	39	3.3	556	47.4	1,172
1928	714	56.3	46	3.6	509	40.1	1,269
1929	807	63.5	53	4.2	410	32.3	1,270
1930	925	66.5	53	3.8	410	29.5	1,392
1931	1,029	71.0	53	3.7	367	25.3	1,449
1932	1,025	70.2	49	3.4	386	26.4	1,460
1933	1,065	71.1	47	3.1	386	25.8	1,498
1934	1,076	70.0	46	3.0	416	27.0	1,538

표 8. 일본의 영화 상영관 비율 (1926~1934)

출처: Kristin Thompson, Exporting Entertainment: America in the World Film Market 1907~34 (London: British Film Institute, 1985), p.142.

動寫眞協會)의 대표가 조선을 방문해 관계 당국에 국산 영화 상영 문제를 당부하고 돌아간 것도 이러한 산업적 이해관심이 결부된 것이다.[11]

한편, 1934년 취체규칙을 둘러싸고, 조선의 제작, 배급, 흥행업계의 입장 차이는 컸다.

우선 제작업계는 이를 안정적인 배급과 상영 기반을 다질 수 있는 기회라고 낙관했다. 시행세칙에 따르면, 국산 영화의 상영 비율은 1935년부터 해마다 1/4(1935), 1/3(1936), 1/2(1937) 이상으로 늘어나게 된다. 조선영화는 일본영화와 함께 '국산 영화'로서 상영을 '보호'받게 되므로, 조선영화가 확보할 수 있는 스크린도 늘어난다고 본 것이다. 1930년대 중반 조선어 발성영화 제작이 성공을 거두면서 탄력을 받은 조선영화계는 식민 당국의 외국 영화 상영 제한에 상당한 기대를 걸고 있었다. 한편, 직접적인 규제 대상이나 이해당사자가 아닌 배급업계는 입안 당시에는 다소 안이한 태도로 방관하면서 별다른 입장을 표명하지 않았다. "수요에 응한 공급이 아니라 공급에 따른 수요가 되는 것이므로 어쨌든 작품이 수입된 것은 다 소화되지 아니하고 적채될 리는 없"[12]다고 보았으며, 오히려 외국 영화의 상영 비율을 제한받게 된 상설관들 사이의 경쟁이 호재로 작용하리라 여기는 측면도 있었다. 문제는 그동안 비싼 값을 내고라도 서양 영화를 유치하여 관객에게 제공해온 '서양 영화 상설관', 즉 조선인 상설관의 흥행업자들이었다. 서양 영화 상설관에서 일본영화를 상영하게 되면, 조선인 관객들도 일본인 변사의 "실감 있고 박력 있는 해설"로 감상하고자 일본인 상설관으로 몰리게 될지 모른다는 우려도 있었지만, 더 현실적인 문제는 관객들이 좋아하지도 않는 일본영화로 당장 상영 프로그램을 바꿀 수는 없다는 점이었다. 상설관 관계자의 말대로, "대중의 물밀듯하는 취미를 당장에 법으로 고치기는 힘드니까" 말이다.[13]

상영 통제는 제작—배급—흥행 간의 관계가 느슨하고, 제작업만이 아니라 배급업 모두 영세한 조선에서 가장 현실적인 조치였다. (제작—)배급—흥행이 계통화되지 못한 조선의 필름 유통 구조는 영화 통제를 주관하는 식민 당국이나 조선 시장에 눈독을 들인 일본의 영화산업 관계자들, 또 상설관 흥행업자들이나 조선영화 제작자들 모두에게 곤혹스러운 문제였다. 배급이 기업화되지 못하였기 때문에 '공전의 히트작'이 나오기도, 시장 통제의 효율성을 기대하기도 어려운 일이었다. 이러한 이유로 1934년 취체규칙은 영화상설관을 직접적인 규제 대상으로 설정해야 했을 것이다.

그러나 유선영이 지적했듯이, "영화관람이라는 문화실천에 내재된 '잠재된 자기규정력(self-regulating potentials)'과 상업자본의 생존을 위한 대응은 식민체제에서도 완전히 소진되거나 억압될 수 없기 때문"[14]에 식민 당국의 정책이 그 의도대로 상업적인 극장 자본과 관람 대중의 대응까지 온전하게 통제하지는 못한다. 이구영의 회고에 따르면, 경성의 대표적인 조선인 상설관이자 '양화 전문관'이었던 단성사는 보고 문서에만 일본영화를 상영한 것처럼 기재하다가, 이후 한층 감시가 엄중해지자 신문광고에 일본영화의 제목을 냈다고 한다. 또 월말 보고에서는 외화의 미터 수와 일본영화 미터 수를 나란히 적어 보고하되, 관객이 적은 오전 11시에 일본영화를 상영하고 12시 이후에 서양 영화를 상영하도록 프로그램을 편성하여, 임석경관이나 '양화팬' 모두를 만족시키기도 했다. 취체규칙의 규정대로라면, 전체 상영 필름 미터 수의 비율만 맞추면 되므로, 어차피 관객이 적은 일본영화라면 내용보다는 길이가 긴 영화로 선정하여 상영하는 등 이 새로운 정책에 대하여 상설관 나름으로 대응해 나갔던 것이다.[15)

그 내실이 어떻든 조선총독부는 1934년 취체규칙 실시 이후 외국 영화의 검열 신청 비율이 꾸준히 감소하는 가시적인 통계를 얻었다. 이것은 물론 취체규칙의 효과이지만, 그렇다고 해서 취체규칙만이 원인은 아니다. 여기서 주목해야 하는 것은 취체규칙이 시행된 즈음 식민지 조선의 스크린에 작용한 중층적인 맥락들이다. 무엇보다도 외국 영화 상영 통제가 조선의 상영 환경이 사운드 시스템으로 전환하는 시기에 실시되었다는 점이 중요하다. 영화의 국적과 민족에 따라 구분된 상영 환경을 제도적인 차원에서 변화시키고자 했던 1934년 취체규칙은 변사의 해설을 통한 상영 관습을 변화시킨 토키 이행과 더불어 효과를 발휘할 수 있었다. 그때까지 확고했던 '서양 영화 상설관=조선인 상설관'과 '일본영화 상설관=일본인 상설관/병영관'이라는 민족별 구획은 1930년대 후반 외국 영화 상영 통제가 토키 이행과 맞물리면서 한층 완화되었던 것이다.

취체규칙 입안 중에 서양 영화 상설관들은 경제적인 손실을 우려해 규칙 시행 시기를 늦추어 줄 것을 당국에 진정했고, 당국은 상설관의 의견을 어느 정도 수용했다. 그러나 서양 영화 상설관에서 설사 조선인 관객의 비율이 감소했다 하더라도 일본어 자막을 통해 서양 영화를 관람하러 오는 일본인 관객의 비율이 그만큼 증가하면서, 전반적으로는 관객이 늘었다. 중일전쟁 발발로 필름 값이 폭등하기 전까지 상설관 측이 심각할 정도의 손실을 감수해야 하는 상황은 벌어지지 않았던 것이다.

취체규칙의 구체적인 세칙들이 시행되자 적극적으로 규제 완화를 요구하고 나선 것은 입안 계획이 발표된 당시에는 방관적 태도를 보였던 배급업자들이었다. 배급업자들은 1935년 1월 '조선내외영화배급업조합(朝鮮內外映畵配給業組合)'을 조직하고, 규제가 한층 강력해지는 1936년으로 접어들자 당국에 여러 차례 규제 완화를 진정했다.[16] 특히 양화 배급업자들은 별도의 '동지회'를 결성하여, 국산 영화와 외국 영화의 상영 비율을 1:3으로 존속 유지해 달라고 진정하였다.[17] 앞으로 국산 영화와 외국 영화의 비율이 1:1까지 조정되면 외화 배급업계의 타격이 더욱 커지리라 예상했기 때문이다. 토키 이행을 거치며 배급업의 운명은 히트가 예상되는 필름을 지속적으로 확보하고 안정적으로 공급할 수 있는 구조를 유지할 수 있는가 없는가에 달려 있다고 해도 과언이 아니었다. 고비용의 금액이 투자되는 발성영화는 필름의 가격 자체가 높아서 상영할 스크린을 많이 확보해야만 어느 정도의 수익을 기대할 수 있었다. 필름을 배급할 수 있는 스크린의 수가 강력하게 제한될수록 배급업자의 입장이 불리해지는 것이었다. 외국 영화 상영 제한은 흥행업계와 배급업계 간에 미묘한 갈등을 빚어내고 있었다.

이즈음 일본 업계의 동향이 조선에 영향을 미치기 시작했다. 1936년 6월 쇼치쿠(松竹洋畵興行社, SY)와 도호(東寶) 두 흥행 체인이 국가 시책에 자발적으로 협조하는 모양새로 소위 ST 협정을 체결하였다.[18] 두 흥행 체인의 결의로 외국 영화 배급업계가 궁지에 몰리게 된 것이다. 일본의 외화 배급사들이 수입한 필름을 이입하고 있는 조선에서 배급업계의 위기감이 점점 높아질 수밖에 없었던 것은 물론이다. 중일전쟁 발발 이후 정세가 급변하면서 ST 협정은 결국 결렬되고 파국을 맞는데, 이 시기를 전후로 개정된 일본의 필름 관련 법규가 조선의 배급—흥행업계에 고스란히 영향을 미쳤다.

1937년 4월 24일 일본 내무성령 제19호로 개정된 '활동사진필름검열규칙'은 외국 영화의 검열 수수료를 1미터 당 1전에서 1.5전으로 증액했다.[19] 또한 대장성(大藏省)은 중일전쟁 발발 이틀 후인 7월 9일에 외국위체관리법(外国爲替管理法)을 적용해 미국영화에 대한 수입 제한을 종용하고, 9월 4일 이후로 수입 영화는 허가를 요한다고 외국 영화의 일본지사들에 통보하더니, 다시 9월 20일에는 뉴스영화 이외의 외국 영화는 일절 수입을 불허한다는 방침을 선언했다.[20] 이것은 명백히 외국 영화에 대한 일본 당국의 억제 조치로서, 전시 국가의 '경제 통제'로서 강력하게 실행되었다. 외화 수입은 제한되고, 보유하고 있는 필름은 한정적인 데다가, 검열 수수료까지 증징되니, 흥행 체인 간의 치열한 경쟁과 그에 따른 필름 가격과 임대료 상승이 불가피했다.

이러한 일본 내 흥행 체인과 외화 배급업자들에 관한 소식은 조선의 일간지에 시시각각으로 보도되었다. 조선의 배급업자들은 외국 영화의 일본지사들이나, 도와상사(東和商社)나 산에이샤(三映社) 같은 배급사와 계약을 맺어 필름을 들여왔기 때문에 조선에서는 배급업—흥행업 모두 큰 타격이 예상되었다. 지나사변특별세로 일본에 수입될 때 관세가 20%나 증징된 필름은 조선에 이입될 때 다시 20%가 증징되었다. 일본보다 더 비싼 값으로 필름을 구입해 들여와야 했던 것이다. 이러한 상황에서 배급업자들의 임대료 인상은 불가피했으며, 그 부담은 상설관 측이 넘겨받게 된다. 외화 통제로 인해 수입 편수가 줄었다고 해서 관객들의 요구가 잠재워지는 것은 아니므로, 흥행업자의 입장에서는 비싼 가격을 치르더라도 울며 겨자 먹기로 필

름을 구입할 수밖에 없었다.[21]

1937년 9월 현재, 경성의 영화상설관에서 외국 영화 임대료는 전년도 같은 기간에 비하여 약 60%, 같은 해 봄에 비해서는 15%가 인상되었다.[22] 조선에서 관객의 외국 영화 취향이 변함없는 한, 상설관으로서는 입장료를 올리거나 임대료가 상대적으로 저렴한 범작이나 뉴스영화로 버티거나 할 수밖에 없는 상황이었다. 1936년 이후 경성의 대표적인 일류 개봉관으로 자리 잡은 약초극장과 명치좌는 당장은 손해를 보더라도 '대작' 외화를 상영하여 경성의 영화팬들을 확보해야 한다고 보고, 상대 극장보다 더 높은 임대료를 부르는 데 급급했다. 명치좌의 이시바시 료스케(石橋良介)는 비싸더라도 양화를 계속 상영하겠다고 말했다.[23] 일본의 외국 영화 수입 금지 조치 이후, 일본에서는 제한적으로 공급되는 필름을 두고 SY와 도호 간의 치열한 경쟁으로 필름 값이 오르고, 이중 관세를 물어가며 조선에 들여온 필름은 경성의 유력한 일류 상설관들 간의 경쟁으로 인해 부르는 게 값이 되었다. 일본 배급업계부터 조선 경성 흥행업계까지 과열 경쟁이 이어지는 가운데, 필름의 임대료는 계속 상승하고, 치솟는 필름 임대료를 감당할 수 없었던 군소 상설관의 경영난은 갈수록 심각해졌다. 일본의 유력한 흥행 체인과 손잡지 않으면 상설관의 운영이 위협받을 지경에 이르게 된 것이다. 그리하여 조선의 영화상설관들은 일본의 흥행 체인과 결속되는데, 닛카츠(日活)와 신코(新興)의 세력이 약화된 1940년에는 조선의 영화상설관 대부분이 쇼치쿠와 도호 계열로 양분된다.[24] 쇼치쿠와 도호 간의 경쟁으로 가속화된 일본 영화산업의 제작-배급-흥행의 수직적 통합이 외화 수입 및 상영 통제 조치와 맞물려 식민지 조선에까지 그 영향력을 행사하게 된 것이다. 조선에 진출한 흥행 체인을 통해 일본영화들은 안정적으로 스크린을 장악할 수 있었다.[25]

외국 영화 수입금지 조치로 인한 흥행 임대료 상승은 경성의 상설관 지형을 바꿀 정도로 그 여파가 상당했다. 단성사와 황금좌는 극장의 성격 자체가 바뀌어버렸다. 이시바시 료스케의 손에 넘어간 단성사는 '대륙극장'이라는 이름으로 재개관하여 '재개봉관'이 되었으며, 잠시 도와상사 배급권을 가진 고인문이 경영했던 황금좌는 닛카츠 계열의 상설관이 되었다가 1940년 봄 일본의 요시모토 흥업(吉本興業)에 넘어가게 되었다. 황금좌의 직영을 통해 조선에 진출한 요시모토 흥업은 이 극장을 경성보총극장(京城寶塚劇場), 즉 성보극장(城寶劇場)이라 개명하고 성보악극단을 만들었다.

흥행업자들뿐 아니라 배급업자들 사이에서도 대작 영화를 차지하려는 경쟁이 치열해 조선의 배급업자들이 외국 영화업자들에게 지불하는 돈도 해를 거듭할수록 늘어났다.[26] 들여오는 외화의 수는 적은데 흥행업자나 배급업자가 부담하는 지출액은 기하급수적으로 증가하는 것이었다. 이러한 상황이 계속되자 업자들은 각 단체를 통해 대책을 모색하였고, 이들 간의 반목과 갈등, 알력에서 외화 상영 문제는 다른 국면으로 접어들었다. 우선 조선내외영화배급업조합은 업자들 간의 부당한 경쟁을 막고 영화 가격을 합리화하기 위해서 조합의 조직을 강화하는 한편, 조합장의 허락 없이는 영화 검열을 해주지 않도록 총독부 도서과에 청원했다. 도서과는 업자들의 결의를 공인해주었다.[27] 임대료 인상 문제를 둘러싸고 외화 배급업자들과 갈등을 빚었던 흥행업자들은 각 지방별 협회를 통해 배급업자들에게 압력을 행사했다. 1940년 8월 경성흥행협회는 높은 임대료 인상에 대한 불만으로 '외화 불상영'을 결의하는데, 이에 대해 배급업 조합 측이 강경하게 반대하자 총독부가 나서서 타협안을 만들어낸다.[28] 1941년 들어서는 경기도 경찰부장이 경성흥행협회의 명예회장으로, 자문에는 경무과장과 보안과장이 추대된다. 이러한 반관반민 조직은 흥행업자 측에서 보면 배급업 조합과의 협상에서 유리한 위치에 설 수 있도록 했으며, 당국 측에서 보면 업자 측의 동조를 통해 더욱 효율적으로 흥행을 통제할 수 있도록 했다. 태평양전쟁 발발 직후인 1941년 12월 11일 경기도 경찰부는 경성흥행협회에 대하여 '영미영화상영금지'를 통보하는데,[29] 흥행협회 측은 이미 '자발적으로' 외화 상영 금지를 결의해 실시하고 있었다.

1934년 취체규칙을 통해 외국 영화 상영 통제가 단계적으로 강화되어 가던 중 중일전쟁과 태평양전쟁이 발발하고, 이후 일본의 대미관계 악화와 더불어 필름 수급이 어려워졌다. 이것이 업자들 간의 과도한 경쟁과 업계들 간의 알력으로 이어지고 점차 극단적인 상황으로 치닫는 가운데, 조선의 영화 배급 구조가 당국의 주도로 재편된다. 1942년 5월, 당시 조선에 있던 40여 개의 배급사들은 새로 설립된 사단법인 조선영화배급사로 통폐합되었다. 그리고 일본과 마찬가지로 홍백 계통을 통한 배급 방식이 조선에 도입된다. 1944년 사단법인 조선영화제작주식회사가 조선영화배급사에 통합된 사단법인 조선영화사가 설립되면서, 조선의 영화시장은 제국 일본의 영화권에 완전히 편입된다.

한편 외국 영화 수입 금지 및 상영 통제가 어디까지나 할리우드 영화를 겨냥한 것이었음을 상기할 필요가 있다. "저 독일영화를 보고 이태리의 영화를 보라. 경조부박한 미국영화에서는 도저히 볼 수 없는 어디인지 위압이 느껴지는 듯한 굳건한 이데올로기로 일관하여 있지 않은가?"[30]라고 반문하는 조선총독부 검열관 김성균의 글처럼, 외화 정책은 추축국 동맹인 독일과 이탈리아에 대해서는 대단히 호의적이었다. 1939년 들어 미국이 대일통상조약을 파기하자 제국 일본 내에서 외국 영화의 기근은 더욱 가중되었다. 이때 일본은 일-만-독(日-滿-獨) 경제 문화 제휴를 맺고 만주영화협회를 통해 독일영화를 수입함으로써 미국영화의 공백을 메우고자 했다.[31] 추축국 동맹들과 형성한 일종의 '반(反)-영미 영화 블록'을 통해 제국 내 외화 수요를 벌

에밀 야닝스 주연의 나치 선전영화 〈세계에 고한다〉(1941) 광고.
출처:《京城日報》, 1943.10.12.

충하는 한편, 일본영화의 유럽 진출 가능성도 열어두고자 했던 것이다.[32]

1941년 베니스 영화제에서 무솔리니컵 외국 영화상을 수상했던 에밀 야닝스(Emil Jannings) 주연의 〈세계에 고한다(Ohm Krüger, 일본 개봉명 世界に告ぐ)〉(독일 토비스 제작, 1941)는 '독일' 영화의 '이탈리아' 영화제 수상작으로서 '일본'에 수입된, 추축국 영화 동맹의 대표적인 사례이다. 이 영화는 나치 수용소에서의 대량학살을 정당화하기 위해 보어전쟁(1899~1902) 중 저항하는 보어인들에 대한 영국의 잔혹한 학살과 보어인들의 지도자 파울 크뤼거(에밀 야닝스 분)의 고귀한 최후를 그렸다. "신사의 가면에 숨었던 대영제국의 정체는 이렇다! 빅토리아 여황의 이름 아래 남아의 일각을 부녀자의 피로 물을 드린 학살의 한 페이지"라는 광고문구가 보여주는 대로 영화는 철저히 나치의 반영(反英) 프로파간다였다.[33] 제국주의(영국)의 식민지 침탈(보어전쟁)을 다루고 있는 〈세계에 고한다〉는 일제의 식민지인 조선에서 매우 민감한 문제

를 야기할 수 있음에도 불구하고, 1943년 10월에 외국영화주식회사의 제공으로 조선영화배급사가 배급하여 조선에 개봉되었다. 경성에서는 명치좌와 약초극장에서 10월 14일부터 16일까지 3일간 상영되었다.

식민지인들의 감정을 자극할 만한 외국 영화나 일본영화가 '식민지의 특수성'이라는 명분으로 상영이 거부되거나 삭제되었던 것을 상기해 보면, 〈세계에 고한다〉는 조선의 영화상설관이 1940년대 제국 일본의 영화권 안에 편입되면서 그 위치와 의미가 변화했음을 시사한다. 〈세계에 고한다〉가 개봉된 1943년 시점에서, 식민지 조선의 스크린은 "대동아공영권 내"에서, 그리고 "하나의 국내적인 입장에서"[34] 조망되기를 요구받았으며, 식민지 지역 시장의 독자성을 폐기할 것인지가 논쟁의 초점이 되기도 했다.[35] 제국주의의 폭압성과 그에 대한 저항을 전면에 그리고 있는 〈세계에 고한다〉와 같은 영화가 식민지 조선에서 상영되었다는 것은 식민지 조선의 영화상설관이 '영화 제국' 할리우드의 영향권에서 '반―영미 영화 블록'으로 완전히 이행했음을 보여준다. 동시에 그것은 식민지의 극장이 '식민지인임'을 자각하게 만드는 정치적 잠재성의 공간이기보다 영화라는 시각 장치를 통해 관객을 '황민(皇民)'으로 주조하는 순치(順治)의 정치학이 작동하는 공간으로 이행하였음을 의미한다.

(2) 조선영화의 일본 이출(移出)과 내선(內鮮) 합작 영화

1930년대 중반부터 발성영화 제작 시대를 연 조선영화의 제작 규모는 이전과는 비교도 되지 않을 만큼 커졌다. 무성영화가 1편 당 3, 4천 원 혹은 5, 6천 원으로 제작될 수 있었다면, 발성영화의 제작비는 1만 5천 원에서 2, 3만 원까지 달했다. 적게는 3, 4배, 많게는 10배 가까이 제작비가 늘어난 것이다. 1934년 취체규칙의 실시로 외국 영화의 상영 비율이 제한된 것은 조선영화 제작업계에 새로운 기회를 제공했지만, 그렇다고 해도 조선의 영화시장은 여전히 협소했다. 일본 본토 인구의 1/3에 불과한 조선의 2천 3백만 명 인구 중 80%의 주민이 영화는 물론 각종 근대 문화의 향유로부터 소외되어 있었다. 경성의 17만 명의 영화 인구를 포함해 지방 도시에 거주하는 관객들까지 4백만 명 정도에 의존하는 영화시장에서는 제작비를 안정적으로 회수할 수 있는 구조를 만들기 어려웠다.[36) 따라서 토키 시대 조선영화는 관객의 폭을 넓히고, 시장을 확대하는 것이 긴요했다.

이러한 상황에서 모색된 조선영화의 해외 시장 진출은 일차적으로 식민 모국인 일본을 겨냥했다. 우선 고려영화배급소가 산에이샤(三映社)에 위탁 배급으로 〈춘향전〉, 〈아리랑고개〉, 〈장화홍련전(일본 개봉명 '幽靈は語る')〉, 〈홍길동전 속편(일본 개봉명 '洪吉童 續篇')〉 등 경성촬영소의 발성영화들을 이출했다. '일본 진출'이라고는 하지만, 실상은 재일본 조선인들이 주된 관객이었다. "유령은 말한다(幽靈は語る)"는 제목으로 일본에 소개된 〈장화홍련전〉은 도쿄에서는 삼류관을 전전하다가 어둠 속에 묻혀버렸다고 할 정도로 별다른 주목을 받지 못했지만, 오사카에서는 재일본 조선인들이 몰려들어 '압도적인 흥행'을 기록했다.[37) 같은 해 7월, 오사카 경찰은 신세카이(新世界)의 파크극장(パーク劇場)에서 개봉되기로 한 〈홍길동전 속편〉의 상영을 금지한다. 당시 경찰이 밝힌 사유는 "일본과 조선의 동화운동에 지장이 있는 것과 또는 대중의 조선인이 집합함으로써 여러 가지 불결한 점이 있다는 것"[38)이었다. 일본에서 조선영화의 상영은 재일본 조선인들이 한 장소에 군집하는 상황을 만들어 자칫 '내지 안의 외지'의 소요가 발생할까 우려했던 것이다. 이처럼 조선총독부와 일본 내무성의 검열을 모두 통과하고도 지방 경찰에 의해 상영이 금지될 정도로, 조선영화 그 자체에 대한 일본 내 편견의 벽은 높

았다. 조선영화는 '재일본 조선인 노동자들이나 보는 영화'라는 편견의 벽에 부딪쳐 번번이 쓰디쓴 좌절을 맛보아야 했다.

그러나 대구 성봉영화원이 일본 신코키네마와 합작으로 제작한 영화 〈나그네(일본 개봉명 '旅路')〉(1937)가 일본 평단의 관심을 끌면서 조선영화의 일본 진출에 새로운 전기가 마련되었다. 이 영화는 이규환의 신코키네마 시절 스승이었던 스즈키 시게요시(鈴木重吉)의 주선으로 세트 촬영, 현상, 녹음 등 후반 작업을 신코키네마의 오이즈미(大泉) 촬영소에서 진행하였다.[39] 조선과 일본의 합작영화로서 개봉 전부터 화제가 되었던 〈나그네〉는 조선에서 1937년 4월 경성 개봉시 명치좌 개봉으로만 45만 원의 수익을 냈다는 소문이 돌 정도로 성공적인 흥행 성적을 거두었다.[40] 일본에서는 1937년 5월 6일 도쿄 덴키칸(電気館)에서 개봉되었다. 시사를 통해 일본 평단에서 좋은 평가를 얻었고, 도쿄 외곽 재일조선인들이 많이 거주하는 지역에 조선영화로는 처음으로 조선어 선전문을 배포하는 방식으로 홍보되거나, 오사카 신코 계열 2번선에서는 조선의 명절에 맞추어 개봉하는 등 재일조선인 관객들에 대해서도 별도의 소구 전략을 취했다. 일본에서 〈나그네/다비지(旅路)〉는 조선(영화)에 관심을 기울이기 시작한 일본 비평계와 조선인 관객 양측을 겨냥했다고 할 수 있을 것이다.[41]

조선에서는 남궁옥, 백철, 서광제, 안철영, 이태준 등이 〈나그네〉에 대해 과도하게 '조선색'에 집착했다는 점을 비판했지만, 이러한 '조선색'에 대해 일본 평단의 반응은 대체로 호의적이었다. 일본 측 관계자들은 영화의 스토리나 장면 연결에 대해서는 특별히 평가하지 않으면서도, 조선영화인들의 성실성과 노력, "그리고 반도의 언어가 가지는 음조가, 우리들에게 처음으로 반도다움을 준다는 것"[42]은 인정할 수밖에 없다고 말할 정도로, 이 영화에서 조선영화 나름의 미덕을 발견하려는 우호적인 태도를 취했다. 특히 "단조

성봉영화원의 이규환과 일본 신코키네마의 스즈키 시게요시의 공동연출로 제작된 영화 〈나그네〉(1937)의 한 장면. 일본에서는 '다비지(旅路)'라는 제목으로 개봉되었다.

롭지만 소박하면서도 강한 끈기"[43]라든가 영화가 재현하고 있는 조선의 '로컬 컬러(local color)'는 일본영화와 구별되는 조선영화의 특징으로서 긍정적인 평가를 받았다.

한편 일본에서 활동하던 조선인 작가 장혁주는 "조선색(朝鮮色)을 과장한 것"이야말로 원작자의 실패였다고 일갈했다. 그가 보기에, 수전노인 아버지가 돈을 돌 밑에 감춘다거나, 남편의 귀가를 기다리는 아내가 고추를 세어가며 날짜가 가는 줄 안다는 것은 조선의 현실과 무관하게 조선 농촌을 "야만지대"로 그리는 것과 다름없었다.[44] 장혁주의 우려대로, 미즈이 레이코(水井れい子)와 같은 일본인 비평가는 〈나그네〉에 그려지는 조선을 "야만의 땅"이라거나 "미개의 풍경"[45]이라고 서술했다. 주영섭은 《키네마준보(キネマ旬報)》에 기고한 「조선영화전망」에서, 도쿄 비평계가 조선영화에 대해 평가할 때는 "일본의 영화와 같은 기준, 규점(規點)"이 아니라 언제나 기준을 한 단

계 낮춘 곳에서 "문화의 수준이 낮은 지방에서 나온 작품을 사랑하고 옹호하는 따뜻한 동정"의 시선으로 본다는 것을 지적했다.[46] 조선영화는 조선의 살아 있는 풍속이나 생활, 혹은 예술로서 평가되기보다 기생이나 천하대장군, 아리랑을 늘어놓은 그림엽서의 연결 그 이상이 되지 못하는 것이다. 이러한 영화의 상품 가치는 식민자의 "이그조티시즘과 노스탤지어" 이상이 아니다. 얼마 후 조선에서 발표한 동명의 글에서 그는 조선의 영화인들을 향해서도 날선 메시지를 던졌다. "외지에 그림엽서를 팔 수 있기는 단지 한번뿐이다. 같은 그림엽서를 두 번 사는 호인은 없을 것이다. 한 지방의 예술작품이 특성 때문에 다른 지방으로 진출할 수 있다는 것은 자체에 대한 굴욕이다."[47]

그러나 〈나그네〉를 통해 재일본 조선인들만이 아니라 식민모국의 일본인 관객들도 조선영화의 관객이 될 수 있다는 가능성을 발견한 조선영화계는 〈나그네〉를 중요한 전범으로 삼았다. 중일전쟁 발발 후 조선영화의 일본과 만주 진출을 모색하자는 논의가 중요한 쟁점으로 부상하면서, 〈나그네〉와 같이 전략적으로 '로컬 컬러'를 내세운 〈한강〉과 〈국경〉, 그리고 일본 영화사와의 제휴를 통해 일본 시장을 두드렸던 〈군용열차〉와 〈어화〉가 일본에 수출되었다.[48] 이 영화들은 일본 관객들의 식민지에 대한 이그조틱한 취향을 자극하는 재현 전략으로서 '로컬 컬러'를 부각시켜 조선영화의 상품성을 높이고, 일본 영화사와의 합작을 통해 본토의 배급 라인을 확보하고자 했다.[49] 심지어 〈나그네〉에 대해 비판적이었던 서광제와 안철영조차 자신들의 연출작에서 '로컬 컬러'를 적극 이용했다. 〈심청〉에서 "조선악의 억지로의 에팩트"를 비판했던 서광제는 〈군용열차〉를 연출할 때에는 기생 영심(문예봉 분)이 요릿집에서 〈심청가〉의 한 대목을 부르는 장면을 삽입했다. 〈나그네〉가 "외국시장에 판로를 얻기 위한 의도"로 일본에서 "환영받을 사용가치의 이용을 선처한 것에 불과"[50]하다고 거침없이 비판했던 독일유학파 안철영도 〈어화〉에서 영화의 시작과 끝에 마을 사람들이 〈쾌지나 칭칭나네〉를 부르며 노는 장면을 넣고, 영화의 중간에 기생이 장구를 치며 노래를 부르는 장면을 연출했다.

과도한 '조선색'에 집착하는 재현 방식에 대해 강도 높게 비판했던 서광제와 안철영이 정작 자신들의 데뷔작을 '로컬 컬러'로 덧칠해야 했던 이유는 일본의 영화사들과 합작으로 제작되었다는 점에서 그 실마리를 찾을 수 있다. 〈나그네〉로 일본에 진출한 성봉영화원의 두 번째 '내선 합작 프로젝트'였던 〈군용열차〉의 파트너는 한창 '대륙영화'에 열을 올리던 도호(東寶)였다. 1938년 1월 성봉영화원은 자본과 기술, 인적 자원을 제휴 합작하는 영화의 일본 내 배급권은 도호가, 조선과 북지, 만주의 배급권은 성봉 측이 갖는 계약을 체결했다고 발표한다.[51] 이 합작은 도호로서는 "대륙영화진출의 조고마한 시험"이었으며, 조선의 성봉에게는 기술 제휴 외에도 자본과 인적 교류 및 도호의 프로덕션 메커니즘을 도입함으로써 한 단계 도약할 수 있는 기회였다. 처음에는 둘 다 윈-윈(win-win) 할 수 있는 기획으로 보였을 것이다. '반도에 암약하는 스파이 박멸'을 소재로 한다는 원안은 '대륙영화'를 통해 국책에 협력한다는 명분과 대중적 오락성 사이에서 줄타기하는 도호의 기획에 편승하되, 성봉 측은 조선어와 조선인 스탭을 고집함으로써 일본이나 만주 시장에서도 조선영화로서 인지되기를 원했다.

그러나 기대를 모았던 〈군용열차〉의 일본 흥행은 참패했다. 쇼치쿠와 극광영화사가 합작했던 〈어화〉 역시 마찬가지였다. 1939년 8월 《니혼에이가(日本映畵)》의 조선영화 관련 좌담회에서, 한 참석자는 〈군용열차〉의 참패 원인으로 기획의 문제를 끄집어냈다.[52] 그는 조선의 영화회사는 "자기들끼리만 일하려는" 폐쇄적인 합작 방식을 고집하는데, 그러한 경향이 조선영화의 일

〈한강〉 (방한준 감독, 1938)

반도영화제작소의 제1회작 〈한강〉(1938)은 한강에서 나고 죽는 뱃사공들의 삶과 애환을 그린 영화다. 일본 쇼치쿠에서 연출 수업을 받은 방한준이 무성영화 〈살수차〉(1935)에 이어 메가폰을 잡은 영화로, 그에게는 첫 번째 조선어 토키다. 촬영은 역시 일본영화계에서 활동하고 돌아온 양세웅이 맡았고, 윤봉춘, 이금룡, 최운봉, 현순영 등이 출연했다. 조선 개봉은 1938년 5월, 일본 개봉은 같은 해 7월이다. 그동안 유럽영화 배급에 주력해온 일본의 도와상사가 〈나그네/다비지〉에 대한 호평에 기대를 걸고 '외국영화 아닌 외국영화'인 조선영화 배급에 나선 것이었으나, 도쿄에서 〈한강〉의 흥행 성적은 기대 이하였다. 다만, 후에 오사카에서 상영했을 때에는 재일본 조선인 관객이 몰려 성황을 이루었다고 전해진다. 도와상사는 〈도생록〉, 〈수업료〉, 〈복지만리〉, 〈집 없는 천사〉의 일본 배급도 기획했는데, 그중 〈집 없는 천사〉가 일본영화계의 주목을 끌었다.

본 진출을 지연시킨다고 분석했다. 조선-일본 간의 '합작' 혹은 '제휴' 문제에 대한 일본영화계의 논의는 동시기 조선영화계의 논의와 어느 정도 접점을 이루는 듯 보이지만, 일본 측은 조선과의 '합작'에 대해 그다지 밝은 전망을 갖지 않았다. 어떤 면에서는 오히려 회의적이기까지 했다. 같은 시기, 일본의 또 다른 합작 파트너였던 '만영(滿映)'과 달리, 조선영화계는 조선인이 쓴 이야기를 조선인이 연출하고, 주요 배역을 조선인이 조선어로 연기한다는 점만큼은 양보하지 않으려 했기 때문이다.[53]

〈군용열차〉의 감독 서광제는 자신이 연출한 이 영화가 "내지의 영화회사와 기술적 또는 경제적 제휴에 있어서의 여러 가지 모순과 불합리"를 보여주는 사례였다고 하면서, 시스템을 제대로 갖추지 못한 상태로 합작을 진행하면 조선 영화사가 일본 영화사의 보조 역할에 그칠 수밖에 없다고 말했다. 기업화된 제작 시스템이 부재한 조선영화산업의 한계가 〈군용열차〉의 합작에서 명확히 드러난 것이다. 제작의 주도권이 누구에게 있는가 하는 문제는 영화의 내러티브와 스타일에도 영향을 미칠 수밖에 없었다. 기술이나 자본을 제휴하면서 일본 내 배급권을 갖는 일본 영화사들은 '조선의 영화인들이 어떠한 영화를 만들고자 하는가'에는 그다지 관심을 두지 않았다. 그들에게 중요한 것은 '일본 관객들이 무엇을 보고자 하는가'였다. 《니혼에이가》 좌담회에서 영화평론가 이와사키 아키라(岩崎昶)가 꼬집었듯이, 1930년대 후반의 합작영화들이 별 볼 일 없는 조선산(朝鮮産)이 되고 만 것은 "일본인 관객들에게 보여주기 위한 이그조티즘으로 조선영화를 만들려는 일본 영화업자들의 경향"에 휘둘릴 수밖에 없었기 때문이다.

흥미롭게도, 이러한 내선 합작의 논의들은 〈새로운 땅(新しき土, Die Tochter des Samurai)〉(1937)을 둘러싼 일본의 담론들을 '식민지 조선/제국 일본'의 판본으로 반복하고 있었다. 〈새로운 땅〉은 일본 도와상사(東和商事)의

〈국경〉(최인규 감독, 1939)

1935년 신의주에서 형 최완규와 함께 고려영화주식회사를 설립했던 최인규는 1937년에 경성으로 근거지를 옮기고 녹음기사로 활동하다가 〈국경〉(1939)을 통해 감독으로 데뷔했다. 〈도생록〉에 이은 천일영화사의 제2회작으로, 유치진이 시나리오 윤색에 참여했고, 최운봉, 이금룡, 태을민, 김소영 등이 출연했다. 〈국경〉의 필름은 현재 유실된 상태인데, 압록강 상류 조선과 만주의 국경 부근을 배경으로 밀수업자들의 애욕을 사실적으로 그린 영화라고 알려져 있다. 이후 〈수업료〉, 〈집 없는 천사〉 등을 통해 조선을 대표하는 감독으로 각인될 최인규는 그 데뷔작에서부터도 상대적으로 '조선색'을 강조하지 않았다는 점이 눈길을 끈다. 일본 공개는 산에이샤가 맡았는데, 이전에 산에이샤가 배급했던 조선영화들과 마찬가지로 오사카 파크 극장에서 흥행한 데 그쳤다. 평단에서의 반향도 미미했으나, 영화평론가 이와사키 아키라는 〈국경〉에서의 김소영에 대해 '조선에서 가장 주목할 만한 여배우'라고 말하기도 했다.

가와기타 나가마사(川喜多長政)가 국제적인 수출용 일본영화를 만들고자 독일 감독 아르놀트 팡크(Arnold Fanck)와 그의 촬영기사인 리하르트 앙스트(Richard Angst)를 초대하여 제작한 영화이다. 세계 속의 일본영화를 만들겠다는 프로듀서 가와기타의 욕망이 독일 산악영화의 거장과 만났을 때, 영화 속의 일본은 벚나무와 후지산을 넘어서지 못했다. 팡크는 일본의 시골을 보여주는 야외 쇼트의 연출에는 과도하게 집중한 반면, 도쿄나 오사카와 같이 근대 일본의 면모를 보여주는 대도시는 훑듯이 지나갔다. 팡크가 일본의 자연 풍경을 매혹적으로 담아놓은 화면에 찬사를 보낸 이들도 많았지만, 실상 이러한 장면들은 서구에 소개되어온 일본의 이미지를 '자연의 보편성'에 기대어 다시 구현한 것이라 해도 과언이 아니다.

가와기타는 팡크의 '독일 버전' 외에 이타미 만사쿠(伊丹万作)의 부분적인 재촬영으로 편집된 '일본 버전'도 제작했다. 이때 이타미가 염두에 둔 것은 〈새로운 땅〉이 오리엔탈리즘적인 트래블로그(travelogue)나 노골적인 나치 프로파간다가 되지 않도록 하는 것이었다.[54] 어느 쪽이 더 일본영화다운지에 대해서는 비평가들마다 의견을 달리했다.[55] 정도의 차이는 있겠지만, 그들은 하라 세츠코(原節子)가 "외국인의 액센트로 발음하는 독일어"[56]에서 매력을 느낀다는 팡크의 인종주의에 어떤 모욕감을 느끼며, 나치의 '하켄크로이츠(卐)'와 닮은 불교의 '만(卍)'자를 포착하여 나치의 정신을 일본의 풍경 속에 겹쳐놓는 듯한 화면을 불쾌해 했다. 그리고 일본의 근대에 대한 팡크의 몰이해를 확인하며 서구인은 절대로 일본을 제대로 이해할 수 없다는 의식을 공유했다.

이렇게 〈새로운 땅〉의 오리엔탈리즘에 대해 비판했던 일본영화계가 얼마 지나지 않아 〈나그네〉를 필두로 몇 편의 내선 합작영화들이 일본에 상영되었을 때 보인 태도는 팡크의 오리엔탈리즘과 얼마나 달랐던 것일까. 〈나그

〈군용열차〉(서광제 감독, 1938)

〈군용열차〉(1938)는 일본 신코키네마와 제휴하여 〈나그네〉를 제작해 조선영화에 대한 새로운 인식의 계기를 마련했던 성봉영화원의 두 번째 작품이다. 중일전쟁 발발 이후의 시국에 민첩하게 대응해 일본의 대륙 침략을 정당화하고 '조선 철도의 중대한 사명'을 설파한 영화로서, 소위 '최초의 친일영화'라고도 일컬어진다. 일본 도호와 합작으로 제작된 〈군용열차〉는 영화평론가 서광제의 감독 데뷔작이기도 하다. 왕평, 독은기, 문예봉 등 〈나그네〉의 출연진과 고바야시 주지로, 사사키 노부코 등 도호 측 배우가 캐스팅되었고, 녹음, 음악, 현상 등 후반 작업을 도호에서 진행했다. 〈군용열차〉의 일본 흥행이 참패하면서, 조선과 일본 양측에서 모두 '내선 합작' 그 자체에 대한 회의가 고개를 들었다.

네〉는 "내지인이 본 조선의 로컬색이며 이것이 조선영화의 현상이라고 생각된다는 건 치욕적이라는 의견"[57]을 그들은 어떻게 받아들였던 것일까. 〈나그네〉에 대한 장혁주의 비판을 "실례지만 너무 내지에 익숙해져서 고향의 미에 대해 일부러 눈을 감으려는 것이 아닐까"라고 되묻는 것 이상으로 나아가지 않았던 것이다.[58] 그렇다면 "후지산과 게이샤나 샤미센으로 그리는 모습이 현대의 일본이 아닌 것처럼 금강산이나 기생이나 아리랑이 지금의 조선은 아니"[59]라는 주영섭의 유비는 서구의 오리엔탈리즘을 비판하면서 식민지를 오리엔탈라이징하는 일본의 제국주의를 비꼰 것이라고 읽어도 무리가 아니다. 일본영화계는 식민지인들의 영화에서 미학적 성취를 기대하지 않았으며, 식민지의 현실과 그 암울을 보고자 하지도 않았다. '로컬 컬러'는 식민자들을 불편하게 만들지 않는 식민지의 표층으로서, 식민자와 피식민자 사이에 암묵적인 협약이 가능한 지점이었다고 할 수 있다. 일본영화계는 조선영화인들이 의식하고 있었던 "조선영화 독특의 어떤 암류(暗流)"[60]를 포착하고 분석하기보다 세미다큐적인 체코영화와 유사한 것으로 계열화하고자 했다. 식민지의 풍물과 풍속, 자연, 즉 '로컬 컬러'로 덧칠하는 제국의 다채로운 영토를 전시하는 데에 식민모국인 일본 혹은 제국으로 가는 판로가 존재했다면, 조선의 영화제작인들은 바로 그 길 위에서 방향을 잃었던 것이다. 그러나 조선영화가 조선에서 온 사진엽서에 그칠 뿐이라면, 일본영화계에 던지는 신선함은 금세 낡은 것이 되고 그들을 '흐뭇하게' 했던 '조선색'도 곧 식상한 것이 될 수밖에 없었다.

〈군용열차〉와 〈어화〉의 실패는 일본의 주류 영화시장에서 내선(內鮮) 합작영화가 흥행에 성공하기 위해서는 다른 카드가 필요하다는 것을 시사했다. 어쩌면 그것은 도호와 만영의 합작처럼 일본의 감독과 스타급 배우를 기용하고, 일본인의 이야기를 일본어로 제작하는 것이어야 했을지도 모른

〈어화〉 (안철영 감독, 1939)

〈어화〉(1939)는 극광영화제작소의 창립작으로, 녹음, 음악, 현상, 편집 등의 후반 작업을 시마즈
야스지로 감독의 감수로 쇼치쿠에서 진행했다. 독일 베를린공과대학 사진화학과 졸업 후 독일
영화계에서 공부하고 돌아온 안철영은 최영수, 서병각과 함께 동인제 형식으로 극광영화제작소
를 설립했다. 젊은 엘리트들이 중심이 된 극광영화제작소는 이화여전 출신의 박노경을 여주인
공으로 캐스팅하고, 전숙희를 '최초의 조선인 여성 조감독'으로 내세우는 등 참신한 인적 구성
으로 화제가 되었다. 카프 시절부터 활동해온 배우 나웅이 여주인공을 탐하는 장용운-장철수
부자(1인 2역)를 맡고 있지만, 출연진과 제작진 대부분이 기존의 조선영화계와는 거리가 있는
신진들이었다. 조선영화가 〈나그네〉 이후의 '조선붐'에 편승하는 경향에 불만을 표했던 안철영이었
지만, 그의 연출작 〈어화〉 역시 일본 내지 시장용으로 가공됨으로써 강한 로컬 컬러가 덧칠해졌다.

다. 그러나 조선의 영화계는 만주의 영화 사정과는 달리 그 나름의 독자적인 영화문화를 가지고 있었으며, 조선의 영화인들은 만주의 경우처럼 되기를 원하지도 않았다. 조선인 감독과 배우가 조선어 사용자를 위해 영화를 만든 다는 것을 쉽게 포기할 수 없었던 것이다. 혹은 하즈미 츠네오(筈見恒夫)가 지적한 대로, 조선영화가 나아가야 할 방향은 자연이나 과거로의 도피가 아니라 "근대적 생활이나 문화에 카메라를 돌려야"[61] 하는 것일 수도 있었다. 조선의 고려영화협회가 독자적으로 제작한 〈집 없는 천사〉가 이러한 방향으로 몸을 돌린 영화라면, 1940년대에 제작된 합작영화들—〈그대와 나(君と僕)〉, 〈망루의 결사대(望樓の決死隊)〉, 〈젊은 자태(若き姿)〉, 〈사랑과 맹세(愛と誓ひ)〉 등—은 모두 전자의 방향을 선택했다. 즉 내선 합작을 '내선일체'의 실현으로서 의미화하기 위해 프로덕션 크레딧에 조선인과 일본인을 고루 배치한 것이다. 이 영화들이 내선 합작을 '내선일체의 실천'으로서 위치 지은 것은 소위 '최초의 협력영화'로 언급되는 〈군용열차〉에서 한 단계 더 나아간 것이었다.

1941년 3월 1일, 두 편의 내선 합작영화에 대한 기획이 동시에 발표되었다. 하나는 신코 교토 촬영소가 제작하는 〈그대와 나〉였다. '히나쓰 에이타로(日夏英太郎)'라는 일본명을 쓰는 조선인 감독 허영이 지원병 훈련소를 취재하여 집필한 시나리오를 영화화하는 것이었다. 다른 하나는 고려영화협회가 쇼치쿠 오후나(松竹 大船) 스튜디오와 제휴해 《모던니혼(モダン日本)》사의 조선총독상 시나리오를 영화화하는 것으로 시미즈 히로시(淸水宏)가 연출하고 류 치슈(笠智衆)가 주연을 맡을 것이라고 발표되었다.[62] 이 두 편의 기획은 1930년대 후반의 합작영화들과는 매우 달랐다. 이전의 실패한 합작들과 달리, 다민족적(multi-ethnic)으로 배우를 기용하고[63] 제국의 공통언어인 '일본어'로 만들어질 계획이었으며, 일본에서 활동해온 사람들을 감독과

주연으로 내세우고 있었다. 이 중 고영과 쇼치쿠의 합작은 불발로 끝났고, 신코가 물러나버린 〈그대와 나〉는 조선군 보도부가 제작하고 조선총독부와 일본 육군성 보도부가 후원하는 것으로 바뀌었으나, 제작의 인적 구성에 대한 구상은 그대로 고수되었다.

〈그대와 나〉는 그 제목부터가 일본인과 조선인이 "굳게 손을 잡고 대동아공영권의 초석이 되자는 의미"를 담고 있는 내선일체 이데올로기의 선전영화였다. 이 영화는 조선에서는 군대, 관청, 민간이 총동원된 "조선영화 초유의 대작"인 한편으로, 기획, 제작 방식, 캐스팅, 심지어 개봉일의 이벤트에 이르기까지 모든 면에서 조선만의 영화가 아닌 '대동아 프로젝트'임을 과시하는 데 온 힘을 기울였다. 실제로 〈그대와 나〉는 그때까지의 내선 합작영화 중에서 외형상 가장 초지역적인 영화였다. 그러나 이 영화를 통해 처음으로 장편 극영화의 메가폰을 쥔 허영은 '대동아 프로젝트'를 진행하기에는 그 명성과 경력이 일천했으며, 김영길은 연기 경험이 전무했다. 오랫동안 일본에서 활동한 그들은 조선 관객들에게조차 낯선 이들이었다. 그런데도 조선군과 조선총독부는 그들에게 이 대작영화의 성패를 맡겼다.

당시 여러 매체에서 개최했던 일련의 〈그대와 나〉의 좌담회'에 참석했던 군과 총독부 관계자들, 그리고 제작진들의 말은 한결같았다. 이 영화는 그 취지가 대단히 훌륭하며, 개인의 사사로운 이익이나 일개 영화회사의 영리를 떠나있는 기획이라고 하면서, 완성도는 중요한 문제가 아니라는 것이다. 예컨대 《에이가준보(映画旬報)》가 개최한 좌담회에서, 연출 지도로 이름을 걸어둔 타사카 토모사다(田坂具隆)는 각본을 처음 받아보고는 솔직히 별로 자신이 없었다고 털어놓으면서, 그러나 "각본이 좋든 나쁘든 상관없이 의도가 좋기 때문에 해야만 하는 것"이라고 느꼈으며, "조선의 군 관계자와 제작진들의 진지한 태도와 열정"에 감동을 받아서 도움을 주게 되었다고 말한다.

실상 그는 조선에서 촬영이 진행되는 동안 일본에 머물러 있었으며 카메라 옆에는 한 번도 서본 적이 없다고도 했다. 같은 자리에 있던 이이지마 타다시(飯島正)는 영화의 공동 각본자였음에도 발언을 자제하며 사회자로서 질문만 던졌다.[64]

　일련의 좌담회들에서 앵무새처럼 되풀이되는 '이처럼 훌륭한 취지의 영화를 만들겠다는 의지가 중요하다'는 말은 '영화를 얼마나 잘 만들었는가는 부차적인 문제'라는 뉘앙스를 풍겼다. 그들은 처음부터 〈그대와 나〉의 완성도를 논하려고 하지 않았다. 예술적 완성도나 흥행성을 따지는 것은 서구의 개인주의적인 사고라고 배척하는 전시 체제의 분위기 속에서는 오로지 국가적 대의에 대해서만 말할 수 있었던 것일지도 모른다. 여기서 주목할 것은 그 발언들이 얼마나 자발적이었는지가 아니라, 그들 각자가 〈그대와 나〉를 누구에게 보여주고자 하는지를 끊임없이 의식하고 있었다는 점이다. 조선총독부 학무국에서 영화의 실무를 진행한 다나베(田邊正朝)는 본토 일본인들의 차별적 시선을 내재화한 재조선 일본인으로서, 감독 허영과 주연배우 김영길은 일본의 호적을 가질 수 없는 재일본 조선인으로서, 영화인들은 개인주의자라고 비난받는 예술인으로서, 자신들이 제국의 어디에 위치하는지를 인식하고 그 자신의 모호한 정체성에 대해 언급한다. 그러면서 타나베는 '내지의 동포들'에게 재조선 일본인들이 식민지의 조선인들을 얼마나 훌륭하게 지도하는지 보여주고자 하고, 허영과 김영길은 황국 신민으로서 부족함이 없는 조선인의 고양된 애국열을 보여주고자 하며, 영화인들은 영리나 예술적 성취를 떠나 국가의 시책에 적극적으로 협조하는 자신들의 의지를 보여주고자 한다. 누가 어떠한 각오로 이 영화에 협력하고 있는가, 즉 그들 자신이 황민화를 얼마나 충실히 실천하고 내면화하고 있는가를 드러내 보이는 것이 무엇보다도 가장 중요한 문제였던 것이다. 이러한 좌담회들에서 중요한 것은 그들의 진정한 속내가 아니라, 마음가짐을 말하는 방식이다. 말하자면 속으로는 우스꽝스러운 영화라고 생각하더라도, 이 영화에 참여함으로써 국가에 봉공하였다고 말하는 것이 중요하다. 요컨대 이 영화는 전달하고자 하는 메시지의 차원에서뿐만 아니라 제작과정 자체에서 황민화 실천을 수행하고 있었던 것이다.

〈그대와 나〉는 관계자들 저마다가 제국의 주체임을 입증하는 퍼포먼스였으며, 그들이 의식하는 것은 이러한 몸짓을 인정해줄 제국의 시선이었다. 감독 허영은 이러한 자기 증명의 퍼포먼스를 가장 근본적인 차원에서 실천한 인물이었다. 일본영화계에서 '히나쓰 에이타로(日夏英太郎)'라는 일본 이름으로 활동하면서 일본인 여성과 결혼하고, 일본인과 조선인의 피가 섞인 아이를 낳아 기르는 내선결혼(內鮮結婚)의 수행자였다. 또한 자신의 아들만큼은 일본의 군인이 되기를 간절히 열망한다고 말하는 식민지 출신의 아버지이기도 했다. 조선군과 조선총독부가 포착한 것은 이러한 허영의 내력이자, 간절히 '진짜 일본인'이 되고 싶다고 말하는 그의 '혀' 혹은 '목소리'였던 것이다. 마찬가지로, 허영이 자신의 욕망이 투사된 캐릭터인 조선인 지원병 가네코 에이스케(金子英助)에 김영길을 캐스팅한 것도 일본에서 활동하는 오페라 가수로의 유명세 때문만이 아니다. 일본군악대에 자원입대했었고, 일본 여성과 결혼해 아이를 낳은 김영길이 허영의 눈에는 그 어느 누구보다 가장 '일본인에 가까운 조선인'으로 보였을 것이다. 더구나 능숙한 일본어를 구사하고, 일본식 몸가짐이 배어 있는 이 조선인 남성이야말로 이제까지 조선영화에는 등장한 적이 없었던 심신이 병들지 않은 남성, 다시 말해 식민자조차 기꺼이 사랑하는 젊고 매력적인 남성을 연기할 수 있다고 생각했을 것이다.

여기서 놓치면 안 될 것은 〈그대와 나〉를 비롯한 내선일체 합작선전영화들이 '추천영화' 제도가 관객 동원을 제도적으로 보장해 주는 시대에 제작되었다는 점이다. 따라서 영화의 관계자들은 '관객을 어떻게 유인할 것인가'보다. '관객이 어떻게 수용하도록 이끌 것인가'를 더 중요한 문제로 삼았다. 관객들은 보고 싶은 것을 선택하여 구매하는 소비자가 아니라 '황국 신민'이라는 이름으로 제국의 극장에 호명된 이들이었다. 그 때문에 영화 그 자체보다 필름과 스크린 사이를 매개하는 수많은 매체들을 통해서 관객을 제국의 주체로 훈육하기 위한 퍼포먼스들이 펼쳐졌다. 제작진은 이 영화를 만든다는 행위 자체가 '내선일체'를 진정으로 실천하는 것임을 강조했으며, 관객이 이 점을 눈여겨 봐주기를 바랐다. 다른 어떤 영화들보다도 이 영화를 둘러싼 여러 소란스런 이벤트들이 많이 벌어진 것은 이런 이유 때문이다. 매체들은 이 영화에 출연한 배우들과 제작진이 조선인이나 일본인이나 할 것 없이 얼마나 서로를 존중하고 우애하며, 자신들의 직분에 충실하였는지를 떠벌였으며, 총독과 군사령관, 철도역장, 헌병대의 군인들, 지원병 훈련소의 직원 등이 실제 삶에서 자신들의 역할 그대로 출연하여 영화에서조차도 각자의 맡은 바 역할을 수행했으니 그 연기가 결코 '가장'이 아님을 강조했다. 이 모든 이벤트들은 필름과 스크린 안팎에서 '실재'와 '허구'를 뒤섞어 내며 이 영화야말로 지금 '내선일체'가 얼마나 충실히 실천되고 있는지를 입증해주고 있다고 과시했다.

그러나 정작 〈그대와 나〉가 '내선일체'의 실천을 재현하는 전략은 그다지 성공적이지 못했다. 일본과 조선, 만주의 배우들을 한데 모아놓고 조선인 지원병 제도와 내선일체의 실천을 선전하기 위한 장면들을 연출하고 있지만, 당시에도 영화의 취지로 표방된 내선일체 이데올로기가 극적으로 구현되지는 못했다고 평가될 정도였다. 시나리오를 통해 짐작컨대, 결과적으로 이 영화는 '조선박람회'를 방불케 하는 수집벽과 전시, 과잉된 제스처로 넘쳐났던 듯하다. 이 점은 전체 10권 중 현재 1권과 9권만 남아있는 불완전판 필름에서도 확인된다. 야영 훈련 중인 지원병들에게 먹을 것을 가져다주는 동네 아낙들의 모습이나, 지원병들과 민가 처녀들이 함께 널뛰기와 그네타기를 하는 장면, 백마강 시퀀스에서 가네코가 백희에게 부여 유적을 소개하고, 〈양산도〉를 부르는 장면 등, 단 20여 분 분량의 필름에서도 '로컬 컬러'로 덧칠된 장면들이 상당 부분을 차지한다.[65]

오랫동안 조선을 떠나 있었던 허영이 〈그대와 나〉에서 그려낸 조선은 너무나 조화롭고 지극히 갈등이 없는 이상적인 세계로서, 매우 비현실적이고, 급진적이며, 식민자의 입장에서 보면 전복적인 것이기까지 했다. 사실 조선총독부의 내선일체 정책은 일부 조선인들의 기대처럼 차별을 철폐하고 완전한 인간으로서 평등의 권리를 부여하는 것이 아니었다. 그러나 영화는 조선인과 일본인이 서로를 존중하고 우애를 나누는 모습을 '로컬 컬러'로 덧칠된 시퀀스들—일본인 박물관장의 조선 예찬, 미츠에와 백희의 의상 바꿔입기, 백마강 시퀀스의 조선 노래 등—을 통해 부각시키고, 또 이를 병렬적으로 나열함으로써 그들 간의 가장된 평등을 보여준다.

조선인을 바른 길로 지도하는 일본인(구보 박물관장)과 그의 지도를 따르는 젊은 조선인(가네코)이 식민자와 피식민자 사이의 명백한 위계에 의한 관계임에도 불구하고, 영화가 재현하는 일본인–조선인 간의 우애와 존중은 식민자들에게 상당히 복잡한 감정을 야기했을 가능성이 크다. 구보 박물관장의 조선 취향은 그렇다 치더라도, 미츠에와 백희의 크로스드레싱(cross-dressing),[66] 그리고 더 나아가 미츠에와 가네코의 내선연애(이들의 내선연애는 언젠가 결실을 맺을 것이다)를 통해 점차 구체화되고 심화되는 '내선일체'의 실천은 특히 재조선 일본인들에게는 당혹스러울 만큼 위협적인 것이었다. 식민지 내에서 식민자와 피식민자의 확고한 위계 위에 자기 정체성을 구축해온 재조선 일본인들에게, 유창하게 일본어를 구사하고, 일본 문화를 사랑

히나쓰 에이타로라는 이름으로 활동했던 허영 감독의 내선일체 선전영화 〈그대와 나〉(1941). 내선 간의 우정을 나누는 두 여성, 미츠에(아사기리 교코 분)와 백희(김소영 분). 아래는 조선인 여성 백희가 기모노를 입는 장면의 촬영을 준비 중인 사진으로 보인다.

하면서, 일본의 옷을 입고 일본인과 연애하는 조선의 젊은 세대는 자신들의 모호한 정체성과 불안, 위기의식을 환기하는 것일 수도 있었다. 조선인들의 일본어와 일본 의상, 일본인과의 연애 등이 일본인의 조선 취향과 등가적으로 배치됨으로써, 식민자들은 로컬 컬러로 덧칠된 영화를 '흐뭇한 시선'으로 바라볼 수 없게 되는 것이다.

〈그대와 나〉 이후 합작으로 제작된 내선일체 선전영화들에서 효과음처럼 사용되는 조선어와 어트랙션처럼 끼어들어가 있는 조선 노래, 그리고 식민자와 피식민자를 구별해주는 표지로서의 조선 의상은 일종의 컨벤션에 가까웠다. 문제는 이러한 로컬 컬러의 농도를 어느 정도로 조절할 것인가였다. 1943년에 제작·공개된 〈젊은 자태〉의 제작 과정은 이 시점의 내선 합작영화가 '조선색'을 두고 난처한 상황에 처했음을 보여준다. 〈젊은 자태〉는 사단법인 조선영화제작주식회사의 창립기념작(이하 '법인 조영(朝映)')이자 1944년부터 식민지 조선에 실시되는 징병제를 기념하는 영화로서, 〈그대와 나〉와 마찬가지로 제작의 수행성 자체가 주목되는 영화이다. 식민지 조선인들에게 징병제도의 목적과 의의를 주지시키는 한편으로, 식민 본국의 일본인들에게 '반도 청년들의 용장'을 보여줄 것이라는 〈젊은 자태〉의 기획은 〈그대와 나〉와 유사했다. 실제로 제작진은 기획 단계에서부터 〈그대와 나〉를 떠올리고 있었다. 이들은 "제작의 형태나 인사의 교류나 내선 각지의 로케 같은 것이 완전히 내선일체의 실(實)"을 거두며 〈그대와 나〉의 "장점은 살리고 단점은 버리"고, 그보다 더 나은 영화를 만들고자 했다.[67] 법인 조영은 〈젊은 자태〉 제작에 아낌없이 투자하고자 했으며, 이러한 태도는 같은 해 제작된 〈조선해협〉의 경우와 비교했을 때 매우 대조적이었다.[68]

영화기획심의회에 제출된 핫타 나오유키(八田尚之)의 첫 시나리오에서는 〈그대와 나〉의 시나리오와 마찬가지로 재조선 일본인과 조선인이 서로의 문화와 풍속에 깊은 관심을 가지고 정겹게 어울리는 장면들이 상당 부분을 차지한다. 음식, 의상, 노래를 통해 조선인과 일본인 사이의 문화적 차이가 전시되고, 재조선 일본인들의 '조선취향'이 묻어나는 에피소드들이 적극적으로 삽입되는 것도 유사하다. 그러나 심의를 거친 후 발표된 대본에서는 조선 음식이나 조선민요 등 조선색이 강조된 장면이 축소된다. 일본인 교사들이 김치나 갈비를 먹는 장면이라든가, 우물가에서 마츠다의 집 하녀들이 조선민요를 부르는 장면, 일장기를 들고 행진하는 조선 아이들을 긴 담뱃대를 든 조선 노인이 흐뭇하게 바라보는 장면, 군부대 위안회에서 한 병사가 조선민요를 부르는 장면 등 지방색을 강조하는 부분이 모두 삭제되었고, 병영 장면에서는 병영 생활의 애환보다 군대의 엄격함과 단결력, 정신력 등이 강조되는 방향으로 변경된다.

도요다 시로가 연출한 영화에서는 내선일체를 실천하는 총후의 일상을 그린 장면들도 삭제되었다. 예컨대 조선인들이 일상생활에서도 일본어를 쓰도록 가르치는 마츠다의 모습은 첫 번째 시나리오에서는 마츠다가 하녀들이 부르는 조선민요를 일본어로 고쳐 가르쳐주는 장면으로 그려졌는데, 심의 후에는 마츠다가 부녀자와 노인들에게 일본어를 강습하는 장면으로 대체되었다. 도요다 시로가 연출한 필름에서는 일본어 상용을 강조하는 교육 장면이 아주 삭제된다. 그리하여 영화 속에 등장하는 유일한 조선어는 기타무라 소좌가 지원병 요시무라의 집에 방문했을 때 그 아버지가 하녀에게 하는 말, "술 상 내오거라"뿐으로, 이 영화에서는 대사가 없는 하녀를 제외한 모든 조선인이 일본어를 자유자재로 구사한다. 심의를 거치면서 일상의 보통 사람들이 어떻게 총후의 삶을 실천하는지보다, 예비병영인 학교와 장병들과의 병영 체험을 집중적으로 보여주게끔 시나리오가 수정된 것이다.

이처럼 심의와 개작을 거치면서 〈젊은 자태〉는 내선일체 선전영화의 전

범인 〈그대와 나〉로부터 이탈하여 다른 위치를 점하게 된다. 〈그대와 나〉가 조선인 지원병 제도와 내선일체의 실천을 병렬적으로 재현하고, 내선일체의 실천을 재현하는 문제를 로컬 컬러를 조합하는 수준으로 보여주었다면, 〈젊은 자태〉는 '일본군인 되기'의 문제에 초점을 맞추면서, 기존의 합작영화의 클리셰였던 '조선색'을 탈색하고자 한 것이다. 이 영화의 촬영을 맡았던 미우라 미츠오(三浦光雄)는 기존의 조선영화에서 로컬 컬러가 "지세(地勢)적으로도 풍속적으로도 종래 자칫하면 이(異)풍경의 고색(古色)에 빠져 퇴폐적 인상을 주는 것"이 많았다고 비판하면서 "내용에 평행하여 밝게 전진하는 오늘날 조선을 그리고자 했다"고 말했다.[69] (이 영화에서 가장 화제가 된 것은 눈 쌓인 설원의 항공 촬영과 눈 속의 조난 장면의 속도감 있는 교차편집이었다.) 도요다 시로 감독은 로컬 컬러를 '과거의 퇴폐적인 것'으로 간주하고, 조선영화의 로컬 컬러에 대한 집착으로부터 벗어나 조선의 젊은 세대에 포커스를 맞추고자 했다. 식민지 남성들의 징병을 '내선일체'가 완전히 실현된 증거물로 제시하고 있는 이 영화에서, 일본과 조선 사이의 문화적 차이를 환기시킨다는 것 자체가 무의미하며 영화의 기획 취지와 상충되는 것으로 보였을지도 모른다. 대신, 그의 연출은 '떳떳한 진짜 일본인 되기'의 문제를 전면에 내세우면서, 군대의 엄격함과 단결력, 일본 군인의 정신력 등을 강조했다.

연출을 위해 시나리오를 고쳐가는 과정에서 도요다 시로 감독이 강조한 것은 주인공인 마츠다와 그의 학생들이 "조선에서 태어났다"는 사실과 징병령에 응할 때 '진짜 일본인'이 된다는 점이다. 당대 최고의 연극배우 황철이 연기한 마츠다는 징병의 대상이 되는 소년들을 훌륭한 일본 군인/국민이 되도록 성실하고 헌신적으로 지도하는 조선인 교사이다. 그는 학생들이 자기 세대를 대신하여 '대동아'의 일꾼으로 성장하기를 바란다. 영화에서는 심의 전 대본에 없던 "같은 일본인으로서 얼마나 공허감을 느꼈는지 몰라"라는 대사가 추가되어 그의 세대가 갖는 무기력과 우울이 드러난다. 그는 귀환한 조선인 지원병 요시무라처럼 지원병으로 출정하지도 못했고, 자신의 학생들처럼 징병의 대상이 될 수도 없다. 이러한 마츠다 세대의 젊은 조선인 남성들은 '같은 일본인'이지만 '진짜 일본인'은 아니라는 모순 속에서 공허를 느낄 수밖에 없다. 결코 일본인과 같아질 수 없는 식민지 남성이며, 징병령을 받들어 일본인과 평등하게 '천황의 방패'가 될 수도 없는 세대인 것이다. 심의 전 대본은 책임감과 충성심이 남다른 마츠다를 과거 세대와 분명히 다른 조선의 '젊은 자태'로 제시하는 듯하지만, 도요다의 연출은 마츠다 세대의 공허를 통해 일본의 '젊은 자태'는 군인이 될 수 없는 마츠다가 아니라 징병될 그의 학생들이라고 암시하고 있다. 마지막 장면에서, 병영을 나서며 행군하는 소년들 무리 옆에서 나란히 행진하고, 이 소년들에게 '진짜 일본인'이 되어 더욱 떳떳해져야 한다고 가르치는 것 외에, 마츠다 세대의 식민지 남성들이 선택할 수 있는 길은 없어 보인다.

도요다 시로는 〈젊은 자태〉의 시나리오를 개작하면서 마츠다나 그의 학생들이 '책임감이 강한 조선인'이며, 조선의 젊은 세대는 일본의 군인이 되기를 간절히 희망하고 있음을 보여주겠다는 법인 조영과 조선총독부, 조선군 등의 제작 의도가 더욱 선명하게 드러나도록 연출했다. 〈그대와 나〉와 같이 내선일체를 어떻게 실천할 것인지를 다채롭게 늘어놓기보다는, 징병제의 실시를 내선일체 실현의 증거로 제시하되, 아직도 '미완의 일본인'인 조선인이 '진짜 일본인'이 되는 단계가 '군인 되기'라는, 다시 말해 조선인은 이미 '같은 일본인'이지만 징병령을 통해서만 '진짜 일본인'으로서 떳떳해진다는 모순 논리를 더욱 강화해갔다.

이러한 모순 논리는 제국 내에서 조선영화 갖는 특수성의 문제에서도 비슷한 방식으로 반복되었다. 1943년 7월에 실린 《에이가준보》의 좌담회에서, 앞으로 법인 조영이 식민지 조선(특수) 그리고 제국 일본(보편)과의 관계를 어떻게 설정할 것인가에 대해 참석자들은 과거와 같이 '로컬 컬러'에 집착하는 영화를 양산하지 말아야 한다는 데에는 대체로 의견을 같이 했다. 그들은 조선영화에서 '로컬 컬러'를 탈색해 가는 것이 앞으로 조선영화가 지향해야 할 바인 것처럼 이야기했다. 이때 조선 혹은 조선영화란 "황국일본 속에 통합되어야 할 조선"(도모토 도시오)으로서, "행동이나 사고가 어디에도 구애받지 않는 자유로운 경지에 도달함으로써 더 높은 대일본의 영광에 다가서는 염원"(나카타 하루야스)을 가지고, 궁극적으로는 "자기를 해소하기 위해 존재"(카라시마 다케시)해야 하는 것이라고 주장되고 있었다.[70]

　　이러한 관점에서라면, 법인 조영이라는 식민지 독자의 문화 선전기구는 장기적으로 해체되고, 식민 본국에서 제작되는 영화들이 충분히 그 기능을 흡수할 수 있게 된다는 가정에서만 존속의 의미를 가질 수 있었다. 〈젊은 자태〉에서 기존 조선영화의 '로컬 컬러'를 탈색하려는 시도는 이와 같은 문제의식과도 관련되는 것이었으리라. 조선영화의 특수성과 관련한 역설에 대해 이의를 제기한 사람은 조선군 관계자 다카이 구니히코(高井邦彦)뿐이었다. 그는 "조선에서 기획되고 조선에서 일하는 사람이 만들어야" 비로소 "조선인들의 심금을 울리는 영화"를 만들 수 있다고 주장했다. 실제로 일본측 제작진이 각본, 연출, 촬영을 맡았던 〈젊은 자태〉보다 조선인 제작진이 만든 〈조선해협〉이 조선에서는 흥행에서나 비평 면에서나 더 좋은 성과를 기록했다. 다카이는 다른 글에서 〈조선해협〉이야말로 조선에 특수한 영화회사의 존재가 필요하다는 것을 보여주는 영화이며, 오히려 〈젊은 자태〉는 법인 조영의 존재 가치를 부인하는 영화라고 말하기도 했다.[71]

　　1943년 시점에서 법인 조영에 기대된 역할은 조선 내부를 향해서는 "모든 것이 조선총독부의 커다란 정치의 한 지류"가 되도록 하는 것이며, 식민

본국을 향해서는 "일본인으로서 살아가기 위해 혼신의 용기를 불러일으키고 있는 조선의 젊은 세대", 그리고 "스스로 철저한 황국신민이 되기 위해 어려움을 이겨내고 공부해온 반도인의 노력"을 보여주는 것이었다.[72] 이러한 것들을 보여주고 독자적인 선전기구로서의 존립을 승인받기 위해서, 법인 조영의 창립작은 내선 합작으로 제작되어야 했다.

2. '대동아공영권'과 일본어 영화의 기획

1940년 8월, 마쓰오카 요스케(松岡洋右) 일본 외상이 대동아공영권(大東亞共榮圈)을 주창한 후, 일본영화계에는 '대동아영화권(大東亞映畵圈)'에 대한 논의가 일기 시작했다. 대동아공영권에 바탕을 둔 '대동아영화(권)'이란, '미영구축(米英驅逐)'을 통한 아시아 영화시장의 블록화, 동아시아 영화 네트워크의 형성, 일본영화를 통한 일본정신의 확대라는 당면 과제를 안고 있었다.[73]

이러한 아시아 영화시장의 블록화와 지역 간 네트워크 형성에 대한 구상은 1930년대 후반 일본을 중심으로 한 '동아 신질서'의 '일-만-지(日-滿-支) 블록'이나 '동아협동체'를 바탕으로 한 '문화협동체'의 구상에서 한 단계 더 나아간 것이었다. 일본의 남아시아 침략을 계기로 일본의 식민지인 조선과 대만, 그리고 만주국뿐 아니라 프랑스령 인도차이나, 타이, 말레이시아, 보르네오, 네덜란드령 동인도, 미얀마 등에 이르기까지 일본영화가 유통되는 광역권이 형성될 수 있게 되자, '동아 공통어'로서 일본어를 기반으로 영화권을 구상한 것이다. 프랑스 구식민지였던 아프리카 일부 국가를 비롯하여 스위스, 벨기에, 캐나다 퀘벡 주에서 통용되는 프랑스어 영화(Franco-phone cinema)라든가 중국 본토를 비롯해 홍콩과 대만, 중국인 이주자 커뮤니티에서 통용되는 중국어 영화(Sino-phone cinema)처럼, 대동아영화권은 다민족적·다언어적 상황에서 '동아 공통어'를 통해 구축된 새로운 영화 블록의 구상이다. 이렇게 볼 때 일본어는 대동아영화권의 경제적이고 문화적인 통합을 상징하는 언어로서, 제국의 문화적 헤게모니를 유포하는 권력과 테크놀로지와 자본의 언어였다.

이 책에서는 대동아영화권에서 구상된 일본(어) 영화를 '일본어 영화

(Japano-phone cinema)'로 개념화하고자 한다. 'Japano-(일본)'와 'phone(음성)'을 합성한 'Japano-phone'을 결합한 'Japano-phone cinema'는 민족과 국가, 언어가 다층적으로 존재하는 다언어 상황에서 제작된 (음성언어 중심의) 일본어 영화를 지칭한다. Japano-phone cinema라는 개념을 통해 이 시기의 일본어 영화를 상대화함으로써, 국민국가적 언어 편제에 바탕을 둔 '고쿠고 영화(國語映畵)'와 제국적 언어 편제 하의 '일본어 영화'를 구분하고, 대동아공영권의 일본어 영화에 투사된 제국적 욕망을 드러낼 수 있다.

'고쿠고'[74]가 강제된 조선과 같은 식민지 영화시장은 '동아 공통어'인 일본어를 기반으로 한 제국적 언어 편제 아래에서 '대동아영화(권)'에 통합되어 갔다. 1940년대 조선영화의 일본어 제작은 조선총독부의 억압적인 문화 통제의 일환이었지만, 일본어 중심의 아시아 영화 블록을 기반으로 조선영화의 월경성이 확장될 수 있다는 제국의 판타지가 그 담론적 배경이었다. 시장의 확대를 위해 '일본어 자막 영화'로 제작되기 시작한 조선 발성영화는 대동아영화권의 형성 과정 속에서 '일본어 토키'로 제작·배급·상영되는 데 이르게 된다. 조선영화가 조선어 영화로 일치되지 않는 시대, 식민지/제국 체제에서 조선어 영화의 존립을 둘러싼 쟁점들을 비판적으로 검토해 보자.

(1) '대동아영화(권)'과 '동아 공통어'로서의 일본어

영화평론가 이이지마 타다시(飯島正)는 「동아공영권과 영화공작」이라는 글에서 "그것은 외국적인 것인 동시에, 국내적인 것이기도 하다. 일본영화는 비록 동아공영권에 유통해야 하는 것이지만, '일본'의 영화라는 것이 제일(第一)의 조건이다"[75]하여, 대동아공영권의 부상과 함께 일본영화가 처한 트랜스내셔널한 상황을 환기시킨다. 그는 '동아(東亞)'를 "국내적"이면서도 "외국적"인 것이라고 서술할 뿐 이에 대해 더 논급하지는 않았다. 그러나 이 모호한 구상은 일본영화가 기존의 식민지 시장을 넘어서 새로운 점령지인 '외국'에 트랜스내셔널하게 소비되는 상황에서 생겨난 것으로, 이 시기 영화 담론을 살펴보는 데 하나의 키워드를 제공해준다.

'대동아영화(권)'에 대한 논의는 대부분 제작을 중심으로 전개되었으나, 다양한 아시아 민족들에게 '일본(영화)'를 어떻게 보도록 할 것인가라는 수용의 문제를 동반할 수밖에 없었다. 아론 제로우(Aaron Gerow)는 당시 대동아영화를 둘러싼 논의들이 "어떠한 영화를 만들면, 일본정신을 표현할 수 있는가라는 물음만이 아니라, 어떠한 표현이 아시아의 관객에게 쉽고 정확하게 일본정신을 전달할 수 있을 것인가"와 함께 논의되었다고 말한다.[76] 점령지의 (외국) 관객들이 과연 일본영화를 어떻게 볼 것인지는 기존의 일본영화 관객들—('외지') 조선과 대만, 그리고 만주국의 관객들—의 경우보다 더 우려되었다.

아시아인이라면 누구나 그 문화의 일부인 일본영화를 이해할 수 있다는 소박한 주장도 있었지만, 아시아의 다양한 민족들에게 영화를 통해 일본정신을 보여주려면, 그들의 로컬한 영화적 이해에 대응하는 영화를 만들거나, 그들이 이해할 수 있는 보편적인 영화 형식을 취하지 않으면 안 되었다. 결국 아시아 관객들에게 가장 익숙한 구미영화, 특히 할리우드 영화의 스타일과 수용 방식에 기댈 수밖에 없었다.

1943년 도호가 공개한 이마이 타다시(今井正) 감독의 〈망루의 결사대〉는 '미영구축'을 내세운 대동아공영권의 영화가 할리우드 영화를 배격하면서 만든 영화 블록에서 할리우드 영화를 모방하게 되는 모순을 잘 보여준다. 이 영화는 1941년에 일본의 도호와 조선의 고려영화협회의 합작으로 기획되었다가 고려영화협회가 해체되고 그 제작을 사단법인 조선영화제작주식회사가 이어 받으면서, 1943년에 조선총독부가 후원하고 법인 조영이 응원(應援)해 도호가 제작한 것으로 공개되었다. 조선과 만주의 국경 지대를 수비하는 경찰관들의 활약상을 그린 이 영화는 '대동아영화'라기보다는 '대륙영화' 담론과 '대동아영화' 담론의 교차점에 위치될 수 있다.[77] 일본영화계가 만영(滿映)으로부터 등을 돌리고, 대신 '대륙영화'의 거점이 상하이의 중화전영(中華電影)으로 옮겨간 시점에,[78] 새로운 '남쪽의 국경'이 아니라 '북쪽의 국경'을 영화화 하는 것은 '남방 영화 공작'에 중심을 둔 '대동아영화'와는 거리가 있었다. 단순하게 말하면, 조선이나 만주가 배경이 되는 영화는 '대동아영화'의 중심이 될 수 없었다. 이러한 이유로 제작 당시에는 〈망루의 결사대〉가 시국에 맞지 않는다는 정치적인 입장도 존재했다.[79] 그러나 〈망루의 결사대〉 역시 일본이라는 특수성을 보편적 영화 언어를 통해 타자에게 인지시켜야 하는 상황에서 제작되었으며, 대동아공영의 가족주의적 이데올로기와 제국적 보편주의에 대한 욕망이 투사된 영화였다.

'내지(內地)'의 영화사가 '외지(外地)'의 국경을 무대로 하는 영화를 제작하게 된 배경은 당시 도호의 프로듀서였던 후지모토 사네즈미(藤本真澄)의 발언에서 짐작할 수 있다. 영화 제작이 한창이던 중 한 좌담회에서 "지금까지 우리들에게 국경이란 의식이 없었어요. 그래도 이제부터 일본에는 남쪽에도 국경이 생기게 되니 우리들의 하나의 이상향으로서 이런 영화를 만들어도 좋지 않을까라는 생각을 했어요."[80]라고 말한다. '일본의 남쪽에 생긴 국경', 즉 '남방'의 존재가 '우리들', 일본인에게 새삼 '국경'에 대한 의식을 갖게 했고, 이러한 국경 지대에 대한 '하나의 이상향'을 북선(北鮮) 지방을 배경으로 형상화하고자 했다는 것이다. 일본 제국의 남방 진출과 더불어 그동안 '내지인'들에게는 생경했던 '국경'에 대한 감각을 영화적 상상력을 통해 구체화하는 것이 시국(時局)의 요구라고 파악했다.

하지만 후지모토를 비롯한 제작진이 〈망루의 결사대〉를 기획하던 단계에서부터 중요하게 생각했던 것은 '국경' 모티브가 갖는 대중성이었다. 일본에서 볼 수 없는 대륙의 풍경과 말을 타고 달리는 비적의 출몰, 그리고 국경수비대와 비적들 간의 전투는 관객들에게 미국영화에서 볼 수 있었던 스펙터클한 장면을 제공하리라는 기대가 있었던 것이다.

제작진은 경찰관 이야기를 다룰 때 자칫 "문화영화적 요소가 범람하여 재미없는 극영화가 되어 버리는 위험에 빠지지 않"기 위해 "흥미 있는 대중적 극영화를 구성할 수 있도록"[81] 골몰했다. 연출을 맡은 이마이 타다시와 연출 보좌인 최인규, 다카즈 경보부장을 맡은 배우 다카다 미노루(高田稔), 도호의 프로듀서 후지모토 사네즈미와 영화평론가 이이지마 타다시 등이 참석한 좌담회에서 〈망루의 결사대〉를 둘러싼 화제는 단연 '어떻게 미국영화의 영향을 벗어난 일본 활극을 만들 수 있는가' 하는 점이었다. 〈망루의 결사대〉를 활극영화로 기획하면서 이들이 당면한 문제는 세 가지 정도로 간추려진다. 첫째, 미국영화의 활극을 어떻게 일본인의 생활과 연결시킬 것인가. 둘째, 경찰이 발달되어 있는 일본에서 갱영화나 범죄영화와 같은 활극영화가 가능한가. 셋째, 활극의 구체적인 장면을 어떻게 연출할 것인가. 이들은 〈텍사스 결사대(The Texas Rangers)〉(1936)나 〈보 제스트(Beau Geste)〉(1939), 〈벵갈의 창기병(Lives of a Bengal Lancer)〉(1935)과 같은 할리우드 영화의 제목을 서슴없이 언급하면서도, 미국영화의 모방작이 되어서는 안 된다고 강조한다.

그러나 〈망루의 결사대〉가 완성되었을 때, 이 영화가 〈텍사스 결사대〉나 〈보 제스트〉와 같은 영화를 모델로 했다는 것을 감추기는 어려웠다. 실제로 이마이 타다시는 〈망루의 결사대〉 제작을 회고하며, 이 영화의 직접적인 모델로 〈보 제스트〉를 언급했다.[82] 이마이에게 인상적이었던 것은 프랑스 외인

부대원들과 협력적인 아랍인들이 사막의 야만적인 적들로부터 원주민과 문명을 지켜낸다는 〈보 제스트〉의 기본적인 서사 구조뿐 아니라, 사막의 한가운데 세워진 요새와 말을 타고 달리는 전투 장면들이었을 것이다.

후지타니 다카시는 〈보 제스트〉와의 구체적인 비교를 통해 〈망루의 결사대〉가 리처드 슬롯킨(Richard Slotkin)이 '빅토리아 제국 영화(Victorian Empire film)'라고 명명한 1930년대 후반 할리우드의 월드 스케일 웨스턴(the world-scale western)의 장르 문법에 얼마나 잘 들어맞는지를 검토한 바 있다.[83] 〈망루의 결사대〉에서 일본 제국은 빅토리아 제국과 유사하게 구현된다. 주재소와 마을은 다카즈 경보부장의 지도로 주민을 문명화하고 보호하는 "자유적이고 진보적인 통치 지역"이며, 압록강이 언 틈을 타 습격한 비적은 "야만적인 도전과 전체주의적 권위"를 포함한다. 빅토리아 제국 장르에서 가부장적 영웅들이 보호하는 "순종적인 백인 여성이나 아이들과 다를 바 없는 유색인종"들은 경비대가 보호해야 할 조선인과 중국인으로 대체된다. 이러한 비교 분석을 통하여, 후지타니는 〈망루의 결사대〉가 할리우드의 빅토리아 제국 영화를 일본의 식민주의적 맥락에서 번역하고 있을 뿐 아니라, 총력전 하에서 혈족 내셔널리즘을 초월하는 제국적 보편주의와 휴머니즘을 재현하고 있음을 밝혔다. 물론 이러한 보편주의와 휴머니즘은 인종적인 착취 체계에 바탕을 둔 것이다. 대체로 국경수비대에 협력적인 조선인들과 달리, 언제 비적에 포섭될지 알 수 없는 중국인들은 의심스러운 집단이다. 일본인과 조선인, 중국인의 위계가 한편에 있고, 제국의 충성도에 따른 위계가 다른 한편에 있다. 빅토리아 제국 영화가 선량한 유색인종들을 백인 공동체 안에 끝내 포함시키지 않는 것과 달리, 〈망루의 결사대〉에서는 조선인과 중국인도 충성도에 따라 제국의 신민이 될 수 있다고 제시한다.

충성도에 따른 위계는 '국경'의 의미를 일본의 맥락에서 심화시켰다. '국경'은 일차적으로 영화의 무대가 된 조선과 만주의 국경 지대로 재현된다. 하지만 '비적'으로 상징되는 외부적인 위협 못지않게 국가 공동체의 안전을 위협하는 '스파이(만주에서 온 사나이)'로 표상되는 내부적인 위협이나, 통치자(다카츠 부부)를 신뢰하지 않는 주민(황씨), 공동체에 비협조적인 자들에 의해서도 국경은 언제든 위협받을 수 있다. 이렇게 볼 때, 국경은 북선(北鮮)의 어느 마을이 아니라 후방의 어디에나 존재할 수 있는 '국민'과 '비국민'의 경계를 의미하는 것이 된다. 북선의 국경 마을은 일본 제국의 휴머니즘과 보편주의가 구현되는 다민족적 공동체로 그려지지만, 옷만 갈아입으면 누가 일본인이고 조선인인지 또 누가 만주인인지 알아차릴 수 없는 곳이기에, 수시로 '국민임' 혹은 '비국민이 아님'을 증명하도록 요구받는 공간이기도 하다. 중원부대에게 구출되기 직전, 비적에게 포위된 주재소 지하의 사람들, 특히 조선인 여성들이 자결을 다짐하는 장면은 이들이 '죽음'으로써만 '국민임'을 증명할 수 있는 극단의 존재임을 환기시킨다.

그리하여 〈망루의 결사대〉는 미국 웨스턴 장르가 서부 개척의 역사를 신화화하는 방식과 유사하게, 과거 국경 지대('쇼와 10년(1935년)' 북선의 만포진) 경찰관들의 숭고한 희생과 관민(官民)과 내선(內鮮)이 혼연 일체된 공동체의 결속을 바탕으로 현재 일본의 안전과 번영이 세워졌다는 식의 서사를 완성했다. 남방과 태평양에서 '미영(米英)'과 싸우며 제국의 영토를 넓혀가고 있는 '쇼와 18년(1943년)'의 일본은 '쇼와 10년'의 결과이자 그 연장인 것이다. 그리하여 이 영화는 1943년 시점에서 총후의 재무장을 강조하는 현재적인 요구도 담아냈다. 또한 국경수비대의 다카즈 경보부장(다카다 미노루[高田稔] 분)과 '총후부인' 요시코(하라 세츠코[原節子] 분)를 최정점으로 하는 마을 공동체의 가부장적 질서는 〈망루의 결사대〉를 일본을 정점으로 하는 대동아공영권의 가족주의적 구상이 투사된 영화로 읽게 한다.[84] 다카즈 경보부장과 현숙한 아내 요시코는 식민지인들에게 모범이 될 뿐 아니라, 그들을 보호하고 보살피는 부모와 같다. 마치 양부모와 양자의 관계처럼 혈연을 초월한 공동체의 결속, 그 중심에는 일본(인)이 있다.

대동아공영권에서 일본영화는 "일본에서 바깥으로 한걸음도 나가지 않은" 사람들[85]에게 기존의 민족국가의 틀을 넘어선 초국가주의적인 환상을 주조했다. 하지만 이를 위해서는 그들이 '황당무계'하고 '퇴폐적'이라고 비판했던 할리우드 영화의 문화적 다원주의와 초민족적 보편주의가 요청되었으며, 결과적으로 영화는 그러한 할리우드 영화에 대한 동경을 감출 수 없었다.[86]

대동아영화로서 제국적 보편주의를 표방하는 방식은 일본어의 사용에서도 볼 수 있다. 〈망루의 결사대〉에서 국경 지대의 다민족 공동체는 일본인이건 조선인이건 중국인이건 모두 일본어로 대화한다. 중국인 부자(父子)인 왕룡(王竜)과 왕호(王虎)도 일본어로 말다툼을 벌인다. 마치 할리우드 영화에서 고대 이집트와 이스라엘 사람들이 영어로 대화하고, 신조차 영어로 말하는 장면을 떠올릴 정도로, 이 영화의 언어 세계는 균질적이다.[87] 제작 현장에서는 연출 보좌인 최인규가 이마이의 말을 조선어와 만주어로 통역해가면서 현지인들에게 설명해야 했지만,[88] 영화 속에서는 심지어 국경을 사이에 둔 적들도 일본어로 대화한다. 모두가 같은 언어를 사용하고 통역이 필요하지 않은 이상적인 세계를 보여주고 있는 것이다.

이처럼 〈망루의 결사대〉의 세계는 일본어라는 공통어 속에서 평등한 커뮤니케이션이 이루어지는 듯 상상된다. 그러나 모두가 '일본어'라는 동일한 언어를 구사하더라도, 표준적이고 고급한 일본어와 그렇지 않은 일본어(들)이 다층적으로 공존하고 이들 간의 위계를 드러낸다. 영화는 민족과 계급, 성별의 차이에 따른 가부장적 위계질서와 일본어의 구사 능력 사이에 밀접한 관계를 설정해 놓았다. 다카즈 부부를 중심으로 한 가부장적 위계는 언어에서도 그대로 재현된다. 고급하고 표준적인 일본어를 사용하는 자가 위계의 최정점에 있고, 서툴고 잘못된 일본어를 구사하는 자는 위계의 하부에 위치된다. 다카즈 경보부장 부부나 일본인 경찰관들이 구사하는 일본어는 최상위에 있다. 이들은 굳이 다른 언어를 구사할 필요가 없다. 류선생과 같은 조선인 교사나 조선인 순사들이 사용하는 일본어는 그 다음을 차지한다. 그들의 모어가 일본어가 아닌 만큼, 그들은 아무리 노력해도 최상의 일본어를 구사할 수는 없다. 하지만 상대적으로 능숙한 일본어 구사 능력이 그들을 더 높은 곳으로 올려놓을 수 있다. 이에 반해, (실제로는 일본인 배우가 연기한) 중국인 왕룽은 조사가 빠진 서툰 일본어를 구사한다.

　이러한 '표준 일본어'의 이념은 '고쿠고(國語)'의 지향과 관련해 생각해 볼 수 있다.[89] 근대 일본에서 '고쿠고'의 형성과 '표준어'의 확립이 식민 지배와 함께 이루어졌다는 것은 의미심장하다. '고쿠고'는 국민을 형성하고 국민을 교화하며, 동시에 이언어(異言語) 및 이변종(異變種)을 배제하는 의식에 바탕을 두고 있지만, 식민지 경영의 필요에 따라서 일본 바깥에 일본어를 보급하는 문제를 통해 형성되기도 한 것이다. 일본은 식민지에 대해서도 '고쿠고'적 언어관을 적용하여, 식민지에서는 '고쿠고'를 말해야 '국민'이 된다는 의식과, '고쿠고' 논리 아래 식민지인의 모어를 천시하는 두 가지 지향이 교차했다.[90] 후에 살펴보겠지만, 조선영화를 '고쿠고'로 제작해야 한다는 주장과 실천도 이러한 식민지에서의 '고쿠고' 지향과 관련해 논의되어야 한다.

　그런데 〈망루의 결사대〉는 희미하게나마 만주국의 존재가 배경처럼 드리워지면서, 일본어가 다언어적인 관점에서 조망될 가능성을 시사한다. 만주국에서 일본어는 여러 언어 가운데 하나로서, '고쿠고' 논리는 일본이나 그 식민지에서처럼 관철될 수 없었다. 일본어는 '동아 공통어'라는 의장으로 만주국의 모든 제도에 침투되지만, 만주국에서는 "제도 바깥으로 한 걸음만 나가면 전혀 '일본어'의 세계가 아니었다."[91] 만주국이 그렇다면, 문명과 제도를 종주국의 언어가 담당해 왔던 점령지들의 언어 상황은 일본의 국민국가적 언어 편제로 포획될 수 없는 것임은 더 말할 나위가 없다.

대동아공영권에서 '동아 공통어'로서 일본어는 '일본정신'을 동심원적으로 확대시켜야 했지만, 제국의 영토가 확장되고 다민족화가 확대될수록 역설적으로 민족적·문화적 다양성이 일본정신의 동심원적 확대를 저해하는 원리로 부상했다. 대동아공영권에서 다양한 이문화(異文化)와 이언어(異言語)의 영역이 늘어날수록, 일본어가 보편적인 언어가 될 수 있는 가능성은 점점 불투명해지는 것이다. 따라서 '동아 공통어'로서 일본어는 '현지어'를 존중하면서, 이민족·이언어를 '관용'으로 아우르는 제국적 언어가 되어야 했다.[92]

여기서 '대동아영화(권)'의 언어인 일본어는 다언어적 상황을 바탕으로 위계화된 것임을 강조할 필요가 있다. 제국과 그 공통어로서의 일본어는 고정적이고 확정적인 범주가 아니다. 일본어는 일본이 국민국가를 형성하면서, 또 식민지와 점령지를 지배하면서 계속해서 형성 중에 있었던 언어인 것이다. 마찬가지로 일본어 영화 역시 제국 내 민족적·문화적·언어적 상황에 따라 계속해서 형성 중이었다. 〈망루의 결사대〉는 '고쿠고 영화'이지만, 이때의 '고쿠고'를 대동아공영권의 다언어적 환경에 노출된 일본어의 상황과 관련지어 보면, '고쿠고 영화'가 강조하고 있는 순정하고 표준적인 일본어에 대한 강박이 설명된다.

이러한 강박은 고쿠고 영화에서 식민지인이 일본어 상용을 강조할 때 특히 현저해진다. 〈망루의 결사대〉에서 정확하고 바른 일본어와 그렇지 않은 일본어(들)의 위계적인 공존은 류선생(심영 분)이 학생의 잘못된 일본어

도호의 이마이 타다시 감독
이 연출하고, 최인규가 연출
보좌를 맡았던 영화 〈망루
의 결사대〉(1943).

발음을 교정하는 장면에서 두드러지게 드러난다. 이 장면은 '정확하고 바른 일본어'에 집착하는 조선인 교사와 아무리 열심히 반복해도 일본어의 탁음을 '정확하고 바르게' 발음할 수 없는 학생의 실랑이를 보여준다. 책을 읽는 중 "가난뱅이가 되었습니다.(ビンボウになりました.)"라는 문장에서 '가난뱅이'에 해당하는 '빈보(びんぼう)'를 '빈뽀(びんぽう)'로 발음하는 학생에게 류선생은 "빈뽀(びんぽう)가 아니라 빈보(びんぼう)다"라고 고쳐주며 다시 읽어보게 한다. 학생은 이번에도 '빈뽀'라고 읽고, 류선생은 "빈뽀가 아니라 빈보라니까. 다시 한 번 빈보"라고 고쳐준다. '표준 일본어'로 교정될 때까지 연습은 반복될 것이다. 조선인인 류선생의 발음 역시 '표준 일본어'를 구사하기 위해 부단히 노력한 결과였으리라는 것을 짐작하기는 어렵지 않다.

이 장면은, 조선인이므로 '빈뽀'라고 잘못 발음해도 된다고 내버려두지 않고, 조선인이라도 고급하고 표준적인 일본어를 구사할 수 있도록 노력해야 한다고 주지시킨다. 같은 해 공개된 법인 조영의 〈젊은 자태〉는 여기서 더 나아가 조선인 교사 마츠다의 '인공적인 일본어'와 일본인 교사 오오키의 사츠마(薩摩) 방언을 병치시킨다. 심지어 마츠다는 오오키보다 더 표준적인 일본어를 구사하는 듯 보이기까지 한다. 이 장면은 모든 일본인이 표준 일본어를 구사한다는 통념을 깨고, 오오키와 마츠다의 일본어 방언을 함께 배치하여 제국 내의 다양성과 차이를 재현하고 있다. 그러나 '표준 일본어'를 학습과 노력을 통해 도달해야 할 것으로 지정할 때, 방언이 표지하는 차이(difference)는 차별(discrimination)의 근거가 된다.

'대동아영화(권)'에 대한 구상에서 조선영화는 "하나의 국내적인 입장에서 가능한 한 빨리 대동아의 지도자다운 지위에서 모든 사람들을 교육해나가는 임무"를 가졌으며, 우수 영화를 제작해 대동아공영권 내부에 새로운 지도 영화를 "가지고 들어가야" 한다고 말해졌다.[93] 언어에 대해서도 '동아 공통어'인 일본어를 취해야만 조선영화가 '반도'를 넘어 '대동아'로 약진할 수 있다는 논리가 세워졌다. 대동아라는 영화권(Film Sphere)의 정치적·경제적·문화적 헤게모니가 온전히 일본어에 있음이 분명한 만큼, 마이너리티 언어가 독자적인 영화시장을 존속하기는 현실적으로 어려운 일이었다. 일반적으로 토키는 무성영화의 보편적인 화법에서 특정 언어로의 이행을 의미하지만, 그 역으로 다양하게 분할되어 있는 지방어들을 특정언어(가령, 일본어)로 일원화하도록 강제하는 역할도 했던 것이다.

다른 한편, "어떤 문화에 나타나는 정황에 부응해서 조선어를 사용하는 것도 충분히 고려"[94)되어야 한다는 이유로, 조선과 "일본 국내"의 상황이 완전히 동일할 수 없다는 것 역시 전제된다. 즉 조선은 곧 일본이라는 입장에서 대동아공영권을 위해 무엇을 할 수 있는가를 생각해야 하지만, 궁극적으로 조선은 일본이 아니다. 조선에 대하여 식민본국과 마찬가지로 순정한 '고쿠고'를 상용하도록 강제하면서도, 일본 내 '언어 소수 지역'으로 보려는 입장은 여전히 유효했다. 대동아공영권에서 조선영화는 '고쿠고'로 제작되어야 한다고 하면서도, 조선어와 '고쿠고'를 병존시킬 수밖에 없는 상황은 일본의 패전으로 제국이 붕괴될 때까지 지속되었다.

문제는 누구를 위한 영화를 만드는가, 무엇을 위한 영화를 만드는가였다. '고쿠고'로 제작된 조선영화는 대동아공영권에서 일본영화와 동일하게 취급될 수 있는 것인가. 조선영화의 '고쿠고'는 일본영화의 '고쿠고'와 동일한 것인가. '고쿠고'로 조선영화를 제작한다는 것은 누구에게 무엇을 보여주기 위해서인가. 조선영화를 일본어로 제작하는 문제는 조선영화에 작용하는 두 방향의 벡터와 매우 밀접하게 연관되어 있었다. '고쿠고'로 제작했을 때 작용하는 벡터와 조선어로 제작했을 때 작용하는 벡터를 가늠해야 하는 것, 그것이 이 시기 조선영화의 상황이었다.

(2) '조선어 영화'의 기로

조선영화의 언어에 대한 문제가 조선영화계와 일본영화계의 공통적인 관심사로 부상한 것은 〈집 없는 천사(家なき天使)〉(1941)의 일본 문부성 추천 번복 사건이 그 계기였다. 조선인 사회사업가 방수원이 설립한 향린원 이야기를 영화화한 〈집 없는 천사〉는 조선군 보도부와 일본 문부성의 추천을 받아 1941년 가을 일본에 개봉되었다. 일본 배급을 맡았던 도와상사(東和商社)는 일본 문부성의 추천을 받은 최초의 조선영화라는 점을 부각시키며 적극적으로 홍보에 나섰다. 그런데 무슨 사정인지 예정된 공식 개봉일(1941년 9월 25일 도쿄 개봉)을 앞두고 일반 공개가 연기되고, 1941년 10월 1일 추천 당시보다 일부 필름이 삭제된 〈집 없는 천사 개정판〉이 '재검열'을 통과한다. 이튿날 문부성은 "추천은 했으나 최근 내무성의 사정으로 인해 새롭게 개정하게 되었으므로 2일, 추천영화라고 할 수 없음을 정식으로 결정"했다고 발표했다. 이미 검열을 거쳐 문부성 추천작으로 선정되었던 영화의 추천이 번복되고, 추천 당시 그대로가 아니라 '개정판 재검열'을 거친 필름이 일본 내에 개봉된 것이다. 이후 문부성이 나서서 이 문제를 다시 거론한 적이 없었던 까닭에, 〈집 없는 천사〉의 재검열과 추천 번복을 둘러싸고 억측만 난무했다.[95]

〈집 없는 천사〉의 일본 개봉 후 《에이가준보(映画旬報)》가 주최한 좌담회에서 영화평론가 하즈미 츠네오(筈見恒夫)는 영화의 추천이 취소된 근본 원인으로 '조선어 영화'에 대한 '내지'의 반감을 들었다.[96] 영화의 기획 의도와 내용이 아무리 국책에 잘 부합한다고 하더라도 '조선영화'이기 때문에, 정확히 말하면 '조선어 영화'이기 때문에 추천을 번복했으리라는 것이다. 이러한 하즈미의 발언은 〈집 없는 천사〉 추천 취소에 관한 가장 유력한 설이 되어왔다. 이를테면, 『제국의 은막(帝國の銀幕)』(1995)의 저자 피터 B. 하이(Peter B. High)는 〈집 없는 천사〉의 검열 당시 담당자들은 "발성되는 언어가 조선어

(일본어 자막)라는 명백한 문제"를 "까맣게 잊고" 다만 '내선일체'를 널리 알릴 수 있는 절호의 기회라고 생각하여 문부성 추천영화로 결정했던 것이라고 서술했다. 그런데 식민 당국이 조선어 교육과 공식적인 조선어 사용을 이미 폐지한 상태였던 터라 조선어 발성영화는 공식적으로 '존재하지 않아야 할' 조선어가 실상은 계속 사용되고 있다는 것을 폭로하는 셈이었기 때문에, 추천을 번복할 수밖에 없었다는 것이다. 여기서 하이는 윗부분에 "문부성 제 14회 추천영화·개정판 상영 중!", 그 바로 밑에 "(개정판은 추천이 아닙니다)"라고 덧붙인 광고문구에 대하여, '개정판'이란 애초에 존재하지도 않는 국어판 (일본어판)을 '원판' 상태로 가정하는 이중적인 눈속임이었다고 보고 있다.[97] 하즈미의 모호한 발언에서 한 단계 더 나아간 하이는 해석상의 과잉을 무릅쓰고, 내선일체 이데올로기의 기만과 은폐의 시도, 그리고 식민지의 언어 통제로 이 사건을 설명하고 있다.

결국 〈집 없는 천사〉 추천 번복 사건은 '외지' 영화에는 여전히 두터운 '내지'의 벽을 체감하며 제국 일본 안에서 '조선영화'의 위치를 새롭게 모색하도록 요청한 계기였다. 그런데 상기한 《에이가준보》 좌담회에서 하즈미 츠네오의 발언에 대한 제작자 이창용(창씨명 廣川創用)의 반응은 '조선영화'의 위치 모색과 관련해 이 사건이 조선영화의 더욱 실제적인 층위, 다시 말하면 '조선어 영화'의 시장과 관련되는 것임을 시사한다. 그리고 이들 사이의 대화는 조선영화가 곧 '조선어 영화'로 동일화되지 않는 시대, 일본영화와 조선영화, '고쿠고 영화'와 '조선어 영화' 사이에 새로운 위계와 구획이 설정되는 시대로 돌입하였음을 의미하고 있었다. 이 시기 열린 여러 좌담회에서 조선영화인을 대표해 참석한 이창용과, 그때마다 '조선(어) 영화'의 존재에 대해 계몽하려는 일본 측 참석자들 사이의 대화에서, 제국 안에서 식민지의 발성영화가 빚어내는 언어와 민족, 그리고 시장을 둘러싼 불협화음들이 매우 조심스럽게 드러나고 있는 것이다.

조선영화의 일본어 제작에 대한 논의는 〈집 없는 천사〉의 추천 번복 사건이 발생하기 전부터 조선영화를 둘러싼 정치적·경제적 상황 변화와 더불어 시작되었다. 구체적으로는, 일본의 '조선 붐'을 배경으로 수출된 조선영화들이 잇따라 흥행에 실패하고, 일본영화법(1939)에 이어 조선영화령 공포가 예정되어 있던 상황을 배경으로 한다. 1939년 8월 《니혼에이가(日本映画)》 좌담회[98]는 변화되는 상황에서 제국 일본의 한 지류로서 조선영화가 나아갈 방향을 모색하는데, 이 자리에서 〈수업료〉의 시나리오를 집필한 야기 야스타로(八木保太郎)가 조선영화의 언어 문제를 거론했다. 〈군용열차〉의 일본 흥행 실패를 둘러싸고 조선과 일본의 합작 문제를 논하는 중에 나온 발언이었다.

야기는 조선영화에 자본을 투자하기 주저되는 것은 조선어 시장이 협소하기 때문이라고 지적했다. 전국적으로 100개에 못 미치는 상설관들을 통해 거둘 수 있는 수입이 기껏해야 평균 7천 원 정도인 조선 시장의 한계는 조선영화계 내부에서도 지적되어 왔다. 이러한 한계 때문에 조선영화는 일본과의 합작을 통해 일본과 만주 등지로 수출할 수 있는 가능성을 타진했던 것이다. 야기는 '조선 영화시장=조선어 시장'이라고 보고, "조선어를 사용하는 것만이 기업적인 가능성을 실현시켰던 시대에서 일본어를 사용하는 것이 하나의 기업이 될 가능성을 주는 시대"가 되었다고 주장했다. 조선어 시장의 협소함을 극복하기 위해 조선영화에서 점차 일본어 대사를 늘리고, 그리하여 "한 방언(方言)으로서 조선인의 일본어"가 있는 일본어 발성영화를 제작해야 한다는 것이 그의 구상이다. 실제로 그가 시나리오를 집필한 영화 〈수업료〉(1940)는 조선어 대사와 일본어 대사가 뒤섞인 '이중어 영화'였다.[99]

야기의 말을 정리한 기자는 조선에서 "영화팬 계층의 8할 정도"가 일본어 해득력이 있고, 조선에서 상영되는 일본영화의 관객 중 "7할 정도는 조선인"이라는 실제적인 정황을 들어가며, 주저없이 일본어 영화 제작을 거론하는 야기의 주장을 뒷받침했다. 조선영화를 일본어로 제작하더라도 기존의 조선영화 관객 중 80%를 확보할 수 있다는 것이다. 그러나 조선영화의 일본어 제작은 그렇게 산술적으로 간단하게 해결될 문제가 아니었다. 조선영화를 어떠한 언어로 제작하는가는 '누가 조선영화를 보는가'와 관련되기 때문이다.

조선에서는 조선영화령의 공포를 앞두고 조선영화에서 조선어를 계속 사용해도 좋은가에 대해 논의가 있었던 것으로 보인다.[100] 그러나 조선군 보도부가 주도한 이 논의가 조선총독부의 '고쿠고' 정책의 강화와 함께 어떤 당위를 내세웠으리라 짐작될 뿐, 구체적인 내용은 알려지지 않았다. 다만 조선영화령에 조선어 발성영화 제작을 금지한다는 조항을 포함하지 않은 것으로 보아, '조선영화에서 조선어의 폐지'를 공식화하지는 않았다고 할 수 있다. 그러나 조선어 폐지를 공식화하는 제도적 강제가 없이도, 조선어 영화를 제작할 수 없게 만드는 정치적·경제적 맥락이 점차 강화되고 있었다.

야기 야스타로가 '고쿠고 영화'를 제작해서 조선영화의 시장을 확대해야 한다고 주장한 지 2년 후, 〈집 없는 천사〉 사건을 두고 다시 시장 확대의 필요성을 환기시킨 하즈미는 조선영화가 스스로 일본영화 안으로 걸어 들어갈 수밖에 없는 결정적 미끼를 던졌다. 그러면서 그는 야기가 강조하지 않았던 문화와 정치의 문제를 제기한다. 1939년 시점에 야기가 일본어 사용이 경제적 이윤을 가져다주는 하나의 '기업'이 될 가능성을 주는 시대를 언급했다면, 1941년의 하즈미는 '조선영화가 조선총독부만이 아니라 일본 내무성의 기준에 부합해야 하는 시대'임을 강조했다. 〈집 없는 천사〉를 조선에서 상영하는 것은 전혀 문제가 없지만, 이 영화를 일본에서 상영하기 위해서는 사상과 기술, 그리고 언어에 이르는 모든 면에서 조선총독부와 일본 내무성의 공인을 받기 위해 자발적으로 더욱 철저한 방침을 세워야 한다는 것이다. 「조선영화 신체제 수립을 위하여」 좌담회에서 하즈미는 "내지로 진출하지 않으면 조선영화의 발전은 없습니다"라고 단언한다.

이러한 입장에 대해, 고려영화협회의 제작자 이창용은 조선영화를 '영리적 채산성'의 문제뿐 아니라, "지금 조선이 이렇게 움직이고 있다는 상태를 내지에 알리겠다"는 대의명분에 초점을 맞추어 응대했다. 과거 그 자신이 배급에 관계했던 〈홍길동전 속편〉이 오사카에서 상영을 금지당한 사건을 상기한 때문인지 이창용은 조선영화를 "내지에 와 있는 조선의 노동자에게 보이려고 만든 것이 아니라"고 부인하면서까지 일본과 만주국의 관객들도 조선영화의 잠재적 관객이 될 수 있음을 강조했다. 그러면서도 이전보다 관객층을 확대하기 위해 일본어 발성으로 제작해야 한다는 하즈미의 의견에는 선뜻 동의하지 않았다.

그가 일본어 영화 제작에 쉽게 동의할 수 없었던 이유는 무엇보다도 조선영화의 기반은 조선어 사용자들에게 있으며, 앞으로도 그러할 것이기 때문이다. 언어가 한순간에 취사 선택할 문제가 아닌 이상, 하루아침에 모든 조선영화가 일본어 영화로 바뀐다는 것은 상상하기 어려웠다. 일본어 영화 〈그대와 나〉의 경우, 감독 허영은 밤마다 조선인 배우들에게 일본어 대사를 훈련시키는 것을 애로사항으로 꼽을 정도로 일본어 대사를 능숙하게 처리할 수 있는 조선인 배우는 드물었다.[101] 야기의 말처럼 조선의 극장에서 일본영화 관객 중 70%가 조선인이라고 하더라도, 그들이 조선인 배우들의 '갈라진 혀'에서 나오는 일본어 발성을 과연 제대로 즐기며 들을 수 있을 것인가. 이창용이 보기에, 1941년 현재 조선총독부가 "그런 것을 주장한 적이 없고 강요도 하지 않은"[102] 일을 솔선할 필요는 없었다.

도와상사가 몇 번의 시사회를 비롯해 주도면밀한 홍보 계획을 세워가며 분투했던 〈집 없는 천사〉는 도쿄의 긴자영화극장(銀座映畵劇場)의 매상이 600엔대, 국제극장의 첫날 2200엔대에 그쳐서, 두 영화관에서는 단기 상영 프로그램으로 일정을 변경하기까지 했다. 더구나 긴자영화극장에서는 관객의 60%가 재일조선인이었으니,[103] 이 점은 기존의 고정관객을 놓칠 수 없는 상영관의 입장에서나 일본시장의 새로운 관객층을 개척해야 하는 조선영화의 입장에서나 심각한 문제였다. 화제 속에서 개봉된 〈집 없는 천사〉도 그 정도라면, 조선어를 포기한다고 해서 조선영화가 당장 시장성을 획득하는 것은 아니었다.

대부분의 일본인들은 여전히 조선영화에 무관심했다. 오랫동안 일본영화계에서 몸담았던 조선인 감독 허영의 말을 빌면, 일본의 보통 관객들은 '반도인'이라고 하면, "자기 눈앞에 있는 많은 노동자들"을 떠올리고, 단지 조선영화라는 이유만으로 "보기도 전부터 어떤지 지저분하다는 생각"[104]을 한다. 조선과 조선인에 대한 편견들이 개선되지 않는 한, 일본 내에서 조선영화의 입지는 여전히 비좁았다. 〈집 없는 천사〉가 조선에서는 아무리 훌륭하고 좋은 영화라고 권장되었을지라도, 또 도와상사가 아무리 일본 홍보에 애를 썼을지라도, 이 문제를 극복하지 못한 듯 보인다. 영화를 통한 '내선일체'를 주장하지만, 조선과 조선인, 조선영화에 대한 차별이 엄연히 존재했고, 조선영화에 대한 내지의 벽은 높았다. 그렇다면 조선영화는 어떠한 방향으로 나아가야 하는가. 야기나 하즈미의 말대로, 일본어 영화가 과연 그 해답이 될 수 있을 것인가.

야기나 하즈미가 강조한 기업적 측면에서 보아도 이 문제는 쉽게 답하기 어렵다. 조선영화를 일본어 발성으로 제작하는 경우, 제국 일본 내에 조선영화 상영관 수를 늘릴 수 있을지는 모르지만 새로운 관객층이 얼마나 증가할지, 현재 '조선어 영화'가 확보하고 있는 수보다 많은 관객들이 자발적으로 조선영화를 보게 될지 장담할 수 없었다. 그리고 일본어 발성으로 제작하는 조선영화가 확장된 '일본영화'의 범주 안에서 여타의 일본영화들과 동등하게 경쟁할 수 있을지도 자신할 수 없었을 것이다. 1930년대 후반부터 조선과 일본의 제휴가 더욱 본격화되고 있는 상황에서, 조선어 발성을 포기한다는 것은 일본영화에 대한 종속, 더 나아가서는 조선영화의 독자적인 영역을 포기하는 것을 의미했다. 실제로 1934년부터 시작된 외국 영화 통제 조치가 일본영화가 식민지 시장에 안착하는 것을 용이하게 했듯이, 조선영화의 일본어 발성 제작도 궁극적으로는 조선영화의 시장 확대보다는 식민지 조선에서 일본영화의 시장을 더욱 공고히 하도록 작동할 것이었다.

그러나 이미 조선의 영화제작사들을 통폐합하여 단 하나의 영화통제회사를 설립하려는 방안이 추진되고 있는 상황에서, '조선어 영화'만을 제작해야 한다고 고집하는 것은 불가능했다. 국책에 따라 거의 모든 미디어가 일본어 전용으로 바뀌어야 하는 것이 당위였기 때문이다.

이어지는 대화에서 이창용은 조선에 설립될 새로운 통제 회사의 존재 의의를 강조하는 방향으로 화제를 전환하면서, 이제 조선영화는 조선 바깥에 "조선의 사정을 알리는 영화"와 "조선인만을 대상으로 하는 영화"라는 두 가지 방향으로 목표를 세울 것이라고 말한다. 여기서 "조선인만을 대상으로 하는 영화"란 일본의 영화회사가 제작할 수 없는 영화, 다시 말해 일본어 해득력이 없는 "약 70%의 문맹자"[105]를 계발시키는 것을 주된 목적으로 하는 영화였다. 조선영화를 일본어 발성으로 제작할 경우, 오락과 위안, 계몽의 미디어를 잃게 되는 조선인들—대개 여성과 아동, 그리고 일본어 해득력을 갖추지 못하는 비엘리트층—을 위해서 "조선영화라는 특수한 존재"는 여전히 유효했다. 그리하여 이창용은 "글자를 모르는 이에게는 어려운 글자를 늘어놓아봤자 이해하지 못할 것이기 때문에 역시 영화를 통해 그들을 지도하는 것이 최선의 방법"[106]이라는 것을 조선어 영화가 존속해야 하는 이유로 제시한다.

이때 조선어는 일본어를 해득하지 못하는 다수의 조선인들을 '황민화(皇民化)'하기 위한 도구적 언어로 전유된다. '내선일체'를 위해 조선어를 폐기해 버리는 것이 아니라, '내선일체'의 과정을 수행하는 언어로서 조선어의 기능을 전환하는 것이다. 따라서 일본어 해득력이 높은 도시의 관객들이 아니라 여태까지 문화의 혜택을 입지 못했던 "전등이 없는 지역"[107]의 주민들과 여성과 아동, 비엘리트 조선인 남성들을 계몽하기 위한 문화영화를 만드는 것으로 조선어 영화의 기능은 축소, 변환된다. 극영화는 일본어로, 문화영화나 이동영사용 영화는 조선어로 제작해야 한다는 기능 분화가 논의되면서, 일본어 해득력이 없는 조선어 사용자들을 위해서만 조선어 영화의 영역을 열어두게 된다. 무려 80%에 육박하는 조선인들이—조선어 해득력을 갖추고 있다고 하더라도— 특수한 부류의 '문맹'으로, 조선어 영화는 이들에 대한 특수한 선전 도구로 위치 전환이 이루어지고 있었다.

총독부는 문맹 집단에 대한 선전과 계몽을 위해 조선어 발성의 극영화가 아니라 〈쇼와 19년〉과 같은 조선어판 문화영화를 제작했다. 전시 동원 체제 아래에서 새로운 정치와 교육의 장(場)으로서 영화가 활용되고, 효율적인 문화선전을 위해 일본어 문맹자들과 '조선어 영화'가 더욱 긴밀한 관계로 특화된다고 하더라도, 이들 거대한 조선인 '문맹' 집단의 '귀'를 즐겁게 할 만한 극영화를 제작하기는 힘겨워졌던 것이다.

⑶ '고쿠고(国語) 영화'와 흐려지는 민족적 신체

영화 〈수업료〉(1940)와 〈집 없는 천사〉(1941)는 '조선 붐'을 타고 이출된 영화들의 잇따른 참패 후에 도와상사를 통해 일본에 배급되었다. 만족할 만한 성과를 거두지는 못했지만, 두 영화 모두 일본영화계에서 비교적 호평을 얻었다. 그때까지 일본에 소개된 조선영화들이 대부분 가난한 농촌을 배경으로 '조선색'을 내세웠다면, 이 두 편은 사회성 있는 주제로 '반도의 오늘'을 다루고 있다는 점이 높이 평가되었다.

고려영화협회가 제작한 두 영화는 1940년을 전후로 일본에서 제작되었던 〈글짓기교실(綴方教室)〉(1938)이나 〈미카에리의 탑(みかへりの塔)〉(1941)과 유사한 기획을 취했다. 이 점은 도와상사가 일본 배급 당시 배포한 홍보 문구에서 여실히 드러난다. 당시 홍보 전단에서 〈수업료〉는 "죄 없는 동심의 세계를 그린 반도의 〈글짓기교실(綴方教室)〉"로, 〈집 없는 천사〉는 "〈미카에리의 탑(みかへりの塔)〉을 능가하는 야심작"으로 광고되었다.[108] 야마모토 카지로(山本嘉次郎) 감독의 〈글짓기교실〉이 소학교 4학년 학생의 작문 문집을 영화화한 것이라면, 〈수업료〉는 경일소학생신문(京日小學生新聞)의 현상모집에서 총독상을 수상한 광주 북정 심상소학교 4학년 우수영의 수기를 원작으로 했다. 시미즈 히로시(清水宏) 감독의 〈미카에리의 탑〉이 당시 사회적으로 심각한 문제였던 '특수 비행 아동'의 문제를 다룬 영화라면, 〈집 없는 천사〉는 경성의 부랑아 문제를 다루고 있다. 이 영화들은 동시대 일본영화의 경향을 참조하며 일본 관객들에게 보편성의 측면에서 호소하려는 기획을 포함했던 것으로 보인다.

또한 두 편 모두 일본인 작가가 시나리오를 집필한 후 조선어 대사로 번역해 촬영하였다. 이 역시 일본 시장을 의식한 것이라 할 수 있는데, 부분적으로 일본어 대사가 삽입된 이중언어 영화라는 점이 주목을 끈다. 특히 〈인

고려영화협회가 제작한 영화 〈수업료〉(위: 최인규·방한준 연출, 1940)와 〈집 없는 천사〉(가운데·아래: 최인규 연출, 1941). 두 편 모두 일본인 작가가 시나리오를 집필했다. 〈수업료〉는 '조선의 〈글짓기교실〉'로, 〈집 없는 천사〉는 '조선의 〈미카에리의 탑〉'으로 홍보되었다.

생극장(人生劇場)〉, 〈작은 섬의 봄(小島の春)〉 등의 작가 야기 야스타로가 집필한 〈수업료〉는 조선어와 일본어가 뒤섞인 대사가 '학교에서는 일본어, 가정에서는 조선어'라는 이중언어 상황에 놓여 있는 조선 아동의 현실을 과장 없이 실감나게 그렸다고 평가되었다. 이전에 기쿠치 모리오(菊地盛夫)가 각색에 개입했던 〈군용열차〉(1938)가 부분적으로 일본어 대사를 삽입한 바 있지만, 〈수업료〉는 일상적인 이중언어 상황을 과장 없이 자연스럽게 그렸다는 점이 긍정적인 평가를 얻었다.

〈수업료〉와 〈집 없는 천사〉는 일본영화계의 경향에 민감하게 부응한 영화의 소재, 일본어와 조선어로 뒤섞인 대사, 그리고 일본인 작가가 집필한 시나리오라는 점에서 확실히 일본에 소개되었던 이전의 조선영화들과는 다른 경향의 영화였다. '조선색'에서 탈피한 영화로도 일본 관객의 관심을 끌어낼 수 있다면, 이 영화들이야말로 조선영화가 새로 나아가야 할 방향이라고 말해도 좋을 것이었다. 당시 조선총독부 조선사 편수관이었던 구로다 쇼죠(黑田省三)는 두 영화의 성공이 "조선영화의 특수성"을 명확하게 주장하지 않았기 때문이라고 하면서, 다음과 같이 제언한다.

조선어는 방언이 아니다. 방언은 다소 이해가 되지만 조선어는 외국어와 똑같은 조건에 있다. 하물며 일반들에게 영화에서 지방색을 그려내더라도 모두 그대로는 아니며 난해한 것은 채용하지 않든가 새로 고치든가 하는 것이다. 〈말(馬)〉이 그 좋은 예이다. 이 영화는 이와테현(岩手縣)의 언어 그대로는 아니다. 그렇다면 큐슈(九州) 지방의 사람들에게도 이해시킬 수 있다. 그러나 조선어의 경우는 1억에서 2천만을 뺀 나머지 8천만에게는 말글도 생소한 문자이다.

현재의 조선영화는 양화(洋畵)와 마찬가지로 자막을 화면의 오른쪽에 수퍼임포즈드하고 있다. 〈수업료〉나 〈집 없는 천사〉로 느낀 것은 조선어 회화 중에 고쿠고가 나온다는 점인데 이 경우에는 자막이 없다. 회화 중에 내선(內鮮) 양쪽 말이 사용되는 것은 일부 조선인의 생활상의 실제이며 고쿠고 보급의 한 예라고 생각한다. 필자는 조선영화의 장래를 생각해 고쿠고로 녹음해도 좋다고 생각한다.

조선영화가 내지에 진출함에 언어상의 장애는 당연히 제거되어야 한다. 조선인 스스로 고쿠고를 이해하고 아마도 영화를 보러 가려는 자로서 고쿠고를 이해할 수 없는 자는 전무라고 해도 좋을 것이다. 앞에서 이야기한 〈수업료〉나 〈집 없는 천사〉의 고쿠고 회화의 부분에는 조선어 자막이 들어가 있지 않다. 그럴 필요가 없기 때문이다.[109]

인용한 글에서, 구로다는 지방색의 문제를 거론하면서 도호쿠(東北) 지방의 농촌을 무대로 한 〈말〉에 등장하는 도호쿠 방언과 조선영화의 조선어가 결코 동일한 층위에 있는 것이 아니라고 강조한다. 영화 〈말〉이 큐슈 사람들도 이해할 수 있도록 도호쿠 방언에 변형을 가한 것처럼 조선어 영화들도 전달 가능성을 높이기 위해 변형이 불가피한데, 조선어는 방언이 아니므로 고쿠고 영화가 되어야 한다는 것이다. '번역이 필요하지 않은' 고쿠고 영화가 '번역해야만 이해할 수 있는' 조선어 영화보다 전달 가능성이 높다는 주장은 '고쿠고 영화'의 당위를 정치적·산업적 맥락에서 거론했던 일본영화계와 입장을 같이 하면서도 다소 다른 뉘앙스를 풍긴다.

구로다의 말은 식민지 조선의 비대칭적인 다이글로시아 상황을 노골적으로 드러낸다. 조선어 영화보다 고쿠고 영화의 전달 가능성이 높다는 것은 조선어—일본어 이중언어 사용자의 거의 대부분이 조선어가 모어인 반면 일본어가 모어인 경우는 극히 드물기 때문이다. 식민지/제국의 언어 편제 속에서 조선인은 일본어를 이해할 수 있거나 이해해야 하지만, 일본인은 조선어를 이해하지 못하며 이해할 필요가 없다. 정치적·경제적·문화적 헤게모니를 갖는 일본어의 사용을 정치적 강제를 통해 정책적으로 실행할 때, 두 언어 간 비대칭성은 더욱 심화된다. 식민지의 고쿠고 정책은 두 언어의 병용을 과도기적 상태로 보고 점차 '고쿠고'라는 체계로 통일시켜 식민지인 스스로 조선어를 버리도록 강제하는 것이었다. 다시 말해 〈수업료〉가 보여준 '소극적 공존' 상태, 즉 공사의 상황에 따라 일본어와 조선어를 나누어 사용하는 다이글로시아에서 모어를 버리고 지배 언어에 동화하는 '종속적 동화'의 상태로 나아가도록 하는 것이다.[110]

그렇다면 고쿠고 영화는 종속적 동화를 가상적으로 실현하는 것이라고 할 수 있다. '조선어 발성+일본어 자막'으로 제작되어 온 조선영화가 번역이 필요하지 않은, 즉 자막 없는 '일본어 발성'으로 제작된다. 스크린에서 일본어 자막이 사라진다는 것은 마이너리티 언어인 조선어 시장의 붕괴와 일본어 영화시장으로의 흡수를 상징하는 사건인 것이다.

〈수업료〉 이후 조선지원병훈련소의 생활을 그린 방한준 감독의 문화영화 〈승리의 뜰(勝利の庭)〉(1940)이 일본어 발성으로 제작되었고, 〈지원병〉, 〈집 없는 천사〉, 〈반도의 봄〉, 〈아내의 윤리〉 등에 일부 일본어 대사가 사용되었다. 그러나 일본어 대사가 사용되는 상황과 조선인 배우의 일본어 연기는 새로운 난제를 안겨주었다. 함대훈은 "〈집 없는 천사〉, 〈반도의 봄〉 등에서는 고쿠고의 사용이 무규율적이었을 뿐 아니라 그 고쿠고가 졸렬"[111]했다고 평한다. 〈수업료〉와 같이 일상적이고 자연스럽게 조선어와 일본어가 섞이도록 적재적소에 배치해야 하는데, 불필요한 상황에 일본어 대사를 남발한다고 보았던 것이다. 적절하지 않은 일본어 대사와 조선인 배우의 미숙한 일본어 연기가 영화를 더 "졸렬"하게 만든다. 그는 이러한 영화가 대동아공영권

내 각 지역에 소개되어서 "고쿠고의 아름다움을 해치게 되는 일이 있다면, 그것이야말로 중대 문제"이며, 일본에 이출된 조선영화에서 "고쿠고 회화의 어색함과 부자연스러움이 웃음거리가 될지도 모른다"고 우려했다. 그러면서 당분간 일본어 대사는 "조선 사람들의 보통 회화에서 잘 나오는 용어 정도로 하는 것이 진짜가 아닐까 생각한다"고 말했다.[112]

당시 한 일본인 영화평론가의 말대로, 영화의 모든 대사를 조선어나 일본어로 하는 것은 식민지의 일상을 과장한 것일 수밖에 없었다.[113] 영화의 주요 관객층인 도시의 젊은 세대가 일상적으로 노출되어 있는 일본어가 영화에 거의 등장하지 않는 것도 비현실적이지만, 모두가 능숙하게 일본어를 구사하는 영화가 조선의 현실에 가까울 리도 없다. 그러나 1943년 이후의 극영화들은 모두 일본어로 제작되었다. 조선인 중심의 제작이든 일본인 중심의 제작이든 영화의 대사는 모두 일본어였다. 조선어는 간혹 문화적 차이를 표지할 필요가 있을 때 양념처럼 등장하거나, 노이즈(noise)나 효과음처럼 사용되었다. 일본어 영화에서 조선어가 의미 있게 등장하는 장면은 조선 노래가 흐르는 장면들뿐이다. 이 영화들은 〈수업료〉와 같이 상황에 따라 두 언어를 선택적으로 사용하는 것이 아니라, 균질적인 언어 세계를 재현하여 식민지 다이글로시아의 불균등성과 비대칭성을 은폐했다.

이러한 일본어 영화에서 조선인 배우들은 일본어 대사를 자연스럽게 구사하기 위해 고전할 수밖에 없었다. 〈망루의 결사대〉에서 임(林) 순사로 출연한 전택이는 대사의 양이 그리 많지 않았음에도, 한 마디의 대사를 촬영하는 데 세 시간이나 걸려야 했다.[114] 심영과 황철은 조선연극계를 대표하는 배우들이었지만, 일본어 영화에 출연할 때에는 발음 문제 때문에 일본인 배우나 감독들에게 별도의 지도를 받아야 했다. 〈그대와 나〉를 촬영할 당시 "고쿠고가 능치 못해서 오비나타 씨 히나쓰 씨에게 여러 가지로 배워 억지

·로, 그러나 열심히"[115] 일본어 연기를 소화해야 했던 배우 심영은 이후로도 열의를 가지고 일본어를 연마했다. 이러한 노력으로 그는 〈망루의 결사대〉를 연출한 이마이 감독도 인정할 만큼 "유창한" 일본어를 구사할 수 있게 되었다.[116] 그러나 〈망루의 결사대〉에서 그가 조선인 아동의 발음을 교정해 주는 교사 류동순을 연기할 때, 실제로는 일본인인 배우들 앞에서 조선인 배우가 "빈뽀가 아니다 빈보다"라고 말하고 있는 것이 어떤 관객의 눈에는 괴이해 보일 수도 있었을 것이다. "빈뽀"든 "빈보"든 심영의 일본어 발음이 얼마나 정확한지는 의심스러울 수밖에 없는 것이다. 조선인 배우의 일본어 연기에 대한 평가는 언제나 냉혹해서, "차라리 내지 배우들의 녹음을 빌린 것이 효과론 현명치 않았을까"[117]라고 비난을 듣기 쉬웠다.

이렇게 조선영화를 일본어로 제작하는 상황으로 변화하자 일본어 대사를 어느 정도 소화할 수 있는 새로운 배우들이 등장했다. 이는 마치 무성영화에서 발성영화로의 이행이 스크린의 세대교체를 동반했던 것과 흡사했다. 가령 조선을 상징하는 여배우 문예봉은 〈그대와 나〉에서는 조선인 지원병 기노시타 타로(심영 분)의 아내로 잠깐 출연하는데, 시나리오상으로 보면 그녀의 대사는 "다녀오셨어요?"(조선어)뿐이다.[118] 〈젊은 자태〉에서도 지원병의 어머니로 출연한 문예봉의 대사는 거의 없다. 반면, 식민지 말기 프로파간다 영화의 헤로인 김신재라든가 〈젊은 자태〉의 김령, 〈병정님〉의 홍청자와 같은 신예는 유창한 일본어 실력을 바탕으로 영화의 주역에 발탁되었다.

이러한 변화 속에서 일본인 배우들이 조선영화에서 조선인 역으로 출연한 것도 주목할 점이다. 이마이 타다시와 최인규가 연출한 〈사랑과 맹세〉에서 무라타의 아버지인 조선인 교장 역은 시무라 타카시(志村喬)가 연기했다. 마키노 마사히로 감독의 〈원앙가합전(鴛鴦歌合戰)〉(1939)과 구로사와 아키라의 감독 데뷔작 〈스가타 산시로(姿三四郎)〉(1943)로 얼굴을 알린 시무라의 출연은 일본과 조선 양측에서 관객의 흥미를 유도했으리라 생각된다. 또 일본인 배우를 기용함으로써 정확한 발음으로 일본어 대사 연기를 소화하도록 하는 실질적인 효과도 있었을 것이다.

일본과 그 외 관객을 의식해 일본인 배우들을 대거 기용하였다고 하더라도, 조선인 등장인물마저 일본인이 연기하도록 한 것은 조선인이 조선인으로서 발화할 권리를 박탈한 것이라고도 볼 수 있다. 조선인 배우들의 일본어 연기를 혹평하는 사람들이 제시한 대안도 조선인 배우가 연기하되 일본인 배우가 일본어 더빙을 하는 방법이었다. 물론 조선인 배우가 서툰 일본어로 조선인을 연기하도록 하는 것이 얼마나 폭력적인가는 굳이 설명할 필요가 없다. 그것은 '혀'를 바꾸는 일과 다름없다.

일본인 배우가 일본어로 조선인을 연기했을 때의 효과는 이 영화들이 내선 합작으로 제작된 프로파간다 영화라는 점에서도 생각해 볼 수 있다. 이 점은 〈군용열차〉에서 주인공 점용(왕평 분)의 애인인 정순희 역에 출연한 사사키 노부코(佐々木信子)의 경우와 비교해 보면 분명해진다. 〈군용열차〉에서 일본인 여배우 사사키의 신체와 조선인 정순희라는 배역은 조선인 성우의 목소리로 후시녹음되어 조선어 영화 속으로 들어왔지만, 관객은 사사키와 왕평이 함께 등장하는 어색한 대화 장면에서 일본인의 신체에서 발화된다고 상상되는 음성(조선어)과 조선인 여성이라는 배역의 불일치를 감지한다. 반면, 〈망루의 결사대〉와 〈사랑과 맹세〉에서 일본인 배우는 자신의 신체(일본인)와 음성(일본어)의 단일성(unity)을 유지하고, 여기에 바탕을 둔 자연스러운 연기를 보여준다. 관객은 일본인 배우가 조선인을 연기하고 있다는 사실을 알고 있더라도, 등장인물에 대한 동일시를 방해받지 않는다.

식민지 말기 프로파간다 영화에서 일본인과 조선인은 신체적으로 구분이 모호하기 때문에 언어나 복장을 통해 차이가 표지되어 왔다. 여성의 경우는 기모노와 조선복과 같이 복장을 통해 둘 사이의 차이가 명시되는 반면, 국민복을 입고 등장하는 남성들은 창씨개명한 것이 분명해 보이는 이름이라든가 조선인임을 알 수 있게 하는 상황이나 대사, 발음 등을 통해 민족성이 드러난다. 그런데 일본인 배우가 그 자신의 모어인 일본어로 조선인을 연기하게 되면 이러한 차이들이 모호하게 흐려진다. 이렇게 조선인을 연기하는 일본인의 신체, 일본인이 연기하는 조선인의 신체야말로, '내선일체'의 체현이라 할 만하다.

조선인을 연기하는 일본인 배우들이 몸소 보여준 민족적 유동성(ethnic fluidity)과 그로 인한 정체성 교란은 조선인인지 일본인인지 모호한 인물을 일본인 배우가 연기할 때 극대화된다. 〈망루의 결사대〉에서 사이토 히데오(斎藤英雄)가 연기하는 신참 아사노(浅野) 순사라든가 〈사랑과 맹세〉에서 다카다 미노루(高田稔)가 연기한 시라이시(白石)는 재조선 일본인이거나 조선인일 수도 있다는 암시를 던진다. 예컨대, 아사노 순사에게 대구에서 어머니가 보내온 떡을 나누어 먹는 장면이라든가, 시라이시가 전사한 조선인 전쟁영웅 무라이(村井)와 같은 학교를 다녔고, 그의 아버지인 조선인 교장 무라이로부터 가르침을 받았다고 말하는 장면 등이 그렇다. 이들은 조선에 살고 있는 일본인일 수도, 창씨개명한 조선인일 수도 있다. 더 중요한 것은 그러한 민족 정체성을 관객이 쉽사리 파악할 수 없도록 연출했다는 점이다.

한편, 조선인들이 중심이 되어 제작한 일본어 영화인 〈조선해협(朝鮮海峽)〉(1943), 〈거경전(巨鯨傳)〉(1944), 〈병정님(兵隊さん)〉(1944) 등의 주요 배역은 모두 조선인 배우가 연기했다. 연출도 모두 조선인 감독이 맡았다. "연기자는 돌지 않는 혀로 일본어를 외고, 감독은 어감도 모르고 연기를 지도하였다"[119]고 할 정도로, 일본어 연기와 연출이 쉽지는 않았으리라 짐작된다. 공식적으로 확인된 적은 없지만, 문예봉의 목소리는 일본인이 더빙했다는 소

문이 공공연하게 돌았다.[120] 조선인 배우가 아무리 일본어를 유창하게 해도 그 발음과 음조가 일본인의 그것과 다르다는 것은 감춰질 수 없었을 것이다. 〈망루의 결사대〉를 연출하면서 조선인 배우들과 작업했던 이마이는 "반도의 고쿠고는 특이한 억양이 좀 섞였어요. 큐슈 억양" 같은데, 대체로 말끝이 올라가고, "접미사 같은 단어에는 감정이 표현되지 않는다"[121]고 말하기도 했다. 조선인 특유의 억양과 일본어 그대로의 어감을 살리지 못하고 흉내 내기에 불과할 수밖에 없는 대사 연기는 조선인 관객이든 일본인 관객이든 불편하게 만들었을 것이다.

아무리 유창해도 조선인의 것일 수밖에 없는 일본어 대사와 조선인 배우의 신체에 일본인의 음성을 덧입힌 대사를 통해, 일본어 영화는 인물들의 차이와 개성을 지워갔다. 가령 방한준이 연출한 〈병정님〉에서 특별지원병 훈련소에서 만나 우정을 나누는 후미모토 젠키(남승민 분)와 야스모토 에이치(독은기 분)는 모두 유창한 일본어로 대화를 나눈다. 후미모토가 경성의 가회정 고급주택가의 자제이며, 야스모토가 황해도 농촌 출신이라는 점은 그들의 언어를 통해서는 짐작되지 않는다. 조선인인 그들의 대화에 서울 말도 황해도 말도 사용되지 않기 때문이다. 영화에 등장하는 인물들은 지역과 계층을 달리하지만, 그들의 차이가 언어를 통해서는 표지되지 않는다. 마찬가지로 '반도 출신 지원병'인 그들이 일본 출신 병사와 일본어로 이야기하면, 그들이 사용하는 언어는 일본어의 (조선) 방언이 될 것이다. 사용하는 언어가 일본어라는 '보편어'에 가까워질수록 그들 사이의 거리—황해도와 경성, 조선(경성)과 제국—는 줄어들고, 영화 속의 언어는 평평하고 균질적으로 확장되어간다.

3. 조선어 공간의 재편

전시 체제에서 식민지 극장이 전쟁 동원을 위한 효과적인 프로파간다 기구로 호명되었을 때, 자기 완결성을 갖는 표상으로서의 영화는 제국 시장의 정치적·경제적·문화적 헤게모니에 의해 제국의 중심을 향하게 된다. 조선어 영화를 고집할 경우 일본을 중심으로 한 '대동아영화권' 안에서 시장의 고립을 자초하게 될지도 모른다는 영화계 안팎의 위기는 이러한 맥락에서 조성된 것이다. 그럼에도 조선총독부와 법인 조영이 조선어 영화의 제작을 아주 폐기해 버릴 수 없었던 것은 전 조선 인구의 80%를 차지하는, 일본어 해득력이 없고 도시 중심의 미디어 테크놀로지로부터 소외된 이들의 존재였다. 농산어촌과 공장지대, 소위 '생산지대'의 노동력을 전쟁에 동원하기 위해 그동안 식민지 조선에서 미디어 테크놀로지로 수렴되지 않았던 잉여의 영역이 새롭게 주목되었던 것이다. 토키 이행과 더불어 주변화되었던 조선어 구연 공간이 전시 체제에서 재부상하게 된 것은 이러한 사정과 관계가 깊다.

이 절에서는 제국 일본의 전쟁 동원을 위해 소위 '문화의 외부'에 있었던 농산어촌이나 광산, 산업 현장 등을 중심으로 조선어 구연 공간이 재배치되는 과정을 살펴보고, 이 동족(어) 공간에서 참여하는 관객들로부터 식민지/제국 체제에 대한 전복적 실천의 잠재성을 읽어낼 것이다.

(1) 문화의 외부, 이동하는 극장

1941년 2월, 《매일신보》는 여러 문화 단체 관계자들과 국민총력조선연맹(이하 총력연맹) 관계자들이 참석한 「문화익찬의 반도체제」 좌담회를 개최했다.[122] 이 자리에서 삼천리사의 김동환은 신설된 총력연맹 문화부의 중점

사업은 조선에 거주하는 "팔십만 내지인이나 삼백만 반도인 지식층"이 아니라 무려 "이천만"에 달하는 "거의 지식 없는 문맹계급"을 위한 "눈과 귀로 가르치는 바의 연극, 영화, 소설과 같은 문화운동"이어야 한다고 제안한다. 이에 대해 야나베 에이자부로(矢鍋永三郎) 문화부장은 "시국 인식을 높이는 연극이라든가 영화라든가, 야담이라든가, 혹은 기타 방법으로 예컨대 종이연극(紙芝居) 따위로 농촌에 알맞도록 지금 생각 중"이라고 답변한다. 문화부장 취임 직후 대담에서 시종 문화에는 '문외한'인 터라 그저 조선 문화인들의 협력을 바랄 뿐이라고 했던 것과 비교하면, 그 나름으로는 상당히 구체적인 안을 내놓은 셈이었다.[123] 그러자 실제적인 활동을 담당하게 될 문화단체를 대표해 조선연극협회장 이서구가 "농촌사람들의 교양이 되고 오락이 될 수 있"고, "국민으로서 알아두어야 할 것을 인식시키"는 구체적인 방법으로 이미 "농촌위안연극"을 준비 중이니, 당국의 협조를 당부한다고 했다.[124]

이 좌담회에는 조선 문화의 특수성이라든가 조선어 사용 문제 등 중요한 현안이 의제로 올라 있었다. 그러나 참석자들은 민감한 사안에 대해서는 복잡한 언급을 회피하거나 깊이 있는 논의를 전개하지 못했다. 문화부 설립 직후, 그들 모두가 희망했다고 하는 "행정자와 문화인이 서로 일석(一席)에 모여서 의견을 토로"하고 상당한 공감을 이루는 듯한 형세는 뜻밖에도 농촌오락 문제를 거론할 때 연출되었다. "이천만 문맹"이나 "산업전사"들로 환언되는 촌사람들을 "문화의 혜택", "시국인식", "교양과 오락" 등을 제공해야 할 교화 대상으로 삼는 순간, 식민 권력과 조선인 엘리트들, 그리고 문화계 종사자들 사이에 모든 이해관심의 교차점이 만들어진 것이다.

1930년대 중반을 경유하면서 유성기와 라디오, 영화 등의 보급으로 식민지 조선에는 미디어를 통한 문화의 통제 기반이 점진적으로 구축되어 갔

반	도	상영회수	상영비율	입장인원수			입장 인원비율
				일반관람	학교단체	합계	
제1반	경기	68	5.0	25,425	24,327	49,752	4.4
제2반	충북	110	8.1	60,807	31,618	92,425	8.3
제3반	충남	126	9.3	58,431	21,473	79,904	7.2
제4반	전북	122	9.0	62,210	32,545	94,755	8.5
제5반	전남	97	7.2	52,180	14,140	66,320	5.9
제6반	경북	83	6.1	37,630	45,470	83,100	7.4
제7반	경남	101	7.5	85,480	38,309	123,789	11.1
제8반	황해	106	7.8	95,698	19,900	115,598	10.4
제9반	평남	123	9.1	107,580	10,166	117,746	10.6
제10반	평북	77	5.7	38,223	23,877	62,100	5.6
제11반	강원	71	5.2	55,450	8,350	63,800	5.7
제12반	함남	127	9.4	54,844	29,258	84,102	7.5
제13반	함북	131	9.7	58,740	16,740	75,480	6.8
합계		1,342	100.0	792,698	316,173	1,108,871	100.0
월평균		268		158,539	63,234	221,774	

표 9. 조선영화배급사 이동영사반 상영회수 및 입장인원 총통계

기간 1942년 12월~1943년 4월
출처:《映畵旬報》87, 1943年 7月 11日, 46頁.

다. 흔히 이러한 미디어들은 시·공간적 동시성을 바탕으로 '상상의 공동체'
에 대한 감각을 이끌어낸다고 여겨진다. 그러나 문화의 경험은 지역, 성별,
연령, 계층, 교육 정도, 미디어 테크놀로지에 대한 접근성 등 제반 여건에 따
라 달라진다. 특히 식민지 조선의 억압적인 이중언어 환경, 지역과 계층에
따른 극심한 문화적 편차 등은 리터러시 외에도 여러 차등적인 기반을 형성
했다. 단지 도시와 농촌, 일본어 사용자와 조선어 사용자, 글을 읽을 수 있는
자와 없는 자 정도의 차이가 아니라 여타의 근대 미디어에 대한 접근성, 즉
영화를 본 적이 있는 자와 없는 자, 라디오 방송을 들을 수 있는 자와 없는
자 등의 차이가 존재했던 것이다.

좌담회에서 야나베와 김동환, 그리고 이서구가 주고받은 오락과 문화

에 대한 논의는 그 기저에 오락과 문화의 지역적·계급적 소외 혹은 불균등한 분배 문제가 놓여 있었다. 이 문제는 물론 이 시기에 돌출적으로 등장한 것은 아니었다. 그러나 일본의 제국주의 침략 전쟁으로 전 사회가 전시 체제로 재편되고 있는 시점에서 문화에서 소외된 "이천만 조선인 문맹들"에 대한 조선인 엘리트들의 계몽 기획과 생산의 효율성을 높이려는 식민 당국의 이해가 교차했다는 점은 주목할 일이다. 이들을 위한 일종의 "문화운동"이란, 총독부의 순회 영사라든가, 카프(KAPF) 계열 엘리트들이 구상한 프롤레타리아 문예운동, 혹은 민족 엘리트들의 '농촌계몽운동'의 방식과도 유사해 보이지만, "이천만 문맹"이 고도국방국가의 "산업전사"로 호명될 때, 조선에서 각각의 문화운동이 갖고 있던 정치적 긴장이 은폐되는 대신, '오락의 사회적 효용'만이 극도로 강조되고 있음을 간과해서는 안 될 것이다.

많은 연구들은 비도시 지역에 살고 있는 전 조선의 80%의 인구를 가리켜 "이천만 문맹"이라고 한 당시의 명명에 기대어, 이들을 '문맹'으로 일반화해 왔다. 그러나 이러한 경우 인쇄미디어를 넘어서는 다양한 미디어 환경에서의 고찰이 어렵고, 일본어 해득력은 없으나 조선어 해득력은 갖춘 자, 문자 해득력은 없지만 일본어 회화는 가능한 자 등 여러 층위로 존재하는 언어력의 차이가 포착되지 않는다. 이들은 조선어나 일본어로 출판된 인쇄미디어에만 접근이 차단된 사람들이 아니라, 근대의 미디어 테크놀로지에서 배제된 자들로서 위치했다. 식민 당국의 통치자들이나 조선의 문화 엘리트들에게 이들은 마치 수면 아래 가라앉은 거대한 빙산의 일부처럼 그 문화적 경험이나 수준을 가늠하기 어려운 지대에 위치했다. 식민지의 이중언어 환경과 식민지 주민의 불균질한 문화적 경험은 식민 권력으로 통제되지 않는 단단한 외부를 만들고 있었다. 문화계 종사자와 조선인 엘리트들이 식민지기 내내 계몽 기획을 발현하고자 시도했던 '문화의 외부'는, '고쿠고(國語)'의 외부, 교육의 외부, 도시의 외부, 미디어 테크놀로지의 외부였다.

1943년 5월에 있었던 「조선영화의 특수성」 좌담회에서, 카라시마 다케시(辛島驍)는 조선에서 상영되는 영화는 원칙적으로 일본어를 사용해야 한다고 하면서, "굳이 조선어판을 만들려면 화면 구성에서 속도, 내용까지 미세한 점에 걸쳐 수준을 낮춰 만들고 그에 따른 설명을 단 것"이어야 하는데, "그 정도로 철저한 작품을 만들 여유가 오늘날의 영화제작자에게 있을까요?"라고 반문했다. '조선어'만을 사용하는 조선인은 교육 정도가 낮은데, 굳이 그들을 위해 많은 비용을 투자하여 조선어판 영화를 제작할 필요가 없다는 것이다.

그러면서 그는 영화가 아닌 종이연극(紙芝居)이나 이동연극대로 선전을 펼치는 것이 더 적합하다고 덧붙인다.[125] 종이연극이나 이동연극 등은 자본이나 기술의 투입을 최소화하면서도 미디어 테크놀로지로부터 소외된 사람들에게 효율적으로 접근할 수 있다고 기대되었다. 다시 말해 '미디어 테크놀로지 외부를 수렴하는 미디어'가 긴요해지자 '이동하는 사람'을 근간으로 하는 새로운 미디어의 필요성이 제기된 것이다. 가령 출판이나 영상, 방송, 음반 등은 대량복제를 통해 동시에 여러 장소에서 많은 사람들을 동원할 수 있지만, 그것을 송신하거나 재생하고, 해득할 수 없는 환경에 있는 사람들에게는 전혀 무용했다. 반면, 공연은 오히려 복제와 재생의 불가능성 때문에 미디어 테크놀로지 안으로 수렴되지 못하는 사람들, 즉 아동과 여성, 촌사람, 노역자 등에 이르는 폭넓은 계층과 친연성이 있었다. 총독부 경무국에서 연극을 담당했던 호시데 토시오(星出壽雄)는 "영화를 이해하지 못하고, 고쿠고(일본어)를 이해하지 못하는 연극 관람자층"과 "영화가 상연되지 않는 농촌과 어촌의 연극관람자"에 대해 연극은 영화보다도 강렬한 "감화력과 침투력"[126]을 가졌다고 하면서, "문화수준이 낮은 대중의 마음에 깊이 파고드는 점"을 활용해 "국책의 방향, 시국의 인식과 더불어 조선 통치에 기여하는 방향으로 추진"하자고 말한다.[127] 공연이 가진 특장을 이용해 오락에 굶주린, 혹은 문화에 대한 감상력이 뒤처진 이들, 즉 극장 및 여타의 기반 시설이나 유성기나 라디오 등의 근대 미디어 경험이 거의 부재하고, 문화를 향유할 여유가 없는 이들에게 위안과 오락, 시국 인식 등을 제공한다는 것이다.

일본어도 조선어도 읽고 쓸 줄 모르는 조선인들은 "미술을 통해, 음악을 통해, 혹은 특수한 사람을 통해"[128] 교화할 수 있다는 야나베 에이자부로(矢鍋永三郞)의 표현을 빌면, "특수한 사람"을 매개로 교화를 시도하는 '인간 매체'가 전쟁 중이라는 특수한 시기에 요청되었던 것이다.[129] 연극이 관객을 찾아간다는 이동연극의 발상은 저장(stock)된 정보를 유동(flow)시키며 새로 축적된 정보를 보고하는, '이동하는 신체(들)'로 연극을 재배치하는 것이었다. 계몽과 선전을 위해 극장이 이동한다는 상상은 카프(KAPF)의 문예대중화 운동과도 어떤 연관성이 발견되는 듯 보인다. 저장된 정보를 유동시킬 수 있는 구술성(orality)과 수행성(performance)을 갖추고 있지만 이동성(mobility)이 결여되어 있던 연극을 극장에서 해방시킴으로써, 이동연극은 라디오나 유성기 이상의 효과를 산출하리라 기대되었다. 흡사 '극장과 유성기', '극장과 라디오'가 결합된 듯한 이동연극은 전시기에 인간이 갖고 있는 정보 축적과 이동성을 극대화한 발상이었다.

1941년에 조선연극협회가 조직한 이동극단과 조선연예협회가 결성한 이동연예대, 두 단체가 조선연극문화협회로 통합된 1942년에 편성된 이동극단 제1대(연극협회 이동극단의 후신, 연극 중심)와 제2대(연예협회 이동극단의 후신, 악극 중심)뿐 아니라, 1944년에 결성된 조선이동창극단에 이르기까지 식민지 말기의 조선에서는 관변 문화 단체들이 조직한 '이동하는 신체들'이 방방곡곡에서 문예 동원을 펼쳤다. 연극뿐 아니라, 악극, 만담, 야담, 가요, 무

용, 종이연극, 인형극, 창극 등 실로 그 장르도 다양했다.[130]

상영 시설이 도시에 집중되어 있어서 비(非)도시 지역 주민들에게는 접근성이 제한되어 있었던 영화 역시 이 시기에 '이동영사'를 통해 농산어촌이나 생산 현장, 각급 학교 등지에서 상영되었다.[131] 이동연극과 마찬가지로 이동영사도 생산 현장의 노동자와 농산어촌의 농민들에게 건전 오락을 제공하고, 시국에 대한 인식을 높이는 것을 목적으로 했다. 이동영사의 담당자들은 이것이 영리흥행을 목적으로 하는 순업(巡業)과 달리, 흥행 수익을 전혀 염두에 두지 않은 선전 선무 활동이라는 점을 특히 강조했다.

이렇게 관이 주도적으로 영화를 선전과 사회교화에 이용한 것은 이때가 처음은 아니다. 일찍이 1920년대부터 조선총독부는 활동사진반을 설치해 독자적으로 선전영화와 사회교화용 영화를 제작·상영해 왔고,[132] 위생, 사상, 납세, 저축, 절약 등을 선전하고 교육하는 영사 활동은 1930년대 내내 지역 단위에서 상당히 활발했던 것으로 보인다. 전시 체제에서는 생필름 등 물자 공급이 지극히 제한적인 상황에도 불구하고 이동영사 활동이 더욱 중요하게 부상하고, 비영리 흥행인 이동영사 그 자체에 대한 제도적인 장려와 전폭적인 지원이 이루어졌다. 영화를 통한 선전과 계몽을 강조하는 이동영사는 전쟁 중에 제국 일본 전역에서, 중국 대륙에서, 더 나아가 전쟁을 치르고 있는 세계 전역에서 전개되고 있었다. 약 1만 반의 이동영사대를 가지고 있는 소비에트와 약 1천 반의 이동영사대가 활약하는 독일의 성공적인 사례, 그리고 설립 당시부터 이동영사를 중요 사업으로 내걸었던 만영(滿映)의 영사 활동, 중국 대륙 여러 지역에서 여러 주체들에 의해 운영되었던 이동영사반들이 있었다.[133] 총력전으로 진행되었던 제2차 세계대전 동안 이동영사는 스크린 위에서, 그리고 스크린 주변에서 치러진 영화 전쟁의 하나였다. 이 전쟁의 영화 문화가 식민지라는 조건에서, 그리고 독일이나 소비에트,

일본과는 다른 지역적 특성을 반영하며 어떻게 전개되었는지를 살펴보아야 하겠다.

독일과 소비에트에서 이동영사에 대한 제도적 지원과 유기체적인 조직 운영, 그리고 특히 나치 독일에서 나타난 조직원들의 자발성 등은 전시 체제에서 식민 본국 일본과 식민지 조선의 이동영사 운영에 많은 참조점을 제공했을 것으로 보인다. 조선총독부는 이전의 활동사진반 활동과 여러 사회 단체들의 영화 선전 교화 활동을 결합하여 관이 주도하되 민간이 자발적으로 협력하는 방식으로 총동원 체제에 맞게 이동영사 활동을 재편했다. 총독부의 정보과가 주체가 되어 조선영화계발협회를 조직하고,[134] 1941년 7월부터 13개 도 지사(제1종 회원)와 조선금융조합(제2종 회원)으로 활동을 개시해서 1942년 4월에는 광산연맹, 13개 관청 및 공공단체, 그 외 주요 국책회사들, 제주도와 울릉도(제3종 회원)가 여기에 가입했다. 적십자사 조선지부, 대일본부인회 조선본부 등도 이 단체의 회원이었다.

사단법인 조선영화배급사, 즉 조선영배(朝鮮映配)도 수익 가운데 일부를 투자해 이동영사반을 조직했다. 일본에 비하여 상설관 분포가 희박하고, 영사 시설도 부족한 조선에서 영화를 통한 선전·교화·계발에 이동영사 활동이 중요하다는 것은 당연한 일이었다. 조선영배는 직속으로 이동영사반 3개와 각 도에서 기존의 순업업자 중 우수한 이들을 선출해 조직한 13개 반, 예비반 5반, 그 외 수리반 등을 조직했다. 이들은 태평양전쟁 발발 1주년을 앞둔 1942년 12월 2일에, 각도 1반제로 전 조선 13도에서 일제히 순회 상영을 시작했다. 문화영화, 뉴스영화, 극영화(시국물, 오락물)를 가지고 1도 평균 20개소를 순회하는 방식이었다. 조선영배의 직속반은 군부, 관청, 학교, 공장 등 각종 단체의 신청을 받아 그때그때 임시 출장영사를 했다. 또 자주이동영사(自主移動映寫)라고 하여, 도, 부, 군, 관청 그 외 기관에서 기관 소유의 기계와 요원, 경비를 부담하고, 조선영배가 필름과 기재를 대여하는 방식이 있었다.

원칙적으로 이동영사의 출장 실비는 주최 측이 담당하고 관객의 입장료는 무료였다. 지역이나 주최 측의 사정에 따라 입장료를 징수할 때에도 어른 10전, 아동 5전 이하로 설정하도록 제한을 두었고, 지방의 문화적 수준과 요구를 고려해 여러 종류의 프로그램을 편성했다고 알려져 있다. 이러한 이동영사의 동원 관객 수는 실로 엄청났던 것으로 보인다. 조선영화계발협회는 1942년 한 해 동안 3,669회의 이동영사회를 개최하여 5,172,100명의 인원을 동원했고,[135] 1943년 말에는 100여 개의 영사반을 조직할 정도로 활발한 활동을 벌였다. 기록에 따르면, 조선영배는 추운 날씨 때문에 실외 상영이 어려운 12월에 이동영사 활동을 시작했음에도 12월 한 달 간 152,209명을 동원했고,[136] 1943년 5월 현재까지 35만 명이 조선영배의 이동영사에서 영화를 관람했다.[137] 또 1942년 12월부터 1943년 4월까지의 통계(표 9)에서 보듯이, 이동영사는 짧은 기간 동안 많은 관객을 동원했다. 1943년 현재 전 조선 167개 극장 중 전 도를 통틀어 단 2개의 극장을 보유하고 있는 충청북도가 극장을 다수 보호하고 있는 경기도(26관)보다 상영회 수와 입장인원이 많은 점에서, 문화 시설이 빈곤한 지역일수록 이동영사에 대한 관심이 더 높았다는 것을 확인할 수 있다.

비록 동원이었다고는 하지만, 이동영사에 대한 높은 관심을 오로지 동원에 의한 것만으로 설명할 수는 없을 듯하다. 이동영사는 이동연극에 비해 활동 지역부터 제한적이었다. 휴대용 홈라이트 수급에 어려움을 겪어서 전기가 없는 농촌과 산간벽지 등에서는 영사할 수 없었기 때문에, 이동영사의 관객으로는 주로 읍면 소재지 주민들이 동원되었다. 문화적 혜택에서 소외되어 있던 이들 지역 주민들은 겨울에도 20~30리 길을 걸어서도 영화를 보러 올 정도였다.[138] 그동안 영화를 제대로 구경해보지 못한 조선인들에게서 이동영사에 대한 호응이 대단히 높았던 것은 선전과 교화의 수단으로서의 영화라는 당국자의 의도와 오락과 여가, 문화로서 경험하는 식민지 주민의 수용 사이의 간극을 보여준다고도 할 수 있다. 엄청난 동원 관객 수는 국가의 힘을 증명하는 동시에, 국가의 의도를 초월한 영화열을 짐작케 한다.

　초기 이동영사 활동에서는 조선의 현지 사정을 즉각적으로 반영하는 필름을 별도로 제작하거나 배급하지는 못하고, 대부분을 일본에서 배급받았던 것으로 보인다. 식민지 말기 전라남도청 지방기수로 일본의 패전까지 약 3년 간 이동영사에 종사했던 전경섭(1921년생)은 이동영사의 필름은 "총독부에서 내려왔"다고 술회하는데,[139] 도청이 기계와 요원, 경비를 부담한 전라남도의 자주이동영사에 동원되어 조선영배의 필름을 공급받았던 것으로 짐작된다. 1944년 8월, 조선영화계발협회와 구(舊) 조선영배의 이동영사반, 조선총독부 학무국 안의 조선교육영화연맹 등 이동영사 관계 단체와 조직이 조선영화계발협회로 통합[140]된 이후에는 협회 측이 필름을 배급하게 되는데, 이러한 변화에 대해 그는 특별히 언급하고 있지 않다. 말단의 영사기사에게는 이러한 조직 변화가 예민하게 포착되지 않았기 때문일 것이다. 주로 16mm 휴대용 영사기를 보스턴백에 넣고 조수 1명과 학교를 순회했던 전경섭은 총독부 리스트를 보고 직접 프로그램과 순회할 학교를 선정했다고 하며, 상영한 영화들로는 〈육탄삼용사(肉彈三勇士)〉(1932), 〈공중의 신병(空の新兵)〉(1942) 등 일본에서 제작된 극영화들과 교육영화 및 과학영화 등을 기억했다. 그는 하루에 한 학교를 찾아가 1시간 30분 가량 분량의 필름 1편을 상영하였는데, 상영에 앞서 강연이 있고, 뉴스영화를 상영한 다음 극영화 상영이 이어졌다고 한다.[141]

　주로 학교를 순회했던 전경섭의 경우는 관객의 일본어 해득력을 의식할 필요가 없었기에 이에 대한 특별한 언급을 하지 않았다. 그러나 학교 외 농촌 지역 사람들을 대상으로 이동영사를 실시할 때에는 관객이 일본어를 어느 정도 이해할 수 있는가가 상영에 적잖이 영향을 미쳤던 것으로 짐작된다. 아무리 관객들이 이동영사 활동에 대해 관심과 호응이 높고 심지어 자발적으로 동원된 측면까지 있었다고 하더라도, 일본어를 이해하지 못하는 사람들에게 영상만으로 전쟁 동원 이데올로기를 선전하는 데는 한계가 있기 때문이다.

긴박한 전황 속에서 식민 당국으로서는 모든 조선인들의 일본어 해득력이 신장되기를 막연하게 기다릴 수만은 없는 일이었다. 1943년 이후 새로운 조선어 극영화의 제작을 계획하기 어려운 상황에서, 일본에서 제작된 영화들뿐 아니라 고쿠고 상용을 내세우며 조선에서 제작된 일본어 영화들도 다시 조선어로 번역하는 과정이 필요하게 된 것이다. 「조선영화의 특수성」 좌담회에서 이케다 쿠니오(池田国男)는 징병제를 조선의 말단까지 효율적으로 선전하기 위해서 조선어판을 활용하는 것이 필요하다고 주장한다.[142] 이러한 주장은 세 가지 방식으로 실현될 수 있었을 것이다. 첫째, 처음부터 선전 대상의 문화적 경험이나 수준을 반영한 조선어 발성판을 따로 제작하는 것, 둘째, 일본어로 제작된 영화에 조선어 후시녹음을 하는 것, 셋째, 조선어로 영화를 설명하는 해설자를 통해 언어의 문제를 해결하는 것이다.

조선영배의 이동영사반이 조선총독부가 징병제를 선전하기 위해 제작한 문화영화 〈소화 19년〉을 영사했다는 기록이 있는데, 이미 조선어 시나리오도 공개되었던 이 영화는 애초부터 조선어 토키로 제작되었을 가능성이 높다. 또 조선에서 제작한 일본어 영화 〈조선해협〉(1943)은 5벌의 프린트 중 2벌이 조선어 더빙을 허가받았다고 전해지며, 역시 일본어로 제작된 영화 〈병정님〉(1944)과 관련한 좌담회에서 군 관계자는 〈병정님〉을 이동영사할 때는 조선어 해설을 첨부할 것이라고 말하였다.[143] 이것이 실현되었다면 일본어 발성영화로 제작한 후에 조선어 더빙을 한 셈이 된다. 실제로 조선어 후시녹음으로 〈조선해협〉이나 〈병정님〉의 조선어 버전이 제작되었는지는 확인할 수 없는데, 실현되었더라도 예외적이었을 확률이 높다. 조선어 후시녹음은 고쿠고 영화로 제작한 이 영화의 취지에 반하는데다가 설비 및 자본 문제 때문에 현실적으로 조선어판을 별도로 제작하기 어려웠기 때문이다. 더욱이 이동영사의 프로그램에는 극영화 외에도 〈조선시보〉와 같은 뉴스영화와 문화영화 등이 있었는데, 이 모든 일본어 영화에 대해 별도의 조선어판을 제작한다는 것은 쉬운 문제가 아니었다.

따라서 가장 경제적이면서도 가장 효과적인 것은 조선어 해설을 위한 영화해설자를 이동영사에 동반하도록 하는 것이다. 조선인의 모어로 조선인에게 가장 익숙한 방식으로 영화를 해설해 주는 사람이 있는 상영이란 마치 무성영화 극장을 옮겨놓은 풍경처럼 보인다. 실제로 이동영사나 종이연극, 인형극 등에 주로 조선인들이 동원되었는데, 그들 중에는 스스로를 '변사(辯士)'라고 인식하는 사람도 있었다.[144]

전쟁 동원을 위해 선전영화와 시국영화를 상영하고, 상영을 전후로 한 강연에서도 식량증산이나 미곡공출, 방첩이나 방범, 지원병제도 선전 등을 주지시키려 했다고 해도, 이동영사가 영화상설관이 없는 비도시 지역에서 영화를 대중화하는 역할을 했다는 점은 분명하다. 이동영사에 동원된 대부분의 관객들은 영화 경험이 일천했다. 강연이나 영화 상영에 부가되는 모든 내용이 시국 계몽과 선전에 치중한 것이었다고 하더라도 그들에게는 영화의 내용보다 영화라는 장치가 일차적인 관심사였을 것이다. 또한 동원된 관객 대부분이 조선어 사용자였다는 점에서, 이 새로운 구연 공간에서 형성되는 현장성과 오락성, 그리고 관객의 참여를 유도하는 친연성이 식민 당국이 의

도한 대로 기능했으리라고 단언하기는 어렵다. 식민지인들을 제국주의 전쟁에 동원하기 위해 만들어진 각종 이동극단과 이동영사 활동은 도시에서는 주변화된 '동족(어) 공간'을 새롭게 구조화했다. 그렇기에 전 조선의 80% 인구를 차지하는 조선어 사용자들을 향한 이동연극과 이동영사란, 그것을 탄생시킨 시국을 배반하거나 이탈할 가능성을 늘 안고 있었다는 점을 기억해 두어야 할 것이다.

(2) '오랄리티(orality/aurality)'의 이중성

1935년 9월, 이상(李箱)은 '공기는 수정처럼 맑고, 별빛만으로도 누가 복음을 읽을 수 있을 듯한' 평안남도 성천에 머무르고 있었다. 어느 날, 이 산간벽지에 총독부의 관변 단체인 금융조합이 주최한 선전활동사진회가 열렸다. 도회라는 '화려한 고향'을 둔 그는 "마당에 멍석을 펴고 전설 같은 시민들"이 모여든 밤의 풍경을 다음과 같이 기록했다.

> 이 마당(학교 마당—인용자*)에서 오늘 밤에 금융조합 선전 활동사진회가 열립니다. 활동사진? 세기의 총아—온갖 예술 위에 군림하는 '넘버' 제8예술의 승리. 그 고답적이고도 탕아적인 매력을 무엇에다 비하겠습니까. 그러나 이곳 주민들은 활동사진에 대하여 한낱 동화적인 꿈을 가진 채 있습니다. 그림이 움직일 수 있는 이것은 참 홍모(紅毛) 오랑캐의 요술을 배워가지고 온 것 같으면서도 같지 않은 동포의 부러운 재간입니다. (중략)
>
> 밤이 되었습니다 초열흘 가까운 달이 초저녁이 조금 지나면 나옵니다. 마당에 멍석을 펴고 전설 같은 시민이 모여듭니다. 축음기 앞에서 고개

를 갸웃거리는 북극 '펭귄' 새들이나 무엇이 다르겠습니까. 짧고도 기다 란 인생을 적어 내려갈 편전지(便箋紙)—'스크린'이 박모(薄暮) 속에서 '바이오그래피'의 예비표정입니다. 내가 있는 건너편 객주집에 든 도회풍 여인도 왔나봅니다. 사투리의 합음(合音)이 마당 안에서 들립니다.

시작입니다. 부산잔교가 나타납니다. 평양 목단봉입니다. 압록강 철교가 역사적으로 돌아갑니다. 박수와 갈채—태서(泰西)의 명감독이 바야흐로 안색이 없습니다. 십분 휴게시간에 조합이사의 통역부(通譯附)의 연설이 있었습니다.

달은 구름 속에 있습니다. 금연—이라는 느낌입니다. 연설하는 이사 얼굴에 전등의 '스폿트'도 비쳤습니다. 산천초목이 다 경동할 일입니다. 전등—이곳 촌민들은 ○○행 자동차 '헷드라이트' 외에 전등을 본 일이 없습니다. 그 눈이 부시게 밝은 광선 속에서 창백한 이사는 강단(降壇)하였습니다. 우매한 백성들은 이 이사의 웅변에 한 사람도 박수치지 않았습니다—물론 나도 그 우매한 백성 중의 하나일 수밖에 없었습니다마는—.[145]

이상은, 자동차 헤드라이트 외에 전등이라곤 본 적 없는 성천 사람들에게 움직이는 영상은 "홍모(紅毛) 오랑캐의 요술"에 비할 것이며, 영화를 보기 위해 학교 마당에 모여드는 사람들은 "축음기 앞에서 고개를 갸웃거리는 북극 '펭귄' 새들"과 다를 바가 없다고 생각했다. 축음기에서 흘러나오는 음악을 감상하기 위해서가 아니라, 축음기가 신기해서 모여드는 펭귄처럼, 성천 사람들은 영화의 내용을 알거나 이해할 수 있어서가 아니라, 영화 장치 그 자체에 매혹되어 모여든 사람들이라는 것이다. 일상적으로 영화를 경험해온 '도회인' 이상은 이러한 성천 사람들에게 이질감을 느꼈다.

그런데 이상은 성천의 관객들이 한번은 박수와 갈채로, 다른 한번은 박수를 치지 않는 것으로 선전활동사진회에 대해 집단적인 반응을 보인 데 놀라게 된다. 부산, 평양, 압록강 등 조선의 실경(實景)을 담은 필름의 영사가 끝났을 때에는 서양 명감독의 작품이라도 접한 듯이 박수가 터져 나왔지만, 휴식 시간에 단상에 올라온 금융조합 이사의 연설에는 아무도 박수를 치지 않은 것이다. 조선어 통역이 뒤따른 이사의 말을 알아듣지 못해서가 아니라, 영화를 미끼로 던지는 식민주의에 대하여 무언의 저항과 차가운 시선을 돌려보냈던 것이라 하겠다. 이 무언의 순간, 이상은 성천 사람들을 "촌민"이 아니라 "우매한 백성"이라고 부르며, 그 역시 "그 우매한 백성 중의 하나일 수밖에" 없었다고 고백한다.

월터 K. 류(Walter K. Lew)가 주목했듯이, 「산촌여정」의 이 부분에서 이상은 '백성'이라든가 '동포'라는 용어를 통해 자신의 목소리를 종족적 장(ethnicized sphere)으로 전이시켰다.[146] 전혀 예기치 못한 상황에서, '도회인' 이상은 그 자신이 거리를 두었던 성천의 '촌민'들과 '백성' 혹은 '동포'라는 이름으로 일체화되는 경험을 한 것이다. 이 짧은 기록은 센다이(仙台) 의학전문학교 시절 환등사진 속에서 동족을 발견했던 루쉰(魯迅)의 회고를 떠올리게 하는데, 이상의 공동체적 동일시는 필름 그 자체에서가 아니라 필름이 상영된 학교 마당의 침묵 속에서 순간적으로 발생했다는 점을 주목하자.

'로텐바리(露天ばり)' 혹은 '텐토바리(テント張り)'라고 불리기도 한 이동영사는 「산촌여정」 속 성천과 같이 보통학교 운동장이나, 면사무소 구내, 야외 사유지 등 노천에서 천막을 고정시켜 상영 활동을 했다. 이 개방적인 공간에 모인 관객들이 영화나 공연에 대한 경험이 극히 적은 사람들인 만큼, 이동영사의 관람 경험이 도시 극장에서의 그것과 같을 수 없음은 당연하다. 도시의 극장에서는 점차 조선어가 주변화되어 가고, 그에 따라 관객의 민족

별 비율상의 격차도 줄어들고 있는 상황에서, 일본어 해득력이 거의 없거나 낮은 조선어 사용자들이 대규모로 모인 노천의 영화 상영은 새로운 '동족(어) 공간'을 출현시켰다. 식민 당국의 편의적이고 효율적인 문화 선전 활동이 피식민자들만의 공간을 조직하는 역설이 빚어진 것이다.

이러한 역설이야말로 식민지 말기 조선 전역에서 흥행하였던 '이동하는 극장(들)'을 재고할 필요성을 제기한다. 그동안의 여러 연구들은 식민 권력이 식민지 주민의 생산력을 동원하기 위한 선전기구였다는 이동극단과 이동영사대의 활동 취지를 강조해 왔다. 그 취지에만 초점을 맞추다 보니, 식민 당국을 송신자로, 피식민자들을 수신자로 두고, 송신자의 의도가 수신자에게 투명하게 전달되도록 하는 매개체로서 이동연극이나 이동영사에 접근하는 경향이 있다. 하지만 극장을 도시에서 해방시켜 농산어촌과 산간벽지, 학교와 관공서, 생산 현장 등으로 이동하게 한 배경을 간과하면 안 된다. 즉 식민 당국의 의도가 식민지 주민들에게 투명하게 전달될 수 없도록 방해하는 여러 장애물과 식민지 내부를 채우고 있는 불균질적인 상황, 그리고 이러한 외부 조건이 이동연극과 이동영사에 지속적으로 영향을 미쳤다는 점이 중요하다. 어떠한 미디어도 투명한 전달체가 되지 않는 것처럼, 이동연극이나 이동영사도 식민 당국의 의도를 균질적으로 투사하는 장치로만 기능하지 않는다.

이 이동하는 극장을 통해 새롭게 구축된 '동족(어) 공간'을 참여하는 신체들의 공간이라고 말할 수도 있을 것이다. 즉 이상이 '동포'나 '백성'으로 부른 '동족'의 신체들이 입말로만 허용된 모어(母語)를 공유하는 공간이다. 우리는 이 공간에서 두 가지 '참여의 환상'을 생각해볼 수 있다.

첫 번째는 '호명하는 자'와 '호명되는 자'의 관계로 구성되는 공공적 공간(official space)에 대한 참여이다. 호명하는 자와 호명되는 자 사이에는 위계가 설정되어 있고, 이러한 위계에서 참여는 호명에 응하여 더 높은 곳으로 올라서려는 향상성(向上性)을 동반하며, 구성원들 간의 경쟁을 조장하기도 한다. 이 시기 이동극장에 대한 보고들이 계속 써내려갔듯이, 미디어 테크놀로지로부터 소외된 사람들에게 이동연극이나 이동영사가 전하는 시국(時局)은 그 발신지와 생산 현장 사이의 거리를 좁히는 시도로 받아들여졌을 수도 있다. 연극 외에도 만담이라든가 야담처럼, 시국에 순발력 있게 대응하는 구연물들, 공연이나 상영 전후에 있는 시국 강연 등은 그 공간의 현장성을 통해서 관객 저마다가 시국과 자기의 연관을 발견하고 동시대의 문제와 지식을 공유하는, '참여의 환상'을 조장했다. 우리는 그것을 '국민이 되는 환상'이라고 부를 수도 있을 것이고, 이 참여의 환상이 피식민자인 조선인들을 제국주의 전쟁의 협력자로 끌어들이고 있었다고 말할 수도 있다.[147]

두 번째는, '호명 당하고 있는 자들'의 공감으로 구성되는 공공적 공간(common space)에 대한 참여이다. 「산촌여정」의 성천 사람들이 금융조합 이사의 강연에 무응답으로 일관한 것이나, 이상이 그들과 순간적이나마 일체화될 수 있었던 것은 그들이 피식민자로서 공통의 처지에 놓인 사람들이기 때문이다. 노천과 같은 열린 공간에서, 남녀노소를 막론한 여러 사람들이 평소 알고 지내는 동네 사람들과 웃고 떠들고 때로는 딴전을 피우며 영화는 보는 둥 마는 둥 해도, 모두가 같은 처지에 있는 사람들이라는 공동체적 환상이 바로 두 번째 참여의 환상이다.

이 두 가지 방식의 참여는 일치할 수도 일치하지 않을 수도 있다. 식민 당국은 첫 번째 방식의 참여를 유도하기 위해 단순히 일본어 영화의 이해를 돕기 위해서만이 아니라 수용의 장을 통제하기 위해서도 해설자의 존재를 필요로 했다. 상영하는 영화가 어떠한 취지에서 제작되었으며, 관객들에게 무엇을 전달하고자 하는지를 주지시키는 것이 그의 몫이었을 것이다. 마치 사진의 이미지가 그 메시지를 전달하기 위해 별도의 표제를 필요로 하는 것과 유사하게, 문화적으로 소외된 이들을 대상으로 하는 이동영사에서 해설자들의 조선어 구연은 상당히 중요했을 것이다.

이처럼 그는 조선인들이 이동영사에 더 적극적이고 자발적으로 동원되도록 유도하는 역할을 해야 했지만, 조선인들이 그러한 참여로 유도되었는지, 유도되었다고 해도 그것이 무엇을 위한 참여인지를 단정하기는 어렵다. 이동영사의 관객들은 부르는 자와 부름을 듣는 자의 공간에 위치하기도 하지만, 불리는 자들의 공간에 존재하기도 하기 때문이다. 이 후자의 공공적 공간에서 그들의 수용은 여러 가능성으로 열려 있었다. 영사 행위 자체가 신기해서 화면을 보지 않고 기계만 보는 관객이 있는가 하면,[148] 필름 전체의 메시지보다 단편적인 이미지에 더 관심을 갖는 관객들도 있었다. 그들을 무어라 부르든 응답하지 않는 것이 어떤 의지의 표명인지 아닌지는 확답할 수 없다. 그러나 이러한 무응답이 피식민자가 식민 권력에 응대하는 하나의 문화적 실천이 될 수도 있었을 것이다.

이동영사는 영화를 효과적인 프로파간다 도구로 활용하고자 했지만, 그것의 가변적인 유동성을 완전히 통어하는 것이 불가능함을 스스로 입증하고 있었다. 조선어 해설자의 구연에 적극적으로 참여하는 조선인들의 '동족(어) 공간'은 식민 당국의 메시지가 충분히 전달될 수 없을지도 모른다는 두려움을 사라지게 하지 못했다. 제국의 이념을 피식민자의 말로 번역해야 하는 불투명한 공간이기 때문이다.

다른 사람의 이야기를 듣는 것은 이야기에 대한 끊임없는 해석과 필요한 정보만을 선별하는 작업이 전제된다. 어떤 사람이 무엇을 보고 있는지는 그 눈의 방향성을 통해 확인할 수 있지만, 그가 무엇을 듣고 있는지는 눈으로 확인할 수 없다.[149] 이동영사에서 관객의 협력과 참여는 대단히 중요하지만, 그것이 어떠한 형태의 참여인지, 또 이동영사 해설자의 말(orality)은 의도된 대로 관객에게 청지(聽知, aurality)되었는지는 불확정적이다. 신지영이 말했듯이, 식민지인들의 존재는 "제국 일본의 전체주의적 담론 공간에 '내부화된 부재'의 형태로 '참여'하면서 '참여의 방식'을 다양화"하고, "완전히 포섭될 수 없는 잠재적 영역들을 남겨놓"는다.[150] 그렇다면 조선어 해설이 동반된 프로파간다 공간에서 우리가 읽을 수 있는 것은 호명하는 자의 말(orality)이 호명 당하는 자의 귀(aurality)와 계속 불일치할 수밖에 없는 상황적 필연성이다.

맺는말

식민자와 피식민자, 식민자의 언어와 피식민자의 언어가 공존했던 식민지 조선에서, 극장은 같은 말을 사용하는 사람들의 '동족(어) 공간'으로서 여러 정치적 잠재성을 내포했다. 관객은 극장에서의 특정한 경험에 참여함으로써 그 자신의 종족적 정체성을 자각하는 순간과 만날 수 있었다. 맛깔나게 해설하는 변사의 목소리, 악단의 연주, 과자 판매원의 목청, 관객의 소음 등 온갖 소리가 산만하게 퍼져 있다가도, 어떤 우연한 계기에 식민지의 극장은 하나의 소리에 반응하고 '식민지인'으로서의 존재를 확인하며 그들 간의 소리와 몸짓에 공명하고 참여하는 신체들의 집합 공간이 되곤 했다.

토키 이행은 식민지 극장이 '동족(어) 공간'으로서 내포했던 정치적 잠재성을 흔들었다. 변사를 대체하며 서양 영화의 번역 장치로 자리 잡은 일본어 수퍼임포즈드 자막은 리터러시에 따른 관람 경험의 균열을 초래함으로써 조선에서의 영화 수용을 이중적으로 굴절시켰다. 아무리 서양 영화를 좋아하는 관객이라도 일본어를 이해하지 못하면 온전히 즐길 수 없었으니, 영화 관람은 모어의 소외를 환기하는 시간이 되었을 것이다. 그러나 다른 한편, 식민지 체제에서 교육받은 엘리트와 젊은 세대 관객들에게 일본어 자막은 '동족(어) 공간'을 벗어나 월경할 수 있는 통로였다. 식민지의 이중언어 상황과 맞물린 토키 이행은 민족적 불평등뿐 아니라 동일한 언어 공동체 안에서의 계층과 교육의 불평등을 환기시킴으로써, 식민지 극장이 가지고 있던 '동족(어) 공간'의 정치적 잠재성을 둔화시켰다. 무성영화 시대 내내 '조선인 상설관'과 '일본인 상설관'으로 나뉘어 견고하게 유지되었던 민족적 구획은 점차 관객의 계층과 교육 정도, 취향 등에 의해 침식되어갔다.

그런 가운데 조선영화는 1930년대 중반 토키의 토착화에 성공했다. 다른 지역에 비해 늦은 출발이었지만, 토키 제작은 조선영화가 비로소 '세계 표준시(時)' 안으로 진입했으며 자기완결적인 상품으로서 유통될 수 있음을 의미했다. 발성영화 시대를 맞이한 조선영화인들은 '조선의 영화'를 만든다는 종족적 자의식을 가지고 조선적인 내러티브와 미장센을 구성하고자 했으며, 문화계 안에서 조선영화의 위상을 높이기 위한 시도들을 펼쳐갔다. 그들의 시도는 조선 발성영화에 대한 시대적 요청과 결부된 것으로서, 당대의 문화 장 안에서 문화 간 이행과 교섭, 번역의 문제가 부상하는 계기가 되었다. 토키 이행기를 거치며 '동족(어) 공간'으로서 극장의 결집성은 헐거워졌지만, 극장에서 상영되는 필름에서 민족의 표상을 발견하고 동일시하는 경향성은 집합적 공간의 공적 경험과 스크린에 대한 사적 경험의 접촉 지대에 조선영화를 위치시켰다. 이 시기 민족적 상징으로서 조선인 배우의 스타덤이 형성되었던 것은 이러한 이행기의 변화와 맞물려 있으며, 이후 제국 안에서 조선영화가 소비되고 전시되는 양상을 암시하는 것이기도 했다.

토키 초기 수입된 외국영화의 일본어 자막이 조선 안에서 극장 공간의 민족적 구획을 침식하는 하나의 계기가 되었다면, 조선영화인들은 일본어 자막을 통해 조선어 발성영화를 해외로 수출하는 꿈을 꾸었다. 그러나 발성영화 제작은 조선영화계에 양날의 칼이었다. 토키 이행을 거치며 영화는 민족과 지역, 국가의 경계를 넘나드는 월경성을 강화했지만, 조선영화가 꿈꿀 수 있는 한반도 너머의 세계는 제국 일본으로 한정되었기 때문이다. 일본어 자막이 붙은 조선어 발성영화가 열어준 가능성은 결국 조선발(發) 일본어 영화를 제작, 상영하는 것으로 귀결되었다. 토키 이후 조선영화의 제국 영화 산업에 대한 종속성은 더욱 강화되고, 조선어 영화 시장은 정치적, 경제적, 문화적 헤게모니가 없는 마이너리티 지역 시장으로서 그 존립 자체를 위협 받게 되었다.

일본의 전시 체제 재편과 맞물려 토키 이행이 전개된 조선의 영화와 영화 문화에는 식민지/제국 체제의 언어 편제가 깊숙이 작용했다. 이 책에서는 1930년대 후반 이후 작용한 두 방향의 벡터에 대하여 설명했다.

하나는 조선영화가 시장의 협소함을 극복하기 위해 일본이나 만주의 영화사와 제휴 혹은 합작을 통해 시장을 확대하고 제국 내 영화 네트워크 안에 진입하며, 더 나아가 대동아공영권의 이데올로기 아래 구축된 새로운 제국적 영화권에 참여하려는 방향이다. 1940년대에 조선에서 제작된 일본어 영화들은 이와 같이 제국의 중심을 향한 기획의 소산이었다. 이들 영화는 식민지와 제국을 '일본어'라는 하나의 언어 안에서 공존하는 이상적인 세계 인 듯 재현했고, 그 상영 극장은 조선어의 존재 영역을 외부화하는 방식으로 그 내부의 관람 공간을 균질화하면서, 식민지의 다이글로시아를 은폐했다.

다른 하나의 벡터는 도시 중심의 근대 미디어 테크놀로지로부터 소외되어온 사람들을 향해 작동했다. 제국주의 전쟁에 식민지 주민의 노동력을 동원하고자 했던 식민 권력은, 그때까지 소위 '문화의 외부'에 있었던 농촌과 산간벽지, 산업현장의 주민들을 새로운 관객 집단으로 포착했다. 영화나 연극을 본 적도 거의 없고, 일본어 해득력도 갖추지 못한 이들을 겨냥해 이동 연극이나 이동영사가 활성화되었다. 이 프로파간다 기구들을 통해 조선어 관람 공간이 재배치됨으로써, 토키 이행 과정에서 주변화되었던 '동족(어) 공간'이 역설적이게도 의외의 지점에서 귀환했다고 할 수 있을 것이다. 식민 당국이 식민지 조선인들을 제국주의 전쟁에 동원하는 공공적 공간(official space)으로 기획했던 이 '이동하는 극장'들은 제국의 이념을 조선어 구연으로 번역해야 하는 불투명한 공간인 동시에, 식민지인이라는 공통의 처지에 놓인 조선인들의 공감으로 구성되는 공공적 공간(common space)이기도 했다. 말하는 자의 목소리와 듣는 자의 귀가 자주 어긋나는 장소들에서, 이전과는 다른 의미에서 듣는 자들끼리의 공명이 시작될 수도 있었을 것이다. 식민지/제국 체제의 구조화된 차별성과 불균등성으로 인해 생겨난 이 새로운 '동족(어) 공간'은, 다이글로시아의 상황을 표면화시키면서 식민지/제국 체제의 불균등성과 완전한 지배의 불가능성을 입증하는 장소였다.

주(註)

1장. 식민지의 극장과 '소리'

1   이기림, 「1930년대 한국영화 토키로의 전환에 관한 연구」, 동국대학교 석사학위논문, 2003.

2   브라이언 이시스, 「1926년과 1939년 사이에 식민지 조선에 도래한 발성영화」, 이순진 옮김, 연세대학교 미디어아트센터 엮음, 『한국영화의 미학과 역사적 상상력』, 도서출판 소도, 2006.

3   브라이언 이시스, 앞의 글, 132쪽.

4   같은 글, 149쪽.

5   마이클 로빈슨, 「방송, 문화적 헤게모니, 식민지 근대성, 1924~1945」, 신기욱·마이클 로빈슨 엮음, 도면회 옮김, 『한국의 식민지 근대성』, 삼인, 2006.

6   이영일, 『(개정증보판) 한국영화전사』, 도서출판 소도, 2004(초판 1969), 211쪽.

7   최근 식민지 말기 영화 연구의 이러한 한계에 대해서는 이화진, 「『한국영화전사』, 그 이후: 최근 식민지 말기 영화 연구의 성과와 한계」, 《사이間SAI》 제11호, 국제한국문학문화학회, 2011 참조.

8   이영일, 앞의 책, 208쪽.

9   김한상은 『한국영화전사』를 비롯해 이후 영화사 연구문헌들의 '한국영화사' 제도화 방식에 대해 '국적' 개념을 중심으로 논하면서, 〈미몽(迷夢)〉(1936)의 사례를 들어 '국적 분류'의 모호성을 예증한 바 있다. 〈미몽〉은 식민지 시기에 일본인이 세운 경성촬영소에서 일본 국적을 갖고 있던 조선인들이 해방 후 월북한 문예봉을 주연으로 제작한 영화이다. 대한민국 건립(1948) 이전 식민지/제국 체제에서 제작된 〈미몽〉과 같은 영화에 '한국영화'라는 국적을 부여하는 문제의 타당성은 논란의 여지가 있다. 이에 대해서는 김한상, 「영화의 국적 관념과 국가영화사의 제도화 연구―'한국영화사' 주요 연구문헌을 중심으로」, 《사회와 역사》 제80집, 한국사회사학회, 2008, 265~266쪽 참조.

10   이에 대한 이론적인 논의는 미리엄 한센(Miriam Hansen)의 연구를 참조할 수 있다. 한센은 공공영역(public sphere)에 대한 넥트와 클루게(Negt and Kluge)의 논의를 끌어들

였다. 넥트와 클루게는 "특정한 관객 집단으로서의 수용자, 공적 공간으로서의 극장, 타자들의 사회적 경험 지평"이라는 세 가지 조건에 의해 변별되는 관객성을 제시했다 (Negt & Kluge, Public Sphere and Experience: Toward an Analysis of the Bourgeois and Proletarian Public Sphere, Minneapolis: University of Minnesota Press, 1971; 1993). 한센은 이를 재개념화하여 관객(성)을 "특정한 지각 편성과 표면적으로 고정된 시간성에 의해 규정되는 근대적인 주체 형식"이자 "이전의 연행(performance) 전통과 상영 양식들 (modes of exhibition)의 맥락에서 주조되는 집단적이고 공적인 수용 형식"으로 제시했다(Miriam Hansen, Babel in Babylon: Spectatorship in American Silent Film, Cambridge, Mass.: Harvard University Press, 1991).

11 여선정, 「무성영화시대 식민도시 서울의 영화관람성 연구」, 중앙대학교 석사학위논문, 1999.

12 근대 초기 이른바 '극장의 탄생'이라는 사건과 그 의미, 그리고 이를 둘러싼 사회적 담론에 대한 연구들은 주로 한국 희곡/연극 연구자들에 의해 주도되어 왔다(박명진, 「한국 연극의 근대성 재론—20C 초의 극장 공간과 관객의 욕망을 중심으로」, 《한국연극학》 제14호, 한국연극학회, 2000; 박현선, 「극장 구경 가다—근대 극장과 대중문화의 형성」, 《문화/과학》 제28집, 2001; 박노현, 「극장의 탄생—1900~1910년대를 중심으로」, 《한국 극예술연구》 제19집, 한국극예술학회, 2004; 김기란, 「한국 근대 계몽기 신연극 형성 과정 연구—연극성을 중심으로」, 연세대학교 박사학위논문, 2004 등). 이들 연구에서 제도와 담론은 매우 긴밀한 관계를 맺고 있다. 이 연구들이 지적하듯이, 실내극장의 전통이 없었던 한국에서는 극장이라는 제도의 성립이 '극장 가기'와 같은 근대적 실천에 대한 담론을 형성하는 중요한 배경이 되었기 때문이다. 더구나 극장이 대중의 일상 경험으로 자리를 잡아가는 시기가 '국권 상실'과 '식민 통치'와 같은 국가적·민족적 위기와 맞물려 있었기 때문에, 극장의 공공성에 대한 기대는 신문지상에 극장 담론이 폭주하는 현상을 가져왔다. 당대 극장을 둘러싼 사회적 담론에 보다 초점을 맞춘 연구들은 국가나 민족을 위한 '공공기관'으로 극장을 위치짓고자 하는 엘리트들의 계몽적인 시선과 그들의 의지에 반하여 일상을 향유하는 대중들('음부탕자')의 모습을 포착하고 있다(우수진, 「근대 연극과 센티멘털리티의 형성—초기 신파극을 중심으로」, 연세대학교 박사학위논문, 2006; 홍효정, 「근대적 관객의 집합적 주체성 형성 과정 연구—1900~1910년대 음부탕자(淫婦蕩子) 담론을 중심으로」, 연세대학교 석사학위논문, 2006). 또한 조선인 문화 엘리트들의 담론이 어떤 지점에서 극장을 식민 통치를 위한 기구로 전용하려는 식민 당국의 기획과 공명하는지도 밝히고 있다(문경연, 「한국 근대연극 형성과정의 풍속 통제와 오락담론 고찰—근대초기 공공오락기관으로서의 '극장'을 중심으로」, 《국어국문학》 제151호, 국어국문학회, 2009). 제도와 담론 연구가 제기한 쟁점들에 대한 논의는 식민지 시기 극장 전반으로 확장되기도 했다(이종대, 「근대의 헤테로토피아, 극장」, 《상허학보》 제16집, 상허학회, 2006; 박명진, 「1930년대 경성의 시청각 환경과 극장문화」,

《한국극예술연구》 제27집, 한국극예술학회, 2008 등).

13 관객성에 초점을 맞춘 연구들은 영화 상영/상연 방식과 공공영역의 형성 사이의 관계를 탐구하는 데 비중을 두고 있다. 무성영화기 극장의 여성 관객과 '대안적 공론장'으로서의 가능성에 주목한 연구(주훈, 「1920~30년대 한국의 영화 관객성 연구—무성영화 관객을 중심으로」, 서울대학교 석사학위논문, 2005), 나운규의 영화로 대표되는 조선의 무성영화와 조선인 하층민 관객 사이의 관계를 살핀 논의(노지승, 「'나운규 영화'의 관객들 혹은 무성 영화 관객에 대한 한 연구」, 《상허학보》 제23집, 상허학회, 2008)가 식민지 하위 주체의 관객성에 초점을 맞춘 것이라면, 변사의 연행에 의해 전개되는 무성영화기의 상영/상연 방식과 관련해 청각장과 공공영역 형성의 관계를 고찰한 백문임의 연구(백문임, 「식민지 극장의 무성 영화 관람성(audienceship)—청각장(場)의 문제를 중심으로」, 《한국언어문화》 제38집, 한국언어문화학회, 2009)는 여선정과 이기림 등이 지적한 이접적인 상영/상연 방식과 변사와 악사, 영사기사를 통한 매개에 초점을 맞추어 한층 정교한 논의를 시도한 것이라고 할 수 있다.

14 유선영, 「극장 구경과 활동사진 보기—충격의 근대 그리고 즐거움의 훈육」, 《역사비평》 통권 64호, 역사비평사, 2003, 373쪽. 1900년대부터 1920년대 초까지 서구의 '박래품(舶來品)'으로 도입된 극장에서 일어난 변동에 주목하고, 근대 시각문화의 충격적인 경험과 관객이라는 근대 주체의 형성 과정을 연구한 유선영의 다른 논문으로 「초기영화의 문화적 수용과 관객성—근대적 시각문화의 변조와 재배치」, 《언론과 사회》 제12권 1호(통권 제41권), 성곡언론문화재단, 2004를 참조할 수 있다.

15 이승희, 「식민지시대 연극의 검열과 통속의 정치」, 《대동문화연구》 제59집, 성균관대학교 대동문화연구원, 2007.

16 이러한 관점은 이혜령, 「식민지 군중과 개인」, 《대동문화연구》 제69집, 성균관대학교 대동문화연구원, 2010에서 시사받았다.

17 부산대학교 한국민족문화연구소가 펴낸 홍영철의 『부산근대영화사—영화상영자료 1915~1944』(산지니, 2009)를 비롯해 지역의 극장과 영화 문화를 아카이빙하려는 시도는 계속되고 있다. 또한 해방 후 극장의 지역성을 연구하기 위해 호남 지역의 극장들을 직접 답사하고 백여 명이 넘는 관계자들을 인터뷰하여 작업한 위경혜의 연구도 극장 연구의 중요한 성과다. (위경혜, 「1950년대 중반~1960년대 지방의 영화 상영과 '극장가기' 경험」, 중앙대학교 박사학위논문, 2010). 또 '근대 미디어로서의 극장과 식민지 시대 문화 장의 동학' 연구팀의 작업(이호걸, 「식민지 조선의 문화사업, 극장업」; 이승희, 「공공 미디어로서의 극장과 조선민간자본의 문화정치—함경도 지역 사례 연구」; 황병주, 「식민지기 공적 공간의 등장과 공회당」; 배선애, 「1920년대 준극장기관과 주체 형성의 양상—소년회 활동을 중심으로」, 《대동문화연구》 제69집, 성균관대학교 대동문화연구원, 2010)은 경성의 상업적인 흥행 문화에 한정되어 왔던 연구의 시야를 확장하면서 앞으로 더욱 깊이 탐구해야 할 과제를 던져주고 있다는 점에서 의미가 있다. 식민지 조선에

서 극장이 각 지역의 문화물을 절합하는 미디어이자, 공적/사적 관심사를 충족시키는 커뮤니케이션의 공간으로 기능한 측면에 주목한 것은 새로운 방법적 시각을 제시한 것이라 하겠다. 이러한 성과들이 해방 후 남한 극장의 지역성에 대한 탐구로 이어질 때, 우리는 비로소 극장에 대한 공시적이고 통시적인 고찰이 시작되었다고 말할 수 있을 것이다.

18   김려실은《만선일보》의 순회영사에 대한 연구의 의의를 재만조선인 관객성 연구의 시론으로 위치짓고 있다. 언론사 주도의 순회영사를 통해 조선영화가 만주지역에 전파된 경위를 밝히는 연구이나, 논자의 포부대로 한반도, 그중에서도 식민도시 경성에 한정되어 온 관객성 연구의 시야를 확장한다는 점을 연구의 의미로 부여할 수 있을 것이다. 김려실, 「조선영화의 만주 유입―《만선일보》의 순회영사를 중심으로」,《한국문학연구》제32집, 동국대학교 한국문학연구소, 2007.

19   유선영, 「근대적 대중의 형성과 문화의 전환」,《언론과 사회》제17권 1호, 2009년 봄호, 48쪽.

20   René Clair, "Visite au monstre," Cinéma d'hier, Cinéma d'aujourd'hui, Editions Gallimard Coll. Idées, 1970, pp.213~214. 클레르 바세, 『대사』, 박지회 옮김, 이화여자대학교 출판부, 2010, 93쪽에서 재인용.

21   Rick Altman, "Moving Lips: Cinema as Ventriloquism," Yale French Studies, No. 60, Cinema/Sound, 1980, pp.67~79.

22   Rick Altman, "General Introduction: Cinema as Event," in Sound Theory/Sound Practice edited by Rick Altman(New York/London: Routledge, 1992).

23   미셸 시옹이 사용하는 'bande-son'은 영역본들에서는 일관되게 'soundtrack'으로 번역되고 있다. 한국에서는 '음향 테이프'(『영화와 소리』, 지명혁 옮김, 민음사, 2000; 『오디오-비전』, 윤경진 옮김, 한나래, 2004), '음 테이프'(『영화의 목소리』, 박선주 옮김, 동문선, 2005) 등으로 번역되고 있다. '이미지트랙'에 대응하는 개념으로서 '사운드트랙'으로 번역하는 것이 적절하다고 판단해 '사운드트랙(bande-son)'으로 옮긴다.

24   Michel Chion, The Voice in Cinema, edited and translated by Claudia Gorbman, New York: Columbia University Press, 1999.

25   Mary Ann Doane, "The Voice in the Cinema: The Articulation of Body and Space," Yale French Studies, No. 60, Cinema/Sound, 1980, pp.33~50. 던(Doane)은 영화에서 목소리의 문제를 사고하기 위해 영화적 상황에서 세 가지 공간 유형을 제시하였다. 첫 번째는 필름에 의해 구축되는 가상의 공간인 디제시스 공간으로, 이 공간에서는 신체적인 한계가 억제되거나 측정되지 않으며, 여러 감각들이 청각적이고 시각적인 흔적을 지니는 것으로 묘사된다. 둘째는 스크린의 가시적 공간이다. 이 공간에서는 신체적인 한계가 측정될 수 있다. 가령, 스피커가 스크린 뒤에 위치한다는 환상이 구축된다고 하더라도 관객이 응시하는 스크린 자체는 청각적인 것이 아니다. 세 번째 공간은 극장이나 청중의

청각적 공간이다. 이 공간은 영사기의 사용을 통해 필름을 시각적으로 활성화한다. 사운드는 스크린 뒤에 위치하는 스피커에서 퍼져 나오지만 이미지와 같은 방식으로 프레이밍 되기보다는 관객을 포위하는 것이 된다.

26 Nataša Ďurovičová "Translating America: The Hollywood Multilinguals 1929~1933," Sound Theory/Sound Practice, New York/London: Routledge, 1992, p.150.

27 찰스 퍼거슨(Charles A. Ferguson)은 다이글로시아(diglossia)를 두 언어 중 한 언어는 상위 변종으로 격식을 갖춘 문어와 연설을 위한 언어로, 다른 한 언어는 비공식적이고 일상적인 대화에서 입말로 사용되는 언어 상황을 가리키는 것으로 개념화했다. Charles A. Ferguson, "Diglossia," Word, n°15, 1959, pp.325~340.

28 2016년 현재 한국영상자료원이 보유한 식민지 시기 극영화는 《발굴된 과거》 시리즈 DVD로 출시된 〈미몽〉, 〈심청〉(불완전판), 〈군용열차〉, 〈어화〉, 〈수업료〉, 〈집 없는 천사〉, 〈지원병〉, 〈반도의 봄〉, 〈조선해협〉, 〈병정님〉 등과, 그 외 일본에서 입수한 〈그대와 나〉(불완전판), 〈망루의 결사대〉, 〈젊은 자태(젊은 모습)〉, 〈사랑과 맹세〉, 그리고 국내에서 수집한 무성영화 〈청춘의 십자로〉(불완전판)이다.

29 '텅 빈 아카이브'와 한국영화 역사 연구에 대한 방법론적 제안에 대해서는 김소영, 『근대의 원초경―보이지 않는 영화를 보다』(현실문화, 2010)에 실린 「한국영화의 원초경」을 참조하라.

2장. 토키 이행기 극장의 문화적 지형 변화

1 임화는 1941년에 쓴 글에서 문학이나 음악, 연극, 미술 등은 제작을 통해 서구 문화를 모방하여 이식하였으나 영화는 '활동사진'을 감상하는 것만으로 이식하였다고 말했다(임화, 「조선영화론」, 《춘추》 제2권 10호, 1941년 11월). 김소영은 임화가 사용한 "감상만의 시대"라는 표현을 '감상의 시대'로 바꾸어 관객성의 문제에 주목할 것을 제기해 왔다. 김소영, 『근대의 원초경―보이지 않는 영화를 보다』, 현실문화, 2010, 64쪽.

2 이영일, 『(개정증보판)한국영화전사』, 도서출판 소도, 2004, 131쪽.

3 朝鮮總督府 編纂, 「統計表」, 『昭和十一年 朝鮮總督府統計年報』, 朝鮮總督府, 1938, 22쪽.

4 서구 제국의 식민지들과 비교해, 조선은 식민모국인 일본과 지리적으로 근접한 거리에 위치한데다가 문화적·인종적 유사성을 갖고 있어서, 반(半)영구 정착형으로 조선에 이주한 일본인들이 많았다(김백영, 『지배와 공간―식민지도시 경성과 제국 일본』, 문학과지성사, 2009, 173~175쪽). 이러한 재조선 일본인 사회에 대한 연구는 권숙인, 「식민지 조선의 일본인―피식민 조선인과의 만남과 식민의식의 형성」, 《사회와 역사》 제80집, 한국사회학회, 2008; 줄 우치다, 「총력전 시기 '내선일체' 정책에 대한 재조선 일본인의 협력」, 헨리 임·곽준혁 편, 『근대성의 역설―한국학과 일본학의 경계를 넘어』, 후마니타

스, 2009 등을 참조.

5   최근에는 식민 도시를 일본인 구역과 조선인 구역으로 분리된 이중 구조로 고정화하는
     시각에 대하여 이의를 제기하는 연구들도 꾸준히 제출되고 있다. 식민지 이중도시론에
     대한 비판과 잡거(雜居) 등에 대해서는 김종근, 「식민도시 京城의 이중도시론에 대한 비
     판적 고찰」, 《서울학연구》 제38호, 서울시립대 서울학연구소, 2010; 박준형, 「"잡거"의
     역사, 한국화교와 이웃하기」, 《동방학지》 제161호, 연세대학교 국학연구원, 2013 등을
     참조할 수 있다.

6   식민지 극장의 종족적 성격에 대해서는 여선정(1999)과 유선영(2003) 등을 참조.

7   대부분 단편인 필름을 한 프로그램 당 14~5개 정도 상영했던 당시, 먼저 스크린 오른
     쪽에서 일본인 변사가 등장해 전설(前說)을 끝내면, 이어서 조선인 변사가 스크린 왼쪽
     에서 나타나 같은 내용을 조선어로 설명했다고 한다. S.I.生, 「滿韓印象記」, 《活動寫眞界》 第
     14號, 1910, 5쪽.

8   이구영, 「사건으로 본 영화이면사 (2)」, 《영화예술》, 1970년 12월, 81쪽.

9   1918년 당시, 함흥의 만세관은 조선인과 일본인의 공용관이었다. 이 극장은 언어 문제
     를 해결하기 위해 일본인과 조선인이 3일 간격으로 번갈아 관람하는 방식을 취했다.
     「함흥—만세관 입장 신규」, 《매일신보》, 1918년 11월 30일자 4면.

10   경성고등연예관이 대정관주 닛다 고이치(新田耕市)에게 팔려서 1914년 6월 '제이대정관
     (第二大正館)'으로 개칭하고 김덕경, 최병룡 등의 변사를 고용해 조선인 상설관으로 방향
     을 수정한 일이 있기는 하다. 그러나 닛다 고이치는 1915년 4월 제2대정관을 일본인 전
     문으로 고치고, 우미관은 이에 대한 보상으로 매달 2백 원을 지불한다는 내용의 계약을
     맺었다(「붓방아」, 《매일신보》, 1915년 4월 13일자 3면). 제2대정관(구 경성고등연예관)
     은 1년이 채 안되어 일본인 상설관으로 변경되고, '세계관'으로 개칭했으며, 우미관은 다
     시 유일한 조선인 상설관의 지위를 점하게 되었다.

11   가령, 황금유원(黃金遊園)에 있던 황금관(黃金館)은 한때 낮에 조선인 변사를 초빙하여
     서양영화를 상영하는 이벤트를 벌였다. 「광고」, 《매일신보》, 1916년 2월 9일자 3면.

12   〈카비리아(Cabiria)〉(1914)는 가브리엘 다눈치오(Gabriele D'Annunzio)의 원작을 지오
     반니 파스트로네(Giovanni Pastrone)가 연출한 이탈리아 영화이다. 이 영화는 일본의 히
     라오상회(平尾商會)가 수입한 필름의 흥행권을 매입한 텐카츠(天活)가 조선의 하야카와
     (早川) 연예부와 계약을 맺어 조선에 들어오게 되었다. 1916년 5월 말에 도쿄에서 개봉
     되었던 〈카비리아〉는 경성에서는 1917년 4월 6일부터 8일까지 3일간 주야로 상영되었
     다. 영화의 해설은 일본 텐카츠의 변사장 宮原保와 하야카와 연예부 양극부의 담당주
     임 薄專半曉, 주임변사 南鄕公利 등이 맡았다. 당시 《매일신보》에는 "세계일의 대사진! 미
     증유의 대작! 문예 카부렛시에 다눈지오氏 불후의 작 이태리 이다라 회사가 세계에 과
     (誇)한 문예고전 극 가비리아 전 12권 3만척"이 특등석 2원, 일등석 1원이라는 입장료
     로 "유락관의 명예(名譽) 흥행"으로 상영된다는 광고가 게재되었다. 「광고」, 《매일신보》,

1917년 4월 3일자 2면, 6일자 2면, 7일자 1면.

13 「「가비리아」 호평—개관하며 곳 만원 연기는 아니한다」, 《매일신보》, 1917년 4월 8일자 3면.

14 〈마구베스〉 혹은 〈마구베쓰〉 등으로 표기된 〈맥베스〉는 일본에서는 1917년 2월 26일에 개봉되었으므로(田中純一郎, 『日本映畫發達史 I』, 中央公論社, 1975, 266쪽), 〈카비리아〉에 비해서는 조선에 꽤 일찍 이입되었다고 할 수 있다. 조선 상영에는 도쿄에서 파견된 변사 黑澤松聲 외에도 유락관 주임변사 南鄕公利, 하야카와 연예부 객원변사 久世春濤가 영화를 설명했다(「광고」, 《매일신보》, 1917년 7월 11일자 2면). 광고에는 "소림상회(小淋商會)"로 표기되어 있으나, 小林喜三郎이 텐카츠에서 독립하여 세운 '고바야시상회(小林商會)'의 오식으로 보인다.

15 「名優의 演出호 沙翁의 戱劇—유명훈 활동샤진 「막구베쓰」의 공연」, 《매일신보》, 1917년 7월 11일자 3면.

16 예컨대 《키네마준보(キネマ旬報)》의 지방통신에 경성 소식을 기고하던 재조선 일본인들의 존재를 상기할 수 있다. 관련 자료는 한국영상자료원 한국영화사연구소 엮음, 『일본어 잡지로 본 조선영화 2』, 한국영상자료원, 2011의 "키네마순보" 편에서 확인해 보라.

17 지방에서 조선인 상설관의 설립에 대해서는 이호걸, 「식민지 조선의 문화사업, 극장업」, 《대동문화연구》 제69집, 성균관대학교 동아시아학술원, 2010 참조.

18 일본인 인구와 영화상설관 수가 가장 많았던 경성의 경우, 이 현상은 매우 뚜렷하다. 1910년대 남촌 일대는 경성고등연예관을 비롯하여 대정관, 황금관, 유락관(1920년에 '희락관'으로 개칭) 등이 잇달아 세워지면서 일종의 일본인 영화가(映畫街)가 형성되었다. 1910년대 재조선 일본인의 흥행 사업과 일본인 상설관에 대해서는 한상언, 「활동사진시기 조선영화산업 연구」, 한양대학교 박사학위논문, 2010; 한상언, 「1910년대 경성의 일본영화인 연구」, 《영화연구》 제40호, 한국영화학회, 2009; 홍선영, 「1910년 전후 서울에서 활동한 일본인 연극과 극장」, 《일본학보》 제56집 2권, 2003; 홍선영, 「경성의 일본인 극장 변천사—식민지 도시의 문화와 '극장'」, 《日本文化學報》 제43권, 한국일본문화학회, 2009 등 참조.

19 한국영화사에서 곧잘 인용되는 이 유명한 일화는 경성고등연예관에서 서상호가 해설하는 영화를 관람하던 중 이구영이 목격한 사건이다. 이구영, 앞의 글, 81쪽.

20 『高等警察關係年表』 1923년 9월 18일자(http://www.koreanhistoy.go.kr).

21 『國際映畫年鑑(昭和九年)』, 國際映畫通信士, 1934, 131쪽.

22 流川淸弘, 「地方通信—朝鮮의 映畫界槪觀」, 《キネマ旬報》第375号, 1930年 8月 21日, 72쪽.

23 에드워드 홀(Edward T. Hall)은 문화에 의해 형성되는 지각 세계의 패턴화를 이해함으로써 서로 다른 문화들이 존재하는 실상을 인정할 수 있다는 입장에서 '공간의 인류학'을 탐구했다. 『숨겨진 차원』에서 그는 "인간의 공간 감각은 시각, 청각, 근각(근육운동감각), 후각, 열감각 등등 여러 감각 입력들이 종합된 정보"라고 말한다(에드워드 홀, 『숨

겨진 차원』, 최효선 옮김, 한길사, 2002, 287쪽). '육감적(肉感的) 공간'의 '육감'이란 공간 안에서 육체가 느끼는 감각들이라는 의미를 담고 있다.

24 이에 대해서는 유선영, 「극장구경과 활동사진 보기—충격의 근대 그리고 즐거움의 훈육」,《역사비평》 통권 64호, 2003년 가을호 참조.

25 「夜京城巡禮記(四) 繁華한 우슴소리에 拍手聲 놉흔 演劇場」,《조선일보》, 1925년 8월 27일 자 2면.

26 「일본 북해도보다 적은 조선영화상설관, 관객만키로는 함경도가 데일, 전조선 영화상설관 분포 상황」,《동아일보》, 1927년 2월 6일자 5면; 「작년중 경기도내의 관객료 백만원—관극인원은 이백십만이천여」,《동아일보》, 1927년 3월 17일자 5면.

27 최승일, 「라디오·스폿트·키네마」,《별건곤》 제2호, 1926년 12월, 108쪽.

28 여선정, 「무성영화시대 식민도시 서울의 영화관람성 연구」, 중앙대학교 석사학위논문, 1999, 28쪽.

29 「극장만담」,《별건곤》 제5호, 1927년 3월, 94쪽.

30 심훈, 「우리 민중은 어떠한 영화를 요구하는가?—를 논하야 『만년설』 군에게 (10)」,《중외일보》, 1928년 7월 22일자 3면.

31 이에 대해서는 이경돈, 「'취미'라는 사적 취향과 문화주체 '대중'」,《대동문화연구》 제57집, 성균관대학교 대동문화연구소, 2007 참조. 한편, 미디어와 대중의 형성 사이의 관계성에 대한 일본의 사례로 佐藤卓己, 『『キング』の時代—國民大衆雜誌の公共性』, 岩波書店, 2002, 21~25쪽을 참조할 수 있다.

32 천정환은 순종의 붕어를 계기로 "자본과 자생적 이념, 근대적 미디어와 전근대적 인간 네트워크가 서로 상승작용해서 장대한 사회적 스펙터클과 민족주의적 신드롬"이 일어났으며, 남녀노소, 빈부귀천의 차별 없이 불특정 다수의 대중이 '민족'으로 호명된 동시에, 대중과 민족이 재생산되었다고 말한다. 천정환,『끝나지 않는 신드롬』, 푸른역사, 2005, 6~7쪽. 순종의 붕어가 있었던 1926년 조선 사회의 격동에 대해서는 같은 책, 148~232쪽 참조.

33 안동수, 「영화수감」,《영화연극》 제1집, 1939년 11월, 44~45쪽.

34 이혜령, 「식민지 군중과 개인」,《대동문화연구》 제69집, 성균관대학교 동아시아학술원, 2010. 이혜령이 검토한 염상섭의 소설 『광분』은 시정 20주년 기념박람회가 한창인 1929년 10월 3일에 연재를 시작하여, 광주학생운동이 발생하여 전국적으로 확산되는 시기까지 이어졌다. 염상섭은 연재와 동시적으로 전개되었던 '박람회'와 '학생사건'을 소설 속에 중첩·차용하고 있는데, 이혜령은 이 중첩과 차용을 식민지라는 시공(時空)과 그것에 영향을 받는 식민지인의 운명이라는 측면에서 주목했다.

35 같은 글, 522쪽.

36 「사진설명중에 활변구인」,《조선일보》, 1920년 7월 8일자 석간 3면; 「활동사진설명 중 변사돌연검속. 대구만경관활동사진순업단」,《조선일보》, 1926년 3월 13일자 석간 2면;

「청진극장에 일풍파」,《조선일보》, 1926년 4월 21일자 석간 2면; 「극장에서 박수치는 것조차 경찰에서 금지」,《조선일보》, 1926년 8월 11일자 석간 2면; 「주의중지의 만성병에 걸린 전주 경찰당국은 연극장에서까지 주의!」,《조선일보》, 1926년 8월 13일자 석간 1면; 「신원벽두 마산에 일본순사 발검 폭행. 칼을 빼어들고 극장에 들어가 함부로 야료, 일반은 극도로 분개」,《조선일보》, 1928년 1월 4일자 석간 2면; 「각처 상설관을 포위 수색─조선극장에서 구경튼 대구 학생 5명 인치」,《중외일보》, 1928년 11월 11일자 2면; 「아성극단 제주흥행중 금지. 거15일 「아리랑」 공연중 불온타고 배우 나용기씨 등 검속」,《조선일보》, 1929년 2월 23일자 석간 4면; 「광주서원이 영화상영 중지. 거9일 제국관에서 「아리랑」을 상영하든 중」,《조선일보》, 1930년 2월 13일자 석간 3면; 「영화변사의 설화」,《조선일보》, 1931년 9월 19일자 석간 7면; 「단성사순업대의 변사를 검거」,《조선일보》, 1933년 10월 13일자 석간 3면 등.

37 「사진설명중에 활변구인」,《조선일보》, 1920년 7월 8일자 석간 3면.

38 「활동변사의 상식시험, 제일회는 호성적, 여자도 네명」,《동아일보》, 1922년 6월 28일자 3면.

39 식민 당국이 1926년 8월부터 「활동사진필름검열규칙」에 따라 필름 검열을 조선총독부 경무국 도서과로 일원화하면서도 각 지방 단위의 흥행 취체를 병존시키는 방식으로 실질적으로는 영화 통제를 상보적으로 이원화했다. 식민지 시기 영화 검열과 흥행 취체의 상보적 관계는 이화진, 「식민지 시기 영화 검열의 전개와 지향」, 『식민지 검열─제도·실천·텍스트』, 소명출판, 2011 참조. 무성영화의 특징에 대해서는 이순진, 「조선 무성영화의 활극성과 공연성에 대한 연구」, 중앙대학교 박사학위논문, 2009을 참조.

40 가령, 진주에서는 변사가 영화를 해설하는 중에 현대 사회의 불합리와 이상 사회 건설에 대한 언급을 한 것이 문제가 되었다. 임석경관의 검속과 상영 중지에 대하여 당시 극장 안의 5백여 군중이 강력히 항의하고 대소란을 일으켰다(「활동사진설명중 변사돌연 검속. 대구만경관활동사진순업단」,《조선일보》, 1926년 3월 13일자 석간 2면). 또 대구 만경관에서 영화 상영 중 자본주의 사회를 저주하는 말을 한 변사가 검거된 일이 있는데, 이때 일반은 '무의식한 영화해설자'에게까지 가혹한 처분을 한다며 불평을 표했다(「영화변사의 설화」,《조선일보》, 1931년 9월 19일자 석간 7면).

41 이정하, 「나운규의 〈아리랑〉(1926)의 재구성─〈아리랑〉의 활극적 효과 혹은 효과의 재생산」,《영화연구》 제26호, 한국영화학회, 2005; 이순진, 앞의 논문 ; 김상민, 「〈아리랑〉과 할리우드」,《사이間SAI》 제14호, 국제한국문학문화학회, 2013 등.

42 나운규, 「〈아리랑〉을 만들 때─조선영화 감독 고심담」,《조선영화》 제1집, 1936년 10월호 참조.

43 김려실, 『투사하는 제국 투영하는 식민지』, 삼인, 2006, 88~118쪽; 주창규, 「무성영화 〈아리랑〉의 탈식민성에 대한 접근─유럽이 지방화된 식민적 근대성의 멜로드라마와 수용을 중심으로」,《정신문화연구》 제30권 1호(통권 106호), 2007년 봄호; 백문임, 「식민

지 극장의 무성 영화 관람성—청각장(場)의 문제를 중심으로」,《한국언어문화》 제38집, 2009 등.

44 변사 성동호의 해설은 1931년에 나온 콜롬비아 레코드의 극반에서 들을 수 있다. 이 음반의 채록문은 김만수·최동현 편, 『일제강점기 유성기음반 속의 극·영화』, 태학사, 1998 참조. 성동호의 회고는 한국예술연구소 편, 『(이영일의) 한국영화사를 위한 증언록—성동호·이규환·최금동』, 도서출판 소도, 2003 참조.

45 김영무 편, 『무성영화 시절의 스타들과 유명변사 해설 모음집』, 창작마을, 2003, 82쪽.

46 안동수, 앞의 글, 44쪽.

47 윤봉춘, 「첫 데뷔작품은 〈들쥐〉—동학군의 아들로 피난길서 태어나」,《월간 영화》 제2권 7호, 1974년 7월, 73쪽.

48 〈영화인 다큐 '신출' 편〉(한국영상자료원, 2000)

49 당시 허가원에는 필름 중 훼손이 심한 부분이 있어 파손된 부분을 뺀다는 문구가 있었는데, 임석경관이 그 부분이 마지막 장면이라고 지레 짐작하고 과잉 대응한 사건이다. 「광주서원이 영화상영중지. 거9일 제국관에서 「아리랑」을 상영하던 중」,《조선일보》, 1930년 2월 13일자 석간 3면.

50 김영찬, 「나운규 〈아리랑〉의 영화적 근대성」,《한국문학이론과 비평》 제30집(10권 1호), 한국문학이론과 비평학회, 2006, 197쪽.

51 이것은 안느 위베르스펠트가 희곡을 정의하며 사용한 표현이다. Ann Ubersfeld, L'école du spectateur, Editions Sociales, 1981, p.10, 신현숙, 『희곡의 구조』, 문학과지성사, 1992, 11쪽에서 재인용.

52 「청년학생 등 돌현 조선극장에 격문살포」,《동아일보》, 1930년 1월 18일자 7면. 이 삐라 사건은 1929년 11월에 발생한 광주학생운동의 여파라고 할 수 있다. 1929년부터 1931년 사이 조선의 극장에는 여러 차례 삐라 살포 사건이 벌어졌다. 이승희는 이 사건들을 동족 공간의 정치적 잠재성과 관련해 분석한 바 있다. 이승희, 「조선극장의 스캔들과 극장의 정치경제학」,《대동문화연구》제 72집, 성균관대학교 대동문화연구원, 2010.

53 「발성영화 각국언어로 들리게 되어 각각으로 발달되는 영화」,《조선일보》, 1928년 11월 25일자 석간 3면.

54 '간자막(intertitle)'은 사운드 도입 이후 무성영화를 역사화하는 과정에서 오늘날 정착된 방식의 자막(subtitle)과 구분하기 위해 만들어진 용어이다. 발성영화 이전에는 영어로는 subtitle이나 title(card), 프랑스어로는 sous-titre로 불렸으며, 조선과 일본에서도 '자막(字幕, じまく)'이나 '타이틀(タイトル)'로 불렸다. 서구 영화에서 자막의 역사는 "Intertitles and titles," in Encyclopedia of Early Cinema, edited by Richard Abel, N.Y.: Routledge, 2005, pp.326~330; Abé Mark Nornes, Cinema Babel, Minneapolis: University of Minnesota Press, 2007, pp.91~109 참조.

55 Abé Mark Nornes, op. cit., pp.97~98.

56 小林いさむ, 『映画の倒影』, 伊藤書房, 1933, p.126. Jeffrey A. Dym, Benshi, Japanese Silent Film Narrators, and Their Forgotten Narrative Art of Setsumei: A History of Japanese Silent Film Narration, Lewiston N.Y.: Edwin Mellen Press, 2003, p.106에서 재인용.

57 『활동사진필름검열개요』의 검열 신청 비율 등을 살펴보면, 재검열과 복본검열의 비율이 매우 낮다. 검열 신청자가 대부분 흥행업자로 필름 소유자가 아니기 때문이다. 검열의 취급 종류별 통계는 「활동사진필름검열개요」, 『식민지 시대의 영화 검열(1910~1934)』, 한국영상자료원, 2009, 176쪽 참조.

58 이구영은 1920년에 오사카마이니치신문(大坂每日新聞)의 사환으로 입사해 일본으로 건너가 도쿄에 체류했다. 일과 후에 극장과 영화촬영소에 구경을 다녔다고 하는데, 그가 주로 받아쓰기한 이코마 라이유(生駒雷遊, 1895~1964)는 특히 서민들에게 사랑받은 변사로, 인텔리층에게 인기가 많은 도쿠카와 무세이(德川夢声, 1894~1971)와 함께 당시 아사쿠사를 대표하는 인기 변사였다. 이구영의 회고는 『이영일의 한국영화사를 위한 증언록—김성춘·복혜숙·이구영 편』, 도서출판 소도, 2003, 192~194쪽 참조.

59 이는 이야기꾼의 유형에 대한 벤야민의 분류를 빌어 비유한 것이다(발터 벤야민, 「얘기꾼과 소설가—니콜라이 레스쯔코브의 작품에 관한 고찰」, 『발터 벤야민의 문예이론』, 반성완 옮김, 민음사, 1983, 167쪽). 이렇게 볼 때, 변사는 문화번역자로서 기능했다고 할 수 있는데, 이러한 변사의 역할에 대해서는 이미 여러 연구자가 지적한 바 있다. 가령, 주창규는 "식민지 조선의 극장에서 고전적 영화와 초기영화 관객성이 오랜 기간 동안 조화를 이루면서 공진할 수 있었던 것은 수입된 고전적 영화에서 할리우드의 지역적 버나큘라 모더니즘을 번역하고 매개할 수 있는 변사의 능력 덕분이었다"고 본다. 주창규, 「버나큘러 모더니즘의 스타로서 무성영화 변사의 변형에 대한 연구」, 《영화연구》 제32호, 한국영화학회, 2007, 280쪽 참조.

60 서상호, 김덕경 등의 초기 변사들이 중등학교 정도의 학력이었고, 특히 서상호의 일본어 실력이 매우 뛰어났다는 것 등을 바탕으로 많은 변사들이 어느 정도의 학력과 어학 실력 등을 갖추었으리라 여겨져 왔으나, 실제 통계에서 조선인 변사들의 학력은 보통학교 졸업 정도였던 것으로 기록되고 있다. 이와 관련해서는 『활동사진검열개요』의 활동사진 설명업자에 관한 통계(『식민지 시대의 영화 검열(1910~1934)』, 한국영상자료원, 2009, 285~286쪽) 및 「활동사진해설자학력조사—조선인은 사십구명」, 《중외일보》, 1928년 2월 4일자 3면 등의 관련 기사를 참조할 수 있다.

61 「영화해설과 어학」, 《조선일보》, 1926년 1월 1일자 11면.

62 박응면은 처음 영화 해설을 맡게 되었을 때 필기를 해서 시간에 맞추어 혼자 연습했다고 한다. 「활동사진 변사좌담회」, 《조광》 제4권 4호, 1938년 4월, 288~297쪽.

63 이구영, 「사건으로 본 영화이면사(6)」, 《영화예술》, 1971년 4월, 64쪽.

64 「극장만담」, 《별건곤》 제6호, 1927년 4월, 109쪽.

65 西京 碧波生, 「영화해설자의 편어(片語)」, 《중외일보》, 1927년 7월 24일자 3면.

66 이영일의 『한국영화전사』를 비롯하여 기존의 한국영화사 서술이 식민지 시기의 영화 검열에 대한 기억을 어떻게 '억압/저항'의 이분법적 구조로 재구성해 왔는지에 대해서는 이순진이 논의한 바 있다. 이순진, 「식민지시대 영화 검열의 쟁점들」, 『식민지 시대의 영화 검열(1910~1934)』, 한국영상자료원, 2009, 20~26쪽. 더불어 같은 책에 실려 있는 이준희의 자료 해제 「당대 기록과 후대 기억의 이합(離合)」도 참조할 수 있다.

67 「嵐の孤児」(1923. 8.) Jeffrey A. Dym, op. cit., p.108에서 재인용.

68 일본 경시청은 영화 검열의 내규로 "국체 정체의 변경 기타 조헌문란의 사상을 고취하거나 또는 풍자하는 것"을 금지하였다. 「국민성류로 영화검열, 일본경시청 내규」, 《동아일보》, 1925년 12월 22일자 5면; 牧野守, 『日本映畵檢閱史』, パンドラ, 2003.

69 조선총독부 도서과의 필름 검열 처분에 대해서는 「활동사진필름검열개요」, 한국영상자료원 편, 앞의 책, 222~233쪽 참조.

70 田中純一郎, 『日本映畵發達史Ⅱ—無聲からトーキーへ』, 中央公論社, 1976, 215쪽.

71 「〈アジアの嵐〉の歪曲」, 《プロレタリア映畵》, 1930.9. 58頁.

72 솟이슬, 「역(力)과 열(熱)이 결정 「아세아대동란」 처음 수입된 적로영화」, 《동아일보》, 1931년 2월 5일자 4면. 이 사건과 관련한 조선총독부 도서과 영화검열 담당 오카 시게마스(岡稠松)의 글 「조선에서의 영화 검열에 대하여」(岡稠松, 「朝鮮に於ける映畵の檢閱に就て」, 《朝鮮》第190号, 1930年 3月, 136쪽)은 『식민지 시대의 영화 검열(1910~1934)』(한국영상자료원, 2009)에 수록되어 있다.

73 심훈, 「관중의 한 사람으로(2)—해설자 제군에게」, 《조선일보》, 1928년 11월 18일자 석간 3면.

74 같은 글.

75 「극장만담」, 《별건곤》 제6호, 1927년 4월, 109쪽.

76 김윤우, 「영화해설에 대한 편감(하)」, 《동아일보》, 1929년 11월 8일자 5면.

77 「허가후 흥행 금지, 해설자에게 벌금(마산)」, 《동아일보》, 1928년 12월 17일자 2면.

78 한편 『윤치호의 일기』에 따르면, 윤치호는 1929년 1월 16일 일기에서 두 아들과 함께 단성사에서 〈벤허〉를 보았는데, 변사가 로마 총독을 '감사(監司)'로 지칭했다고 하면서, "경찰이 조선에서 이 영화를 온전히 상영하도록 허가한 게 신기하기만 하다"고 적고 있다. 팔레스타인의 로마인 총독을 조선 관객들에게 친숙한 용어로 칭하여 식민지의 억압적인 상황을 환기시킬 수도 있었을 것이다. 윤치호, 『윤치호 일기: 1916~1943』, 김상태 엮음, 역사비평사, 2001, 73쪽.

79 〈벤허〉의 검열과 상영에 대해서는 이구영의 회고를 참조할 수 있다. 이구영의 회고에 따르면 〈벤허〉에서 로마제국의 박해를 받는 유태민족의 설움이 당시 조선인들의 민족 감정을 자극하기만 한다면 흥행 성공은 떼놓은 당상이었다. 그는 자신의 기지로 "너의 한 시간은 말이야, 우리 유대 민족의 백년이란 말이야. 우리 민족의 백년 한을 알겠느냔 말이다"와 같이 정치적으로 민감한 대사도 무사히 검열을 통과할 수 있었다고 회고했

다. 한국예술연구소 편, 『이영일의 한국영화사를 위한 증언록—김성춘·복혜숙·이구영 편』, 도서출판 소도, 2003, 279~291쪽. 송명록도 같은 사건을 회고하는데, 아마도 이구영의 회고에 영향을 받은 것으로 보인다. 송명록, 「영사오십년의 은막사정—무성영화시대에서 현대까지」, 《신동아》, 동아일보사, 1971년 6월, 320~321쪽.

80 송명록, 앞의 글.

81 벽파생, 「영화해설자의 편어」, 《중외일보》, 1927년 7월 24일자 3면.

82 같은 기사.

83 「과학계의 경이 발성활동영화출래—27,8 양일 경성에 공개—화면이 움직이는 대로 언어는 물론이요 주위 만상에서 발하는 음향이 모다 들려」, 《매일신보》, 1926년 2월 24일자 2면.

84 「말하는 사진. 3월 1, 2 양일에 우미관에서 영사」, 《조선일보》 1926년 2월 26일자 3면; 「말하는 사진. 활동사진이 들어가고 말까지 하는 신기하고 자미잇는 사진이 삼월일·이 량일에 우미관에서 영사」, 《조선일보》 1926년 2월 27일자 3면; 「말하는 활동사진 관철동 우미관에서 처음 상영, 본보독자우대반액할인」, 《동아일보》, 1926년 2월 28일자 5면.

85 1932년 뉴욕에 체류 중이던 한보용은 5, 6년 전에 서울에 있을 때 "어떤 친구가 진고개 어떤 왜관에 가서 보통 입장료의 배를 지불하고 말하는 활동사진을 구경하고 왔다고 하던 것이 아직도 기억에 남아있다"고 썼다. 한보용, 「세계영화론(4)」, 《조선일보》, 1932년 1월 23일자 4면.

86 우미관은 당시 북촌에 있는 다른 조선인 상설관들에 비해 운영 상황이 좋지 못했다. 1924년 5월에 경성 관철동에서 극장이 전소된 대화재가 있은 후, 해를 넘기기 전에 신축 재개관하였으나 1925년 여름에는 급료를 제때 지급받지 못한 변사들의 분규가 있을 정도로 우미관의 경영 상황은 악화되어 있었다. 포노필름의 상영 당시는 경영진 교체기로 휴관 중에 단발성 이벤트를 위해 극장을 대여해준 것으로 짐작된다. 우미관은 관원 일동이 경영에 참여하는 것으로 전환하여 1926년 3월 13일에 재개관되었다. 「관철동에 대화(大火) 우미관전소」, 《매일신보》, 1924년 5월 22일자; 「우미관원동요, 월급을 주지않는다고 분규, 월급을 아니주면 파업한다」, 《동아일보》, 1925년 7월 24일자; 「우미관 개관」, 《조선일보》, 1926년 3월 13일 석간 2면; 「경성행진곡(3) 관객쟁탈전」, 《매일신보》, 1928년 9월 24일자 2면.

87 「말하는 활동사진 관철동 우미관에서 처음 상영, 본보독자우대반액할인」, 《동아일보》, 1926년 2월 28일자 5면.

88 「근대과학의 정화—말하는 활동사진」, 《동아일보》, 1928년 1월 18일자 2면.

89 「말하는 활동사진 관철동 우미관에서 처음 상영, 본보독자우대반액할인」, 《동아일보》, 1926년 2월 28일자.

90 이 필름은 미국 영화계의 바이타폰 제작에 자극을 받은 일본의 쇼와키네마주식회사가 제작하여 1927년 9월 말 일본 도쿄에서 시사한 프로그램과 거의 동일한 것이다. 일

본 개봉 석 달 여 만에 조선에 이입된 것인데, 경성에서는 1928년 1월 18일과 19일 양일간 우미관에서 주야 3회씩 상영되었고, 《조선일보》와 《동아일보》가 독자 할인권을 배포하는 등 적극적으로 후원했다. 「일본최초의 발성영화, 제일회 공개 종목」, 《동아일보》, 1927년 10월 7일자 3면; 「소리나는 활동사진—본사독자에게는 반액할인」, 《조선일보》, 1928년 1월 18일자 석간 2면; 「근대과학의 정화—말하는 활동사진」, 《동아일보》, 1928년 1월 18일자 2면 참조.

91　이 필름은 마키노 마사히로(マキノ正博) 감독의 〈모도리바시(戻橋)〉(1929)와 함께 필름 녹음 방식(sound-on-film)으로 제작된 일본영화의 사운드 실험기의 영화로 알려져 있다. 코쇼 헤이스케(五所平之助) 감독의 〈마담과 아내(マダムと女房)〉(1931) 이전의 실험기 영화로는 디스크 녹음 방식(sound-on-disc recording)을 채택한 우시하라 기요히코(牛原虛彦)의 〈大都市: 勞動篇〉(1930)도 있다. 이와모토 겐지(岩本憲兒)에 따르면, 이 필름들은 완전 토키영화가 만들어지기 전의 과도기적인 양태를 보여주며 기술적으로도 미약했다고 한다. 이에 대해서는 이와모토 겐지, 「초기 일본 토키영화의 사운드 사용」, 아서 놀레티 외, 『일본영화 다시 보기』, 편장완 역, 시공사, 2001, 422~423쪽.

92　이 영화는 1928년 1월 1일부터 조선극장에서 상영되었는데, 《조선일보》에 1927년 12월 15일부터 22일까지 4회에 걸쳐 영화해설이 연재되었다.

93　마키노(マキノ) 프로덕션이 제작한 디스크식 토키 〈모도리바시〉는 1929년 7월 18일에 부산의 행관에서 상영되었고, 평양 금천대좌에서도 8월 13일부터 3일간 상영되었다. 일본 개봉(7월 5일)으로부터 불과 2주도 되지 않은 시점에서 조선에 이입되어 검열을 거친 후 일반에 공개된 것이다. 『부산근대영화사』; 「평양의 발성영화」, 《조선일보》, 1929년 8월 10일자 석간 4면

94　「토키시대가 조선에도 왔다—구력(舊曆) 정초를 기하야 시내 각 상설관의 경연」, 《매일신보》, 1930년 1월 25일자 2면; 「문제만흔 발성영화 필경 경성에 출현, 27일부터 단성사에서」, 《동아일보》, 1930년 1월 27일자 4면; 「필림에서 발성되는 본격토키봉절」, 《중외일보》, 1930년 1월 27일자 3면; 「시내 단성사에 출현한 발성영화. 「명일의 결혼」 「순회극단」 「최후의 일책」 「엉터리 낙서실」 등 4종」, 《조선일보》, 1930년 1월 27일자 석간 3면.

95　1927년에 김찬영이 설립한 기신양행은 알렌상회, 모리스상회, 테일러상회 등 외국인 무역업자들이 주도한 구미영화 배급업계에서 유일한 조선인 배급사로 출발하여, 도쿄, 오사카, 고베 등지에 있는 구미 각 영화사의 일본지사와 계약을 맺고 메트로 골드윈(Metro-Goldwyn-Mayer)과 파라마운트(Paramount) 등의 특작 영화를 배급해왔다. 그런데 미국유학생 출신인 김홍진과 전 매일신보 사회부장 이서구가 손잡은 동양영화사가 1929년에 기신양행의 아성에 도전장을 내민 것이다. 동양영화사는 일본에서 동양영화, 미국 F.B.O. 작품을 주축으로 군소 양화 작품을 수입해 배급했다. 「기신의 파사 영화 배급—긔신양행은 매삭 십오륙종 배급」, 《동아일보》, 1927년 8월 30일자 3면; 「기신양행 내용확충」, 《조선일보》, 1927년 9월 12일자 3면; 「구미영화배급—동양영화사」, 《중

외일보》, 1929년 8월 9일자 2면 등.

96 「조선에 처음으로 발성영화 출현? 조선인측으로 동양, 기신배급소와 조극과 단성사의
    배급, 상영백열전, 조선영화배급계의 대선풍」, 《조선일보》, 1930년 1월 24일자 석간 5면.

97 발성영화에 독자반액, 시내 단성사에서 다만 금야뿐, 《동아일보》, 1930년 1월 30일자 5면.

98 「광고」, 《조선일보》, 1930년 1월 31일자 석간 1면.

99 박완식, 「발성영화의 국산문제(2)」, 《동아일보》, 1929년 12월 25일자 5면.

100 한보용, 「세계영화론(7)」, 《조선일보》, 1932년 1월 29일자 4면.

101 Abé Mark Nornes, op. cit., p.131.

102 「천연색전발성영화 〈파라마운트 언파레이드〉 10월 2일부터 조극에서 상영」, 《동아일
    보》, 1931년 10월 2일자 4면.

103 「박진력잇는 대형필림 출현. 발성영화도 시대에 뒤진것 다음 영화는 어디로 가나」, 《조
    선일보》, 1930년 11월 28일자.

104 「토키난으로 아메리카의 고민―고물에 소리를 너허서 재발매하는게 유행해」, 《조선일
    보》, 1931년 1월 18일자 석간 5면.

105 박승희, 「토월회 이야기(3)」, 《사상계》, 1963년 8월, 290~291쪽.

106 北田理恵, 「多言語都市ローザンヌにおけるトーキー映画の興行と受容」, 《映像学》 通号 64, 日本
    映像学会, 2000. 5., 42쪽.

107 Abé Mark Nornes, op. cit., p.136.

108 NHK "ドキュメント昭和取材班" 編, 『ドキュメント 昭和: 世界への登場 4, トーキーは 世界
    をめざす―国策としての映画』, 角川書店, 1986, pp.50~59; 北田理恵, 「トーキー時代の弁士」,
    《映画研究》 4号, 日本映画学会, 2009, p.12; Abé Mark Nornes, op. cit., pp.136~137.

109 브라이언 이시스에 따르면, 1930년 7월 토비스-크랑 필름(독일), 웨스턴 일렉트릭-
    ERPI(미국), RCA 포토폰(미국) 간에 있었던 이른바 '파리협약'에서 세계 영화시장이
    3개의 판매 구역으로 분할되었다. 오스트리아, 헝가리, 스위스, 체코슬로바키아, 네덜란
    드, 덴마크, 노르웨이, 스웨덴, 핀란드, 유고슬라비아, 루마니아, 불가리아 등의 독일 구
    역, 남북 아메리카, 소련 연방, 오스트레일리아, 뉴질랜드, 인도를 포함한 미국 구역, 그
    리고 일본, 식민지 조선, 유럽의 나머지 절반이 포함된 중립 구역이 바로 그것이다. 이
    시스는 일본과 조선이 포함된 중립 구역에서는 배타적인 독점권이 존재하지 않았으며,
    이 때문에 사운드와 관련한 지역적 실험과 혁신이 활발했다고 본다. (브라이언 이시스,
    「1926년과 1939년 사이에 식민지 조선에 도래한 발성영화」, 이순진 옮김, 연세대 미디어
    아트센터 엮음, 『한국영화의 미학과 역사적 상상력』, 도서출판 소도, 2006, 124~125쪽).

110 Abé Mark Nornes, op. cit., p.148.

111 홍영철, 『부산근대영화사』, 산지니, 2009, 377쪽.

112 清水俊二, 「成功した〈再生の港〉」, 《読売新聞》, 1931년 12월 11일자.

113 Alan Williams, "Historical and Theoretical Issues in the Coming of Recorded Sound

to the Cinema," in Sound Theory/Sound Practice, edited by Rick Altman(New York: Routledge, 1992), p.136.

114 타무라의 고민은 자막을 수직선으로 할 것인지 수평으로 할 것인지, 오른쪽에 둘 것인지 왼쪽에 둘 것인지부터 시작되었다. 번역된 대사를 읽는 것은 일시적으로 지속되는 말을 듣는 것보다 시간이 더 오래 걸리므로 적절한 자막의 양을 정하는 것도 중요했다. 자막이 너무 많으면 영상을 감상하는 데 방해가 되고, 너무 적으면 관객이 이야기를 이해할 수 없기 때문이다. 타무라의 자막 작업에 대한 회고는 초기 영상 번역에 대한 귀중한 증언이다. Abé Mark Nornes, op. cit., pp.150∼152.

115 「演藝案内」,《京城日報》, 1931년 10월 6일자 8면; 「問題のモロッコあすから中央館に豫想されるその盛況」,《京城日報》, 1931년 10월 6일자 석간 3면.

116 「전발성영화 〈모로코〉 7일부터 조극서」,《동아일보》, 1931년 10월 8일자 4면.

117 「〈모록코〉 대신 〈최후중대〉로」,《동아일보》, 1931년 10월 9일자; 「〈모로코〉 다시 완전한 필름을 가져와 상영」,《동아일보》, 1931년 10월 24일자. 중앙관 상영을 마친 필름을 공급받아 상영했을 가능성도 있다.

118 한보용, 「세계영화론(8)」,《조선일보》, 1932년 1월 30일자 4면.

119 심훈, 「(미완성) 조선서 토키는 시기상조다」,《조선영화》 제1집, 1936년 10월, 86면.

120 채만식, 「토키의 비극」,《동아일보》, 1939년 5월 12일자 5면.

121 내러티브 영화에 대한 관객의 지각과 인지 활동에 대해서는 데이비드 보드웰, 『영화의 내레이션 1』, 오영숙 옮김, 시각과언어, 2007, 86∼133쪽 참조.

122 「마약의 굴혈에 전전. 지탄의 구생을 청산. 넷둥지의 다채한 각광이 그리 슴인가. 작야(昨夜) 우미관에서 음독자살」,《조선일보》, 1938년 8월 13일자 2면.

123 유흥태, 「은막암영 속에 희비를 좌우하던 당대 인기변사 서상호 일대기」,《조광》 제4권 10호, 1938년 10월, 123쪽.

124 같은 글, 125쪽.

125 「발성영화 등장따라 변사실직 끝에 자살―과학문명을 저주하는 청년」,《동아일보》, 1938년 6월 15일자 석간 7면.

126 이구영, 「사건으로 본 영화이면사(10)」,《영화예술》 제7권 제9호, 1971년 10월, 83쪽.

127 「조선영화팬의 증가―전조선 인구의 삼분의 일은 영화를 본다」,《조선영화》 제1집, 1936년 10월, 156쪽.

128 이구영의 회고에 따르면, 단성사는 일본인 회사를 통해서 도입한 토키 영사기의 성능이 좋지 않아 고심하던 중 기신양행과 계약을 맺어 조선극장에 있던 영사기를 단성사로 옮겨왔다. 이구영, 앞의 글, 83쪽. 관련 기사는 「단성사에도 발성영화 십구일 낮부터―킹·오프·째즈 상영」,《조선일보》, 1932년 3월 19일자 석간 5면; 「입장료 수입, 단성사 우세, 작년 1년 동안 4상설관 통계」,《조선중앙일보》, 1933년 4월 6일자 2면 등 참조.

129 「대구 만경관의 발성영화 음정(陰正)부터 장치」,《조선일보》, 1932년 2월 10일자 석간

5면; 「대구에 발성영화—만경관에서」, 《매일신보》, 1932년 2월 25일자 7면; 「대구만경관에 전발성영화 상영」, 《중앙일보》, 1932년 2월 26일자 석간 3면; 「평양 제일관 토키 장치」, 《조선일보》, 1932년 3월 3일자 석간 3면

130 「사설: 토키의 살인—자연기술과 사회기술의 교섭에 대하야」, 《조선일보》, 1932년 4월 28일자 1면. 사설이 소개하는 도쿄의 기사는 도쿄 아사쿠사 일대와 기타 지역에서 토키가 일반되면서 변사와 악사가 실직하고 노동쟁의가 잇따르게 되니, 토키가 살인하는 셈이라는 내용이다. 《조선일보》의 사설은 이 현상의 궁극적인 원인과 책임은 "너무 진보한 자연기술"이 아니라 "너무 뒤떨어진 사회기술"에 있다고 하면서 "자연기술과 사회기술의 병진화 균형화"에 대한 연구가 필요하다고 주장한다. 사설의 필자는 "자연기술과 사회기술"을 "과학기술"과 "사회과학"이라는 의미로 범박하게 사용하는데, 이 문제를 식민지 조선의 구체적인 현장에서 논의하기보다 세계적인 보편성에 비중을 두고 개략했다.

131 《京城日報》 1929년 7월 23일자 기사는 희락관(喜樂館)이 악사 8명의 반 년치 월급으로 '에렉트로라(エレクトロラ)', 즉 전기축음기 2대를 설치하기로 하고 조선에서는 처음으로 악사 해고를 감행했다고 보도했다(「エレクトロラに樂士の惱み—まづ喜樂館が八名をお拂ひ箱」, 《京城日報》, 1929년 7월 23일자 7면). 이러한 처사는 닛카츠(日活) 계열의 일본인 상설관인 희락관이 경성의 다른 극장들보다 일본 흥행계의 흐름에 민감하게 반응했기 때문이라고 볼 수도 있다. 비록 더디기는 하지만 1930년을 전후로 조선에서도 극장의 일부 인력이 최신의 기계 설비에 밀려나는 상황이 빚어지기 시작했다고 할 수 있다. 그러나 희락관은 1930년에 다시 악단 반주로 전환했다(「경성 영화계 근황」, 《국제영화신문》, 1930년 11월(45호), 41쪽; 한국영상자료원 영화사연구소 엮음, 『일본어 잡지로 본 조선영화 1』, 한국영상자료원, 2010, 17쪽). 관객은 축음기로 재생되는 음악보다 악단이 연주하는 극장 음악을 선호했던 것으로 보인다.

132 김영환, 「영화생활」, 《영화시대》, 1931년 5월, 31쪽.

133 이구영, 「사건으로 본 영화이면사(6)」, 《영화예술》, 1971년 4월, 64쪽.

134 「입장료 수입, 단성사 우세, 작년 1년 동안 4상설관 통계」, 《조선중앙일보》, 1933년 4월 6일자 2면.

135 이규환, 「발성영화에 대하야(2)」, 《조선일보》, 1931년 9월 11일자 석간 5면.

136 심훈, 「조선서 토키-는 시기상조다—조선영화 제작에 대한 건의」, 《조선영화》 제1집, 조선영화사, 1936년 10월, 86쪽.

137 정래동, 「발성영화소음」, 《조선문단》 제4권 3호, 1935년 8월, 189쪽.

138 하소, 「영화가 백면상」, 《조광》 제3권 12호, 1937년 12월, 235~236쪽.

139 하소, 「속(續) 영화가 백면상」, 《조광》 제4권 3호, 1938년 3월, 339~340쪽.

140 이구영, 「사건으로 본 영화이면사(6)」, 《영화예술》, 1971년 4월, 64쪽.

141 「활동사진 변사좌담회」, 《조광》 제4권 4호, 1938년 4월, 297쪽.

142 이러한 무성영화 상영의 특징에 대해서는 이순진의 박사학위논문을 참조할 것.

143 北田曉大, 「〈キノ・グラース〉の政治学—日本=戰前映畵における身体・知・權力」, 栗原彬 外 編, 『越境する知4—裝置: 壞し築く』, 東京大学出版会, 2000, 302쪽.

144 이순진, 「식민지 시대 영화 검열의 쟁점들」, 한국영상자료원 편, 『식민지 시대의 영화 검열: 1910~1934』, 한국영상자료원, 2009, 31~32쪽.

145 Rick Altman, "General Introduction: Cinema as Event," in Sound theory/Sound practice(New York: Routledge, 1992), p.6. 알트만은 극장의 음향이나 막간 행위들뿐 아니라 상업적인 동시 상영, 티케팅 전략, 좌석 배치, 필름 프로그램을 공유하는 행동들, 팝콘, 부속 상품 판매 등을 아울러 '비필름적 요소들'이라고 말하는데, 나는 극장의 상영 환경에서 공연적 관습과 맥락에서 발생하는 것들로 그 의미를 한정해 사용한다.

146 일본의 순영화극운동에 대해서는 Aaron Gerow, Visions of Japanese Modernity: Articulations of Cinema, Nation, and Spectatorship, 1895~1925 (Berkeley: University of California Press, 2010) 참조.

147 北田曉大, 앞의 글, 306쪽.

148 같은 글, 306~307쪽. 여기서 키타다가 '키노 그라스'라고 부르는 것은 지가 베르토프 (Dziga Vertov)의 'Кино-глаз'를 말한다. 영어로는 '키노 아이(kino-eye)'로 번역되었다.

149 같은 글, 311쪽.

150 이에 대해서는 Rick Altman, "Sound Space," in Sound Theory/Sound Practice(New York: Routledge, 1992), pp.46~64.

151 이순진은 윤기정과 나운규 사이의 논쟁을 불확정적인 무성영화 텍스트의 의미를 어떠한 관점에서 전유할 것인지를 두고 좌우파 영화인들이 벌인 경합으로서 조명하고, 무성영화가 갖는 텍스트의 불확정성이 식민지 조선영화를 결정짓는 구조적인 요인이었던 검열 제도를 우회하는 전략이 될 수 있었다고 주장했다. 이에 대해서는 이순진의 박사학위논문, 189~194쪽, 그리고 「식민지 시대 영화 검열의 쟁점들」, 31~32쪽 참조.

152 박완식, 「발성영화의 국산문제(3)」, 《동아일보》, 1929년 12월 27일자 5면.

153 「외국영화 구축코저 영화통제를 단행방침—조선내영화는 6할이 외국물, 도서과서 제령 입안중」, 《조선일보》, 1933년 10월 21일자 석간 2면.

154 1935년 한 해를 돌아보며, 이구영은 일본인 상설관의 조선인 관객의 비율이 35%, 조선인 상설관의 일본인 관객의 비율이 35%을 차지하는데, 이들 대부분은 학생과 인텔리층이라고 말한다. 이구영, 「1936년의 조선영화계전망」, 《동아일보》, 1936년 1월 1일자 부록 3면. 약초극장과 명치좌 등 대형극장 개관 후 1938년 현재 경성의 관객층에 대한 통계를 보면, 연극전용관인 동양극장은 조선인이 거의 전부이나, 조선인과 일본인 비율이 명치좌 5:5 (〈나그네〉 개봉 때에는 90%가 조선인 관객이었다), 약초극장 5:5, 황금좌는 6:4, 단성사 8:2, 희락관 5:5, 우미관 9:1의 비율을 차지하고 있다. 「기밀실, 조선사회내막 일람실」, 《삼천리》 제10권 제5호, 1938년 5월, 25쪽. 개봉관(명치좌, 약초극장, 황금좌,

단성사 등)에서 조선인과 일본인의 비율은 거의 비슷하거나, 조선인이 더 우세한 것을 확인할 수 있다.

155 김려실, 「일제시기 영화제도에 관한 연구—영화관 추이를 중심으로」, 《영화연구》 제41호, 한국영화학회, 2009년 9월, 18쪽.

156 「극장만담」, 《별건곤》 제6호, 1927년 4월호, 109쪽; 김규환, 「현대의 영화관」, 《동아일보》, 1929년 12월 12일자 5면; 「대불평, 소불평」, 《동아일보》, 1936년 6월 7일자 6면; 「북촌영화경영자에게 일언」, 《동아일보》, 1937년 7월 11일자

157 『國際映畵年鑑(昭和九年)』, 國際映畵通信土, 1934, 130～131쪽.

158 유광열, 「대경성의 점경(點景) 1 · 2」, 《사해공론》 제6호, 1935년 10월, 82쪽.

159 김백영, 「제국의 스펙터클 효과와 식민지 대중의 도시경험」, 《사회와 역사》 제75집, 한국사회사학회, 2007, 93쪽.

160 같은 글, 같은 쪽.

161 같은 글, 88쪽.

162 矢野干城 · 森川淸人, 『新版大京城案內』, 京城都市文化研究所出版部, 1936, 184～187쪽.

163 김백영, 앞의 글, 96쪽.

164 『朝鮮年監 昭和十三年版』, 京城日報社, 1938, 619쪽.

165 같은 책, 814쪽.

166 「배급 체인에서 제외된 군소상설관의 위기—단성사와 황금좌의 심각한 경영난」, 《조선일보》, 1937년 12월 7일자 석간 6면. 단성사와 황금좌는 모두 타무라(田村)의 소유였는데, 단성사는 박승필이 타무라와 공동 출자하는 식으로 경영을 시작했다가, 박승필이 경영권을 넘겨받았고, 박승필 사후에는 박정현, 그리고 관원 23인의 공동경영으로 운영되었다. 이 시기 흥행 체인과 손잡지 못한 두 극장의 경영 악화에 엎친 데 덮친 격으로 타무라가 사망하면서 타무라의 부인은 황금좌의 경영권은 고인문에게, 단성사의 건물은 이시바시 료스케에게 넘기게 된다(「흘러간 일홈 단성사—극단 40년사 무언의 주인공(하)—이상타! 최종 봉절은 이름도 "잃어버린 지평선"」, 《조선일보》, 1939년 7월 22일자 4면.)

167 단성사는 신작 서양영화의 개봉이 빨라서, 조선인 변사가 해설했음에도 불구하고 일본인 인텔리 관객들에게 인기가 있었다. 矢野干城 · 森川淸人, 앞의 책, 185쪽.

168 「북촌에 영화관 기근!—오락을 찾아는 남진만 한다—자본투하의 신영지」, 《조선일보》, 1939년 6월 11일자 4면.

169 신설 극장들이 저마다 일본의 배급 체인들과 제휴를 통해 안정적으로 필름을 수급할 수 있었던 반면, 단성사는 그렇지 못했다는 것도 단성사가 경쟁에서 낙오된 원인 가운데 하나다. 단성사의 몰락 과정에 대해서는 이순진, 『조선인 극장 단성사 1907~1939』, 한국영상자료원, 2011, 111~136쪽 참조.

170 서광제, 「영화의 원작문제—영화소설 기타에 관하야」, 《조광》 제3권 7호, 1937년 7월,

322~323쪽.

171 「어떻게 하면 반도 예술을 발흥케 할까」, 《삼천리》 제10권 제8호, 1938년 8월, 87쪽. 좌
담회 참석자 중 동양극장 지배인 최독견의 발언. 동양극장 관객들에 대한 다른 기록으
로, 주로 돈 좀 있는 '동아부인상회' 상인들이나 기생들이 동양극장에 드나들었다는 이
원경의 구술을 참조할 수 있겠다. 백현미 채록연구, 『2003년도 한국 근현대예술사 구술
채록연구 시리즈 19—이원경』, 한국문화예술진흥원, 2004, 145~148쪽. 한편, 연극 관객
들 중에서도 '고급(영화)관객'은 부민관에는 가지만, 동양극장에는 가지 않는다는 식으
로, '동양극장 관객'과 '부민관 관객'이라는 구별짓기가 있었다. 이에 대해서는 「종합좌
담회—신극은 어디로 갔나? / 영화조선의 새출발」, 《조선일보》, 1940년 1월 4일자 특집
2~3면 참조.

172 어느 일본인 관객은 경성 어느 극장에서 희극도 아닌 영화를 보면서 대단히 잘 웃는 사
람 뒤에 앉았던 경험을 술회하면서, "말을 알 수 없었기 때문에 가와무라 레이키치(河村
黎吉)의 감칠 맛 나는 연기를 그 마스크와 목소리에서 거꾸로 해석해버린 듯합니다"라
고 추측했다(「京城映畵館風土記」, 《觀光朝鮮》 제2권 4호, 1940, 78쪽). 아마도 그는 앞자리
에 앉은 관객이 일본어를 잘 모르는 조선인이라고 생각했던 듯하다. 일본어 발성영화나
일본어 자막 영화를 관람하는 조선인 관객들 내부에서도 언어력과 영화 경험에 따라 영
화에 대한 이해도와 관람 경험이 다층적이라는 점을 간과해서는 안된다.

173 「꿈을 키워준 시절의 영상—나의 영화적 낭만의 시대」, 《영화예술》 제1권 1호, 1965년
4월호, 30~37쪽.

174 같은 글.

175 나운규, 「〈아리랑〉을 만들 때」, 《조선영화》 제1집, 1936년 10월, 49쪽.

3장. '발성'하는 신체와 '조선영화'의 형성

1 인돌, 「조선 최초의 발성영화 〈춘향전〉을 보고—각색 기타에 대한 이의 몇 가지(上)」,
《동아일보》, 1935년 10월 11일자 석간 3면.

2 유승진은 이 시기 조선영화가 "'국제영화(international cinema)'라는 체제의 한 부분을
담당하는 영화"로서, 즉 "국제영화라는 픽션적 장(場)" 안에서 상상되었다는 점에서, 상
상의 차원에서의 '내셔널 시네마(national cinema)'라는 범주를 사용한 바 있다(유승진,
「보편으로서의 할리우드와 조선영화의 자기 규정의 수사학」, 연구모임 시네마바벨, 『조
선영화와 할리우드』, 소명출판, 2014, 227~263쪽).

3 박완식, 「조선영화인개관—각인(各人)에 대한 촌평(4)」, 《중외일보》, 1930년 3월 15일자
석간 3면.

4 박완식, 「발성영화의 국산문제」, 《동아일보》, 1929년 12월 24일, 25일, 27일자 5면 3회

연재.

5   박완식, 「발성영화의 국산문제(중)」, 《동아일보》 1929년 12월 25일자 5면.

6   박완식, 「발성영화의 국산문제(하)」, 《동아일보》, 1929년 12월 27일자 5면.

7   〈아리랑 후편〉은 이구영의 연출작이지만, 당시 좌파 논객들은 이 영화를 '나운규 영화'로 인식하고 비판하였다. 그것은 당시 조선영화를 대표하는 배우로서, 그리고 〈아리랑〉의 원작자로서 나운규가 갖는 상징성 때문이었을 것이다. 〈아리랑 후편〉에 얽힌 논쟁과 1930년대 전반기 나운규의 활동에 대해서는 조희문, 『나운규』, 한길사, 1997, 287~332쪽 참조.

8   최장, 「영화기업의 장래」, 《조선일보》, 1936년 6월 19일자 석간 6면.

9   김유영, 「과거 1년 간 각계 총결산—내외영화계」, 《신동아》 제2권 제11호, 1932년 11월, 61쪽.

10 「최초의 발성영화, 원방각동인출연 촬영은 이필우 씨」, 《조선일보》, 1930년 4월 16일자 석간 5면.

11 이필우, 「발성영화에 대하야 〈말 못할 사정〉을 박히면서」, 《조선일보》, 1930년 4월 18일자 석간 5면

12 최초의 조선어 토키를 제작하기 위한 나운규와 이필우의 도전기는 한국예술연구소 편, 『이영일의 한국영화사를 위한 증언록—유장산·이경순·이필우·이창근 편』(이하 『증언록』으로 약칭*), 도서출판 소도, 2003, 238~249쪽; 이영일, 『한국영화인열전』, 영화진흥공사, 1982, 32~36쪽 참조. 『증언록』에는 당시 언론에 공개되지 않았던 이필우와 나운규의 '말 못할 사정'이 이필우의 구술(이영일 인터뷰)로 기록되었다. 물론, 이 사건의 비화(秘話)가 이필우의 일방적인 회고와 구술에 의존하고 있음을 놓치면 안 될 것이다. 1931년 5월에 배구자 일행과 함께 영화 〈십년〉의 촬영을 진행 중이라고 보도된 것으로 미루어, 이필우와 나운규는 〈말 못할 사정〉의 제작 중단 이후에도 함께하다가 이필우만 1931년에 일본으로 건너간 것으로 보인다(「배구자, 나운규 〈십년〉을 촬영」, 《동아일보》, 1931년 5월 6일자 8면). 『증언록』의 내용으로는, 이 무렵 이필우는 적어도 세 차례 일본을 방문해 일본인 기술자들을 만났던 것으로 추정된다. 이영일은 이필우의 증언을 바탕으로 그와 일본인 기술자들의 공동연구가 일본의 첫 번째 토키 영화 〈마담과 아내(マダムと女房)〉(1931.8. 개봉)의 녹음 기술 개발에도 영향을 미쳤다고 보았으나 이필우의 방문 시점 등을 고려할 때 다소 과장된 해석으로 생각된다.

13 최초의 조선어 토키 제작에 중요한 기여를 한 나카가와가 누구이며, 이필우와의 친분 외에 그가 조선에 오게 된 경위에 대해서는 잘 알려져 있지 않았다. 일본영화사가 도미타 미카(冨田美香) 선생은 나카가와의 활동에 관하여 상세한 정보를 제공해 주었다.

14 『증언록』(2003)에서 이필우의 증언, 238~249쪽. 정종화는 그동안 여러 연구자들이 이필우 구술의 맥락을 제대로 이해하여 토키 시스템 개발 과정을 서술하는 데 오류가 반복되어왔다고 지적하고, 이러한 인과 관계와 맥락을 다시 서술하고자 했다. 정종화, 「식

민지 조선의 발성영화 상영에 대한 역사적 연구」,《영화연구》59호, 한국영화학회, 2014.

15 「영화발성장치기 P.K.R.式 出現 값싸고, 간편하고 효과잇다─발명자 이필우 씨」,《동아일보》, 1933년 7월 26일자 4면.

16 박기채, 「영화 1년의 객관적 회고─특히 제작된 영화를 중심으로 (2)」,《조선일보》, 1935년 12월 22일자.

17 스가야 에이이치로, 「조선영화에 관한 각서」,《키네마순보》, 1938년 5월 11일자(645호), 68쪽; 한국영상자료원 한국영화사연구소 엮음, 『일본어 잡지로 본 조선영화 2』, 한국영상자료원, 2011, 130쪽.

18 에토나영화사의 궤적을 추적했던 도미타 미카는 나카가와의 조선행이 이 영화사의 해산과 연관되어 있을 것이라고 말해주었다. 에토나의 멤버 중에는 문화영화 촬영을 위해 조선으로 건너간 사람들도 있었다. 나카가와의 조선행은 일본 영화산업의 지형 변화와 더불어 살펴볼 필요가 있다. 이는 추후의 과제로 미뤄둔다. 나카가와의 NT 사운드 시스템을 사용했던 에토나영화사에 관해서는 冨田美香, 「洛西地域映画史聞き取り調査報告4:エトナ映画の奇跡」,《アート・リサーチ》vol.05, 立命館大学アート・リサーチセンタ, 2005을 참조하라.

19 이에 대해서는 이필우의 인터뷰(『증언록』)를 참조할 것. 한국영화의 테크놀로지사(史)에서 이필우의 역할은 브라이언 이시스, 「1926년과 1939년 사이에 식민지 조선에 도래한 발성영화」, 이순진 옮김, 연세대 미디어아트센터 엮음, 『한국영화의 미학과 역사적 상상력』, 도서출판 소도, 2006, 128쪽 참조.

20 임화, 「조선영화론」,《춘추》제2권 10호, 1941년 11월, 90쪽.

21 같은 글, 같은 쪽.

22 심훈, 「조선영화인 언파레드」,《동광》제23호, 1931년 7월, 61쪽.

23 나웅, 「일(一) 배우로서 감상 편편」,《조선일보》, 1933년 5월 28일자 석간 3면.

24 「명배우, 명감독이 모여 '조선영화'를 말함」,《삼천리》제8권 11호, 1936년 11월, 96쪽에서 나운규의 발언.

25 나운규, 「'부활한 신일선'관, 극계와 영화계의 이 일 저 일까지」,《삼천리》제5권 9호, 1933년 9월, 108쪽.

26 같은 글, 109쪽

27 송악산인, 「〈임자 업는 나룻배〉=시사를 보고=(下)」,《매일신보》, 1932년 9월 15일자 5면.

28 같은 글.

29 허심, 「시사평─류신키네마 2회작 〈임자 업는 나룻배〉」,《동아일보》, 1932년 9월 14일자 5면.

30 송악산인, 앞의 글.

31 김유영, 「〈임자 업는 나룻배〉」,《조선일보》, 1932년 10월 6일자. 김종욱 편저, 『실록 한국영화총서 (상)』, 국학자료원, 2002, 806쪽에서 재인용.

32 「시사막에 오른 금강한 평─원산만 1회 작품」,《매일신보》, 1931년 1월 14일자 5면.

33 같은 글.

34 "군은 신무대(新舞臺)에서 무대인(舞臺人)으로서 얼마동안 등장하였으나 군의 연기보다
도 성량이 좋지 못하여 그다지 양호한 성적을 얻지 못하였었다고 볼 수 있었다." 남궁
춘, 「나운규 군의 걸어온 길─그는 장차 어데로 가려는가?」,《영화조선》 제1호, 1936년
9월, 102쪽.

35 〈말 못할 사정〉,《유성기로 듣던 연극모음(1930년대)》, 신나라레코드, 1999.

36 「당대인기 스타, 라운규씨의 대답은 이러합니다」,《삼천리》 제8권 4호, 1936년 4월호,
159쪽.

37 〈아리랑 제3편〉은 동시녹음으로 촬영되었는데, 촬영 후 확인해 보니 "제 딴은 허울 좋
게 동시녹음인데 삼개월 동안이나 애써 만들어 놓고 보니 말소리가 들리질 않는다. 발
성영화란 놈이 말을 못하니 큰 탈이다. 게다가 화면조차 안개 긴 하늘처럼 뿌─옇고 누
가 누군지 분간할 수 없게 되었다." 결국 이창용의 도움으로 몇 부분을 다시 촬영하여
겨우 개봉할 수 있었다(전택이, 「〈아리랑〉과 나와, 연극배우에서 영화배우」,《삼천리》 제
13권 7호, 1941년 7월, 150쪽). 이러한 이유로 〈아리랑 제3편〉은 이신웅과 이창용이 공
동으로 촬영한 것으로 되어 있다. 이 영화의 기술적 실패에 대한 류장산의 견해가 이필
우의 『증언록』, 275쪽에 채록되어 있다.

38 XY生, 「〈아리랑〉을 보고」,《매일신보》, 1936년 5월 27일자 6면.

39 같은 글.

40 김중희, 「(영화시평) 〈아리랑 제3편〉을 보고서」,《영화조선》 제1호, 1936년 9월, 77쪽.

41 같은 글, 77~78쪽.

42 김종욱 편저, 『실록 한국영화총서 (상)』, 970쪽.

43 김영무 편저, 『무성영화 시절의 스타들과 유명변사 해설 모음집』, 창작마을, 2003, 82쪽.

44 XY生, 앞의 글.

45 같은 글.

46 같은 글.

47 김중희, 앞의 글, 76쪽.

48 같은 글, 79쪽.

49 같은 글, 같은 쪽.

50 이순진은 신파성을 극장의 맥락에서 재정의하면서, 나운규가 식민지 조선의 영화 문화
의 맥락에서 미국 활극영화의 스타일과 영웅상을 전유하는 한편으로, 극장의 어트랙
션 쇼와 막간 공연, 변사 연행 등을 활용하여 무성영화의 미학을 확립했다는 점을 평가
했다. 이순진, 「조선 무성영화의 활극성과 공연성에 대한 연구」, 중앙대 박사학위논문,
2009, 94~109쪽. 한편, 이호걸은 〈아리랑〉과 같은 활극영화를 '남성 신파'로 재규정하
려는 시도를 보여준 바 있다. 이에 대해서는 이호걸, 「신파양식 연구─남성신파 영화를

중심으로」, 중앙대학교 박사학위논문, 2007 참조.

51 Alan Williams, "Historical and Theoretical Issues in the Coming of Recorded Sound to the Cinema," Sound Theory/Sound Practice, edited by Rick Altman(New York: Routledge, 1992), p.135.

52 자크 오몽, 『영화 속의 얼굴』, 김호영 옮김, 마음산책, 2006, 80쪽.

53 이영일, 『(증보개정판)한국영화전사』, 도서출판 소도, 2004, 168쪽.

54 「오몽녀 합평」, 《조선일보》, 1937년 1월 29일자~31일자, 김종욱 편저, 『실록 한국영화총서 (하)』, 국학자료원, 2002, 36쪽에서 재인용. 〈오몽녀〉 합평회에 참석한 사람은 안석영, 서광제, 김유영, 박누월, 김정혁, 배은수, 김규택, 홍기문 등인데, 회화적 테크닉이 부족하다고 지적한 사람은 김정혁이다.

55 안석영, 「나운규작품의 오몽녀(하)」, 《조선일보》, 1937년 1월 22일자 석간 6면.

56 한태산, 「세계적으로 유행하는 문예영화의 제작」, 《조선일보》, 1934년 12월 3일자 석간 4면.

57 임화, 앞의 글, 90쪽.

58 정종화는 1930년대 중반을 무성영화 말기와 토키 초기가 오버랩되는 시기로 조명하면서, 이때 조선영화계에 새로 부상한 이규환, 방한준, 박기채, 신경균, 양세웅, 김학성, 김일해 등을 '제2세대 영화인들'로 다룬 바 있다. 그에 따르면, 이 '2세대 영화인들'은 일본 영화스튜디오의 도제를 거쳐 조선에 돌아온 이들로서, 기존의 조선 내 일본식 도제를 상징하는 경성촬영소와 거리를 둔 새로운 모색과 시도로 영화 담론과 제작 실천 등에 있어서 많은 영향을 미쳤다. 이와 관련해 더 자세한 논의는 정종화, 「조선 무성영화 스타일의 역사적 연구」, 중앙대학교 첨단영상대학원 박사학위논문, 2012, 161~182쪽 참조.

59 발성영화에서 미장센의 한 쟁점으로서 대사에 대한 문제는 클레르 바세, 『대사』, 박지회 옮김, 이화여대 출판부, 2010, 47~58쪽 참조.

60 박기채가 안석영에게 의뢰하여 이광수의 소설 『무정』을 각색하여 연출한다는 계획이 발표된다. 「영화계 섭어(囁語)」, 《조광》 제2권 5호, 1936년 5월, 219쪽.

61 박기채, 「영화와 연극의 예술적 특이성」, 《조광》 제2권 11호, 1936년 11월, 272쪽.

62 박기채는 "현재 영화가 문학작품에서 많이 취재하는 것은 현재의 문학이 가진 진실성이 영화인의 그것보다 한 보 나아 있기 때문"이라고 하면서, 일반의 수준을 높이는 것이 영화 제작의 의무이므로 문학에서 재료를 구해야 한다고 했다. 그는 영화가 이제 상품으로서뿐만 아니라 교양물로서도 인식되기 위해서 문학을 참조해야 한다는 입장이었다. 이태준, 박기채 대담, 「문학과 영화의 교류(상)」, 《동아일보》, 1938년 12월 13일자 5면.

63 영화계에서 이러한 논의를 이끈 것은 박기채와 신경균 등의 새로운 세대들이었다. 이들의 입장은 박기채, 「영화의 문학적 고찰, 씨나리오와 문학의 특수성」, 《조선일보》, 1936년 5월 10일자 5면; 신경균, 「최근영화계의 신경향」, 《조광》 제2권 9호에서 확인할

수 있다.

64   1930년대 중후반 일본의 문학작품의 영화화에 대한 논의는 溝渕久美子, 「「文芸復興」として
の「文芸映画」―1930年代日本における「文芸映画」ブームに関する再考察」, 《映像学》 通号 75, 日
本映像学会, 2005 참조.

65   서광제, 「문예작품과 영화―反 오리지널 씨나리오 문제 (1)」, 《동아일보》, 1938년 10월
29일자 4면.

66   「문학과 영화의 교류―이태준·박기채 대담(상)」, 《동아일보》, 1938년 12월 13일자 5면
에서 이태준의 발언.

67   채만식, 「문학작품의 영화화 문제」, 《동아일보》, 1939년 4월 6일자 5면.

68   이운곡, 「문학과 영화」, 《조광》 제4권 2호, 1938년 2월, 337쪽.

69   〈무정〉의 제작 및 개봉을 즈음해 문학계 인사들이 참여한 문학작품의 영화화에 대한
논의는 이화진, 『조선 영화―소리의 도입에서 친일 영화까지』, 책세상, 2005, 47~56쪽;
김윤선, 「1930년대 한국 영화의 문학화 과정―영화 〈무정〉(박기채 감독, 1939)을 중심
으로」, 《우리어문연구》 제31집, 2008; 노지승, 「'영화'에 있어서 '문학적인 것'이란 무엇인
가―1920·30년대 문학과 영화의 상관성에 관한 담론 고찰」, 《현대소설연구》 제38집,
한국현대소설학회, 2008 등 참조.

70   춘원, 「영화 『무정』으로 공개장―감독 박기채 씨에게 보내는 글」, 《삼천리》 제11권 7호,
1939년 6월, 135쪽.

71   채만식, 앞의 글.

72   서광제, 「영화 〈춘풍〉을 보고(4)」, 《동아일보》, 1935년 12월 10일자 석간 3면.

73   임화, 「문화기업론」, 《청색지》 제1호, 1938년 6월, 17쪽.

74   Thomas Elsaesser, New German Cinema: A History(New Brunswick: Rutgers University
Press, 1989), pp.322~323.

75   레이 초우, 『원시적 열정』, 정재서 옮김, 이산, 2004, 264~300쪽.

76   대리보충(supplément)은 "추가 지점이며, 어떤 것을 대신하는 하위 심급"으로, "자신으
로는 채울 수 없으며 기호와 대리로 메울 때만 완수될 수 있다"(자크 데리다, 『그라마톨
로지』, 김성도 역, 민음사, 1996, 287쪽). 한국영화사에서 문학작품의 영화화를 대리보충
으로 보는 관점에서 접근한 논문으로 「무진기행」을 영화화한 〈안개〉를 다룬 김소연, 「문
예영화 〈안개〉의 근대적 주체성 비판」, 《영화연구》 제43호, 한국영화학회, 2010이 있다.

77   이태준, 박기채 대담, 「문학과 영화의 교류(하)」, 《동아일보》, 1938년 12월 14일자 5면.

78   「여명기의 조선영화」, 《동아일보》, 1939년 1월 31일자 5면에서 기자의 발언.

79   레이 초우, 앞의 책, 44~45쪽.

80   좌담회 「반도작가의 표현력―국어와 조선어를 둘러싼 제문제」, 《京城日報》, 1938년 12월
6일자에서 이태준의 발언. 번역은 「조선 문화의 장래」, 이경훈 편역, 『한국 근대 일본
어 평론·좌담회 선집 1939~1944』, 도서출판 역락, 2009, 285쪽 참조. 이 번역의 원문은

《경성일보》에 6회에 걸쳐 연재된 좌담회를 《문학계》에 재수록한 버전이다. 《경성일보》 버전과 《문학계》 버전의 차이에 대해서는 권나영(Nayoung Aimee Kwon)이 언급한 바 있으나, 이 문장은 가감이 없는 부분이므로, 이경훈의 번역을 그대로 옮겼다. '조선 문화의 장래' 좌담회의 다른 두 버전에 대해서는 권나영, 「어긋난 조우와 갈등하는 욕망들의 검열─'조선 문화의 장래'를 둘러싼 좌담회 읽기, 듣기」, 연세대 국학연구원 편, 『일제 식민지 시기 새로 읽기』, 혜안, 2007를 참조.

81 '머릿속 번역'은 윤대석의 표현이다. 윤대석은 식민지 말기 조선문학의 일본어 번역에 대해 일본 내부의 욕망과 정치, 식민지 작가들의 욕망이 어떻게 얽혀 있는지를 논의한 바 있다. 이 글에서 윤대석은 '조선 문화의 장래' 좌담회에서 조선문학이 일본어 창작으로 가는 중간 과정에 번역을 위치시키고자 하는 일본 측의 입장과 일본어 창작으로부터 조선어 창작을 보호하기 위한 방패막으로서 번역을 위치짓고자 하는 조선 측의 입장을 대비해 보여주었다. 윤대석, 「1940년대 한국문학에서의 번역」, 《민족문학사연구》 제33호, 민족문학사학회, 2007 참조.

82 신경균, 「영화제작과정─극본·감독·편집의 중요성: 민족성을 가진 감독의 배출을 바란다」, 《조광》 제2권 5호, 1936년 5월, 213쪽.

83 「명화합평」, 《영화시대》 제5권 9호, 1935년 10월, 39쪽.

84 스턴버그는 도쿄, 고베, 오사카 등지를 들러 신징(新京)으로 가는 중에 잠시 경성에 내려─1936년 9월 3일에서 4일까지─체류했다. 조선영화주식회사 창립사무소의 최일숙, 정석호, 백명곤, 박기채, 양세웅 등과 서울프레스의 박상엽이 수원역까지 마중나가 경성역까지 동행했으며, 경성역에서는 스턴버그를 환영하는 조선영화인들과 영화팬들이 영접을 나온 가운데, 문예봉이 꽃다발을 기증했다고 한다. 스턴버그 일행은 조선신궁 참배 후에 자동차로 경성 거리를 드라이브하였고, 수은정의 조선인 경영 '카페 은하'에서 축음기로 '수심가'를 들었으며, 비오는 오후에 동대문의 선술집에도 들렀다. 저녁에는 명월관에서 조선영화주식회사가 주최하는 스턴버그 환영회, 또 그 별실에서 조선영화인 주최의 환영회가 있었다. 스턴버그가 단성사에서 〈장화홍련전〉을 본 시각은 거의 자정 무렵이었다. 이튿날 파고다공원과 창경원을 관광하고 백명곤 별장에서 송별회를 한 후 경성에서의 모든 일정을 마치고 다시 기차에 올랐다. 이와 관련해 더 자세한 논의는 이화진, 「스턴버그(Josef von Sternberg)의 경성 방문(1936)과 조선영화계」, 《대중서사연구》 제22권 제1호, 대중서사학회, 2016 참조.

85 김팔봉, 「예술가로서의 스턴벍─」, 《조선영화》 제1집, 1936년 10월, 185쪽.

86 박기채, 「영화감독으로서 스턴벍─의 인상」, 《조선영화》 제1집, 1936년 10월, 190쪽.

87 김팔봉, 앞의 글, 같은 쪽.

88 스턴버그와의 간담회에서 김기진이 자본과 사상 중 어느 것의 구속을 받는가라고 물었으나, 스턴버그는 질문을 이해하지 못했다. 최일숙이 이에 대해 부연설명을 하자, 스턴버그는 그런 문제로 구속을 받아본 적이 없다고 대답했다. 「"영화예술" 간담회─스턴벍氏

를 중심으로」, 앞의 책, 179쪽.

89 일(一)영화인, 「조선영화인 스씨 환영회기」, 앞의 책, 183쪽.

90 안철영, 「예원동의—수출영화와 현실 장혁주 來島雪夫 씨의 『나그네』 평론을 읽고」, 《동아일보》, 1937년 9월 11일자 6면.

91 朱永涉, 「朝鮮映画展望」, 《キネマ旬報》, 1938年 10月 11日, 131쪽.

92 안석영, 「조선영화계 일년」, 《조광》 제2권 12호, 1936년 12월, 52쪽.

93 서광제, 「이규환 작 〈나그네〉」, 《조선일보》, 1937년 4월 25일자 6면.

94 張赫宙, 「〈旅路〉を觀て感じたこと」, 《帝國大學新聞》, 1937년 5월 10일; 주영섭, 앞의 글.

95 주영섭, 앞의 글. 이러한 식민지 영화의 '자기 오리엔탈라이징'에 대해서는 여러 연구가 비판적으로 검토한 바 있다. 이화진, 「식민지 영화의 내셔널리티와 '향토색'—1930년대 후반 조선영화 담론 연구」, 《상허학보》 제13집, 상허학회, 2004; 강성률, 「1930년대 로컬 칼라 담론 연구」, 《영화연구》 제33호, 한국영화학회, 2007; 김려실, 앞의 논문 등.

96 太田恒彌, 「朝鮮映畵の展望」, 《キネマ旬報》 644号, 1938년 5월 11일, 12쪽.

97 춘원, 앞의 글, 136쪽.

98 춘원, 앞의 글, 137쪽.

99 발터 벤야민, 「번역자의 과제」, 『언어 일반과 인간의 언어에 대하여/번역자의 과제 외』, 최성만 옮김, 도서출판 길, 2008, 137쪽.

100 이것은 임화가 〈아리랑〉을 재평가하며 한 말이다. 임화, 「조선영화발달소사」, 《삼천리》 제13권 6호, 1941년 6월, 201쪽.

101 1939년 1월에 있었던 한 좌담회에서 문학과 영화의 교섭, 그리고 시나리오의 문제 등을 논의하는 중에 서광제는 중요한 것은 '신세리티'라고 말하는데, '신세리티'는 당시 조선영화 담론에서 조선영화가 추구해야 할 가치로서 자주 언급되었다. 「여명기의 조선영화—영화인좌담회(상) 왜곡된 조선정서와 조선현실을 혼동말자」, 《동아일보》, 1939년 1월 31일자 5면.

102 임화, 「조선영화론」, 《춘추》 제2권 제10호, 1941년 11월, 92쪽.

103 오영진, 「조선영화의 일반적 과제」(원제 吳泳鎭, 「朝鮮映畵の一般的課題」, 《新時代》 1942년 6월), 이경훈 편역, 『한국 근대 일본어 평론·좌담회 선집 1938~1944』, 도서출판 역락, 2009, 158쪽.

104 경성촬영소 설립에 관한 기사는 「경성촬영소 처음으로 설치」, 《조선중앙일보》, 1934년 10월 11일자 3면. 〈임자 없는 나룻배〉의 흥행권 문제로 류신키네마가 경성촬영소를 고소한 건은 「법정문제까지 된 『임자 없는 나룻배』」, 《조선중앙일보》, 1933년 6월 20일자 2면 참조. 이필우는 자신이 일본에 가기 전인 1931년에 와케지마가 경성촬영소 운영 문제를 상의했다고 회고했다. 이필우 구술은 한국예술연구소 편, 『증언록』 참조.

105 「춘향전 박이는 광경—조선서는 처음인 토키 활동사진」, 《삼천리》 제7권 8호, 1935년 9월, 123쪽.

106 PKL, 「촬영소 별견기—장난 같은 온갖 트릭」, 《조선일보》, 1937년 1월 8일자 4면.

107 이필우, 『증언록』, 257쪽. 연극 〈전과자〉는 희락좌가 단성사에서 1933년 7월 22일에 공연한 바 있다.

108 박기채, 「영화1년의 개관적 회고—특히 제작된 영화를 중심으로」, 《조선일보》, 1935년 12월 21일자 6면.

109 김중희, 「(영화시평) 아리랑 제3편을 보고서」, 《영화조선》 제1호, 1936년 9월, 75쪽.

110 인돌, 「조선 최초의 발성영화 〈춘향전〉을 보고, 각색 기타에 대한 이의 몇 가지(上)」, 《동아일보》, 1935년 10월 11일자 석간 3면.

111 나운규, 「『아리랑』을 만들 때」, 《조선영화》 제1집, 1936년 10월, 49쪽.

112 이필우, 『증언록』, 171쪽.

113 Mary Ann Doane, "The Voice in the Cinema: The Articulation of Body and Space," Yale French Studies, No. 60, Cinema/Sound, 1980, p.34

114 《삼천리》 제7권 8호(1935년 9월)에 게재된 광고. 그러나 《조광》 창간호에 실린 화보를 보면 〈춘향전〉은 이필우가 지휘하고 이명우가 촬영하고 감독했다고 되어 있으며, 이영일의 이필우 인터뷰에서 이필우 자신은 촬영과 녹음을 담당했고, 감독과 편집은 이명우가 맡았다고 기억하고 있다. 이필우, 『증언록』, 265쪽.

115 이명우, 「〈춘향전〉을 제작할 때」, 《조선영화》 제1집, 1936년 10월, 60~61쪽. 이하 〈춘향전〉 제작 과정에 관한 글은 이명우의 이 글과 이필우의 구술(『증언록』)을 참조하였다.

116 신경균, 「금년도조선영화개평—강 건너 마을, 춘향전, 은하에 흐르는 정열」, 《조광》 제1권 2호, 1935년 12월, 187쪽.

117 브라이언 이시스, 「1926년과 1939년 사이에 식민지 조선에 도래한 발성영화」, 이순진 옮김, 연세대 미디어아트센터 엮음, 『한국영화의 미학과 역사적 상상력』, 도서출판 소도, 2006, 145쪽. 이 사진은 1969년에 간행된 『한국영화전사』의 초판본에도 수록되어 있다. 사진 속 헤드폰을 끼고 앉아 있는 이필우와 오디오맨, 붐 마이크를 든 엔지니어 등은 〈홍길동전 속편〉이 동시녹음으로 제작된 것을 증명해주지만, 이시스가 〈홍길동전 속편〉의 동시녹음 장치로 주장한 이필우의 P.K.R.시스템이란 사실 발성영사 장치이지 녹음 장치가 아니다. 이 사진만으로 〈홍길동전 속편〉을 최초의 동시녹음 필름으로 단정하기 어려우며, 실제 사용된 녹음 시스템이 무엇이었는지에 대해서도 실증적인 고찰이 필요하다. 최근 정종화는 그동안 영화사 연구에서 잘못 기술되어온 기술 개발 문제들을 지적하고 교정하는 노력을 기울인 바 있다. 보다 상세한 내용은 정종화, 「식민지 조선의 발성영화 상영에 대한 역사적 연구」, 《영화연구》 59호, 한국영화학회, 2014를 참조하라.

118 이필우, 『증언록』, 277쪽.

119 이필우, 『증언록』에서 유장산의 발언. 278쪽.

120 김관, 「신영화평 〈홍길동전〉을 보고(2)」, 《조선일보》, 1936년 6월 26일자 6면.

121 「조선영화, 경성촬영소 작 〈미몽〉 조선어발성판」, 《동아일보》, 1936년 7월 3일자 석간

3면.

122 PKL, 「촬영소 별건기―장난 같은 온갖 트릭」, 《조선일보》, 1937년 1월 8일자 4면.

123 1937년 여름 현재, 경성촬영소는 영업을 중지한 상태였다. 동양극장이 영화사와 공조하여 경성촬영소를 인수하려는 움직임이 이때 포착된다. 관련기사는 「우후죽순처럼 족생하는 촬영소―동양극장과 천일영화사. 영화제작의 준비진행중」, 《조선일보》, 1937년 7월 31일자 석간 5면 참조.

124 「조선발성영화 경성촬영소 매신 신경영은 최·이 양씨」, 《동아일보》, 1938년 11월 7일자 3면.

125 질 무엘릭, 『영화음악』, 박지회 옮김, 이화여자대학교출판부, 2007, 15~16쪽.

126 「각극장에 음악해설을 요구」, 《조선일보》, 1926년 5월 30일자 3면; 「각극장 음악부는 영화장면과 조화를 이루는 곡목 선택이 중요」, 《조선일보》, 1926년 7월 11일자 3면; 「극장만담」, 《별건곤》 제5호, 1927년 3월, 95쪽.

127 「상설관 주악(奏樂) 발전―동경영화관의 관현악 향상 작곡가까지 두고 작곡 연구」, 《동아일보》, 1927년 6월 1일자 3면.

128 이구영, 「영화계 1년(3)」, 《동아일보》, 1926년 1월 4일자 7면.

129 임유, 「발성영화소고―특히 올토키에 관하야(1)」 《조선일보》, 1936년 2월 29일자 석간 6면.

130 미셸 시옹, 『영화와 소리』, 지명혁 옮김, 민음사, 2000, 184~185쪽.

131 이기림, 「1930년대 한국영화 토키로의 전환에 관한 연구」, 동국대학교 석사학위논문, 2003, 35~43쪽.

132 〈아리랑〉의 주제가는 나운규 작사, 단성사 음악대 작곡으로 되어 있으며(나운규, 「명우 나운규 씨 〈아리랑〉 등 자작 전부를 말함」, 《삼천리》 제9권 1호, 1937년 1월, 136~137쪽 참조.), 그 외에는 단성사 악대와 코러스 단원이 편곡과 노래를 담당한 것으로 되어 있다(김종욱 편저, 『실록 한국영화총서 (상)』, 258쪽).

133 김중희, 앞의 글, 78쪽.

134 김관, 「영화시평-〈홍길동전〉을 보고(2)」, 《조선일보》, 1936년 6월 26일자 6면.

135 이명우, 「〈춘향전〉을 제작할 때―조선영화감독고심담」, 《조선영화》 제1집, 1936년 10월, 59쪽.

136 「춘향전 박이는 광경―조선서는 처음인 토키 활동사진」, 《삼천리》 제7권 8호, 1935년 9월, 125쪽. 이 장면도 스크린 음악을 사용했는지는 분명치 않다. 이명우는 박석고개의 '농부가'는 제작자인 와케지마 슈지로가 후시녹음 시스템을 이해하지 못해서, 결국 실현할 수 없었다고 회고하였는데, 그 '농부가'가 이 장면의 노래와 동일한 것인지를 확인하기가 어렵기 때문이다. 이명우, 앞의 글, 60쪽 참조.

137 안석영, 「조선 토키- 춘향전을 보고―조선영화계의 장래를 말함」, 《조선일보》, 1935년 10월 13일자 5면.

138 하신애는 식민지 말기 선전영화에 재현되는 민속 의례를 통해 이 시기 민속 의례가 제국적 맥락에서 어떻게 변용되었는지를 살폈다. 이러한 관점에서 볼 때, 〈어화〉의 마지막 장면에서 검은 제복을 입은 어린 학생들이 열심히 원을 그리며 노래를 부르지만, 그들의 소리가 아니라 화면 외부에서 주입되는 소리꾼의 목소리만 들리는 것은 더 이상 자신들의 풍어제를 향유하지 못하고 제국의 손에 의례의 주도권을 넘겨주게 되었음을 의미한다는 것이다. 하신애, 「일제 말기 프로파간다 영화에 나타난 수행적 의례와 신체의 구성」, 《사이間SAI》 제7호, 국제한국문학문화학회, 2009, 222쪽.

139 이화진, 「식민지 영화의 내셔널리티와 '향토색'—1930년대 후반 조선영화 담론 연구」, 《상허학보》 제13집, 상허학회, 2004; 강성률, 「1930년대 로칼 칼라 담론 연구」, 《영화연구》 제33호, 한국영화학회, 2007; 김려실, 「조선을 '조센'화하기」, 《영화연구》 제34호, 한국영화학회, 2007; 이영재, 『제국 일본의 조선영화—식민지말의 반도: 협력의 심정, 제도, 논리』, 현실문화, 2008 등. 이 '조선적인 것'이란 '향토색', '로컬 컬러', '지방색', '조선색' 등으로도 지시되었다. 조형근은 이 '조선적인 것'이 조선의 문화적 고유성을 의미하면서도, '민족적인 것(the national)', '종족적인 것(the ethnic)', '지역적인 것(the local)'을 모두 표상했으며, "제국—식민권력과 식민지 대중문화의 생산자—수용자들의 전략, 비공식적이거나 과잉된 해석, 텍스트의 외부성" 등에 따라 혼용되어 사용되었다고 주장했다. 이에 대해서는 조형근, 「식민지 대중문화와 '조선적인 것'의 변증법」, 《사회와 역사》 제99집, 한국사회사학회, 2013 참조.

140 〈망루의 결사대〉 중 주재소 뜰에서 벌어진 아사노 순사 환영회에서 김순사(강홍식 분)가 부르는 〈하쿠토산부시(白頭山節)〉와 〈사발가(沙鉢歌)〉는 일반적으로 알려져 있는 가사와는 조금 다르다. 가령 '하쿠토산부시'에는 "덴쓰루샨(テンツルシャン)"이라는 후렴구는 반복되지만, 영화의 내용과 관련해 "국경의 수비가 된다"는 등의 가사가 삽입되어 있으며, '사발가' 역시 "에헤야 뒤어라 허송세월을 말어라"라는 후렴구가 되풀이 되는 가운데, 여러 조선민요 가사들이 섞여 있다.

141 시나리오 상에서는 김순사의 〈하쿠도산부시〉에 이어 아사노 순사가 답가를 하는 장면으로 되어 있고, 조선민요를 부른다는 설정은 없다(八木隆一郞, 「망루의 결사대」, 박연희 옮김, 이재명 외 엮음, 『해방전(1940~1945) 상영 시나리오집』, 평민사, 2004). 그러나 영화에서는 아사노가 답가를 부르는 대신, 김순사의 노래에 맞추어 춤사위를 하던 임순사에게 "임상(林さん), 춤만 안 봤으면 내지인인 줄 알겠어요"라고 말한다. '임(林)'이라는 성이 '하야시(はやし)'라는 일본 성과 같다는 것, 그리고 임순사의 아내가 기모노를 입고 있다는 것 등이 임순사의 정체성을 모호하게 흐리는 듯했지만, 조선민요에 흥이 나 조선식 춤사위를 보여주는 장면을 통해 임순사가 '조선인임'을 확인하는 것이라고도 할 수 있을 것이다. 〈망루의 결사대〉는 민족적 유동성과 모호성을 전략적으로 활용하는 영화다.

142 법인 조영의 〈젊은 자태〉의 제작 과정에 대해서는 이화진, 「1943년 시점의 '조선영화'—

법인 조영의 〈젊은 모습〉 제작 과정을 중심으로」,《한국극예술연구》 제26집, 한국극예술학회, 2007 참조.

143 「은막의 1935년은 음악과 "깽"이 진출」,《조선일보》, 1936년 1월 8일 2면.

144 '최초의 음악영화'로 알려진 〈노래 조선〉(전7권)은 1936년 4월 15일에 조선극장에서 개봉되었다. 김상진이 감독·각본, 이명우가 촬영·편집, 김능인이 구성, 최호영이 음악지휘를 맡았다. 김능인과 최호영은 각각 오케(Okeh)레코드 문예부와 음악부에서 활동했고, 김상진도 〈노래 조선〉 이후 오케레코드·조선악극단에서 활약했다. 고복수, 김해송, 임생원, 임방울, 이난영, 김연월, 강남향, 나품심, 한정옥 등 오케레코드 전속 가수들이 출연했다. 「전발성음악영화 〈노래조선〉 조선극장상영」,《동아일보》, 1936년 4월 17일자 3면.

145 「조선고전음악영화 전발성 〈심청전〉 기신양행에서 촬영하기로 이기세 씨의 총지휘」,《매일신보》, 1937년 6월 12일자 2면

146 안석주, 「〈심청〉과 〈청춘의 승리〉—토월회이후 해방까지」,《삼천리》 복간 제6호, 1948년 10월, 14쪽.

147 서광제, 「영화 〈심청〉 시사평(하)」,《동아일보》, 1937년 11월 20일자 5면.

148 사사가와 케이코(笹川慶子)는 중일전쟁 이후 일본의 음악영화가 일본의 정치적·경제적·문화적 이데올로기와 관계하며 변화하는 과정을 살폈다. 그에 따르면, 일본의 음악영화는 이 시기 일본의 '대미(對米) 의식' 및 '배미(排米) 이데올로기'와 연관하여 내셔널리즘이 고양되는 과정에서 국가 및 시장의 논리와 연동해갔다. 중일전쟁 이후 일본의 음악영화에 대한 논의는 笹川慶子, 「音楽映画の行方—日中戦争から大東亞戦争へ」, 『日本映画とナショナリズム』, 森話社, 2004 참조.

149 笹川慶子, 앞의 책, 331~335쪽.

150 극장에 설치된 축음기가 재생하는 경우도 있지만, 대중극단이나 별도로 조직된 밴드에 소속된 악사들이 공연에 맞는 반주 음악을 연주했다.

151 이에 대해서는 유선영, 「황색 식민지의 서양영화 관람과 소비실천, 1934~1942—제국에 대한 '문화적 부인'의 실천성과 정상화 과정」,《언론과 사회》 13권 2호, 성곡언론문화재단, 2005 및 이화진, 「전쟁과 연예—전시체제기 경성에서 악극과 어트랙션의 유행」,《한국학연구》 제36집, 인하대 한국학연구소, 2015 참조.

152 정우택, 「아리랑 노래의 정전화 과정 연구」,《대동문화연구》 제57집, 성균관대학교 대동문화연구원, 2007.

153 원로예술인 이원경(1916~2010)은 10세 때 단성사에서 〈아리랑〉을 보았는데, 그가 관람했을 당시 관객들은 노래를 따라 부르지 않았다고 술회했다(백현미 채록연구, 『2003년도 한국 근현대예술사 구술채록연구 시리즈 19—이원경』, 한국문화예술진흥원, 2004, 41~44쪽). 이러한 증언은 '아리랑의 신화'를 해체하는 데 매우 중요한 자료가 될 수 있다. 그렇다고 해서, 노래를 불렀다거나 만세를 불렀다는 회고들이 거짓이라고 확증할 수

는 없다. 왜냐하면 2장에서 언급했듯이 무성영화는 그 관람 환경에 따라 상영의 개별성을 갖기 때문이다. 이원경의 회고는 오히려 무성영화 상영의 개별성에 대한 증언으로 읽을 수 있을 것이다.

154 백문임, 「식민지 극장의 무성 영화 관람성」, 《한국언어문화》 제38집, 한국언어문화학회, 2009, 60~61쪽.

155 南次郎, 「連盟本來の使命論議より実行へ──窮極の目標は內鮮一體總和親·總努力にあり」, 《總動員》 1939年 7月号, 57~58쪽.

156 Rick Altman, "Moving Lips: Cinema as Ventriloquism," Yale French Studies, No. 60, Cinema/Sound, 1980, p.68.

157 정종화, 「1930년대 중후반 조선영화의 스타일」, '발굴된 과거 두 번째-1930년대 조선영화 모음' 해설집, 한국영상자료원, 2008, 31쪽.

158 〈미몽〉은 선만교통타임즈사(鮮滿交通タイムズ社)가 주최하고 경기도 경찰부가 후원하여 경성촬영호가 제작한 영화다. 동양극장의 설립 허가에 와케지마의 중개가 큰 역할을 했고, 그것을 대가로 이필우가 경기도 경찰부의 교통영화를 촬영해 주기로 했었다는 회고(박진, 『세세년년』, 도서출판 세손, 1991[1966], 120~122쪽; 이필우, 『증언록』, 262~263쪽)가 〈미몽〉의 제작 배경을 짐작케 한다. 이런 점에서, 영화진흥공사가 펴낸 『한국영화총서』에 각본으로 이름을 올리고 있는 '최독봉(崔獨鵬)'은 동양극장 지배인이었던 '최독견(崔獨鵑)'의 다른 이름이거나 오식일 가능성이 높다. 조택원이 〈만종〉을 비롯해 자신의 대표작들을 공연하고 있는 무대도 동양극장으로 추정해 볼 수 있다.

159 《발굴된 과거 두 번째》(2008)로 출시된 〈군용열차〉는 한국영상자료원이 2005년 당시 공개했던 필름을 DVD 출시 과정에서 재편집한 것이다. 이 책은 재편집본을 분석 텍스트로 삼았다.

160 미셸 시옹은 '보이는 것'과 '들리는 것' 사이의 관계를 사유하며, 목소리가 프레임을 벗어난 등장인물을 존속시킬 때, 혹은 목소리는 들려주면서 모습을 보여주지 않을 때, 즉 시각화되지 않은 목소리의 현존을 '아쿠스마틱'한 상황으로 설명했다. 그리고 그 말하고 행동하는 특별한 존재를 '아쿠스메트르(Acousmétre)'라고 개념화했다. '탈육체화된 음성'은 시옹의 '아쿠스메트르'를 염두에 둔 것이다. 아쿠스마틱한 상황과 아쿠스메트르에 대한 시옹의 설명은 미셸 시옹, 『영화의 목소리』, 박선주 옮김, 동문선, 2005, 17~29쪽 참조.

161 이 장면에서 화면 왼쪽의 일본어 자막은 "馬鹿! 源鎭の馬鹿 スパイ── 売国奴"이다. 원진이 점용에게 고백하는 장면에서도 "사회에 큰 죄를 짓고 말았네"를 "매국노가 되고 말았네(売国奴になって了ったんだ)"라고 번역하였다. 일본어 자막은 원진을 '스파이'와 '매국노'로 분명하게 규정짓고 있다. 일본어 시나리오를 번역한 조선어 대사와 이를 다시 간결한 일본어로 번역한 자막 사이의 간극은 별도의 연구주제가 되어야 할 것이다. 이는 후속연구를 기약한다.

162 백문임은 원진이 환청으로 듣는 영심의 두 번째 목소리에 대하여 "지금까지 발굴된 선전 극영화 중에서 가장 기이한 목소리, 마치 지옥에서 들려오는 것과 같은 목소리"라고 하면서, 미셸 시옹이 말한 '아쿠스메트르'의 기능을 이 장면에서 영심의 목소리가 담당하고 있다고 지적했다. 백문임, 「전쟁과 멜로드라마—식민지 말기 선전 극영화의 조선 여성들」, 한국-타이완 비교문화연구회, 『전쟁이라는 문턱—총력전하 한국-타이완의 문화 구조』, 그린비, 2010, 289~290쪽 참조.

163 이를테면, 공포영화는 목소리와 신체의 분리를 통해 경계의 불안을 극대화한 장르일 것이다. 사운드 초기에 소리의 기괴한 분절과 파열이 공포영화라는 장르의 성공으로 이어진 것에 대해서는 Robert Spadoni, Uncanny Bodies: The Coming of Sound Film and the Origins of the Horror Genre(Berkeley and Los Angeles: University of California Press, 2007) 참조.

164 자크 오몽, 『영화 속의 얼굴』, 김호영 옮김, 마음산책, 2006, 82~83쪽.

165 같은 책, 161쪽.

166 같은 책, 173쪽. 들뢰즈는 『시네마 I: 운동-이미지』(유진상 옮김, 시각과언어, 2002)에서 클로즈업이 비개성의 감정 상태를 부여하기 위해 개체화하고, 사회화하고, 의사소통하는 측면들을 얼굴로부터 소멸시킨다고 본다. 오몽은 들뢰즈가 클로즈업 작용에 의해 하나의 실체가 된 얼굴이 자기 자신 안에 갇힐 수도 있는 폐쇄성을 암시한 것이라고 지적하면서, 이와 달리 세계에 대해 무한히 열려 있는 얼굴의 잠재성을 강조한다.

167 이구영, 「조선영화의 인상」, 《매일신보》, 1925년 1월 1일자.

168 박경진은 초기 조선영화에서 클로즈업 쇼트를 조선의 변사 연행 스타일과 관련하여 논의한 바 있다. 그에 따르면, 일본의 경우는 "변사가 영화의 영상 이미지를 해설하던 일부 영향으로 인해, 발성영화가 도래하고 나서도 클로즈업보다 롱쇼트로 영상을 연출하는 것이 하나의 미학적 특징"이 된 반면, 조선의 무성영화에서는 클로즈업을 극적인 효과, 특히 인물의 심리 상태를 나타내는 영상언어로 인식하는 경향이 뚜렷했고, 변사 연행이 클로즈업과의 공존을 통해 영화의 예술적 가치를 더욱 효과적으로 드러내줄 수 있으리라 기대되었다는 것이다. 이에 대해서는 박경진, 「변사와 무성영화 미학」, 중앙대학교 첨단영상대학원 석사학위논문, 2011, 68~73쪽 참조.

169 윤갑용, 「〈운영전〉을 보고」, 《동아일보》, 1925년 1월 26일자 3면.

170 이규환, 「기성배우 신진배우」, 《조선영화》 제1집, 1936년 10월, 103쪽.

171 이구영, 「조선영화의 인상」, 《매일신보》, 1925년 1월 1일자.

172 현철과 이구영이 설립한 조선배우학교에 대한 논의는 윤금선, 「1920~40년대 배우양성론과 그 활동 양상—신문·잡지를 중심으로」, 《한국언어문화》 제30집, 한국언어문화학회, 2006 참조.

173 「표정연구(11)—분노」, 《시대일보》, 1925년 12월 27일자 3면.

174 벤 브루스터와 리아 제이콥스(Ben Brewster & Lea Jacobs)는 픽토리얼리즘(pictorialism)

을 통해, 초기 영화가 연극/극장적 전통에서 어떠한 영향을 받았는지 살피고 있다. 이들은 픽토리얼리즘을 회화적인 프레임 구성을 넘어서는 개념으로 사용하고, 타블로(tableau)나 배우의 정지된 액션을 내러티브의 극적 상황과 관련해 독해하고자 했다. 회화적 연기(Pictorial acting) 및 델사르트 시스템의 위상에 대해서는 Ben Brewster & Lea Jacobs, Theatre to Cinema: Stage Pictorialism and the Early Feature Film, Oxford University Press, 1997, pp.85~99. 한편 후지키 히데아키(藤木秀朗)는 델사르트 시스템과 스타니슬랍스키 시스템이 일본에 소개될 때, 이 둘이 특별히 대립적인 견해로 수용되지는 않았다고 말한다. 서구 연기 시스템의 일본 수용에 대한 후지키의 논의는 조선에서 연기의 제도화를 이해하는 데에도 좋은 참조가 될 것이다. 藤木秀朗, 『増殖するペルソナ―映画スターダムの成立と日本近代』, 名古屋大学出版会, 2007, 205~207쪽.

175 임화, 「조선영화론」, 《춘추》 제2권 10호, 1941년 11월, 86쪽

176 일례로, 2008년 5월 한국영상자료원이 발굴 공개한 필름에는 간자막이 전혀 삽입되지 않았다. "자막에 오자가 거의 없고 또 또렷"(「가작의 조선영화—〈청춘의 십자로〉」, 《동아일보》, 1934년 9월 21일자 6면)하다는 기사로 짐작컨대, 상영 당시에는 간자막이 삽입되어 있었던 것으로 보이지만, 간자막이 없이도 장면 연결이 상당히 자연스럽다. "흥미 없는 자막을 피하고 … 작의(作意)와 아무 관련이 없는 쓸데없는 화면을 피하고서 전편(全篇)을 연결시킨 조선영화로서의 신선한 수법"이었다는 이규환의 평(이규환, 「금강키네마 작품 〈청춘의 십자로〉를 보고(상)」, 《조선일보》, 1934년 9월 28일자 3면)을 고려할 때, 간자막이 있었다고 하더라도 매우 적은 수였을 것이다. 또 이 영화를 '발성판'으로 관람했다는 기록("발성판인 만큼—바이타폰에서 울려나오는 음악 등을 퍽 좋다고 생각하고 전보다 스크린이 세련된 듯이 선명한 것이 퍽도 좋았다." 한흑구, 「조선영화계 촌감—영화문외인으로의 견지에서」, 《영화시대》 제5권 7호, 1935년 8월, 60면)도 있는 만큼, (무자막) 바이타폰 버전이 존재했을 가능성도 있다. 현재로서는 다른 기록을 확인할 수 없어서 확증하기 어렵지만, 토키 이행기 무성영화 상영 버전이 복수로 존재했을 가능성에 대해서 생각해 볼 필요가 있겠다.

177 박승걸, 「〈청춘의 십자로〉—인물배역에 결점 있다(상)」, 《조선중앙일보》, 1934년 12월 1자 3면.

178 이규환, 「금강키네마 작품 〈청춘의 십자로〉를 보고(중)」, 《조선일보》, 1934년 9월 30일자 3면.

179 김태진, 「〈애련송〉 영화평과 작품가치를 검토하면서(3)」, 《동아일보》, 1939년 7월 14일자 3면.

180 〈애련송〉은 유치진, 서항석, 장기제 등 극연좌 인사들 외에 김진섭, 정인섭, 김광섭, 이헌구, 함대훈, 이하윤, 모윤숙, 노천명 등 조선 문화계의 문사(文士)들이 대거 출연했다고 전한다.

181 극예술연구회의 1930년대 화술 연기의 성격과 그 변모 양상에 대해서는 김정수, 「한국

연극 연기에 있어서 화술표현의 변천양태 연구—1900년대부터 1970년대까지」, 동국대학교 박사학위논문, 2007, 54~101쪽 참조.

182 이명우, 「〈춘향전〉을 제작할 때—조선영화감독고심담」, 《조선영화》 제1집, 1936년 10월, 61쪽.

183 서광제, 「이규환 작 〈나그네〉」, 《조선일보》, 1937년 4월 27일자 6면.

184 「영화인좌담회—왜곡된 조선정서와 조선현실을 혼동말자」, 《동아일보》, 1939년 1월 31일자 5면; 「종합좌담회—신극은 어디로 갔나? / 영화조선의 새출발」, 《조선일보》, 1940년 1월 4일자 신년호 특집 2~3면.

185 이규환, 「기성배우 신진배우」, 103면.

186 자크 오몽, 앞의 책, 83쪽. 오몽은 이 변형의 기본 요소를 '완화'라고 말했다.

187 민병휘, 「〈춘풍〉은 문예영화인가」, 《조선중앙일보》, 1935년 12월 8일자 석간 4면.

188 이에 대해서는 斎藤綾子, 「欲望し, 感応する身体」, 『映画と身体/性』, 森話社, 2006, 28~29쪽 참조.

189 1930년대 중반에 이르러서야 필름이 복제 미디어로서의 특장을 발휘할 수 있었다. 무성영화보다 2~4배 이상 많은 제작비가 투자되는 발성영화는 그 수익을 창출하기 위해 필연적으로 필름의 복제 체제와 배급의 기업화를 구축하는 방향으로 전개되었다. 변사의 해설과 같은 외부적인 요소들이 배제되고 필름의 자기 완결성이 구축된 것과 필름의 복본 상영 시스템의 형성이 맞물리면서, 영화는 언제 어디서나 같은 내용으로 유통될 수 있는 상품이 된다.

190 이에 대해서는 이순진, 「식민지시대 조선영화 남성 스타에 대한 연구—나운규와 김일해를 중심으로」, 《영화연구》 제34호, 한국영화학회, 2007 참조.

191 이순진, 앞의 논문, 32쪽.

192 「조선영화에 대해서」, 《신흥영화》 1930년 1월(2—1호), 132쪽, 한국영상자료원 한국영화사연구소 엮음, 앞의 책, 191쪽.

193 이영재는 식민지 말기 조선영화에서 식민지 남성 엘리트들의 재남성화 시도와 그 한계를 검토한 바 있다. 이에 대해서는 이영재, 『제국 일본의 조선영화』, 현실문화, 2008 참조.

194 이와 관련한 자세한 논의는 이화진, 「'국민'처럼 연기하기 : 프로파간다의 여배우들」, 《여성문학연구》 통권17호, 한국여성문학학회, 2007 참조.

4장. '소리'의 벡터: 제국의 관객을 상상하기

1 「清水重夫氏談話速記録 第1~2回(1968.12.~1969.1.)」, 內政史研究會 編, 『內政史研究資料』 第74輯·第75輯, 1969, 9쪽.

2 시미즈 시게오는 1933년에는 제국 최초의 음반 검열 규칙을 식민 본국이 아닌 식민지에서 먼저 공포 실시한 바 있었다. 제국 일본의 음반 산업을 연구한 야마우치 후미타카(山內文登)는 시미즈 시게오 재임 중 '내지연장주의'를 거스르는 독자적인 문화 정책이 연거푸 실행된 것을 야마무로 신이치(山室信一)의 '실험장으로서의 식민지' 가설을 인용하여 설명하고자 했다. 그에 따르면, 식민 본국과 달리 의회 통과 절차를 거치지 않아도 통제 정책을 순조롭게 설치하고 시행할 수 있는 식민지의 상황에서 새로운 문화 통제 정책이 만들어지고 실험될 수 있었다는 것이다. 山內文登, 「일제시기 한국 녹음문화의 역사민족지─제국질서와 미시정치」, 한국학중앙연구원 박사논문, 2009; 야마무로 신이치, 「출판·검열의 양태와 그 천이─일본에서 만주국으로」, 김인수 옮김, 검열연구회 편, 『식민지 검열, 제도·텍스트·실천』, 소명출판, 2011.

3 최초의 쿼터제 '활동사진영화취체규칙'을 제국 일본의 문화 통제 기획 및 식민지 조선의 영화 문화의 특수성 등의 측면에서 고찰한 연구로 이화진, 「두 제국 사이 필름 전쟁의 전야─일본의 '영화 제국' 기획과 식민지 조선의 스크린쿼터제」, 《사이間SAI》 제15호, 국제한국문학문화학회, 2013.11을 참조하라.

4 1932년 검열 신청 필름 총 2,651,237m 중 국산영화는 1,733,407m, 외국영화는 917,830m를 차지했다. 『國際映畵年鑑(昭和九年)』, 國際映畵通信社, 1934.

5 淸水重夫, 「朝鮮に於ける映畵國策に就いて」, 《警察研究》 6권 5호, 1935, 24쪽.

6 藤井仁子, 「日本映画の1930年代─トーキー移行期の諸問題」, 《映像学》 통号62, 日本映像学会, 1999, 22쪽.

7 한 보도에 따르면, 1937년에는 전 세계적으로 장편영화 제작 편수 2,500편 중 미국이 978편을 제작하여 1위를 점하고, 그 뒤를 이어 일본이 583편으로 제2위를 기록하게 된다. 참고로 3위는 125편을 제작한 독일이었다. 「작년도 장편영화 2천5백본」, 《동아일보》, 1938년 11월 25일자 5면.

8 할리우드의 아시아 시장 규모와 일본에서의 고투에 대해서는 Kristin Thompson, Exporting Entertainment : America in the World Film Market 1907~34, British Film Institute, 1986, p.147; Hiroshi Kitamura, Screening Enlightenment : Hollywood and the Cultural Reconstruction of Defeated Japan, Ithaca and London: Cornell University Press, 2011, pp.12~15 참조.

9 당시 일본영화의 최대 수출 지역은 미국, 그 가운데서도 일본인 이민자가 대거 거주하는 하와이에 집중되었다. 「日本映畵輸出統計年表」, 『(昭和16年度) 日本映畵年鑑』, 1941, 58~59쪽.

10 柳井義男, 『映画の検閲』(內務省史 第二篇 內務省の行政 第1部 第4章 警察行政, 第4章 警察各部門の概要) 大霞会編 原書房 復刻版 1971年刊; 牧野守, 『日本映畵檢閲史』, 東京:パンドラ:現代書館, 2003, 344쪽 재인용.

11 「[사설]영화통제에 대하야」, 《조선일보》, 1933년 10월 21일자 1면; 「조선에도 국책」, 《국

제영화신문》, 1933년 10월 하순(112호), 2면, 한국영상자료원 영화사연구소 엮음, 『일본어 잡지로 본 조선영화 1』, 한국영상자료원, 2010, 29면.

12 「외국영화 구축코저 영화통제를 단행방침」, 《조선일보》, 1933년 10월 21일자 석간 2면.

13 앞의 기사.

14 유선영, 「황색 식민지의 서양영화 관람과 소비실천, 1934~1942—제국에 대한 '문화적 부인'의 실천성과 정상화 과정」, 《언론과 사회》 제13권 3호, 2005년 봄호.

15 이구영, 「사건으로 본 영화이면사—한 원로영화인이 회고하는 어두운 시대의 증언!」, 《영화예술》, 1972년 4월, 54~55면.

16 《조선일보》, 1936년 2월 4일자; 《조선중앙일보》, 1936년 7월 14일자. 《매일신보》, 1936년 7월 14일자; 《조선일보》, 1936년 7월 14일자.

17 양화배급업자들의 동지회에는 파라마운트, 도와상사(東和商事), 폭스, 콜럼비아, R.K.O, 산에이샤(三映社), 유나이티드, 메트로, 유니버셜, 워너 등이 가입하였다. 이들은 외국영화 상영 제한이 국산영화 제작업자에게만 이득이 될 뿐, 외국영화 상설관이나 국산영화 상설관, 그리고 외국영화 배급업자들 모두에게 타격을 입힌다고 주장했다. 「내외영화 3대1 비율 존속진정 동지회를 조직하야 궐기 양화배급업자」, 《매일신보》, 1936년 5월 10일자 7면.

18 쇼치쿠와 도호는 소위 ST 협정을 체결하고 1936년 6월 1일 도쿄에서 10개의 외화배급사(파테, RKO, 산에이샤, 도와상사, 콜롬비아, 메트로, 유나이티드 아티스트, 유니버셜, 워너, 폭스 등)를 초대했다. 이 자리에서 두 체인은 앞으로 '서양영화'는 가작(佳作)만 선택하여 상영하고 범작(凡作)은 일절 구입하지 않기로 결의하였으니, 배급사 측에서는 되도록 가작만 수입해주기를 바란다고 주문했다. (「양화배급자에게 범작불매폭탄동의—SY, 동보가 공동성명 영화계의 자진통제?」, 《조선일보》, 1936년 6월 21일 석간 6면) 이 시기 ST 협정의 '외국영화 범작 불매 결의'는 서로 간의 과도한 경쟁을 자중하는 동시에 협상 상대인 외화배급사들을 길들이려는 흥행 체인의 이해관심에서 비롯되었다. 이 협정에 따라 폭스, 유나이티드 아티스트, 메트로, 도와상사, 산에이샤는 쇼치쿠계에 영화를 배급하고, RKO, 파라마운트, 유니버셜사, 콜롬비아, 워너는 도호계에 제공하게 되었다. 쇼치쿠와 도호 체인의 〈모던 타임즈(Modern Times)〉 동시 개봉 계획이 무산되면서 ST 협정도 사실상 파기된다.

19 개정된 검열 규칙은 외국영화의 검열수수료를 높이는 한편, 국산영화 중 검열 수수료를 면제하는 영화의 범위를 확대하였다. "인정 풍속 습관을 달리하는데다가, 그 용어가 외국어이고 더욱이 난해한 극용어를 사용한 까닭에 검열하는 데 곤란이 막심하다"는 것이 외국영화 검열 수수료를 증징한 이유였다. 牧野守, 앞의 책, 410~411쪽.

20 田中純一郎, 『日本映画達史Ⅱ』, 中央公論社, 1976, 358쪽.

21 같은 해 미국영화 통제를 실시했던 만주국에서는 외국영화를 상영하던 일류관의 흥행수입이 60%나 격감했다. 「만주국의 영화통제로 미국영화배급을 거절」, 《동아일보》,

1937년 12월 9일자 5면.

22 「흥행전선에 이상 있다. 양화 임대료 인상과 상설관 측의 비명!」,《조선일보》, 1937년 9월 9일자 석간 6면.

23 위 기사.

24 1939년 2월 현재 경성의 영화상설관과 흥행 체인 관계를 보면, 우선 개봉관은 쇼치쿠가 명치좌, 도호가 약초극장, 닛카츠가 황금좌와 계약을 맺고 있었고, 재개봉관은 도호가 낭화관, 닛카츠가 희락관, 쇼치쿠가 신부좌와 도화극장과 계약 관계였다. 이 무렵에는 다이도가 경성에 직영관을 물색하려 한다는 소문도 돌았다. 1940년 봄에는 황금좌를 요시모토흥업이 경영하게 되었으며, 교토 다카라즈카극장이 경룡관을 경영하게 되었다. 「경성: 신코개봉관의 행방」,《국제영화신문》, 1939년 2월 하순 (240호), 31~32쪽; 「경성: 경성의 화제」,《국제영화신문》, 1940년 5월 상순(269호), 45쪽; 「경성: 2부 흥행제의 파란」,《국제영화신문》, 1940년 6월 상순(271호), 39쪽. 이상의 《국제영화신문》기사는 한국영상자료원 영화사연구소 엮음, 앞의 책, 156, 175쪽에서 인용. 1930년대 후반 이후 극장의 개편과 체인화에 대해서는 김려실, 『투사하는 제국 투영하는 식민지』, 삼인, 269~270쪽의 〈표 7〉 및 김려실, 「일제시기 영화제도에 관한 연구—영화관 추이를 중심으로」,《영화연구》제41호, 한국영화학회, 2009, 24쪽 〈표 5〉를 참조하라.

25 1939년 경무국 통계에 따르면, 조선에 이입되는 영화는 쇼치쿠, 도호, 닛카츠 순이었다. 「내지영화의 경영(競映)」,《조선일보》, 1940년 2월 8일자

26 1938년에는 전조선영화배급업자들이 외국 영화업자에게 120여 편의 영화에 대해 35만 원을 지불했는데, 1939년 1월 현재 약 90편에 대해 백만 원의 지불계약을 맺었다. 대작 영화를 차지하고자 서로 부당한 경쟁을 하는 결과 외국 영화의 가격은 폭등하고 전체적 견지에서 보면 결국 큰 손실액을 부담하고 있었던 것이다. 「양화수입은 감했으나 대금은 격증」,《매일신보》, 1939년 1월 15일자 9면.

27 위의 기사; 「양화수입난을 앞두고 배급업측의 강화—20일부터 명화경영회 개최」,《조선일보》, 1939년 1월 20일자 조간 4면.

28 『昭和十六年 映畵年鑑』

29 『昭和十七年 映畵年鑑』

30 김성균, 「영화를 통한 내선문화의 교류」,《삼천리》제13권 6호, 1941년 6월, 207쪽.

31 「구주대전과 영화계—양화수입은 절망! 원료결핍으로 필름 생산도 불능」,《조선일보》, 1939년 9월 9일자 조간 4면; 당시 기사에 따르면, '일(日)-만(滿)-독(獨)' 제휴로 일본영화무역주식회사가 창립되고 이 회사가 제공하는 영화의 조선 배급은 엠파이어상사의 영화배급소인 환영영화사(丸榮映畫社)가 위탁받았다. 「일본영화조선배급 환영영화사에서」,《동아일보》, 1939년 8월 26일자 5면. 각본가 한우정(1930년 서울 출생)은 태평양전쟁기에 극장에서 관람한 영화들 중에는 독일영화와 이태리영화가 많았다는 것을 인상적으로 기억했다(한국영상자료원 엮음, 『한국영화를 말한다—한국영화의 르네상스 1』,

이채, 2005, 411쪽). 그 외에도 이 시기에 청소년기를 보낸 세대의 구술에서는 다른 세대에 비하여 상대적으로 일본영화나 독일영화에 대한 회고가 많다. 이는 외국영화 상영 통제 조치와 '반–영미 영화 블록'의 영향과 무관하지 않다.

32 Michael Baskett, op. cit., p.114.

33 〈세계에 고한다〉는 일본에서는 1943년 여름에 개봉되었다. 지난 2008년 11월에 한국영상자료원과 주한독일문화원이 주최한 〈몸짓의 행로: 김승호 대 에밀 야닝스〉전 상영 당시, 독일 정부는 이 영화의 프로파간다 수위 때문에 초청자에 한해 제한 상영을 요청한 바 있다.

34 「座談會 大東亞文化圈の構想」,《國民文學》, 1942년 2월, 56쪽. 카라시마의 발언.

35 가령, 「座談會 朝鮮映畵の特殊性」,《映畵旬報》 87, 1943年 7月 11日号에서 조선의 특수성과 제국의 보편성 사이에서 법인 조영(朝映)의 성격과 그 존속 문제가 논의되었던 것을 떠올려보자.

36 이창용, 「조선영화의 장래—그 사활은 바로 지금부터 …에 있다」,《국제영화신문》, 1939년 8월 상순(252호), 2쪽, 한국영상자료원 영화사연구소 엮음, 앞의 책, 165~166쪽.

37 「朝鮮映画の現状を語る—座談会報告」,《日本映畵》, 1939年 8月号.

38 당시 산에이샤의 오사카 사장이었던 오오타 쇼타로(大田庄太郎)가 오사카부를 방문해 금지 조치 이유를 묻자, 오사카부는 위와 같은 이유로 특고과(特高科)와 위생과(衛生科)에서 〈홍길동전 속편〉의 상영을 금지하였다고 발표했다. 이 사건으로 경성촬영소의 와케지마 슈지로(分島周次郎)를 비롯해 이기세, 이창용, 고인문, 윤종덕, 정은규 등이 이 문제에 대해 총독부 도서과에 진정한 바 있다. 「괴(怪)! 대판(大阪)경찰당국 조선영화상영 금지」,《동아일보》, 1936년 7월 24일자.

39 기술 제휴를 통해 해외 배급권을 갖게 된 신코는 〈나그네〉의 필름을 일본 전역의 신코 체인에서 상영하고, 상해, 만주, 하와이에도 배급했다. 이규환은 신코 측이 50벌의 프린트를 제작했다고 말하였다. 한국예술연구소 편, 『이영일의 한국영화사를 위한 증언록—성동호·이규환·최금동 편』, 도서출판 소도, 2003, 177쪽. 〈나그네〉 개봉 전 기사에 따르면, 이 영화는 국제영화협회의 추천을 받아 미국, 프랑스, 이태리, 독일 등에도 수출하기로 되어 각국어 수퍼임포즈드 자막이 이미 완성된 상태였다. 일본 내 배급이 신코 체인을 통해 이루어졌다면, 중국과 만주국은 고려영화배급을 통해 진출하기로 결정되었다. 「〈나그네〉의 해외진출」,《매일신보》, 1937년 4월 1일자 8면.

40 「〈나그네〉의 문예봉」,《삼천리》 제9권 4호, 1937년 5월, 16쪽.

41 〈나그네〉는 「영화관 선전의 실제—조선어 토키 〈다비지(旅路)〉의 상영에 조선어를 사용한 특이한 선전」,《국제영화신문》, 1937년 6월 상순(199호), 30~31쪽; 「한케이신(경판신) 주요 영화관 정세」,《국제영화신문》, 1937년 6월 하순(200호), 33쪽; 한국영상자료원 영화사연구소 엮음, 『일본어 잡지로 본 조선영화 1』, 한국영상자료원, 2010, 138쪽, 140~141쪽에서 재인용.

42 石田義則, 「旅路」, 《日本映畵》 1937年 4月号.

43 「座談會 朝鮮映画の現狀を語る」, 《日本映画》, 1939年 8月号에서 영화평론가 우치다 키미오 (內田岐三雄)의 발언.

44 張赫宙, 〈旅路〉를 觀て感じたこと」, 《帝國大學新聞》, 1937年 5月 10日.

45 水井れい子, 「朝鮮映畵製作界をかへりみて」, 《新映畵》, 1942.11.

46 朱永涉, 「朝鮮映畵展望」, 《キネマ旬報》, 1938年 10月 11日号, 131쪽.

47 주영섭, 「조선영화전망」, 《문장》 제1권 3집, 1939.4., 154~156쪽.

48 이 시기 조선영화의 일본 수출에 관해서는 김려실, 「조선을 '조센화'하기―조선영화의 일본 수출과 수용에 대한 연구」 참조.

49 영화 〈나그네〉의 로컬리티 재현을 둘러싼, 1930년대 후반 조선영화의 담론 구성에 대해서는 이화진, 「식민지 영화의 내셔널리티와 '향토색'―1930년대 후반 조선영화 담론 연구」, 《상허학보》 제13호, 상허학회, 2004. 8을 참고할 것.

50 안철영, 「예원동의―수출영화와 현실 장혁주 來島雪夫氏의 『나그네』 평론을 읽고」, 《동아일보》, 1937년 9월 11일자 6면.

51 「성봉영화원 동보췌인에 참가」, 《조선일보》, 1938년 1월 22일자 석간 6면.

52 「朝鮮映画の現狀を語る―座談会報告」, 《日本映畵》, 1939年 8月号.

53 같은 글.

54 田中純一郎, 『日本映畵發達史 Ⅱ―無聲からトーキーへ』, 中央公論社, 1976, 350~356쪽.

55 澤村勉, 『現代映畵論』, 桃蹊書房, 昭和16年[1941], 261~262쪽.

56 Arnold Fanck, "On the Exportation of Japanese Motion Picture Films," Cinema Yearbook of Japan, 1936~1937(KBS, 1937), pp.30~31; Michael Baskett, The Attractive Empire: Transnational Film Culture in Imperial Japan(Honolulu: University of Hawaii Press, 2008), p.128에서 재인용.

57 「朝鮮映画の現狀を語る―座談会報告」, 《日本映畵》, 1939年 8月号.

58 來島雪夫, 「旅路」, 《映畵評論》, 1937年 6月号, 144쪽. 장혁주의 〈나그네(旅路)〉 비판과 그에 대한 키지마 유키오(來島雪夫)의 반론, 그리고 이어진 안철영과 주영섭의 논의에 대해서는 김려실, 앞의 논문, 107~116쪽을 참조.

59 주영섭, 앞의 글, 131쪽.

60 1939년 1월 동아일보가 주최한 '여명기의 조선영화' 좌담회에 참석한 김유영은 "똑똑지는 않지만 조선영화에는 조선영화 독특의 어떤 암류(暗流)가 있습니다. 그렇지만 이때껏은 기술적으로 보아 아름답게 그려지지 못했는데 이제부터는 이것을 아름답게 그려야 하겠습니다."라고 말했다(「좌담회 여명기의 조선영화」, 《동아일보》, 1939년 1월 31일자 5면).

61 「朝鮮映画の現狀を語る―座談会報告」, 《日本映畵》, 1939年 8月号.

62 『영화연감』. 1940년대 들어 조선영화계의 상황이 급변하는 중에 고려영화협회와 쇼치

쿠의 합작은 끝내 성사되지 못했다. 1943년, 쇼치쿠 오후나는 시미즈 히로시 감독과 스타 리샹란(李香蘭)을 내세워 타이완총독부, 만주영화협회와 합작으로 〈사욘의 종(サヨンの鐘)〉을 제작했다. 고영과의 합작이 불발로 끝났던 쇼치쿠의 식민지와의 합작 프로젝트가 〈사욘의 종〉으로 실현되었다고 볼 수도 있을 것이다.

63 〈군용열차〉에도 두 명의 일본인 배우가 출연하지만, 주요 배역은 조선인 배우가 맡았다.

64 「朝鮮軍報道部作品〈君と僕〉座談會」,《映画旬報》, 1941年 11月 1日号.

65 〈그대와 나〉의 불완전판 필름은 2009년 3월 일본국립영화센터(NFC)를 통해 발굴되어, 도쿄 NFC에서는 4월 26일과 28일 두 차례 상영되었고, 서울에서는 2009년 5월 한국영화박물관 개관 1주년 기념영화제에서 상영되었다.

66 미츠에와 백희가 조선옷과 기모노를 바꿔입는 장면은 시나리오와 스틸컷을 통해 확인할 수 있다. 관객들이 이 장면을 어떻게 받아들였을지는 확인할 수 없다. 시미즈 히로시가 연출한 〈친구(ともだち)〉(2권)에서도 조선인 아동과 일본인 아동의 우정을 묘사하기 위해 길에서 옷을 바꿔입는 장면이 있었는데, 미즈이 레이코는 이것을 비현실적인 장면이라고 지적하면서, "조선 재주 동포들(재조선 일본인—인용자*)은 하나도 재미있지 않다고 했다. 가장 중요한 옷을 바꿔 입는 장면이 문제였다"고 말한다(水井れい子, 앞의 글). 여기서 조선인과 일본인 간의 크로스드레싱 장면에 대한 재조선 일본인들의 불쾌감을 감지할 수 있는데, 〈그대와 나〉의 이 장면도 상당히 민감하게 받아들여졌을 것으로 짐작된다. 식민지 말기 문학과 영화에서 민족 간 크로스드레싱의 문제에 대해서는 이화진, 「'기모노'를 입은 여인: 식민지 말기 문화적 크로스드레싱(cultural cross-dressing)의 문제」,《대중서사연구》18(1), 대중서사학회, 2012 참조.

67 〈그대와 나〉가 조선에서는 (동원을 통해) 흥행했다고 하더라도, 일본의 평판이 그다지 좋지 못했다고 기억하던 법인 조영의 프로듀서는 각본과 연출, 촬영, 주연배우들을 일본에서 활동하는 이들로 섭외해 화려한 모양새를 갖추었고, 이들이 요구하는 수준의 설비(특히 카메라와 스튜디오)를 제공하기 위해 일본의 영화사들과 힘겹게 교섭했다. 자본, 기술, 설비 모든 면에서 열악했던 신생 영화사가 식민 본토에서 활동하는 영화인들을 데려와 대작 영화를 제작한다는 것 자체가 대단히 무리한 시도였다.「朝鮮映畵製作界最近の動向」,《映畵旬報》 79, 1943年 4月 21日号, 15~16쪽;「新作朝鮮映畵紹介」,《映畵旬報》 87, 1943年 7月 11日号, 30쪽.

68 조선인을 대상으로 한 선전영화보다 일본과 조선의 동시 개봉영화인 〈젊은 자태〉에 몇 배의 제작비를 쏟아 부은 것은 구 식민지에 새로 창립된 법인 조영의 입지가 그만큼 위태로웠던 까닭이라고 짐작할 수 있다. 태평양전쟁 발발 이후 일본은 새로운 점령지인 남아시아에서의 문화 공작에 상당한 공을 들이는 반면, 조선에 대한 관심은 다소 식어가는 듯이 여겨졌다. 실제로, 법인 조영은 창립 당시부터 "조선에 별도의 영화 제작사를 둘 필요가 있는가"와 같은 근본적인 질문에 부딪혀야 했다. 조선영화 제작이 무용하다는 주장이 부상하는 시기에 제작되는 법인 조영의 창립작은 이전의 조선영화들보다 더

욱 향상된 영화로서 구 식민지의 신생 영화사의 존재 의미를 분명히 드러낼 수 있어야 했던 것이다. 이에 대해서는 이화진, 「1943년 시점의 '조선영화'」, 《한국극예술연구》 제 26집, 한국극예술학회, 2007 참조.

69   島崎淸彦, 「'若き姿'の撮影技術から」, 《日本映畵》 1943年 6月, 25쪽

70   座談會, 「朝鮮映畵の特殊性」, 《映畵旬報》 87, 1943年 7月 11日号, 10~15쪽.

71   高井邦彦, 「영화 〈조선해협〉—랏슈시사를 보고서(2)」, 《매일신보》, 1943년 7월 24일자 2면.

72   座談會, 「朝鮮映畵の特殊性」, 《映畵旬報》 87, 1943年 7月 11日号, 10~15쪽.

73   마이클 배스킷(Michael Baskett)은 대동아영화권에서 '권(sphere)'은 "일본에 의한 테크놀로지적이고 정신적인 우월성이 유지되는 제국적 공간"이며, "일본 영화산업의 상황이 마주하게 된 도전을 철저히 검토해야 한다"는 인식을 공유하는 공간이었다고 말한다. Michael Baskett, The Attractive Empire: Transnational Film Culture in Imperial Japan(Honolulu: University of Hawaii Press, 2008), p.34.

74   이 책에서는 일본의 내셔널 랭귀지(national language)를 '고쿠고(國語)'라고 표기하여 한국의 '국어'와 구분한다. '고쿠고'는 내셔널 랭귀지(national language)를 가리키는 보통명사가 아니라 고유명사이다. '고쿠고'는 일본인 정체성의 근원이자 국민 통합의 기초이다. 여기에서는 국가주의와 식민주의, 제국주의의 욕망이 투사된 '고쿠고'와 여러 언어 가운데 하나인 '일본어'를 문맥에 따라 선택적으로 사용한다는 것을 밝혀둔다.

75   飯島正, 「東亞共榮圈と映畵工作」, 『科學映畵の諸問題』, 白水社, 1944, 203쪽. 그 외 당시의 '대동아영화(권)'에 대한 논의는 筈見恒夫, 「大東亞映畵のあり方」, 《映畵評論》 1942년 2월호, 12~24쪽; 村尾薫, 「大東亞映畵の構想」, 《映画評論》 1942년 7월호, 42~46쪽 참조.

76   Aaron Gerow, 「戰ふ観客大東亜共栄圈の日本映画と受容の問題」, 《現代思想》 Vol.30 No.9, 2002.

77   일반적으로 '대륙영화'는 일본 영화회사가 대륙을 제재 혹은 배경으로 한 영화를 가리킨다. 넓은 의미로는 만주영화협회(滿映), 중화전영(中華電影), 화북전영(華北電影)이 제작한 작품뿐 아니라 당시 영화전문지에 개설된 '대륙영화란'에 소개된 작품들까지 포함하기도 한다. 따라서 '대륙영화'란 고정된 개념이나 장르가 아니라 전쟁 체제가 시국의 변화에 따라 영화계에 부여한 국책영화 만들기 과제의 하나이며, 그 과제에 부응하여 제작된 다양한 장르의 영화 그 자체를 지칭하기도 한다. 이러한 '대륙영화'의 발생과 경위, 그리고 그 종착점으로서의 '대동아영화'로의 변모 등에 대해서는 アンニ, 「「大東亜映画」への階段—「大陸映画」試論」, 岩本憲兒 編, 『映画と大東亜共栄圈』, 森話社, 2004 참조.

78   이 시기 일본영화계 및 동아시아 영화 네트워크의 역동적 변화는 川崎賢子, 「「外地」の映画ネットワーク—一九三〇~一九四〇年代における朝鮮・滿州国・中国占領地域を中心に」, 『岩波講座 〈帝国〉日本の学知 4』, 岩波書店, 2006; 이준식, 「일본제국주의와 동아시아 영화네트워크—만주영화협회를 중심으로」, 《동북아역사논총》 제18호, 동북아역사재단, 2007. 12

참조.

79 〈망루의 결사대〉 로케이션 중에 이마이 타다시는 하라 세츠코(原節子)의 형부인 영화감독 구마가이 히사토라(熊谷久虎)로부터 "일본은 전세력을 모아 남방 제국의 영토를 확보하지 않으면 안된다. 그러한 때에 일본 국민의 눈을 북방으로 돌리게 만드는 건 유태인의 음모이다. 이 〈망루의 결사대〉는 일본 국민을 착란시키고자 하는 유태인의 모략이므로, 즉각 중지되어야 한다"는 편지를 받았다고 회고했다(今井正, 「占領時代の回想」, 『講座日本映畵 4』, 岩波書店, 1986, 203쪽). 〈蒼氓〉(1937), 〈阿部一族〉(1938), 〈上海陸戰隊〉(1939) 등을 감독했던 구마가이는 〈指導物語〉(1941) 이후 영화계를 떠나 극우적인 사상단체를 결성했었다.

80 「〈望樓の決死隊〉を中心に映画を語る」, 《新映画》, 1943年 1月号, 89쪽.

81 山形雄策, 「〈望楼の決死隊〉 脚本覚書」, 《日本映畵》, 1942年 10月号.

82 今井正, 앞의 책, 203쪽. 퍼시벌 렌(Percival C. Wren)이 쓴 동명의 모험소설(1924)을 영화화한 〈보 제스트〉(1926)는 1927년에 일본과 조선에 공개되어 상당한 화제를 모았고, 프랑스 외인부대원이 된 세 형제의 북아프리카 사막을 배경으로 한 모험담은 대중적으로도 잘 알려진 이야기였다. 이마이 타다시는 그가 참조한 〈보 제스트〉가 허버트 브레논(Herbert Brenon)이 연출한 1926년 작 무성영화인지, 윌리엄 웰만(William A. Wellman) 감독의 리메이크작(1939)인지는 명시하지 않았다. 리메이크작은 미국외화 수입이 통제된 시기에 제작되어 일본에서는 1952년 12월에 개봉되었으므로, 이마이가 말한 〈보 제스트〉는 무성영화를 가리킬 수도 있겠다. 〈보 제스트〉의 일본 개봉 정보는 http://www.imdb.com/title/tt0031088/releaseinfo (2010-11-27) 참조.

83 리처드 슬롯킨의 빅토리아 제국 장르(Victorian Empire genre)에 대한 논의는 Richard Slotkin, Gunfighter Nation: The Myth of the Frontier in Twentieth-Century America, Oklahoma University Press, 1998, pp.265~271. 〈망루의 결사대〉와 〈보 제스트〉를 비롯한 빅토리아 제국 장르 영화에 대한 비교는 다카시 후지타니, 「식민지 시대 말기 '조선' 영화의 휴머니즘, 보편주의, 그리고 인종차별주의」 안진수 옮김, 연세대 미디어아트센터 엮음, 『한국영화의 미학과 역사적 상상력』, 도서출판 소도, 2006, 198~204쪽 참조. 후지타니는 윌리엄 웰먼이 연출하고 개리 쿠퍼(Gary Cooper)가 주연한 〈보 제스트〉(1939)를 비교 텍스트로 삼았다.

84 김려실, 앞의 책, 304쪽.

85 岡田眞吉, 『映画と国家』, 生活社, 94~95쪽.

86 와시타니 하나(鷲谷花)는 이 문제를 마키노 마사히로(マキノ正博) 감독의 〈아편전쟁(阿片戰爭)〉(1943)을 사례로 검토한 바 있다. 〈아편전쟁〉은 영국 제국주의자들의 악행을 고발하는 배영(배미) 영화인데, 일본과 그 식민지들에 많은 영향을 미쳤던 D. W. 그리피스의 〈폭풍의 고아(Orphans of the Storm)〉(1921)와 같이 온갖 고초를 겪는 착한 소녀 이야기를 기본적인 내러티브로 하는 멜로드라마로 만들어졌다. 또 그 결말에는 할리우드

식 뮤지컬 장면이 삽입되었다. 이에 대해서는 鷲谷花, 「廃墟からの建設——戦時期日本映画における《アメリカニズム》の屈折」, 《映像学》79, 日本映像学会, 2007, 5~22쪽 참조.

87 엘라 쇼햇과 로버트 스탬은 이처럼 할리우드가 내세우는 영어의 보편성은 간접적으로 다른 문화의 언어적 자율성을 침식하고, 할리우드는 앵글로–아메리칸의 문화적 헤게모니를 유포하는 에이전트가 된다고 비판했다. Ella Shochat and Robert Stam, "The Cinema After Babel: Language, Difference, Power," Screen Vol.26 No.3-4, Nov. 1985, p.36.

88 今井正, 앞의 책, 204쪽.

89 근대 일본에서 '고쿠고(國語)' 개념은 일본 문부성의 언어 정책에 깊이 관여한 우에다 가즈토시(上田万年)와 호시나 고이치(保科孝一)에 의해 성립되었다. '고쿠고'란 국민 전체에 흐르는 혈액과 같다고 말했던 우에다는 "조선인이든 지나인이든 구주인이든 미국인이든 진정 동양의 학술 정치 상업 등에 관련된 사람이라면 누구나 알아야 하는, 동양 전체의 보통어"로 만들기 위해 고쿠고를 표준화되고 규범화해야 한다고 생각했다. 우에다의 제자로서 그 역시 '고쿠고' 정책에 관여했던 호시나는 "국민 정신을 양성하고 국민의 품성을 닦는 데 가장 유력한 것"은 '방언'이 아니라 '고쿠고'라고 말함으로써, '고쿠고'를 '방언'과 대비시키고, '고쿠고'에 절대적인 서열을 부여했다. 근대 일본에서 '고쿠고' 개념의 기원과 언어 내셔널리즘에 대한 비판은 이연숙, 『국어라는 사상——근대 일본의 언어 인식』, 고영진·임경화 옮김, 소명출판, 2006; 야스다 도시아키(安田敏朗), 「제국 일본의 언어 편제——식민지 시기의 조선·'만주국'·'대동아공영권'」, 미우라 노부타카·가스야 게이스케 엮음, 『언어 제국주의란 무엇인가』, 이연숙·고영진·조태린 옮김, 돌베개, 2005 참조.

90 야스다 도시아키, 앞의 글, 91쪽.

91 같은 글, 98쪽.

92 같은 글, 96쪽.

93 「座談會 大東亞文化圈の構想」, 《國民文學》, 1942년 2월, 56쪽에서 카라시마 다케시의 발언.

94 같은 글.

95 〈집 없는 천사〉는 1941년 7월 17일에 2,326m로 등록되어 검열에 통과했으나, 개봉 직전 10월 1일 2,103m로 개정된 판본이 재검열을 통과했다. 재검열과 문부성 추천 번복에 대해서는 '조선어 발성'이나, 부랑아들의 남루한 복장, 기독교적 색채 등이 문제였을 것이라거나, 조선과 일본의 검열 기준에 차이가 있기 때문이라거나 하는 추측들이 있었다. 〈집 없는 천사〉 재검열과 추천 번복, 그리고 '조선영화'의 위치와 관련한 이 사건의 의미에 대해서는 김희윤, 「〈집 없는 천사〉 일본 개봉과 '조선영화'의 위치」, 『고려영화협회와 영화신체제』, 한국영상자료원, 2007를 참조하라.

96 「朝鮮映画新体制樹立のために·座談会」, 《映画旬報》 1941年 11月 1日号.

97 ピーター B. ハーイ, 『帝国の銀幕：十五年戦争と日本映画』, 名古屋大学出版会, 1995,

275~276쪽.

98 「朝鮮映画の現狀を語る」,《日本映画》1939年 8月号.

99 영화 〈수업료〉(최인규, 방한준, 1940)는《京日小學生新聞》에서 주최한 현상모집에서 총독
상을 수상한 전라남도 광주 북정 공립심상소학교 4학년에 재학 중이던 우수영의 작문
을 영화화한 것이다. 가난 때문에 수업료를 낼 수 없었던 소년을 돕는 친구들과 주변의
온정이 감동적인 원작 수기를 야기 야스타로가 각색한 시나리오로 제작되었다. 처음 연
출을 맡은 것은 최인규였으나, 제작 중 최인규가 와병하면서 그를 대신해 방한준이 메
가폰을 이어받았다. 이 영화는 도와상사를 통해 일본에 배급되었고, 조선영화에 관심
을 둔 일본 평론가들에게 상당히 호평되었다. 〈수업료〉의 이중언어에 대한 평가는 北旗
男,「春の半島映畫界」,《觀光朝鮮》1940年 3月; 滋野辰雄,「各社試寫室より—〈授業料〉」,《キネマ
旬報》, 1940年 4月 21日; 內田岐三郎,「半島映畫について」,《映畫評論》1941年 7月 등 참조.

100 "영화법 실시를 앞두고 군사 사상 보급을 목적으로 명 17일 오후 3시부터 반도 호텔에
서 군보도부가 중심이 되어 재성(在城) 민간 영화제작자, 배급업자, 흥행업자 외에 신문
관계자들이 한 자리에 모여 '국방과 영화' 좌담회를 개최하리라는데, 동 좌담회에서는
영화법 실시에 대한 일반의 반향을 청취함과 동시 조선발성영화에 있어 조선말 폐지 문
제가 토의될 것이라고 한다."「조선말폐지—조선의 발성영화에서 조선말 폐지를 토의」,
《매일신보》, 1939년 11월 17일자 2면.

101 「〈君と僕〉를 말하는 좌담회(板垣將軍도 登場 日夏英太郞 監督)」,《삼천리》제13권 9호,
1941년 9월, 114쪽.

102 「朝鮮映画新体制樹立のために·座談会」에서 이창용의 발언.

103 「封切映畫興行價値」,《映畫旬報》, 1941年 11月 1日号.

104 「朝鮮映畫の全貌を語る」,《映畫評論》, 1941年 7月号.

105 이창용은 조선인 가운데 '약 70%'가 일본어 해득력이 없는 문맹자라고 하였지만, 통계
에 의하면 1940년에 15.57%, 1943년에 22.15%만이 일본어를 대체로 해득하거나 보통
회화에 차질이 없는 정도였다. 조선어교육을 폐지한 1938년 시점(12.38%)과 비교하면,
식민 당국의 강압적인 언어 통제가 짧은 시간 내에 일본어 해득자의 비율을 높인 것은
분명하다. 그러나 일본어 해득력을 기준으로 했을 때, 여전히 80%의 조선인이 '문맹'이
었다.

106 「朝鮮映画新体制樹立のために·座談会」에서 이창용의 발언. 전시동원 체제 아래에서 '일본
어(國語) 전용'이 국책으로 제시되었지만 이것이 식민지 조선에서 단일하게 수용되는 것
은 사실상 불가능했다. 미디어와 교육을 통해 언어를 강제적으로 통제한다고 해도, 언
어의 변환에는 시간적인 축적이 필요한데 전시 동원은 강제적이고 단기적으로 이루어
져야 했기 때문이다. 국책으로서 '일어 전용'의 논리가 상이한 계급과 젠더, 지역, 연령의
차이를 지닌 집단들을 교화하고 황민화해야 하는 현실 논리와 충돌함으로써 내선일체
이념의 균열을 드러내게 되는 것이다. 이에 대해서는 권명아,「내선일체 이념의 균열로

서 '언어'—전시 동원 체제하 국책의 '이념'과 현실 언어 공간의 관계를 중심으로」, 《대동문화연구》 제59호, 성균관대학교 대동문화연구원, 2007 참조.

107 「朝鮮映画の特殊性—座談會」, 《映画旬報》 1943년 7월. 카라시마 다케시(辛島驍)의 발언.

108 〈수업료〉와 〈집 없는 천사〉를 일본에 배급한 도와상사의 홍보 전단과 포스터들은 한국영상자료원 엮음, 『고려영화협회와 영화신체제 1936~1941』, 한국영상자료원, 2007, 99~143쪽을 참조.

109 黒田省三, 「朝鮮映畫雜感—〈授業料〉, 〈家なき天使〉の次に来るもの」, 《映畫評論》, 1941年 7月号, 48~49쪽.

110 이중언어의 공존 방식들에 대해서는 미우라 노부타카, 가스야 게이스케 엮음, 앞의 책, 22쪽 참조.

111 함대훈, 「朝鮮映畫, 演劇における國語使用の問題」, 《綠旗》 1942. 3; 함대훈, 「조선 영화, 연극의 국어 사용 문제」, 이경훈 편역, 『한국 근대 일본어 평론·좌담회 선집』, 도서출판 역락, 2009, 153쪽. 인용문 중 번역자가 '국어'로 번역한 것을 이 논문의 맥락에 맞게 '고쿠고'로 바꾸어 썼다.

112 앞의 책, 153쪽.

113 內田岐三雄, 「半島映畫について」, 《映畫評論》 1941年 7月号, 47쪽.

114 「〈望樓の決死隊〉を中心に映画を語る」, 《新映画》 1943년 1月号, 93쪽.

115 「반도애국영화 〈그대와 나〉의 출연자를 중심으로」, 《신시대》 제9집, 1941년 9월, 124쪽.

116 「〈望樓の決死隊〉を中心に映画を語る」, 93쪽.

117 이춘인, 「영화시평—〈조선해협〉을 보고」, 《조광》 제9권 9호, 1943년 9월, 82쪽.

118 히나쓰 에이타로(日夏英太郎), 「너와 나」, 이재명 외 편역, 『해방 전(1940~1945) 상영 시나리오집』, 평민사, 2004, 198쪽. 기노시타의 아내 복순의 조선어 대사는 시나리오의 지문 속에 간략하게 언급되어 있다.

119 오영진, 「조선영화론」, 《평화일보》, 1948년 4월 7일자, 이근삼·서연호 편, 『오영진전집 4』, 범한서적, 1989, 256쪽.

120 하한수(감독, 1923년 경남 창녕 출생)는 복혜숙이나 김신재는 일본어를 잘했지만, 문예봉은 일본어를 잘하지 못해서, 문예봉이 출연한 영화에서 일본어 대사는 모두 성우가 더빙했다고 말한다. 또한 일본어 영화에서는 노역들의 대사도 모두 일본인 성우가 더빙해서 "구수한 맛"이 나지 않았다고 회고했다. 한국영상자료원 엮음, 『한국영화를 말한다—1950년대 한국영화』, 이채, 2004, 336~337쪽.

121 「「望樓の決死隊」を中心に映画を語る」, 93쪽.

122 「(좌담회) 문화익찬의 반도체제—금후 문화부활동을 중심하야」, 《매일신보》, 1941년 2월 12일~15일, 2월 17일~21일자 연재. 좌담회에는 총력연맹 문화부장 야나베 에이자부로(矢鍋永三郎)를 비롯하여 경성제대 교수 카라시마 다케시(辛島驍), 보성전문의 교수 유진오, 경성일보 학예부장 테라다 에이(寺田暎), 영협 이사장 안종화(창씨명 安田辰雄),

연극협회장 이서구(창씨명 牧山瑞求), 삼천리사장 김동환, 문화부 위원으로 위촉된 김억, 田中初夫, 松田黎光, 《매일신보》 측에서 상무 김동진과 학예부장 백철 등이 참석했다. 이 중 일부는 「國語版特輯, 朝鮮の「文化問題」を語る座談會」, 《三千里》 제13권 3호, 1941년 3월에 수록되었다.

123 야나베 에이자부로는 조선총독부 서기관, 경상남도 내무부장, 원산 검열장, 총독부 도 지부관세과장, 황해도지사, 조선식산은행두취, 한성은행취체역, 조선금융조합연합회장, 중천광업사장 등을 두루 역임해 온 관료 출신이었다. 1941년 1월 15일 총력연맹 사무실 에서 있었던 임화와의 대담(「總力聯盟文化部長 矢鍋永三郞·林和對談」, 《朝光》 제7권 3호, 1941년 3월)에서 총력연맹에 문화단체들이 가맹하는 문제를 비롯해서, 문화부의 역할 과 전망, 문화와 정치의 관계, 조선문화의 특수성이나 조선어 문제에 이르기까지 조선 문화의 현안들을 조목조목 묻고 제언하는 임화와 달리, 야나베는 시종 문화에는 "문외 한"이고 "별로 경리(經履)가 없는 터"이며 조선 문화의 나아가야 할 방향에 대해서도 아 직은 생각해 본 적이 없으니, 앞으로 각 단체 및 문화인들의 협조를 바란다고 말했다. 이날 대담은 문화부장이 문화에 대해 아는 바가 없고 그 점에 대해 그다지 심각하게 생 각하지 않을뿐더러, 그 자신의 구체적인 전망 같은 것은 아직 가지고 있지 않다는 것을 적나라하게 드러낸 자리였다. 이러한 야나베의 무관심과 무성의가 조선 문화 재편에 대 한 조선인 엘리트들과 문화계 종사자들의 불안을 자극했으리라는 것은 쉽게 짐작된다. 어쩌면 이러한 불안이 조선 문화에 대한 적극적인 발언이 제출될 수 있는 매우 기묘한 '열린 공간'을 만들었던 것일지도 모른다.

124 「國語版特輯, 朝鮮の「文化問題」を語る座談會」, 《三千里》 제13권 3호, 1941년 3월, 40~46쪽.

125 「朝鮮映画の特殊性·座談會」, 《映画旬報》 1943年 7月. 카라시마 다케시(辛島驍)의 발언.

126 星出壽雄, 「朝鮮演劇の新發足—朝鮮文化の新發足」, 《朝鮮》 통권329호, 1942년 10월, 21~26쪽.

127 星出壽雄, 「演劇統制の諸問題」, 《國民文學》 제2권 1호, 1942년 1월, 48쪽.

128 矢鍋永三郞, 「半島の總力體制(八)—文化の力を集中」, 《京城日報》, 1941년 1월 11일자 2면.

129 다양한 매체들 사이의 관계망이라는 체계 속에서 유럽의 문화사를 탐색하고자 했던 저 작에서, 베르너 파울슈티히(Werner Faulstich)는 유럽사를 통틀어 매체를 인간 매체, 조 형 매체, 수기 매체, 인쇄 매체 등 크게 네 가지로 구분하고 있다. 여기서 그가 사용하는 인간 매체란 춤이나 무도회, 축제, 연극, 가인, 설교자를 포괄하는 것으로, 매체를 '정보 를 전달하고 확산시키는 기술적인 수단 혹은 도구'로 한정하지 않고, 정보 저장 기능을 보유한 사회 집단과 인간에까지 그 범주를 확장한 개념이다. 사실 무도회와 축제/연극/ 가인과 설교자 등을 단일한 개념으로 포괄할 수 있는가에 대해서는 합의하기 어렵지만, 이러한 직업적 분화가 인간 매체에 있어서 어떻게 역사적 결절점을 만들어내고 있는가 에 대한 지적은 탁월하다. 미디어학자 베르너 파울슈티히의 인간 미디어 개념은 베르너 파울슈티히, 『근대초기 매체의 역사—매체로 본 지배와 반란의 사회 문화사』, 황대현

옮김, 지식의풍경, 2007 참조. 파울슈티히의 미디어 개념처럼, 이 시기 미디어는 정보를 전달하고 확산시키는 기술적인 수단이나 도구로만 한정되지 않는다. 전쟁 중이라는 특정한 역사적 시기에 미디어의 범주는 정보의 저장 기능을 보유한 사회 집단과 인간, 인간이 수행하는 제도화된 사회적 역할이나 특정 행위까지도 포함했다. 전시기 민중이 식민 권력의 통제로부터 일탈하고 '저항'하는 양상을 살피고자 주목한 변은진의 연구가 시사하듯이, 특정한 역사적 국면에서는 유언비어나 낙서, 삐라 등이 미디어 통제 외부에 생성된 대안적인 미디어로서 기능했다. 전시기 유언비어나 낙서, 삐라 등에 대한 고찰은 변은진, 「일제 전시파시즘기(1937~45) 조선민중의 현실인식과 저항」, 고려대학교 박사학위논문, 1998, 163~175쪽 참조.

130 이러한 이동연극, 이동연예대, 이동창극단 등의 활동은 이화진, 「전시기 오락 담론과 이동연극」, 《상허학보》 제23집, 상허학회, 2008; 이덕기, 「일제하 전시체제기 이동연극 연구—이동연극 제1대와 극단 현대극장을 중심으로」, 《한국극예술연구》 제30집, 한국극예술학회, 2009; 김호연, 「일제 강점 후기 연극 제도의 변화 양상과 그 의미 : 이동극단 위문대를 중심으로」, 《인문과학연구》, 강원대 인문과학연구소, 2011; 이화진, 「일제 말기 이동극단 활동의 전개 양상과 그 한계」, 《한국학연구》 제30집, 인하대학교 한국학연구소, 2013 등 참조.

131 이동영사를 통한 조선총독부의 영화 선전 활동은 이준식, 「일제 파시즘기 선전 영화와 전쟁 동원 이데올로기」, 《동방학지》 제124집, 연세대학교 국학연구원, 2004; 卜煥模, 「朝鮮總督府の植民地統治における映畵政策」, 早稻田大学大学院博士学位請求論文, 2006 참조.

132 조선총독부 활동사진반 설치는 일본 문부성이나 대만총독부 문교국 영화반, 만철 영화반보다 앞선 것으로, 관청의 영화 이용 면에서는 조선총독부가 상당히 적극적인 편이었음을 보여준다. 조선총독부의 활동사진반은 폭넓게 조선과 일본, 만주와 구미 지역에 거주하는 조선인과 일본인, 현지인을 대상으로 '조선 사정'을 주지시키는 것을 목적으로 했다. 조선총독부 활동사진반의 활동 및 역할에 대한 연구로는 복환모, 「1920년대 초 조선총독부 「활동사진반」의 역할에 관한 연구」, 《영화연구》 제24호, 한국영화학회, 2004; 배병욱, 「1920년대 전반 조선총독부의 선전영화 제작과 상영」, 《지방사와 지방문화》 제9권 2호, 역사문화학회, 2006; 김정민, 「조선총독부 내무국 사회과의 교화 영화 정책 출현 배경에 관한 고찰」, 《한국문학연구》 제37집, 동국대학교 한국문학연구소, 2009 참조. 조선총독부 활동사진반의 전체적인 흐름에 대해서는 「朝鮮總督府の映畵製作」, 《映畵旬報》 1943년 7월, 25~26쪽 참조.

133 제국 일본과 세계 전역에서의 이동영사 활동에 대한 소개는 호시노 지로키치, 「이동영사의 사명」, 《映畵旬報》 1942년 9월 21일, 31~34쪽; 한국영상자료원 한국영화사연구소 엮음, 『일본어 잡지로 본 조선영화 5』, 한국영상자료원, 2014, 72~80쪽을 참조.

134 조선영화계발협회는 1941년 12월에 설립을 준비하여 1942년 1월 21일에 발회식을 가졌다. 초대 회장은 쿠라시마(倉島) 정보과장이었다. 「영화계발협회 본부정보과에서 설

립」, 《매일신보》, 1941년 12월 5일자 2면; 「조선영화계발협회-정보과서 발회식」, 《매일신보》, 1942년 1월 13일자 4면.

135 「朝鮮總督府の映畵製作」, 《映畵旬報》87, 1943年 7月 11日号, 26쪽.

136 『昭和十九年度 朝鮮年鑑』, 京城日報社, 1943, 561~563쪽.

137 「座談會 農村文化のために」, 《國民文學》 1943年 5月, 93쪽.

138 森浩, 「朝鮮に於ける映畵に就いて」, 《映畵旬報》87, 1943年 7月 11日号, 4쪽.

139 이순진 채록연구, 「전경섭」, 한국영화사연구소 엮음, 『한국영화를 말한다―한국영화의 르네상스 3』, 한국영상자료원, 2007, 409쪽.

140 「영화계발에 박차―이동영사기구정비」, 《매일신보》, 1944년 8월 8일자 2면.

141 한국영화사연구소 엮음, 앞의 책, 408쪽. 전경섭은 전라남도청에 3, 4개의 순업팀이 있었는데, 자신은 16mm 휴대용 영사기로 학교를 돌았고, 다른 팀들은 35mm 필름으로 군장소, 면장소를 다녔다고 회고한다. 흥미롭게도, 이러한 지방기수 활동은 미군정기에도 이어졌다. 미군정기에는 영어로 된 미국 계몽영화(35mm)를 한국어로 해설하는 변사를 데리고 다니며 상영했다고 한다. 같은 책, 412쪽.

142 「朝鮮映画の特殊性 ― 座談會」, 《映画旬報》87, 1943年 7月 11日号.

143 김기진, 「〈조선해협〉을 중심으로」, 《매일신보》, 1943.05.08 ; 「軍と映畵―〈兵隊さん〉を中心に」, 《國民文學》 1944年 6月, 60쪽.

144 종이연극 해설자로 나선 경험을 쓴 수기로 金明燮, 「吾が輩は紙芝居の辯士である」, 《朝鮮財務》 1939年 5月를 참조할 수 있다.

145 이상, 「산촌여정(완)」, 《매일신보》, 1935년 10월 11일자 1면.

146 이상의 산문에 나타난 영화 경험과 공동체적 동일시에 대한 논의는 월터 K. 류, 「이상의 〈산촌여정, 성천기행 중의 몇 절〉에 나타나는 활동사진과 공동체적 동일시」, 조은정 역, 김윤식 편, 『이상문학전집 5』, 문학사상사, 2001를 참조.

147 전시기 미디어와 파시즘적 공공권에서의 '참여의 환상'과 관련해서는, 佐藤卓己, 『キングの時代―国民大衆雑誌の公共性』, 岩波書店, 2002; 요네야마 리사, 「오락·유머·근대―'모던만자이'의 웃음과 폭력」, 요시미 슌야 편, 『확장하는 모더니티』, 연구공간 수유+너머 '일본근대와 젠더 세미나팀' 옮김, 소명출판, 2007; 권명아, 앞의 논문; 공임순, 「재미있고 유익하게, "건전한" 취미독물 야담의 프로파간다화」, 《민족문학사연구》 제34호, 민족문학사학회, 2007 참조. 이들이 말하는 '참여의 환상'은 본 논문에서 제시하는 첫 번째 환상에 해당된다.

148 「座談會 農村文化のために」, 《國民文學》, 1943年 5月, 88쪽.

149 미셸 시옹, 『음악, 대중매체 그리고 기술』, 유정희 옮김, 영림카디널, 1997, 96~99쪽.

150 신지영, 《부/재의 시대》, 소명출판, 2012, 463쪽.

참고문헌

자료

신문과 잡지

《동광》,《동아일보》,《매일신보》,《별건곤》,《비판》,《사상계》,《사해공론》,《삼천리》,《시대일보》,《신동아》,《신흥영화》,《영화보》,《영화시대》,《영화연극》,《영화예술》,《영화조선》,《월간 영화》,《조광》,《조선》,《조선문단》,《조선영화》,《조선일보》,《조선중앙일보》,《중외일보》,《청색지》,《춘추》,《京城日報》,《觀光朝鮮》,《國民文學》,《読売新聞》,《新時代》,《新映畵》,《映畵評論》,《映畵旬報》,《日本映畵》,《朝鮮財務》,《活動寫眞界》,《キネマ旬報》

연감 및 통계

『朝鮮年鑑』,『映畵年鑑』,『內外映畵檢閱時報』,『朝鮮總督府統計年報』.
『國際映畵年鑑(昭和九年)』, 國際映畵通信士, 1934.

자료집

김종욱 편저, 『실록 한국영화총서 (상): 1903~1945.8』, 국학자료원, 2002.
_____, 『실록 한국영화총서 (하): 1903~1945.8』, 국학자료원, 2002.
이근삼·서연호 편, 『오영진전집 4』, 범한서적, 1989.
이재명 외 편역, 『해방전(1940~1945) 상영 시나리오집』, 평민사, 2004.
한국영상자료원 엮음, 『한국영화를 말한다—1950년대 한국영화』, 이채, 2004.
_____ 엮음, 『한국영화를 말한다—한국영화의 르네상스 1』, 이채, 2005.
_____ 엮음, 『한국영화를 말한다—한국영화의 르네상스 3』, 한국영상자료원, 2007.
_____ 엮음, 『고려영화협회와 영화신체제』, 한국영상자료원, 2007.
_____ 엮음, 『식민지 시대의 영화 검열: 1910~1934』, 한국영상자료원, 2009.
한국영상자료원 영화사연구소 엮음, 『일본어 잡지로 본 조선영화 1』, 한국영상자료원, 2010.

                  , 『일본어 잡지로 본 조선영화 2』, 한국영상자료원, 2011.

                  , 『일본어 잡지로 본 조선영화 5』, 한국영상자료원, 2014.

한국예술연구소 엮음, 『이영일의 한국영화사를 위한 증언록—유장산·이경순·이필우·이창근 편』, 도서출판 소도, 2003.

          , 『이영일의 한국영화사를 위한 증언록—김성춘·복혜숙·이구영 편』, 도서출판 소도, 2003.

          , 『이영일의 한국영화사를 위한 증언록—성동호·이규환·최금동 편』, 도서출판 소도, 2003.

홍영철, 『부산근대영화사—영화상영자료 1915~1944』, 산지니, 2009.

음영자료

《발굴된 과거 / 일제시기 극영화 모음 / 1940년대》, 한국영상자료원, 2007.

《발굴된 과거 두 번째 / 1930년대 조선영화 모음》, 한국영상자료원, 2008.

《발굴된 과거 세 번째 / 병정님》, 한국영상자료원, 2009.

《수업료》, 한국영상자료원, 2015.

《유성기로 듣던 연극모음 (1930년대)》, 신나라레코드, 1998.

온라인

국사편찬위원회 한국사데이터베이스 http://db.history.go.kr

한국영상자료원 한국영화 VOD http://www.kmdb.or.kr/VOD/

단행본

(1) 국내

권명아, 『역사적 파시즘—제국의 판타지와 젠더 정치』, 책세상, 2005.

김려실, 『투사하는 제국 투영하는 식민지』, 삼인, 2006.

김만수·최동현 편, 『일제강점기 유성기음반 속의 극영화』, 태학사, 1997.

김백영, 『지배와 공간—식민지도시 경성과 제국 일본』, 문학과지성사, 2009.

김소영, 『근대의 원초경—보이지 않는 영화를 보다』, 현실문화, 2010.

김영무 편, 『무성영화 시절의 스타들과 유명변사 해설 모음집』, 창작마을, 2003.

박진, 『세세년년』, 도서출판 세손, 1991 [1966].

박현희, 『문예봉과 김신재 1932~1945』, 선인, 2008.

백현미 채록연구, 『2003년도 한국 근현대예술사 구술채록연구 시리즈 19—이원경』, 한국문화
　　예술진흥원, 2004.

신지영, 『부/재의 시대』, 소명출판, 2012.

신현숙, 『희곡의 구조』, 문학과지성사, 1992.

유민영, 『한국극장사』, 한길사, 1982.

＿＿＿＿, 『한국 근대극장 변천사』, 태학사, 1998.

윤치호, 『윤치호 일기: 1916~1943』, 김상태 엮음, 역사비평사, 2001.

이경훈 편역, 『한국 근대 일본어 평론·좌담회 선집 1939~1944』, 도서출판 역락, 2009.

이두현, 『신극사 연구』, 서울대학교 출판부, 1966.

이순진, 『조선인 극장 단성사 1907~1939』, 한국영상자료원, 2011.

이영일, 『한국영화전사』, 삼애사, 1969.

＿＿＿＿, 『한국영화인열전』, 영화진흥공사, 1982.

＿＿＿＿, 『(개정증보판) 한국영화전사』, 도서출판 소도, 2004.

이영재, 『제국 일본의 조선영화—식민지말의 반도: 협력의 심정, 제도, 논리』, 현실문화, 2008.

이효인, 『한국영화사강의1』, 이론과실천, 1992.

이화진, 『조선 영화—소리의 도입에서 친일 영화까지』, 책세상, 2005.

조희문, 『나운규』, 한길사, 1997.

천정환, 『끝나지 않는 신드롬—친일과 반일을 넘어선 식민지 시대 다시 읽기』, 푸른역사, 2005.

(2) 국외

고마고메 다케시, 『식민지제국 일본의 문화통합—조선·대만·만주·중국·점령지에서의 식민
　　지 교육』, 오성철·이명실·권경희 옮김, 역사비평사, 2008.

데이비드 보드웰, 『영화의 내레이션 1』, 오영숙 옮김, 시각과언어, 2007.

레이 초우, 『원시적 열정』, 정재서 옮김, 이산, 2004.

레이먼드 윌리엄스, 『기나긴 혁명』, 성은애 옮김, 문학동네, 2007.

미셸 시옹, 『음악, 대중매체 그리고 기술』, 유정희 옮김, 영림카디널, 1997.

＿＿＿＿＿＿＿, 『영화와 소리』, 지명혁 옮김, 민음사, 2000.

＿＿＿＿＿＿＿, 『오디오-비전—영화의 소리와 영상』, 윤경진 옮김, 한나래, 2004.

＿＿＿＿＿＿＿, 『영화의 목소리』, 박선주 옮김, 동문선, 2005.

미우라 노부타카·가스야 게이스케 엮음, 『언어 제국주의란 무엇인가』, 고영진·이연숙·조태
　　린 옮김, 돌베개, 2005.

발터 벤야민, 『발터 벤야민의 문예이론』, 반성완 옮김, 민음사, 1983.

_____, 『언어 일반과 인간의 언어에 대하여/번역자의 과제 외』, 최성만 옮김, 도서출판 길, 2008.

베르너 파울슈티히, 『근대초기 매체의 역사—매체로 본 지배와 반란의 사회 문화사』, 황대현 옮김, 지식의풍경, 2007.

아서 놀레티, 데이비드 데서 편, 『일본영화 다시 보기—작가주의, 장르, 역사』, 시공사, 2001.

안느 위베르스펠트, 『연극기호학』, 신현숙 옮김, 문학과지성사, 1988.

에드워드 홀, 『숨겨진 차원—공간의 인류학』, 최효선 옮김, 한길사, 2002.

요시미 슌야 편, 『확장하는 모더니티』, 연구공간 수유+너머 '일본근대와 젠더 세미나팀' 옮김, 소명출판, 2007.

이연숙, 『국어라는 사상—근대 일본의 언어 인식』, 고영진·임경화 옮김, 소명출판, 2006.

자크 데리다, 『그라마톨로지』, 김성도 옮김, 민음사, 1996.

자크 오몽, 『영화 속의 얼굴』, 김호영 옮김, 마음산책, 2006.

자클린 나카시, 『영화배우』, 박혜숙 옮김, 동문선, 2007.

질 들뢰즈, 『시네마 I: 운동-이미지』, 유진상 옮김, 시각과언어, 2002.

질 무엘릭, 『영화음악』, 박지회 옮김, 이화여자대학교출판부, 2007.

클레르 바세, 『대사—글로 쓴 텍스트에서 연출된 목소리로』, 박지회 옮김, 이화여자대학교출판부, 2010.

하시야 히로시, 『일본 제국주의, 식민지 도시를 건설하다』, 김기정 옮김, 모티브북, 2005.

R. L. 러츠키, 『하이테크네—포스트휴먼 시대의 예술, 디자인, 테크놀로지』, 김상민 외 옮김, 시공사, 2004.

岡田真吉, 『映畵と國家』, 生活社, 1943.

澤村勉, 『現代映畵論』, 桃蹊書房, 1941.

高島金次, 『朝鮮映畵統制史』, 朝鮮映畵文化研究所, 1943.

矢野干城·森川清人, 『新版大京城案内』, 京城都市文化研究所出版部, 1936.

NHK "ドキュメント昭和取材班" 編, 『ドキュメント 昭和：世界への登場 4, トーキーは 世界をめざす—国策としての映画』, 角川書店, 1986.

佐藤卓己, 『『キング』の時代—国民大衆雑誌の公共性』, 岩波書店, 2002.

田中純一郎, 『日本映画発達史 I』, 中央公論社, 1975.

_____, 『日本映画発達史 II』, 中央公論社, 1976.

藤木秀朗, 『増殖するペルソナ—映画スターダムの成立と日本近代』, 名古屋大学出版会, 2007.

ピーター・B. ハーイ, 『帝国の銀幕：十五年戦争と日本映画』, 名古屋大学出版会, 1995.

牧野守, 『日本映画検閲史』, パンドラ, 2003.

Abel, Richard ed., *Encyclopedia of Early Cinema* (New York: Routledge, 2005)

Altman, Rick ed., *Sound Theory/Sound Practice* (New York/London: Routledge, 1992)

Baskett, Michael, *The Attractive Empire: Transnational Film Culture in Imperial Japan*

(Honolulu: University of Hawaii Press, 2008)

Brewster, Ben & Jacobs, Lea, *Theatre to Cinema: Stage Pictorialism and the Early Feature Film* (Oxford: Oxford University Press, 1997)

Chion, Michel, *The Voice in Cinema*, edited and translated by Claudia Gorbman (New York: Columbia University Press, 1999)

_____ , Film, *A Sound Art*, translated by Claudia Gorbman (New York: Columbia University Press, 2009)

Dym, Jeffrey A., Benshi, *Japanese Silent Film Narrators, and Their Forgotten Narrative Art of Setsumei: A History of Japanese Silent Film Narration* (Lewiston N.Y.: Edwin Mellen Press, 2003)

Elsaesser, Thomas, *New German Cinema: A History* (New Brunswic: Rutgers University Press, 1989)

Gerow, Aaron, *Visions of Japanese Modernity: Articulations of Cinema, Nation, and Spectatorship, 1895~1925* (Berkeley: University of California Press, 2010)

Hansen, Miriam, *Babel and Babylon: Spectatorship in American Silent Film* (Cambridge: Harvard UP, 1991)

Negt, Oskar & Kluge, Alexander, *Public Sphere and Experience: Toward an Analysis of the Bourgeois and Proletarian Public Sphere* (Minneapolis: University of Minnesota Press, 1971; 1993)

Nornes, Abé Mark, *Cinema Babel* (Minneapolis: University of Minnesota Press, 2007)

Spadoni, Robert, *Uncanny Bodies: The Coming of Sound Film and the Origins of the Horror Genre* (Berkeley: University of California Press, 2007)

Slotkin, Richard, *Gunfighter Nation: The Myth of the Frontier in Twentieth-Century America* (Norman: Oklahoma University Press, 1998)

Thompson, Kristin, *Exporting Entertainment: America in the World Film Market 1907~34* (London: British Film Institute, 1985)

논문

(1) 국내

강성률, 「1930년대 로칼 칼라 담론 연구」,《영화연구》제33호, 한국영화학회, 2007.

공임순, 「재미있고 유익하게, "건전한" 취미독물 야담의 프로파간다화」,《민족문학사연구》제34호, 민족문학사학회, 2007.

곽재용, 「한국영화의 테크놀로지 약사―해방 전」,《레디고 2집: 새로운 한국영화를 위하여》, 이론과 실천, 1988.

권나영, 「어긋난 조우와 갈등하는 욕망들의 검열―'조선 문화의 장래'를 둘러싼 좌담회 읽기, 듣기」, 연세대 국학연구원 편,『일제 식민지 시기 새로 읽기』, 혜안, 2007.

권명아, 「내선일체 이념의 균열로서 '언어'―전시 동원 체제하 국책의 '이념'과 현실 언어 공간의 관계를 중심으로」,《대동문화연구》제59호, 성균관대학교 대동문화연구원, 2007.

권숙인, 「식민지 조선의 일본인―피식민 조선인과의 만남과 식민의식의 형성」,《사회와 역사》제80집, 한국사회사학회, 2008.

김기란, 「한국 근대 계몽기 신연극 형성 과정 연구―연극성을 중심으로」, 연세대학교 박사학위논문, 2004.

김려실, 「조선영화의 만주 유입―《만선일보》의 순회영사를 중심으로」,《한국문학연구》제32집, 동국대학교 한국문학연구소, 2007.

_____, 「조선을 '조센'화하기」,《영화연구》제34호, 한국영화학회, 2007.

_____, 「일제시기 영화제도에 관한 연구―영화관 추이를 중심으로」,《영화연구》제41호, 한국영화학회, 2009.

김백영, 「제국의 스펙터클 효과와 시민지 대중의 도시경험」,《사회와 역사》제75집, 한국사회사학회, 2007.

김상민, 「〈아리랑〉과 할리우드」,《사이間SAI》제14호, 국제한국문학문화학회, 2013.

김소연, 「문예영화 〈안개〉의 근대적 주체성 비판」,《영화연구》제43호, 한국영화학회, 2010.

김영찬, 「나운규 〈아리랑〉의 영화적 근대성」,《한국문학이론과 비평》제30집(10권 1호), 한국문학이론과 비평학회, 2006.

김윤선, 「1930년대 한국 영화의 문학화 과정―영화 〈무정〉(박기채 감독, 1939)을 중심으로」,《우리어문연구》제31집, 2008.

김정민, 「조선총독부 내무국 사회과의 교화 영화 정책 출현 배경에 관한 고찰」,《한국문학연구》제37집, 동국대학교 한국문학연구소, 2009.

김정수, 「한국연극 연기에 있어서 화술표현의 변천양태 연구―1900년대부터 1970년대까지」, 동국대학교 박사학위논문, 2007.

김종근, 「식민도시 京城의 이중도시론에 대한 비판적 고찰」,《서울학연구》제38호, 서울시립대 서울학연구소, 2010.

김한상, 「영화의 국적 관념과 국가영화사의 제도화 연구―'한국영화사' 주요 연구문헌을 중심으로」, 《사회와 역사》 제80집, 한국사회사학회, 2008.

김희윤, 「〈집 없는 천사〉 일본 개봉과 '조선영화'의 위치」, 한국영상자료원 엮음, 『고려영화협회와 영화신체제』, 한국영상자료원, 2007.

노지승, 「'나운규 영화'의 관객들 혹은 무성 영화 관객에 대한 한 연구」, 《상허학보》 제23집, 상허학회, 2008.

_____, 「'영화'에 있어서 '문학적인 것'이란 무엇인가―1920, 30년대 문학과 영화의 상관성에 관한 담론 고찰」, 《현대소설연구》 제38집, 한국현대소설학회, 2008.

문경연, 「한국 근대연극 형성과정의 풍속통제와 오락담론 고찰―근대초기 공공오락기관으로서의 '극장'을 중심으로」, 《국어국문학》 제151호, 국어국문학회, 2009.

박경진, 「변사와 무성영화 미학」, 중앙대학교 첨단영상대학원 석사학위논문, 2011.

박노현, 「극장의 탄생―1900~1910년대를 중심으로」, 《한국극예술연구》 제19집, 한국극예술학회, 2004.

박명진, 「한국 연극의 근대성 재론―20C초의 극장 공간과 관객의 욕망을 중심으로」, 《한국연극학》 제14호, 한국연극학회, 2000.

_____, 「1930년대 경성의 시청각 환경과 극장문화」, 《한국극예술연구》 제27집, 한국극예술연구학회, 2008.

박준형, 「"잡거"의 역사, 한국화교와 이웃하기」, 《동방학지》 제161호, 연세대학교 국학연구원, 2013.

박현선, 「극장 구경 가다―근대 극장과 대중문화의 형성」, 《문화/과학》 제28집, 문화과학사, 2001.

배병욱, 「1920년대 전반 조선총독부의 선전영화 제작과 상영」, 《지방사와 지방문화》 제9권 2호, 역사문화학회, 2006.

배선애, 「1920년대 준극장기관과 주체 형성의 양상―소년회 활동을 중심으로」, 《대동문화연구》 제69집, 성균관대학교 대동문화연구원, 2010.

백문임, 「식민지 극장의 무성 영화 관람성(audienceship)―청각장(場)의 문제를 중심으로」, 《한국언어문화》 제38집, 한국언어문화학회, 2009.

_____, 「전쟁과 멜로드라마―식민지 말기 선전 극영화의 조선 여성들」, 한국-타이완 비교문화연구회, 『전쟁이라는 문턱―총력전하 한국-타이완의 문화 구조』, 그린비, 2010.

변은진, 「일제 전시파시즘기(1937~45) 조선민중의 현실인식과 저항」, 고려대학교 박사학위논문, 1998.

복환모, 「1920년대 초 조선총독부 「활동사진반」의 역할에 관한 연구」, 《영화연구》 제24호, 한국영화학회, 2004.

서은선, 「일제강점기 시대의 단성사 연구」, 상명대학교 석사학위논문, 2005.

손이레, 「식민지 대중의 근대적 정서에 관한 연구―유성영화 시기 여배우 문예봉을 중심으로」, 한국예술종합학교 영상원 예술전문사 논문, 2007.

여선정, 「무성영화시대 식민도시 서울의 영화관람성 연구」, 중앙대학교 석사학위논문, 1999.

우수진, 「근대 연극과 센티멘털리티의 형성―초기 신파극을 중심으로」, 연세대학교 박사학위논문, 2006.

위경혜, 「1950년대 중반~1960년대 지방의 영화 상영과 '극장가기' 경험」, 중앙대학교 첨단영상대학원 박사학위논문, 2010.

유선영, 「극장구경과 활동사진 보기―충격의 근대 그리고 즐거움의 훈육」, 《역사비평》 통권 64호, 2003년 가을호.

_____, 「초기 영화의 문화적 수용과 관객성―근대적 시각문화의 변조와 재배치」, 《언론과 사회》 제12권 1호(통권 제41권), 성곡언론문화재단, 2004.

_____, 「황색 식민지의 서양영화 관람과 소비실천, 1934~1942―제국에 대한 '문화적 부인'의 실천성과 정상화 과정」, 《언론과 사회》 제13권 2호 (통권 제46권), 성곡언론문화재단, 2005.

_____, 「근대적 대중의 형성과 문화의 전환」, 《언론과 사회》 제17권 1호, 성곡언론문화재단, 2009.

유승진, 「보편으로서의 할리우드와 조선영화의 자기 규정의 수사학」, 연구모임 시네마바벨, 『조선영화와 할리우드』, 소명출판, 2014.

윤금선, 「1920~40년대 배우양성론과 그 활동 양상―신문·잡지를 중심으로」, 《한국언어문화》 제30집, 한국언어문화학회, 2006.

윤대석, 「1940년대 한국문학에서의 번역」, 《민족문학사연구》 제33호, 민족문학사학회, 2007.

이경돈, 「'취미'라는 사적 취향과 문화주체 '대중'」, 《대동문화연구》 제57집, 대동문화연구원, 2007.

이기림, 「1930년대 한국영화 토키로의 전환에 관한 연구」, 동국대학교 석사학위논문, 2003.

이덕기, 「일제하 전시체제기 이동연극 연구―이동연극 제1대와 극단 현대극장을 중심으로」, 《한국극예술연구》 제30집, 한국극예술학회, 2009.

이상우, 「심상지리로서의 대동아(大東亞)―1940년대 전반기 희곡에 나타난 반서양주의와 인종적 상상력」, 《한국극예술연구》 제27집, 한국극예술학회, 2008.

이순진, 「한국영화사 연구의 현단계―신파, 멜로드라마, 리얼리즘 담론을 중심으로」, 《대중서사연구》 제12호, 대중서사학회, 2004.

_____, 「식민지시대 조선영화 남성 스타에 대한 연구―나운규와 김일해를 중심으로」, 《영화연구》 제34호, 2007.

_____, 「조선 무성영화의 활극성과 공연성에 대한 연구」, 중앙대학교 첨단영상대학원 박사학위논문, 2008.

_____, 「1930년대 영화기업의 등장과 조선의 영화 스타」, 《한국극예술연구》 제30집, 한국극

예술학회, 2009.

_____, 「식민지시대 영화 검열의 쟁점들」, 한국영상자료원 편, 『식민지 시대의 영화 검열—1910~1934』, 한국영상자료원, 2009.

이승희, 「식민지시대 연극의 검열과 통속의 정치」, 《대동문화연구》 제59집, 성균관대학교 대동문화연구원, 2007.

_____, 「공공 미디어로서의 극장과 조선민간자본의 문화정치—함경도 지역 사례 연구」, 《대동문화연구》 제69집, 성균관대학교 대동문화연구원, 2010.

_____, 「조선극장의 스캔들과 극장의 정치경제학」, 《대동문화연구》 제72집, 성균관대학교 대동문화연구원, 2010.

이정하, 「나운규의 〈아리랑〉(1926)의 재구성—〈아리랑〉의 활극적 효과 혹은 효과의 재생산」, 《영화연구》 제26호, 한국영화학회, 2005.

이종대, 「근대의 헤테로토피아, 극장」, 《상허학보》 제16집, 상허학회, 2006.

이준식, 「일제 파시즘기 선전 영화와 전쟁 동원 이데올로기」, 《동방학지》 제124집, 연세대학교 국학연구원, 2004.

_____, 「일본제국주의와 동아시아 영화네트워크—만주영화협회를 중심으로」, 《동북아역사논총》 제18호, 동북아역사재단, 2007.

이혜령, 「문지방의 언어들—통역체제로서 식민지 언어현상에 대한 소고」, 《한국어문학연구》 제54집, 한국어문학연구학회, 2010.

_____, 「식민지 군중과 개인」, 《대동문화연구》 제69집, 성균관대 동아시아학술원, 2010.

이호걸, 「신파 양식 연구—남성 신파 영화를 중심으로」, 중앙대학교 첨단영상대학원 박사학위논문, 2007.

_____, 「식민지 조선의 문화사업, 극장업」, 《대동문화연구》 제69집, 성균관대학교 동아시아학술원, 2010.

이화진, 「식민지 영화의 내셔널리티와 '향토색'—1930년대 후반 조선영화 담론 연구」, 《상허학보》 제13집, 상허학회, 2004.

_____, 「1943년 시점의 '조선영화'—법인 조영의 〈젊은 모습〉 제작 과정을 중심으로」, 《한국극예술연구》 제26집, 한국극예술학회, 2007.

_____, 「'국민'처럼 연기하기—프로파간다의 여배우들」, 《여성문학연구》 제17권, 한국여성문학학회, 2007.

_____, 「'조선어 영화'의 기로—언어와 민족, 그리고 시장」, 한국영상자료원 편, 『고려영화협회와 영화신체제』, 한국영상자료원, 2007.

_____, 「전시기 오락 담론과 이동연극」, 《상허학보》 제23집, 상허학회, 2008.

_____, 「식민지 시기 영화 검열의 전개와 지향」, 『식민지 검열—제도·실천·텍스트』, 소명출판, 2011.

_____, 「『한국영화전사』, 그 이후: 최근 식민지 말기 영화 연구의 성과와 한계」, 《사이間

SAI》제11호, 국제한국문학문화학회, 2011.

_____, 「'기모노'를 입은 여인: 식민지 말기 문화적 크로스드레싱(cultural cross-dressing)의 문제」, 《대중서사연구》 제18권 1호, 대중서사학회, 2012.

_____, 「일제 말기 이동극단 활동의 전개 양상과 그 한계」, 《한국학연구》 제30집, 인하대 한국학연구소, 2013.

_____, 「두 제국 사이 필름 전쟁의 전야—일본의 '영화 제국' 기획과 식민지 조선의 스크린 쿼터제」, 《사이間SAI》 제15호, 국제한국문학문화학회, 2013.

_____, 「전쟁과 연예—전시체제기 경성에서 악극과 어트랙션의 유행」, 《한국학연구》 제36집, 인하대 한국학연구소, 2015.

_____, 「스턴버그(Josef von Sternberg)의 경성 방문(1936)과 조선영화계」, 《대중서사연구》 제22권 제1호, 대중서사학회, 2016.

정우택, 「아리랑 노래의 정전화 과정 연구」, 《대동문화연구》 제57집, 성균관대학교 대동문화연구원, 2007.

정종화, 「1930년대 중후반 조선영화의 스타일」, 『발굴된 과거 두 번째 / 1930년대 조선영화 모음 해설집』, 한국영상자료원, 2008.

_____, 「조선 무성영화 스타일의 역사적 연구」, 중앙대학교 첨단영상대학원 박사학위논문, 2012.

_____, 「식민지 조선의 발성영화 상영에 대한 역사적 연구」, 《영화연구》 59호, 한국영화학회, 2014.

정충실, 「식민지 조선의 영화 관람—상설영화관, 그리고 非상설영화관이라는 공론장」, 한국예술종합학교 영상원 영상이론과 예술전문사 논문, 2009.

조형근, 「식민지 대중문화와 '조선적인 것'의 변증법」, 《사회와 역사》 제99집, 한국사회사학회, 2013.

주창규, 「무성영화 〈아리랑〉의 탈식민성에 대한 접근—유럽이 지방화된 식민적 근대성의 멜로드라마와 수용을 중심으로」, 《정신문화연구》 제30권 1호(통권 106호), 2007년 봄호.

_____, 「버나큘러 모더니즘의 스타로서 무성영화 변사의 변형에 대한 연구」, 《영화연구》 제32호, 한국영화학회, 2007.

주훈, 「1920~30년대 한국의 영화 관객성 연구—무성영화 관객을 중심으로」, 서울대학교 석사학위논문, 2005.

최지연, 「동양극장 연구」, 단국대학교 박사학위 논문, 2007.

하신애, 「일제 말기 프로파간다 영화에 나타난 수행적 의례와 신체의 구성」, 《사이間SAI》 제7호, 국제한국문학문화학회, 2009.

한기형, 「근대문학과 근대문화제도, 그 상관성에 대한 시론적 탐색」, 《상허학보》 제19집, 상허학회, 2007.

한상언, 「1910년대 경성의 일본영화인 연구」, 《영화연구》 제40호, 한국영화학회, 2009.

_____, 「활동사진시기 조선영화산업 연구」, 한양대학교 박사학위논문, 2010.

홍선영, 「1910년 전후 서울에서 활동한 일본인 연극과 극장」,《일본학보》제56집 2권, 2003.

_____, 「경성의 일본인 극장 변천사―식민지 도시의 문화와 '극장'」,《日本文化學報》제43권, 한국일본문화학회, 2009.

홍효정, 「근대적 관객의 집합적 주체성 형성 과정 연구―1900~1910년대 음부탕자(淫婦蕩子) 담론을 중심으로」, 연세대학교 석사학위논문, 2006.

황병주, 「식민지 시기 근대 공적 공간의 등장과 공회당」,《대동문화연구》, 제69집, 성균관대 대동문화연구원, 2007.

황호덕, 「경성지리지, 이중언어의 장소론―채만식의 「종로의 주민」과 식민도시의 (언어) 감각」,《대동문화연구》제51집, 성균관대 대동문화연구원, 2005.

山內文登, 「일제시기 한국 녹음문화의 역사민족지―제국질서와 미시정치」, 한국학중앙연구원 한국학대학원 박사학위논문, 2009.

(2) 국외

다카시 후지타니, 「식민지 시대 말기 '조선' 영화의 휴머니즘, 보편주의, 그리고 인종차별주의」, 안진수 옮김, 연세대 미디어아트센터 엮음, 『한국영화의 미학과 역사적 상상력』, 도서출판 소도, 2006.

마이클 로빈슨, 「방송, 문화적 헤게모니, 식민지 근대성, 1924~1945」, 신기욱·마이클 로빈슨 엮음, 『한국의 식민지 근대성―내재적 발전론과 식민지 근대화론을 넘어서』, 도면회 옮김, 삼인, 2006.

브라이언 이시스, 「1926년과 1939년 사이에 식민지 조선에 도래한 발성영화」, 이순진 옮김, 연세대 미디어아트센터 엮음, 『한국영화의 미학과 역사적 상상력』, 도서출판 소도, 2006.

야스다 도시아키, 「제국 일본의 언어 편제―식민지 시기의 조선·'만주국'·'대동아공영권'」, 미우라 노부타카·가스야 게이스케 엮음, 『언어 제국주의란 무엇인가』, 이연숙·고영진·조태린 옮김, 돌베개, 2005.

요네야마 리사, 「오락·유머·근대―'모던만자이'의 웃음과 폭력」, 요시미 슌야 편, 『확장하는 모더니티』, 연구공간 수유+너머 '일본근대와 젠더 세미나팀' 옮김, 소명출판, 2007.

월터 K. 류, 「이상의 〈산촌여정, 성천기행 중의 몇 절〉에 나타나는 활동사진과 공동체적인 동일시」, 조은정 역, 김윤식 편, 『이상문학전집 5』, 문학사상사, 2001.

이와모토 겐지, 「초기 일본 토키영화의 사운드 사용」, 아서 놀레티 외, 『일본영화 다시 보기』, 편장완·정수완 역, 시공사, 2001.

준 우치다, 「총력전 시기 '내선일체' 정책에 대한 재조선 일본인의 협력」, 헨리 임·곽준혁 편, 『근대성의 역설―한국학과 일본학의 경계를 넘어』, 후마니타스, 2009.

Gerow, Aaron, 「戦ふ観客大東亜共栄圏の日本映画と受容の問題」, 《現代思想》 Vol.30 No.9, 2002.

飯島正, 「東亞共榮圏と映畵工作」, 『科學映畵の諸問題』, 白水社, 1944.

今井正, 「占領時代の回想」, 『講座日本映画 4』, 岩波書店, 1986.

晏妮, 「「大東亜映画」への階段―「大陸映画」試論」, 岩本憲兒 編, 『映画と大東亜共栄圏』, 森話社, 2004.

川崎賢子, 「「外地」の映画ネットワーク――一九三〇~一九四〇年代における朝鮮・満州国・中国占領地域を中心に」, 『岩波講座 :〈帝国〉日本の学知 4』, 岩波書店, 2006.

北田理恵, 「多言語都市ローザンヌにおけるトーキー映画の興行と受容」, 《映像学》 (通号 64), 日本映像学会, 2000.

_____ , 「トーキー時代の弁士」, 《映画研究》4号, 日本映画学会, 2009.

北田暁大, 「〈キノ・グラース〉の政治学―日本-戦前映画における身体・知・権力」, 栗原彬 外 編, 『越境する知4―装置：壊し築く』, 東京大学出版会, 2000.

斎藤綾子, 「欲望し, 感応する身体」, 『映画と身体/性』, 森話社, 2006.

笹川慶子, 「音楽映画の行方―日中戦争から大東亜戦争へ」, 『日本映画とナショナリズム』, 森話社, 2004.

冨田美香, 「洛西地域映画史聞き取り調査報告4:エトナ映画の奇跡」, 《アート・リサーチ》 vol.05, 立命館大学アート・リサーチセンタ, 2005.

藤井仁子, 「日本映画の1930年代―トーキー移行期の諸問題」, 《映像学》62号, 日本映像学会, 1999.

卜煥模, 「朝鮮総督府の植民地統治における映画政策」, 早稲田大学大学院博士学位請求論文, 2006.

溝渕久美子, 「「文芸復興」としての「文芸映画」―1930年代日本における「文芸映画」ブームに関する再考察」, 《映像学》75号, 日本映像学会, 2005.

山室信一, 「出版・検閲の態様とその遷移―日本から満州国へ」, 《東洋文化》86号, 東京大学東洋文化研究所, 2006.

鷲谷花, 「廃墟からの建設―戦時期日本映画における《アメリカニズム》の屈折」, 《映像学》79号, 日本映像学会, 2007.

Altman, Rick, "Moving Lips: Cinema as Ventriloquism," *Yale French Studies, No. 60, Cinema/Sound*, 1980.

_____ , "General Introduction: Cinema as Event," in edited by Rick Altman, *Sound Theory/Sound Preactice* (New York/London: Routledge, 1992)

Doane, Mary Ann, "The Voice in the Cinema: The Articulation of Body and Space," *Yale French Studies, No. 60, Cinema/Sound,* 1980.

Durovicova, Natasa, "Translating America: the Hollywood Multilinguals 1929~1933," in edited by Rick Altman, *Sound Theory/Sound Practice* (New York/London: Routledge, 1992)

Ferguson, Charles A., "Diglossia," *Word,* n°15, 1959.

Gunning, Tom, "The Cinema of Attractions: Early Film, Its Spectator and the Avant-Guard," in edited by Thomas Elsaesser & Adam Baker, *Early Cinema: Space Frame Narrative* (London: BFI, 1990)

Hansen, Miriam, "The Mass Production of the Senses: Classical Cinema as Vernacular Modernism" in edited by Gledhill & Williams, *Reinventing Film Studies* (London: Arnold, 2000)

Jaikumar, Priya, "Hollywood and the Multiple Constituencies of Colonial India," in edited by Richard Maltby and Melvyn Stokes, *Hollywood Abroad: Audience and Cultural Exchange* (London: British Film Institute, 2004)

Shochat, Ella and Stam, Robert, "The Cinema After Babel: Language, Difference, Power", *Screen* Vol.26 No.3-4, Nov. 1985.

Williams, Alan, "Historical and Theoretical Issues in the Coming of Recorded Sound to the Cinema," in edited by Rick Altman, *Sound Theory/Sound Preactice* (New York/London: Routledge, 1992)

찾아보기

주제어

영화명

✳✳✳

지은이 **이화진**

연세대학교 국문과에서 「식민지 조선의 극장과 '소리'의 문화 정치」(2011)로 박사
학위를 받았다. 일본 교토대학의 외국인공동연구자(2011~2012)를 거쳐, 현재는
인하대학교 한국학연구소의 HK연구교수로 재직 중이다. 지은 책으로 『조선영화
—소리의 도입에서 친일영화까지』가 있고, 『조선영화란 하오』, 『조선영화와 할리
우드』, 『전쟁과 극장』, 『월경하는 극장들』, 『식민지 검열, 제도·텍스트·실천』, 『기
억과 전쟁』 등의 공저가 있으며, 『페미니즘 위대한 역설』을 공역했다.

소리의 정치

식민지 조선의 극장과 제국의 관객

ⓒ 이화진 2016
첫 번째 찍은 날 2016년 9월 1일
세 번째 찍은 날 2017년 8월 1일

지은이   이화진
펴낸이   김수기
펴낸곳   현실문화연구

등록번호   제25100-2015-000091호
등록일자   1999년 4월 23일
주소   서울시 은평구 통일로 684 서울혁신파크 1동 403호
전화   02-393-1125
팩스   02-393-1128
전자우편   hyunsilbook@daum.net
블로그   hyunsilbook.blog.me
페이스북   www.facebook.com/hyunsilbook.kr/

ISBN   978-89-6564-189-6 (93680)
가격은 뒤표지에 있습니다.

「이 도서의 국립중앙도서관 출판예정도서목록(CIP 2016019197)은 서지정보유통지원시스템
홈페이지(http://seoji.nl.go.kr)와 국가자료공동목록시스템(http://www.nl.go.kr/kolisnet)에서 이
용하실 수 있습니다.(CIP제어번호: CIP 2016019197)」